高等院校电子商务专业"互联网+"创新规划教材

网络金融与电子支付(第3版)

主　编　李蔚田　李勤玲

参　编　白　珂　李亚杰　吴素素

　　　　黄新涛　李玲飞　赵志营

主　审　褚吉瑞

内容简介

本书系统介绍了电子支付与网络金融、互联网金融的理论构架,包括它的含义、性质、特点、职能、基本内容、形成发展、环境因素、基本原理、基础理论、应用和实践等问题,同时阐述了网络支付与结算技术的核心问题。内容以专业的实践性、应用性和普及性为主,以学术性为辅,集实践与理论于一体。

本书既可作为电子商务、网络技术、信息管理、国际贸易、物流等专业技术应用型教材,又可作为金融、投资、市场营销、工商管理、旅游、会计电算化的专业基础课的教材,还可作为企业培训和相关从业人员的参考书。

图书在版编目(CIP)数据

网络金融与电子支付/李蔚田,李勤玲主编. —3版. —北京:北京大学出版社,2022.7
高等院校电子商务专业"互联网+"创新规划教材
ISBN 978-7-301-32858-3

Ⅰ.①网… Ⅱ.①李…②李… Ⅲ.①金融网络—高等学校—教材②电子商务—支付方式—高等学校—教材 Ⅳ.①F830.49②F713.36

中国版本图书馆CIP数据核字(2022)第015304号

书　　　名	网络金融与电子支付(第3版)
	WANGLUO JINRONG YU DIANZI ZHIFU(DI-SAN BAN)
著作责任者	李蔚田　李勤玲　主编
策划编辑	翟　源
责任编辑	翟　源
标准书号	ISBN 978-7-301-32858-3
出版发行	北京大学出版社
地　　　址	北京市海淀区成府路205号　100871
网　　　址	http://www.pup.cn　　新浪微博:@北京大学出版社
电子邮箱	编辑部 pup6@pup.cn　　总编室 zpup@pup.cn
电　　　话	邮购部 010-62752015　　发行部 010-62750672　　编辑部 010-62750667
印　刷　者	河北滦县鑫华书刊印刷厂
经　销　者	新华书店
	787毫米×1092毫米　16开本　24.75印张　570千字
	2009年9月第1版　2015年1月第2版
	2022年7月第3版　2024年5月第3次印刷
定　　　价	69.00元

未经许可,不得以任何方式复制或抄袭本书之部分或全部内容。
版权所有,侵权必究
举报电话:010-62752024　电子邮箱:fd@pup.cn
图书如有印装质量问题,请与出版部联系,电话:010-62756370

第3版前言

在本书编写过程中，编者按照理论与应用相结合的方针，始终以技能培养为编写的主线，根据应用型教学的特点，内容上以实用、够用为原则，做到理论教学和应用相结合。

二十大报告中指出，要"加快发展数字经济，促进数字经济和实体经济深度融合，打造具有国际竞争力的数字产业集群。"目前，网络金融与电子支付的理论还处在探索阶段，尤其是互联网金融相关理论还没有形成，一些网络热点仍处于探讨与争议之中。书中大部分理论是国内外实践中已取得的成果，编者对一些理论与实务方面的内容进行了长期的探索、整合、编排，并形成了一些自己的构想和设计。

本书的编写是从国内的实际情况出发，在前版的基础上，选择典型范例，并尽可能将国外的先进理论、方法和实践经验与我国的实际需要紧密联系起来。

本书的编写团队有着丰富的教学实践经验，在多年的教学和科研中取得了丰硕的研究成果。本书由李蔚田、李勤玲担任主编，负责设计全书的体系架构以及总纂和统稿工作，参与编写工作的有白珂、李亚杰、吴素素、黄新涛、李玲飞、赵志营几位老师，本书的主审由褚吉瑞博士担任。

网络金融与电子支付是一门新兴的学科，成熟且完善的参考教材不多。在教材编写过程中，编者参考和借鉴了国内外众多专家学者的著作或研究成果，在此一并致以谢忱。

由于编者水平有限，书中难免有疏漏和不当之处，恳请专家和广大读者批评指正。

李蔚田

目 录

| 第1章 绪论 .... 1 |
| 1.1 网络经济概述 .... 2 |
| 1.1.1 网络经济的概念 .... 3 |
| 1.1.2 网络经济的特征 .... 3 |
| 1.1.3 网络经济的应用 .... 6 |
| 1.2 网络经济产生的社会背景 .... 8 |
| 1.2.1 经济全球化的趋势 .... 8 |
| 1.2.2 跨国公司的强力推动 .... 10 |
| 1.3 网络金融的产生和发展 .... 11 |
| 1.3.1 网络金融的产生 .... 11 |
| 1.3.2 网络金融的发展过程 .... 14 |
| 1.4 网络金融的特点和作用 .... 15 |
| 1.4.1 网络金融的特点 .... 15 |
| 1.4.2 网络金融对经济系统的作用 .... 19 |
| 1.5 网络金融业的发展现状 .... 22 |
| 1.5.1 网络银行的发展与创新 ..... 22 |
| 1.5.2 网络证券业务的拓展 .... 22 |
| 1.5.3 网络保险方兴未艾 .... 22 |
| 1.5.4 网络期货逐步发展 .... 23 |
| 本章小结 .... 24 |
| 综合练习题 .... 24 |

第2章 网络银行 27
2.1 网络银行概述 28
    2.1.1 网络银行的概念 29
    2.1.2 网络银行的主要业务内容 32
2.2 网络银行的发展 34
    2.2.1 网络银行的产生 34
    2.2.2 国内外网络银行的发展概况 36
2.3 网络银行的功能与特点 38
    2.3.1 网络银行系统功能 38
    2.3.2 网络银行的特点 40
2.4 网络银行的建设、服务和管理 43
    2.4.1 网络银行的建设 43
    2.4.2 网络银行系统建设的特点 46
    2.4.3 网络银行的服务 48
    2.4.4 网络银行的风险 49
    2.4.5 网络银行的监管 50
本章小结 52
综合练习题 52

第3章 自助银行与电话银行 55
3.1 自助银行 56
    3.1.1 自助银行概述 56
    3.1.2 自助银行的设计 59
3.2 移动金融服务与应用 62
    3.2.1 移动金融服务的应用模式 62
    3.2.2 手机银行技术基础与支付的种类 67
    3.2.3 手机银行的应用 69
    3.2.4 手机银行系统 71
    3.2.5 手机银行风险控制 74
    3.2.6 手机银行发展瓶颈 74
3.3 电话银行 76
    3.3.1 电话银行的功能和服务内容 76
    3.3.2 电话银行系统网络结构与服务流程图 79
本章小结 85
综合练习题 85

第4章 电子货币与应用 87
4.1 电子货币 88
    4.1.1 货币概述 88
    4.1.2 电子货币概述 89
    4.1.3 电子货币的特点与功能 90
4.2 电子货币的主要形式与应用 94
    4.2.1 电子支票 94
    4.2.2 电子信用卡 98
    4.2.3 电子钱包 103

4.3 网络货币 105
　　4.3.1 网络货币的概述 105
　　4.3.2 网络货币的类型 106
4.4 电子现金 107
　　4.4.1 电子现金概述 107
　　4.4.2 电子现金支付的
　　　　　工作原理 109
　　4.4.3 数字现金带来的问题 111
4.5 电子货币的作用与影响 112
　　4.5.1 电子货币的作用 112
　　4.5.2 电子货币的影响 113
本章小结 114
综合练习题 115

第5章 网络金融支付 117

5.1 网络金融支付概述 118
　　5.1.1 互联网支付的发展与
　　　　　相关概念 119
　　5.1.2 互联网支付兴起的
　　　　　主要因素 120
5.2 互联网支付的分类 121
　　5.2.1 按支付方式分类 122
　　5.2.2 按支付工具分类 123
　　5.2.3 按支付终端分类 124
　　5.2.4 银联在线支付 124
5.3 互联网支付的形式、特点和
　　流程 128
　　5.3.1 互联网支付的主要形式和
　　　　　特点 128
　　5.3.2 基本功能和特点 130
　　5.3.3 常见的互联网支付流程与
　　　　　特点 131
5.4 大额资金支付系统 134
　　5.4.1 SWIFT 134
　　5.4.2 CHIPS 135
　　5.4.3 CNFN 138
　　5.4.4 CNAPS 140
5.5 支付体系的业务流程 141
　　5.5.1 支付体系构成 141
　　5.5.2 电子支付系统的分类、
　　　　　标准与参与者 143
　　5.5.3 电子支付结算业务的
　　　　　流程 144
　　5.5.4 电子支付网络 146
5.6 数字现金结算 148
　　5.6.1 数字现金支付流程 148
　　5.6.2 案例：Mondex 电子现金
　　　　　支付系统 151
本章小结 155
综合练习题 155

第6章 网络金融结算与清算 158

6.1 互联网金融数字现金的结算 159
　　6.1.1 电子结算系统 160
　　6.1.2 数字现金一般流程 162
6.2 电子支票的结算过程 163
　　6.2.1 电子支票的运用 164
　　6.2.2 电子支票中的安全机制 166
6.3 电子钱包与在线转账结算 167
　　6.3.1 中银电子钱包支付 167
　　6.3.2 在线转账结算模式 169
6.4 第三方平台结算支付模式 171
　　6.4.1 第三方平台支付概述 172
　　6.4.2 第三方平台的
　　　　　支付流程与运作 174
　　6.4.3 第三方平台的经营模式、
　　　　　盈利模式、优点、缺点及
　　　　　主流产品 175
6.5 银行卡在线支付模式 177
　　6.5.1 智能卡支付模式 178
　　6.5.2 信用卡网络支付模式 179
　　6.5.3 智能卡 NFC 技术 181
6.6 互联网金融支付清算体系 183
　　6.6.1 清算体系概述 183
　　6.6.2 支付清算体系的运作 185
6.7 银联清算业务体系 190
　　6.7.1 跨行清算业务与清算对象 190
　　6.7.2 POS 系统 192

6.7.3 清结算系统 195	8.3.3 中国金融 IC 卡的
本章小结 198	密钥管理 254
综合练习题 198	8.4 身份认证技术分析 257
	8.4.1 身份认证的方法 257
第 7 章 网络支付与安全 200	8.4.2 身份认证的应用 258
7.1 电子支付安全技术基础 202	8.4.3 安全柜员管理系统 259
7.1.1 电子支付网络与	本章小结 261
密码系统 202	综合练习题 261
7.1.2 网络支付安全交易 209	
7.2 网络支付安全协议 210	**第 9 章 网络证券与网络保险的**
7.2.1 网络支付的安全问题 210	**应用** 263
7.2.2 SSL 协议 212	9.1 网络证券概述 265
7.2.3 SET 协议 215	9.1.1 网络证券的一般内容 265
7.2.4 其他协议 218	9.1.2 网络证券交易模式 266
7.3 结算认证系统 220	9.1.3 网络证券的特征与影响 269
7.3.1 证书简介 220	9.2 网络证券交易 271
7.3.2 证书的发放 222	9.2.1 网上证券交易网站 271
7.3.3 案例：中国电信 CA 认证	9.2.2 网络证券交易程序 271
系统(CTCA) 226	9.2.3 网络证券交易应用 272
本章小结 227	9.2.4 网上证券实务 276
综合练习题 228	9.3 网络保险概述 281
	9.3.1 网络保险及其网站 281
第 8 章 网络数据安全技术 230	9.3.2 网络保险的一般内容 282
8.1 网络信息安全概述 232	9.4 网络保险的应用 285
8.1.1 网络信息安全的简介 232	9.4.1 网上直接投保 285
8.1.2 攻击互联网络的类型 234	9.4.2 网络财产保险业务 286
8.1.3 网络安全机制的功能 234	9.4.3 网络寿险产品服务与
8.1.4 网络信息安全常用技术 236	实务 287
8.1.5 网络信息安全的管理 237	本章小结 292
8.2 防火墙技术 238	综合练习题 292
8.2.1 防火墙技术概述 239	
8.2.2 防火墙的意义与特征 240	**第 10 章 互联网金融** 294
8.2.3 防火墙的安全性 241	10.1 互联网金融概述 296
8.2.4 防火墙的基本类型 242	10.1.1 互联网金融的相关概念 296
8.2.5 防火墙的配置与使用 244	10.1.2 互联网金融的发展 298
8.2.6 防火墙的安全措施 244	10.1.3 互联网金融平台 301
8.2.7 防火墙的功能 245	10.2 移动互联网的商业应用 303
8.3 数字加密技术 247	10.2.1 移动互联网的主要商业
8.3.1 数字签名技术与应用 247	模式 303
8.3.2 数据加密技术的应用 250	

10.2.2 移动互联网的主要业务与盈利模式 305
10.2.3 移动支付与电子支付的区别 308
10.3 移动金融 311
  10.3.1 移动信息技术的金融模式 311
  10.3.2 移动信息技术对商业银行金融服务的影响 312
10.4 互联网金融支付平台 313
  10.4.1 金融支付概述 313
  10.4.2 电子商务平台支付系统 314
  10.4.3 移动支付平台方案设计 317
  10.4.4 移动支付业务功能流程 320
  10.4.5 O2O 平台 324
  10.4.6 P2P 网络借贷平台 325
  10.4.7 虚拟信用卡支付平台 326
  10.4.8 手机小额支付平台 327
10.5 互联网金融产品创新 330
本章小结 332
综合练习题 332

第 11 章 网络金融监管 334

11.1 网络金融风险管理概述 336
  11.1.1 网络金融机构的基本风险 336
  11.1.2 网络金融机构的风险管理 338
11.2 网络金融监管概述 342
  11.2.1 网络金融监管内容 342
  11.2.2 网络金融监管措施 343
  11.2.3 中国对网络金融机构的监管 344
  11.2.4 国外互联网金融的监管 345
11.3 国内外互联网金融的监管 346
  11.3.1 国外对互联网金融的监管 347
  11.3.2 我国对互联网金融的监管 348
  11.3.3 我国金融机构的网络管理 350
  11.3.4 互联网金融风险控制 352
11.4 我国互联网金融的法律监管体系 356
  11.4.1 互联网金融法律架构的重要性 356
  11.4.2 互联网金融在中国可能面临的法律风险 357
11.5 国内外互联网金融监管的法律体系 366
  11.5.1 国外互联网金融监管的法律体系 367
  11.5.2 国内互联网金融监管的法律体系 370
  11.5.3 网络银行的监管措施 373
本章小结 376
综合练习题 377

参考文献 379

第1章 绪论

学习目标

通过本章学习，了解网络经济和网络金融的发展历史及国内外研究的现状，掌握网络经济与网络金融管理的相关理论和不同发展阶段的特点，研究中国网络经济的特色，更好地发挥网络经济与网络金融在经济发展和社会进步中的作用。

教学要求

知识要点	能力要求	相关知识
国内外网络经济的发展与实践	(1) 了解网络经济发展的历史 (2) 理解网络经济的基本概念、特点和新定律 (3) 掌握网络经济与传统经济的区别与联系 (4) 了解网络营销与传统营销的区别与联系	(1) 中国网络经济的特色 (2) 国内外网络经济的历史发展阶段、特点及未来的发展趋势
网络金融的发展趋势及管理的变化	(1) 熟悉网络金融应用的基本体系与功能 (2) 了解网络经济与网络金融、电子商务的关系，掌握基本知识点	(1) 网络金融的相关内容 (2) 网络金融与电子支付相关知识

📖 **章前导读**

网络经济是一种建立在计算机网络(特别是 Internet)基础之上，以现代信息技术为核心的新的经济形态。它不仅是指以计算机为核心的信息技术产业的兴起和快速增长，也包括以现代计算机技术为基础的整个高新技术产业的崛起和迅猛发展，更包括由于高新技术的推广和运用所引起的传统产业、传统经济部门的深刻的革命性变化和飞跃性发展。网络经济的应用不同于传统经济的运行规则，网络经济应用的一般基础包括网络经济应用的内在因素(如计算机和网络用户的规模、域名、WWW 站点和出口带宽增长等)和外在因素(如互联网与内联网的结合、国民经济和社会信息化等)。网络经济应用的三大内容(企业信息化进程、电子商务的发展和网络金融应用普及)与一国的国民经济和社会信息化程度相联系。二十大报告中提出，"中国坚持经济全球化正确方向，推动贸易和投资自由化便利化。"网络经济产生的社会背景是以"贸易自由化、金融一体化和生产经营跨国化"等为主要内容的经济全球化趋势，网络经济的应用与经济全球化趋势有直接联系。

网络金融，又称电子金融(e-finance)，是指基于金融电子化建设成果在国际互联网上实现的金融活动，包括网络金融机构、网络金融交易、网络金融市场和网络金融监管等方面。从狭义上讲是指在国际互联网(Internet)上开展的金融业务，包括网络银行、网络证券、网络保险，网络股票、期权等金融服务及相关内容；从广义上讲，网络金融就是以网络技术为支撑，在全球范围内的所有金融活动的总称，它不仅包括狭义的内容，还包括网络金融安全、网络金融监管等诸多方面。它不同于传统的以物理形态存在的金融活动，是存在于电子空间中的金融活动，其存在形态是虚拟化的、运行方式是网络化的。它是信息技术特别是互联网技术飞速发展的产物，是适应电子商务发展需要而产生的网络时代的金融运行模式。

 引例

微 小 差 异

在混沌经济学中，一个系统的发展轨迹是由所谓的"吸引子"决定的。个人或企业的价值观和处世的基本原则就是这种吸引子。

比尔·盖茨之所以能在短短的二三十年内从默默无闻成为世界首富，首先是由于他在观念上一直处于领先地位。只有观念领先的人，才善于捕捉机会，善于制造有利于自己的"微小差异"，最终来一个"赢者通吃"。例如，比尔·盖茨大学没有毕业就决定创业，是因为他看到了个人电脑发展的最佳机会。又如，比尔·盖茨把创新放在第一位，不仅降低产品价格，使自己在软件行业始终处于领导地位，还充分利用了计算机和网络产业发展带来的巨大机会。再如，比尔·盖茨在中国免费培训大量的软件设计人员，实际上是为自己创造了一个更加广阔的市场。观念上的领先，就是微软与其他企业之间的"微小差异"。正是这个"微小差异"，成就了微软。

1.1 网络经济概述

在世界经济发展的过程中，每个时代的经济发展都有自己的鲜明特色。网络经济是 20 世纪末在以信息技术为主要标志的新技术革命的推动下迅速发展起来的全新经济形态，它引发了一场产业革命和社会变革，对当今世界的经济与社会生活有着深刻的影响。客观地分析、把握网络经济的特征，对于我国工业化与信息化的良性互动、经济发展战略的调整、顺应世界经济全球化的潮流，有着重大的意义。

1.1.1 网络经济的概念

互联网是信息资源最重要的载体和通道。互联网和信息资源是网络经济应用中最能反映时代特征的生产力。从生产力发展的变化看，19世纪是火车与铁路的时代，20世纪是汽车与高速公路的时代，21世纪是计算机与网络的时代。随着信息网络技术的不断发展，社会经济信息化正在逐渐形成。社会经济信息化的基础是经济网络化，经济网络化离不开互联网的普及与信息资源的扩展，离不开信息经济社会中的网络经济应用。

从广义的层面来看，网络经济是指通过互联网实现生产者与消费者有效联系的经济形式，也就是利用互联网进行交易的经济形式。其次，从狭义的层面来看，网络经济是指将网络信息技术作为核心而开展的新型经济活动。

进一步说，网络经济应用的内涵是由其三个层面的特征决定的：从经济形态这一最高层面看，网络经济以互联网、信息资源为其最重要的物质基础；从产业发展的层面看，网络经济应用就是企业信息化、电子商务发展、网络金融应用等经济活动，具体包括网络营销、网上银行、网络证券、网上支付、电子商务与网上购物及其他商务性的网络经济活动；从网络消费的层面看，网络经济应用是一个新兴的、大型的虚拟市场，是一个不同于传统经济的网络交易与服务市场。

从网络经济对人类现在的影响和将来的发展趋势来看，它已经超越行业经济的概念，它不属于工业社会中的经济范畴。网络经济是信息技术特别是网络技术的经济产物。网络经济发展的一个主要因素是技术推动。

1.1.2 网络经济的特征

网络经济是知识经济的一种具体形态，这种新的经济形态正以极快的速度影响着社会经济与人们的生活。网络经济与传统经济相比，具有以下显著的特征。

1. 快捷性

消除时空差距是互联网使世界发生的根本性变化之一。首先，互联网突破了传统的国家、地区界限，使整个世界紧密联系起来，把地球变为一个"村落"。在网络上，不分种族、民族、国家、职业和社会地位，人们可以自由地交流、漫游，彼此沟通信息，人们对空间的依附性大大减小。其次，信息、网络突破了时间的约束，使人们的信息传输、经济往来可以在更小的时间跨度上进行。

2. 高渗透性

迅速发展的信息技术、网络技术，具有极高的渗透性功能，使信息服务业迅速地向第一、第二产业扩张，使三大产业之间的界限模糊，出现了第一、第二和第三产业相互融合的趋势。为此，学术界提出了"第四产业"的概念，用以涵盖广义的信息产业。对于诸如商业、银行业、传媒业、制造业等传统产业来说，利用信息技术、网络技术实现产业内部的升级改造，以迎接网络经济带来的机遇和挑战，是一种必然选择。不仅如此，信息技术的高渗透性还催生了一些新兴的"边缘产业"，如光学电子产业、医疗电子器械产业、航空电子产业、汽车电子产业等。

3. 边际效益递增性

边际效益随着生产规模的扩大会显现出不同的增减趋势。在工业社会物质产品生产过程中，边际效益递减是普遍规律，因为传统的生产要素——土地、资本、劳动都具有边际成本递增和边际效益递减的特征；与此不同的是，网络经济却显现出边际成本递减和边际效益递增的特征。

(1) 网络经济边际成本递减。

信息网络成本主要由三部分构成：一是网络建设成本；二是信息传递成本；三是信息的收集、处理和制作成本。由于信息网络可以长期使用，并且其建设费用与信息传递成本及入网人数无关，因此前两部分的边际成本为零，平均成本有明显递减趋势。只有第三种成本与入网人数相关，即入网人数越多，所需信息收集、处理、制作的信息也就越多，这部分成本就会随之增大，但其平均成本和边际成本都呈下降趋势。因此，信息网络的平均成本随着入网人数的增加而明显递减，其边际成本则随之缓慢递减，但网络的收益却随入网人数的增加而同比例增加；网络规模越大，总收益和边际收益就越大。

(2) 网络经济具有累积增值性。

在网络经济中，对信息的投资不仅可以获得一般的投资报酬，还可以获得信息累积的增值报酬。一方面，信息网络能够发挥特殊功能，把零散而无序的大量资料、数据等按照使用者的要求进行加工、处理、分析、综合，从而形成有序的高质量的信息资源，为经济决策提供科学依据。另一方面，信息使用具有传递效应。信息的使用会带来不断增加的报酬。

4. 外部经济性

一般的市场交易是买卖双方根据各自独立的决策缔结的一种契约，这种契约只对缔约双方有约束力且并不涉及或影响其他市场主体的利益。但在某些情况下，契约履行产生的后果却往往会影响到缔约双方以外的第三方(个体或群体)。这些与契约无关却又受到影响的经济主体，可统称为外部，它们所受到的影响就被称为外部效应。契约履行所产生的外部效应可好可坏，分别称为外部经济性和外部非经济性。通常情况下，工业经济带来的主要是外部非经济性，如工业"三废"，而网络经济则主要表现为外部经济性。正如凯文·凯利提出的"级数比加法重要"法则一样，网络形成的是自我增强的虚拟循环，增加了成员就增加了价值，反过来又吸引更多的成员，形成螺旋形优势。

5. 可持续性

网络经济是一种特定信息网络经济或信息网络经济学，它与信息经济或信息经济学有着密切关系，这种关系是特殊与一般、局部与整体的关系，从这种意义上讲，网络经济是知识经济的一种具体形态，知识、信息同样是支撑网络经济的主要资源。美国未来学家托夫勒指出，"知识已成为所有创造财富所必需的资源中最为宝贵的要素……知识正在成为一切有形资源的最终替代"，正是知识与信息的特性使网络经济具有了可持续性。信息与知识具有可分享性，这一特点与实物显然不同。一般实物商品交易后，出售者就失去了实物，而信息、知识交易后，出售的人并没有失去信息、知识，而是形成出售者和购买者共享信息与知识的局面。网络经济在很大程度上能有效杜绝传统工业生产对有形资源、能源的过度消耗，减少环境污染、生态恶化等危害，实现社会经济的可持续发展。

6. 自我膨胀性

网络经济的自我膨胀性突出表现在四大定律上。

(1) 摩尔定律(Moore's Law)。这一定律是以英特尔公司创始人之一戈登·摩尔命名的。其核心内容是：集成电路上可容纳的晶体管数目约每两年翻一倍的现象，后泛指信息技术性能提高、价格下降的发展规律。

(2) 梅特卡夫定律(Metcalfe's Law)。按照此法则，网络经济的价值等于网络节点数的平方，这说明网络产生和带来的效益将随着网络用户的增加而呈指数形式增长。近年来，互联网络呈现超乎寻常的指数增长趋势，而且爆炸性地向经济和社会各领域进行广泛的渗透和扩张。这种大爆炸式的持续增长必然会带来网络价值的飞涨。这正是凯文·凯利所说的"传真效应"，即"在网络经济中，东西越充足，价值就越大"。

(3) 马太效应(Matthews Effect)。在网络经济中，由于人们的心理反应和行为惯性，在一定条件下，优势或劣势一旦出现并达到一定程度，就会导致不断加剧而自行强化，出现"强者更强，弱者更弱"的局面。马太效应反映了网络经济时代企业竞争中的一个重要因素——主流化。而根据非摩擦的基本规律——占领的市场份额越大，获利就越多，也就是说，富者越富。举例来说，Compuserve 和 AOL 是美国的两家联机服务供应商，1995 年之前，Compuserve 占有市场较大份额，在竞争中占有优势。而从 1995 年开始，AOL 采取主流化策略，向消费者赠送数百万份 PC 桌面软件，闪电般地占领了市场，迅速赶超 Compuserve。

(4) 吉尔德定律(Gilder's Law)。根据吉尔德定律，在未来 25 年，主干网的带宽每 6 个月增长一倍，12 个月增长两倍。其增长速度是摩尔定律预测的 CPU 增长速度的三倍，并预言将来上网会免费。

网络经济的四大定律不仅展示了网络经济自我膨胀的规模与速度，而且提示了其内在的规律。

7. 直接性

由于网络的发展，经济组织结构趋向扁平化，处于网络端点的生产者与消费者可直接联系，降低了传统的中间商层次存在的必要性，从而显著降低了交易成本，提高了经济效益。为解释网络经济带来的诸多传统经济理论不能解释的经济现象，有专家提出了"直接经济"理论。他们认为，如果说物物交换是最原始的直接经济，那么，当今的新经济则是建立在网络上的更高层次的直接经济，从经济发展的历史来看，它是经济形态的一次回归，即农业经济(直接经济)—工业经济(迂回经济)—网络经济(直接经济)。

1.1.3 网络经济的应用

直接经济理论主张网络经济应将工业经济中迂回曲折的各种路径重新拉直，减少中间环节。信息网络在发展过程中会不断突破传统流程模式，逐步完成对经济存量的重新分割和增量分配原则的初步构建，并对信息流、物流、资本流之间的关系进行历史性重建，压缩甚至取消不必要的中间环节。

一般来说，网络经济的一般基础有两个主要内容：一是信息网络技术的发展和网络经济应用的内在条件；二是互联网在经济中的应用，以及互联网融合了国民经济和社会信息化等外在因素。

网络经济应用的两大要素是信息和互联网。信息是生产与服务的资源，信息劳动、信息服务等生产、服务、管理形式日益在经济社会中占主要地位。在现代经济社会中，信息运行的一般公式表述为

$$Y = BH$$

式中，Y 是信息国民收入，B 是信息数量，H 是信息速率。

网络金融应用中的信息劳动和信息服务包括利用 Internet、信息技术提供的一切金融业务活动。

1. 网络经济应用运行规则

网络经济应用有自己的一般规律、具体特征和运行规则，具体包括以下几个方面。

(1) 全天候的经济运行。网络经济应用是全天候和全球化运行的经济服务。互联网每天 24 小时都在运转，很少受时间因素的制约，经济交易活动可以全天候连续进行。

(2) 直接经济和虚拟经济。网络经济应用是以直接经济和虚拟经济为主要特征的。一方面，由于网络社会化，经济交易与服务活动中的中间层次和中介机构的作用相对减弱，生产者与消费者、服务者与接受服务者可直接联系或交易。另一方面，虚拟经济(Fictitious Economy)是相对实体经济而言的，是经济虚拟化的必然产物。广义地讲，虚拟经济除了目前研究较为集中的金融业、房地产业，还包括体育经济、博彩业、收藏业等。

(3) 经济运行的速度和创新。网络经济应用，体现了经济交易活动中的速度和创新。

现代信息网络技术可用光速同时传输不同的、众多的信息。人们与企业以最快的速度收集、处理和应用大量的信息，经济生产和人们生活的节奏大大加快。

2. 网络经济的应用不同于传统经济

网络经济的应用不同于传统经济，表 1-1 具体反映出两者概念上的对比。

表 1-1 传统经济与网络经济的概念对比

传统经济	网络经济	传统经济	网络经济
企业	虚拟企业	经济管理	知识管理
物理空间	虚拟空间	竞争	网络竞争
营销	网络营销	贫富差距	数字鸿沟
制造	灵活制造	大规模生产	定制、个人化、特定化
规模经济	供求双方规模经济	劳动生产率	知识生产率
劳动分工	知识分工	劳动价值	知识价值
无	注意力经济	无	学习曲线

传统经济与网络经济的异同主要表现在以下几个方面。

(1) 应用基础不同。传统经济以物质和能源为产业发展的基础，网络经济应用以信息资源与网络为产业服务的基础，见表 1-2。以物质和能源为基础的传统经济转向以信息和知识为基础的信息网络经济的趋势，加快了世界产业结构的调整步伐，成为推动世界产业结构朝着现代化方向发展的决定性因素。例如，网络金融交易与服务的基础是网上银行，不需要面对面的服务，而传统银行业务就需要在传统银行柜台完成。

表 1-2 传统经济与网络经济的应用基础对比

传统经济	网络经济	传统经济	网络经济
物质资源起决定性作用	信息资源起决定性作用	边际成本递增	边际成本递减
产品和服务分离，生产者和消费者分离，企业与企业分离	产品和服务的边界模糊，生产者和消费者的边界模糊，企业与企业的边界模糊	负反馈起主要作用	正反馈起主要作用
供给不足	需求不足	规模收益经历递增、不变、递减 3 个阶段	规模收益递增
以供给为中心	以需求为中心	供给方规模经济起主要作用	需求方规模经济起主要作用
稳定均衡	不稳定均衡	负反馈起主要作用	正反馈起主要作用

续表

传统经济	网络经济	传统经济	网络经济
边际效用递减	边际效用递增	垄断受到限制	垄断是竞争的结果
边际收益递减	边际收益递增	垄断会降低社会福利	垄断会提高社会福利
产品竞争是主要的竞争形式	网络竞争是主要的竞争形式	有形资产是企业的主要资产	无形资产是企业的主要资产

(2) 发展阶段不同。传统产业的发展已达到一定阶段，信息产业和网络产业的发展方兴未艾。目前，一些国家经济发展所面临的现状是传统产业在衰退，但还具有很大规模；信息产业快速发展，但尚未取代传统产业的地位。

(3) 两者优势互补。传统经济与产业有自己的优势，网络经济与产业也有自己的优势，两者相互补充，适应经济全球化的大趋势。互联网可以使企业迅速跨越国界传递信息，使企业跨国经营的信息与管理成本大大降低。网络金融和电子商务在对传统的交易方式进行彻底改造的同时，也大大降低了企业跨国经营的交易成本。

1.2　网络经济产生的社会背景

20世纪90年代以来，各国或地区的经济活动越来越全球化。全球化的经济活动对网络经济及相关产业的发展影响深远。

1.2.1　经济全球化的趋势

经济全球化是世界经济发展的基本趋势，它的本质是以投资、贸易、金融、技术、人才自由流动与合理配置，来推动生产力快速发展。

1. 经济全球化的内涵

经济全球化是指在市场经济的基础上，生产要素在全世界范围内的自由流动与合理配置，使各国经济相互渗透、相互影响、相互依存，并逐渐消除各种经济壁垒，从而把世界变成一个整体的过程。经济合作与发展组织(OECD)认为，"经济全球化可以被看作一种过程，在这个过程中，经济、市场、技术与通讯形式都越来越具有全球特征，民族性和地方性在减少"。为此，可从三方面理解经济全球化：一是世界各国经济联系的加强和相互依赖程度日益提高；二是各国国内经济规则不断趋于一致；三是国际经济协调机制强化，即各种多边或区域组织对世界经济的协调和约束作用越来越强。总的来讲，经济全球化是指以市场经济为基础，以先进科技和生产力为手段，以发达国家为主导，以最大利润和经济效益为目标，通过分工、贸易、投资、跨国公司和要素流动等，实现各国市场分工与协作，相互融合的过程。

2. 经济全球化的主要特征

经济全球化,实际上是一个市场经济全球化的运行过程。也就是说,市场经济已经发展到必须超越一国范围,并在全球范围内确保生产要素自由流动和合理配置,追求全球范围内的生产要素效益最大化。

(1) 生产经营全球化。

生产经营全球化主要表现为传统的国际分工正在演变成为世界性的分工。它包括以下几个方面。

① 国际分工的内容发生变化。国际分工从传统的以自然资源为基础的分工逐步发展成为以现代工艺、技术为基础的分工;从产业各部门间的分工发展到各个产业部门内部的和以产品专业化为基础的分工;从沿着产品界限进行的分工发展到沿着生产要素界限进行的分工;从生产领域分工发展到服务部门分工。

② 国际分工的形成机制发生变化。即由市场自发力量决定的分工,向由企业(主要是由跨国公司)经营的分工和由地区经贸集团成员组织的分工发展,并出现了协议性分工。

③ 水平型分工成为国际分工的主要形式,其内容为产品型号的分工,产品零、部件的分工和产品工艺流程的分工。世界性的国际分工使各国成为世界生产的一部分,成为商品价值链中的一个环节。它有利于世界各国充分发挥优势,节约社会劳动,使生产要素达到合理配置,提高经济效益,促进世界经济的发展。

(2) 世界多边贸易体制形成。

① 国际贸易对世界经济的拉动作用增强。它表现为国际贸易增长率大大高于世界经济增长率。进入 21 世纪,世界货物出口值指数、世界生产指数上升快,世界贸易出口量年均增长率为 6%;同期世界各国国内生产总值年均增长率为 1%。

② 服务贸易发展迅速和国际货物贸易交换品种多样化。近年来,世界服务贸易额迅速增加,在国际大贸易(货物与服务)中的比重逐年增加。

③ 发达国家同类货物相互交换增加。主要的经济贸易大国一般既是某类商品的主要出口国,也是该类商品的主要进口国。

④ 国际贸易趋同化。它表现为电子化贸易手段普遍使用,电子数据交换(Electronic Data Interchange,EDI)已在国际贸易中广泛使用,其他如电子商务、电子合同与支票、电子资金转账(Electronic Funds Transfer,ETF)等已在许多国家开始使用,ISO 9000 系列成为国际贸易商品的共同标准;贸易合同已标准化。

⑤ 多边贸易体制正式确立。1995 年 1 月 1 日诞生的世界贸易组织,标志着世界贸易进一步规范化,世界贸易体制开始形成。世界贸易组织不但是贸易体制的组织基础和法律基础,还是众多贸易协定的管理者,各成员贸易立法的监督者。因此,世界贸易组织的建立,标志着一个以贸易自由化为中心,囊括当今世界贸易诸多领域的多边贸易体制大框架已经构筑起来。

(3) 各国金融融合速度加快。

① 金融国际化进程加快。20世纪90年代以来，发达国家的大银行根据《巴塞尔协议》的要求，开始了大规模合并、收购活动，以提高效益。例如，法国里昂信贷银行买下了大通曼哈顿银行在比利时和荷兰的附属机构；德意志银行、巴克莱银行和国民西敏寺银行也吞并了一些欧洲其他国家的小银行，以扩大在欧洲的业务。为了提高本国银行的竞争力，很多国家对于大银行的合并表示了支持的态度。近年来，世界排名前二百的大银行之间发生过近30次合并。

② 地区性经贸集团的金融业出现一体化。例如，欧盟统一大市场建立后，欧盟的银行、证券公司和投资公司等金融机构可在欧盟内经营不受国界限制的保险和投资业务，美国和日本的银行则可通过收购、兼并等形式加紧渗透欧洲市场，欧洲的金融市场将演变为真正的国际金融市场。

③ 金融市场扩张迅速。随着科学技术的进步，特别是信息网络化的普及，金融市场的参与人数与参与金额迅猛增长。

(4) 全球性投资活动增加。

在经济全球化进程中，全球性投资活动的主要特点是：投资成为经济发展和新的增长点。国际直接投资的年均额与国际贸易的年均额之间的差距在缩小，国际直接投资额年均增长率高于国际贸易额年均增长率。

1.2.2 跨国公司的强力推动

跨国公司是世界经济发展到一定历史阶段的产物。20世纪90年代以来，贸易、投资、金融等行业的自由化和信息网络化进程大大加快，跨国公司的作用进一步加强。统计显示，发展中国家和转轨国家拥有的跨国公司虽有所增多，但大型跨国公司却集中在主要发达资本主义国家。

现阶段跨国公司的主要特点如下所述。

1. 跨国公司的竞争力与影响力越来越大

跨国公司对世界各国经济发展的影响越来越大。目前，世界上100个最大经济实体中，多数是跨国公司。

2. 跨国公司拥有强大的科技创新能力

跨国公司由于具有庞大的资产规模和抗风险能力，能够进行大量的研发投资，通过技术创新，从而达到技术领先与技术垄断的目的。

知识产权已成为跨国公司控制世界经济的重要手段之一。另外，信息化也起着增强跨国公司权利的作用，信息技术革命已经成为强化跨国公司影响力的新手段。

3. 跨国公司成为全球投资贸易主角

在网络经济中,跨国企业组织与外部环境之间不存在明确的边界,个人或组织可通过网络穿过组织边界,与外部环境相联系,这种边界的模糊性使企业内的任何组织和个体都可以成为社会经济网络的节点,从而为组织和个人提供了实现更大发展的契机。

事实上,发达国家的网络经济结构的成长遵循从以信息工业为主的阶段(初级阶段)到以信息服务业为主的阶段(中级阶段)再到以信息开发业为主的阶段(高级阶段),这一结构性演变过程反映了网络经济发展的内在规律。

1.3 网络金融的产生和发展

网络金融的产生和发展有赖于网络产业服务商、网络金融服务企业、金融管理机构、网络用户消费群和网络金融服务市场等。

1.3.1 网络金融的产生

随着计算机网络的广泛应用,金融活动也开始在网上实现,进而形成了网络金融。它是网络信息技术与现代金融相结合的产物,是适应电子商务发展需要而产生的网络时代的金融运行模式;网络金融是未来金融业发展的一个重要方向。

1. 网络金融产生的条件

(1) 网络和信息技术为网络金融提供了技术基础。

随着信息技术的发展,用户对在线的、实时的网络金融服务需求越来越强烈。而对于金融机构来讲,为客户提供网上服务一方面意味着客户的学习能力在不断增强,这使得金融机构推行新的金融服务品种更加容易;另一方面也是金融业面对激烈市场竞争的需要,网络金融机构可以为客户提供更快捷、更方便的服务,以避免自己的客户被竞争对手吸引走。

(2) 网络经济的深化和电子商务的发展催生了网络银行。

① 随着网络经济的来临,商业银行面临着由于新技术的发展和运用而带来的技术性"脱媒"危机。众多有实力的公司开始向曾经被银行垄断的支付体系进军,以崭新的运行模式挑战传统商业银行的支付中介地位。

② 电子商务具有的实时交易特征,要求更高效率的支付服务,甚至要求实现零时差的实时资金清算。

③ 电子商务突破了空间的限制，互联网的触角几乎延伸到世界的每一个角落，如何安全、高效地实现跨国界资金划拨和清算将是网络经济时代向传统银行支付体系提出的挑战。

在商务交易中，资金的支付是完成交易的重要环节，电子商务强调支付过程和支付手段的电子化与网络化处理。

(3) 银行等金融机构自身的长足发展为网络银行的产生奠定了基础。

近些年来，伴随着信息技术的迅猛发展，银行等金融机构也得到了长足的发展，这也为网络银行的发展奠定了基础，创造了条件。

2. 网络金融业务的界定

现代金融业依赖信息传递的先天特征，决定了金融机构具有跟踪技术进步和升级换代的迫切需求。所以，互联网及网络经济活动出现以后，银行、证券、保险、期货、投资咨询等所有金融部门都表现出充分的热情，进行了较为深入的实践，从而形成了一个松散的网络金融业务群落。

网络金融业务包括由传统金融机构和部分金融软件商通过互联网等公共信息网络提供的各种传统或创新的银行业务、证券业务、保险业务、期货经纪业务及投资理财咨询等其他附加性的金融服务。

3. 网络金融业务的性质

对一个提供综合信息服务的网站来说，其形象设计、网站构造、反馈机制等网络性因素是决定其成败的关键；而对一个纯商务网站来说，后台资源的整合调配能力、销售定位的准确度及融资能力则成为衡量其优劣的主要标准。

网络金融业务毫无疑问属于后者。网络性业务偏重的是对注意力的营销，是感官的集结；而交易性业务看重的是忠诚度。金融交易是金融机构的核心业务和特许业务，以此为中心，去判断网络金融服务各部分和各环节的价值，才能有一个准确的模式定位。网络金融服务的特色可以简单地概括为 3A 式服务，即在任何时间(Anytime)、任何地点(Anywhere)提供任何方式(Anyhow)的金融服务。

4. 网络金融涉及的业务和涵盖的领域

网络金融的内容是网络金融活动所涉及的业务和涵盖的领域。网络金融是网络与金融相结合的产物，但它不是两者的简单相加。从狭义上来说，网络金融是金融与网络技术全面发展的产物，包括网络银行(表 1-3)、网络证券、网络保险、网络支付、网络结算、网络理财及网络期货等相关的金融业务内容；从广义上来说，网络金融包括网络金融活动涉及的所有业务和领域。

表 1-3　网络银行系统的一般性功能

一、公共信息服务	二、企业客户业务	三、个人客户业务
公用信息发布 银行业务介绍存款利率发布 贷款利率发布 外汇牌价发布 外汇利率发布 外汇买卖牌价 分行或营业所分布情况 ATM 分布情况 银行特约商户 国债情况 最新经济快递 客户信箱服务	1．客户查询业务： 　账户信息查询 　查询账户余额 　查询账户近期进出账汇总信息 　查询账户当日进出账情况 　支票信息查询 　支票使用信息查询	1．个人业务查询： 　金融卡个人理财业务 　金融卡个人理财业务查询 　查询账户基本信息 　查询某存款子账户信息 　查询所有存款子账户信息 　查询贷款子账户立账 　下载对账单
	2．客户转账业务： 　客户内部转账 　客户贷款部分还款 　客户贷款还清 　客户转出记账	2．储蓄理财转账业务： 　活期转定期 　活期转整整 　活期转零整 　活期转存本 　活期转零整续存 　定期转活期 　整整转活期 　零整转活期 　存本转活期 　活期还贷款 　申请贷款转活期 　口头挂失 　修改密码
	3．客户金融咨询服务	3．金融卡理财业务代收代缴业务： 　申办代缴各种费用 　代缴各种费用
	4．客户其他业务： 　网上支票核查 　网上修改电话银行密码 　提取大额现金预告 　转收大额现金预告 　上传代缴税费数据	4．个人储蓄业务： 　个人储蓄业务查询 　查询存款账户信息 　查询未登折信息 　查询存款账户历史明细信息 　查询贷款账户信息 　修改账户密码 　账户挂失与解除挂失
	5．银行其他业务： 　贷款催收预告 　汇票预告	5．公积金贷款业务
	6．客户意见反馈服务	6．金融卡消费业务
		7．客户金融咨询服务
		8．客户意见反馈服务

网络经济时代对金融服务的要求可以简单概括为在任何时间、任何地点以任何方式提供全方位的金融服务。显然，这种要求只能在网络上实现，而且这种服务需求也促进了传统金融业的大规模调整，主要表现在更大范围内、更高程度上运用和依托网络拓展金融业务，而且这种金融业务必须是全方位的，覆盖银行、证券、保险、理财等各个领域的"大金融"服务。具体来看，网络金融活动包括以下几个方面。

(1) 金融服务。网络银行服务、网络支付、个人财务管理、财务会计管理。
(2) 保险服务。保险代理服务、网上报价、理财管理。
(3) 投资理财服务。网上证券与期货交易、委托投资、网上投资、财产管理。
(4) 金融信息服务。发布与统计信息、咨询、评估与论证管理。

1.3.2 网络金融的发展过程

20 世纪，信息技术应用于金融业大体经历了 3 个发展阶段，即辅助金融机构业务和管理阶段、金融机构电子化阶段和网络金融初级发展阶段。

1. 辅助金融机构业务和管理阶段

信息技术在金融业的推广是从计算机的单机应用开始的。传统的金融业是采用手工操作的，20 世纪 50 年代计算机开始应用于金融业务的处理和管理。在金融机构业务中的记账、结算等环节，使用计算机作为辅助手段，可以提高速度、减轻人力负担、减少差错、改进工作效率。20 世纪 60 年代，计算机应用又从单机处理发展到联机系统，该系统向纵横延伸，金融机构对内在总部与分支机构、营业站点之间发展了存、贷、汇等联机业务，对外在不同金融机构之间实行了通存通贷等联行业务。

2. 金融机构电子化阶段

从 20 世纪 80 年代后期到 90 年代中后期，金融业的主体——银行逐渐实现了电子化。这个阶段的发展与个人计算机、信用卡、电子货币等新型信息化手段的普及有关。银行陆续推出了以自助方式为主的 PC 银行(即在线银行服务)、自动柜员机(ATM)、销售终端系统(POS)、企业银行(FB)、家庭银行(HB)等电子网络金融服务。这些服务方式的功能越来越多样化。

3. 网络金融的初级发展阶段

互联网商业性应用的发展，促使了网络金融的诞生。从 20 世纪 90 年代中期开始，传统金融开始向网络金融转变。以银行为例，世界上第一家网络银行——美国安全第一网络银行(Security First Network Bank, SFNB)于 1995 年在美国亚特兰大开业之后，欧洲、日本、新加坡等地也陆续兴起了网络金融。

在网络金融发展的初级阶段，因为单纯由传统的金融机构或高新技术公司开展网络金融业务需要一定的过程，甚至存在一定的行业壁垒，所以，出现了由传统的金融机构与高新技术公司合作创办的纯虚拟金融机构，二者通过纯虚拟金融机构合作开展网络金融服务。

4. 发展网络金融的必然性

网络金融的发展有其必然性,即网络金融的发展是由网络经济和电子商务发展的内在规律所决定的,可以从以下 3 个方面加以分析。

(1) 在电子商务和物流体系中网络金融是必不可少的一个环节。完整的电子商务物流活动一般包括商务信息、资金支付和商品配送 3 个阶段,表现为信息流、资金流和物流 3 个方面。银行能够在网上提供电子支付服务是电子商务中的最关键要素,起着连接买卖双方的纽带作用。可见,网络金融会是未来金融业的主要运行模式。

(2) 电子商务的发展改变了金融市场的竞争格局,促使金融业走向网络化。电子商务使网上交易摆脱了时间和空间的限制,获得信息的成本比传统商务运行方式大大降低,表现在金融市场上直接融资的活动比以前大大增加,金融的资金中介作用被削弱,出现了脱媒现象。电子商务的出现动摇了传统金融行为在价值链中的地位,使传统金融机构失去了在市场竞争中所具有的信息优势。

(3) 降低成本是网络金融一大吸引力。建立一个金融网站,可以做到每天应对数以万计的用户查询和交易业务而不降低服务质量,同时使交易成本大大降低。电子商务的发展使金融机构大大降低了经营成本,提高了经营效率,这是网络金融得以产生并迅速发展的最主要原因。

1.4 网络金融的特点和作用

网络金融开启了金融服务的新时代。无论是生产者还是消费者,商家还是客户,都明显感受到了网络金融所带来的效率、效益和便利。网络金融的主体是银行,网络金融的先行者也是银行,银行在网络金融的发展中一直起着主导作用。

1.4.1 网络金融的特点

某银行曾对用户做了一个专项调查,结果显示,客户对网络银行服务的满意程度大大超过了传统银行。调查中假设对传统银行的金融服务满意指数为 100,则电话银行服务的满意指数为 120,自动柜员机服务的满意指数为 200,网络银行服务的满意指数则在 210 之上。因此,网络金融机构的品牌形象和服务质量十分重要。从整体的角度考察,网络金融主要具有以下特点。

1. 金融活动不受时空限制

这是网络金融最突出,也是给金融客户和金融机构从业人员感受最直接的特点。只要有互联网,个人无须在特定的金融场所、用特定的金融票据、特定和有形的金融钱币进行交易,只要手持一个电子终端(手机、笔记本电脑等),无论是天涯海角,还是白天黑夜,只要按几下按钮,交易即可完成。"3A 金融""日不落金融"就是对网络金融不受时空限制这一突出特点的形象概括。

2. 金融业务处理高效化

网络金融由于其运作手段的系统化、电子化、自动化，业务处理效率极高。从业务处理的类型上讲，无论是 B to B(商户对商户)，还是 B to C(商户对客户)，或是 C to C(客户对客户)、B in B(商户内部业务管理)、C in C(客户内部查询及业务处理)等，网络金融都是十分高效的。例如，美国富国银行办理网上房屋贷款批复业务只需 50 秒；而美国第一银行则宣称，其网上贷款业务 25 秒即可办妥。在网络证券业务中，任何客户均可在几秒内完成一单股票的交易和资金交割；而任何一位客户也可在一分钟之内完成一单银行存款与证券保证金之间的调动。至于网络银行的余额查询业务，那就更简单快捷了，用手机登录并输入密码即可完成。正是因为网络金融业务处理的高效，以前传统金融支付业务中所谓的"在途资金"(交付过程中的资金)已不再存在。

3. 金融品种多样化

网络金融不受时空限制，运行高效，又具有创新的本质特征，它与电子技术、网络技术的不断更新发展结合，使金融品种呈现出特别丰富和不断推陈出新的状态。例如，从银行业来讲，以前提供给个人的服务品种不外乎是存、取、贷几种，存款服务也不过是定、活、定活两便 3 种；而网络银行的个人服务品种可达上百种。这种情况下，出现了一种促使金融机构"服务全能化"或"混业化"的趋势，这在国外金融界率先流行，国外的银行不仅有传统的存、贷、汇、兑业务，还有证券包销、证券经纪、财务顾问、企业并购、基金管理、信托投资、租赁、保险甚至商品采购、产品销售等业务。中国的金融机构虽然相关业务开展较晚，但发展很快。

4. 金融服务低成本化

网络金融由于是在网上处理业务，因此不需要豪华的办公场所，不需要很多的员工，也不需要遍布街巷的分支机构或营业网点，这就大大节约了金融机构的投资成本、营业成本、人力成本和管理成本。比如，美国网络银行的开办费只是传统银行的 1/20 甚至 1/40；美国传统银行开设一个分支机构，平均需 200 万美元，而网络服务公司 5 万美元即可为任何商业银行建立一个网络银行。另外，统计资料还显示，网络银行的业务成本为传统银行的 1/12；在业务成本占收入的比例上，网络银行只是传统银行的 1/3 至 1/4。

5. 金融服务个性化

服务个性化是网络金融服务领域的一大特点。如网络银行用户可以根据个人或本企业的需要订阅货币存贷利率浮动信息、投资信息及金融动态等；网络证券用户也可根据自己所需从网上搜索个股信息、各种股市指数、股市交易即时数据和股市新闻等。网络金融的业务个性化也很普遍，如网络保险就可为个人或家庭量身定做，保险方案做得既迅速又准确；网络期货可以根据客户需要设计各种运作计划。同时，金融服务的个性化与金融品种的多样化是相辅相成、互相促进的；品种的多样化推动服务的个性化，而服务的个性化则要求并促进品种的进一步多样化。

6. 金融交易直接化

在传统的金融活动中,金融机构常常充当中介和桥梁的角色来开展金融业务,但在网络金融活动中,金融机构逐渐失去传统的中介作用。如企业的融资,就无须金融机构的参与,融资者和投资者双方可在网络上直接联系;又如企业之间的经济来往和金融结算,也无须通过银行来办理,双方在网上直接过账即可;还有现在很多的个人购物和缴费业务,如信用卡购物、网上购物、手机通信缴费等都可以在网上进行。

7. 金融活动全球化

经济全球化或贸易全球化是金融全球化的社会基础,而网络技术则是金融全球化的支撑条件。现在,利用互联网可以将金融业务延伸至全世界每个角落。具体地说,金融活动全球化主要表现在以下几个方面。

(1) 客户的全球化。国际的经济合作与贸易产生了分布全球的金融客户。
(2) 业务的全球化。经济的全球化导致了金融的全球化。
(3) 交易的全球化。由于网络金融没有时空限制,网络货币也不受国境(海关)限制,所以只要有网络和计算机,甚至只要有手机,交易就可在全球任何一个地方进行。
(4) 利润的全球化。由于客户、业务和交易是全球化的,利润来源自然也会形成全球化的结构。
(5) 运作模式的全球化。因为网络金融在全世界都是一个新事物,各国的差别不大,国际模式容易通行,因此网络金融在运作方式、经营理念和管理体制等方面全球化特征比较突出。

8. 金融行业之间的界限日趋模糊化

网络金融的方便、高效,自动化程度高和不受时空限制,使得金融机构、金融行业之间的界限日趋模糊。传统的金融机构如银行、证券公司、保险公司、基金公司、信托公司等是界限分明的,业务开展也是各行其道,但在网络金融的条件下,金融机构的界限及其业务范围已相互渗透、相互交叉或相互混合。如网络银行既可以搞存、贷、结算,也可以做保险、基金、信托。1999 年 11 月 4 日,美国国会正式通过了《金融服务现代化法案》,接受现实中金融机构混业经营的做法,并从立法基础上推动金融服务的综合性。目前,国外的企业也可以申请组建金融机构,从而使传统观念上的金融机构的概念在网络金融条件下更加模糊;金融机构之间,以及金融机构与企业之间的界限也因为网络的介入而变得模糊起来,形成"你中有我,我中有你"的局面。

9. 金融信息公开化

在传统的金融活动中,客户在办理业务前对相关金融信息(如贷款额度、拆借利率、外汇政策、股情披露、股市状态、保险责任、理赔程序、期货指数及各种金融业务品种交易信息等)知之甚少或者是一知半解。但在网络金融环境下,无论是网络银行、网络证券,还是网络保险、网络期货,或其他网络金融机构与网络金融市场,其信息都是全面公开的。

银行的信息化可以分为5个层次，如图1.1所示。

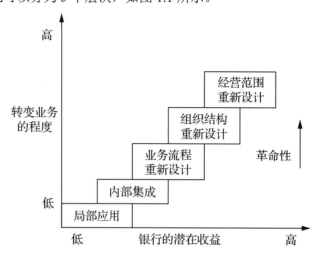

图1.1 银行信息化的层次

10. 金融管理的风险

网络金融方便、高效，不受时空限制，但同时网络的电子化和虚拟性也带来了安全隐患和业务风险。网络金融的风险可分为两类：一是网络系统安全风险(与股市"系统风险"不是同一个概念)，二是网络金融业务运作风险。从网络系统安全风险性上讲，网络系统的技术稳定性风险，如处理器的安全性、保密设计技术的安全性、硬件系统的安全性、软件系统的安全性，以及系统停机、抗磁盘列阵崩溃、病毒侵袭等都是有风险的。特别是处理器技术，许多国家包括我国是从美国进口的，这就十分被动，随时都可能"受制于人"。因此，开发有自主知识产权的芯片确实具有重要的战略意义。另外，来自金融机构内部及外部的数字攻击问题也比较突出。网络金融机构的内部人员及网络金融机构外部的黑客(Hacker)作案技术和手段越来越高明，其破坏性和攻击力也越来越强。目前，国内外网络金融机构都设置了分层安全管理，其管理模型如图1.2所示。

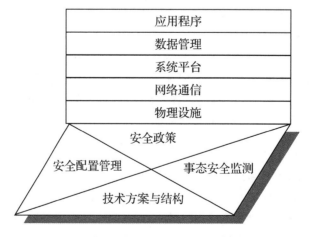

图1.2 网络金融分层安全管理模型

1.4.2 网络金融对经济系统的作用

网络金融是网络经济的组成部分,也是网络经济活动的核心和中枢。同时,对整个经济系统来说,网络金融也有着巨大的作用和深刻的影响。

1. 网络金融是经济运行的加速器

网络金融最突出的特点是高效化和不受时空限制。因此,网络金融与经济活动的结合,使经济运行大大提速。具体来说,这种加速现象主要表现为以下几个方面。

(1) 投融资决策时间缩短,效率提高。在网络环境下,相关投融资决策的宏观和微观信息的收集、选择、比较、反馈等环节的运作速度大大加快。过去需要几天、几周甚至几个月才能完成的事情,在网络金融系统中也许几个小时甚至几分钟就可完成。

(2) 资金流通速度提高。任何经济运行都离不开物资流、资金流和信息流,对现代经济运行来说,资金流和信息流的地位尤其突出和重要。网络金融环境下的资金流通速度大幅提升,资金调拨、划转、交割、清算等业务可瞬时完成。

(3) 资金周转速度加快。以前一笔资金一个月或一年才使用一次,而网络金融中的资金一个月或一年可以周转或回笼十次甚至几十次,真正达到并超越了"货(币)如轮转"的良性循环状态。

(4) 商业的繁荣。对于商家来说,网络金融,特别是电子货币系统(信用卡、智能卡、POS、ATM 等)在日常生活领域中使用范围的不断扩大,使各行业的商机大大增加,市场更加繁荣。

(5) 消费更加便利,刺激和扩大了社会需求。对于广大消费者来说,由于网络金融创造了非常便利的购物结算手段,消费者不仅可以用卡(各种信用卡、消费卡、积分卡等)消费,而且可用 PC 端或手机端的结算方式(消费)购物,消费、结算都更加方便,这无疑大大刺激了人们的消费欲望,增加了商品的销售量和流通量。

(6) 推动了电子商务和以网络技术为基础的新经济的快速增长。随着网络金融的推广和上网企业、商家和个人数量的不断增加,以网上采购、销售或消费为主要形式的电子商务也快速增长。

(7) 促进了高新科技和风险投资行业的高速发展。高新科技产业的产生与成长,离不开灵活、高效和较大规模的金融市场的支持,也离不开灵敏、开拓性强的风险投资业的支撑。而网络金融则是最能满足上述要求的金融形式。它不但灵活、高效,而且信息掌握全面,搜索信息和反馈信息速度很快,便于高效和灵活地操作,由此提高投资决策效率,推动高新科技产业和风险投资行业的繁荣发展。

(8) 加速了经济活动的国际化和国际贸易的高效化。网络金融的"无国界性"是有史以来第一次真正地实现了"经济全球化"或"市场国际化"。有网络金融的支撑,任何商家都可以足不出户地同全世界客户做生意、谈项目、搞合作。网络金融对世界经济一体化和高效化的贡献是显而易见的。

2. 网络金融促进了经济结构的优化

信息技术与金融的结合产生了网络金融。网络金融不仅是新经济的一部分，也是整个经济发展的一个新元素。这一经济新元素对经济结构产生了积极的作用，带来了积极的变化。这些变化主要表现在以下5个方面。

(1) 产业结构。网络金融大大促进了商业、服务业等第三产业部门的发展，使第三产业在整个国民经济总量中所占比重有所增加。不但网络金融的四大行业(即网络银行、网络证券、网络保险、网络期货)的产业份额在不断扩大，与网络金融相关的电子商务和日常消费行业的经济规模也在快速扩大。

(2) 技术结构。网络金融及其相关的电子商务和信息产业都是高新技术密集的行业，而且这些高新技术还在不断发展、创新和扩张。由此使经济结构中高新技术的比例持续增大。

(3) 产品结构。网络金融促进产品向智力型、知识型和服务型方向升级。一方面，网络金融本身就是智力型、知识型的产业，网络金融服务就是智力型、知识型的服务。另一方面，与网络金融密切相关的电子商务、信息产业和生物、医药、新材料、新能源等高新技术产业也是智力型、知识型的产物。这些产业的发展改变了以往物质型和实体型为主的产品结构。

(4) 就业结构。网络金融及其相关产业的发展，增加了新的知识型和服务型的就业岗位，包括研发工作岗位等，这又显著地改变了以往第一、第二产业唱主角的就业结构。目前，从事网络金融和电子商务工作的人员数量已超过第一、第二产业从业人员数量。

(5) 消费结构。网络金融还明显改变了商品的交换结构和居民的消费结构。从商品的交换结构角度来说，以网络金融为代表的各类现代金融产品(包括服务)及其相关网络产品、通信产品、娱乐产品、文化产品等，在社会商品零售额中的比重越来越大。

3. 网络金融加快了经济现代化进程

在经济现代化的发展进程中，网络金融起到了积极的推动作用，主要表现在以下几个方面。

(1) 网络金融促进了经济活动的信息化、知识化和数字化。传统金融业务在场地、人力、时间等方面消耗颇多，而网络金融可以通过网络解决这些问题。网络金融的这种特性直接带动了相关产业和服务业的现代化，如电子商务、网络医疗、网络拍卖、网络教育、网络图书馆等。

(2) 网络金融促进了经济活动的阳光化和透明化。如前所述，网络金融的重要特点就是金融信息的公开化，这也是网络金融的基础和基本运作条件。网络金融业务的信息要公开、真实，要平等对待每一位客户。网络金融的阳光化、透明化促进了整个经济活动的阳光化、透明化。

(3) 网络金融使经济活动更加节能和环保。根据美国统计发现，1997—1998年，美国的 GDP 增长了 4%，但同期的能源消耗却几乎没有增长。美国专家研究分析后认为网络提高了效率，节约了时间，减少了物流，节约了能源。网络金融及其相关产业(如电子商务)对环境的影响小，因此，网络金融对环境保护和生态平衡的贡献也是显而易见的。

(4) 网络金融加快了发展中国家追赶发达国家的速度。在传统经济中，发展中国家与发达国家的差距是累积形成的，通常情况下，追赶也是循序渐进的。而网络金融在发展中国家和经济发达国家的起步时间相差并不大。

4. 网络金融为宏观经济调控提供了新的手段和杠杆

宏观经济调控主要使用计划、财政和金融等方法或手段，而网络金融作为新兴的金融形态，在宏观经济调控中起着相当大的作用。这种作用主要表现在以下 5 个方面。

(1) 通过网络金融中的网络银行(货币市场)、网络证券(证券市场)、网络期货(期货市场)、网络保险(保险市场)及网络产权市场、网络技术市场，实现对投、融资活动的及时了解和调控。

(2) 通过网络金融中电子货币流量及支付形式和支付方式的调节、控制，实现对投、融资和社会需求的调控。

(3) 通过网络金融中电子货币总供给量的收放控制，实施对居民消费和储蓄的调节。

(4) 通过网络金融的运作机制，加强对财税资金管理及资金运行的效率化和科学调配。

(5) 利用网络金融中电子货币流通快、功能强的特点，增加全社会的电子货币持有量，减少传统货币的发行量，发挥对通货膨胀的抑制作用。

5. 网络金融提高了企业的素质和经营效益

网络金融是新技术的产物，它与企业的结合，使企业运作的效率、效益和企业的素质得以明显提高，其主要表现如下所述。

(1) 网络金融推动了企业的业务创新。据不完全统计，自网络金融问世以来，网络银行、网络证券、网络保险、网络期货等适应市场的新业务超过 300 种，受到了社会的普遍欢迎。例如，美国通用电气公司，以前的主要业务是机电设备制造，但在网络经济发展的新形势下开拓了网络金融服务，推出大量网络理财服务，成功地实现转型。

(2) 网络金融促进了企业的体制创新和管理创新。网络金融使企业的资金和财务管理变得相对简便和明晰，企业的产销运作相对灵活和直接。从企业内部的促进作用来讲，网络金融促使企业，特别是有一定规模的企业的管理体制产生相应的变革，使原来官僚化的、烦琐的多层次管理体制变成高效的"扁平化"管理体制，使决策层与操作层的垂直距离大大缩短，从而提高了企业效益。而从企业外部或企业之间的促进作用讲，网络金融高平面分布的"横向革命性"联系功能，使企业合并动力增加，其原因之一就在于网络金融能节省人力、物力和财力，减少管理层。在体制创新和管理创新方面较典型的例子就是戴尔公司。

(3) 网络金融可以大幅降低企业经营成本。这在金融企业尤其明显。例如，银行业大多要用一半的管理费来管理现金(清点、运输、保管等)，但如果充分发挥网络金融和电子货币的功能，无疑能大大降低此项成本。又如，网络金融业务的直接成本也比传统方式节约得多。再如，在工商企业中，网络金融及电子商务的运用也可大大减少中间环节，节约中间耗费和管理费用。

1.5 网络金融业的发展现状

网络金融的发展现状主要是指网络金融发展过程中的第三阶段，即"网络化阶段"的现实状况。

网络银行、网络证券、网络保险和网络期货是网络金融的四大主要产业，网络金融的现状可以从对这几个具体行业的考察中得以了解。

1.5.1 网络银行的发展与创新

所谓网络银行，英文为 Internet Bank 或 Network Bank，有的还称为 Web Bank，中文叫网上银行或在线银行。它是指一种依托信息技术和互联网的发展，主要基于互联网平台提供和开展各种金融服务的新型银行机构与服务形式。也可以说，网络银行是银行利用互联网将客户的计算机终端连接到银行网站，将银行的金融服务直接送到客户办公室、家中和手中的金融服务系统。

随着互联网的广泛应用，1995年在美国诞生了第一家网络银行——SFNB，这是世界上第一家将其所有银行业务都通过互联网交易处理的开放性银行。受其影响，欧美其他商业银行纷纷做出积极反应，绝大部分有影响力的商业银行都陆续建立了自己的网络银行。

1.5.2 网络证券业务的拓展

网络证券，又称网上证券，它是通过互联网进行的各种证券信息服务和证券交易活动的总称，包括股市行情、相关市场资讯、股票投资咨询、网上交易委托等。从时间上讲，由于网络证券和网络银行的技术基础都是互联网，因此，两者的诞生基本上是同时的。

1994年，美国的查尔斯·斯沃伯公司开始办理网上证券经纪业务。美国是网上证券交易最发达、规模最大的国家。中国的网络证券起步稍晚，1997年3月，广东湛江的中国华融信托公司湛江营业部率先推出视聆通网络交易系统，标志着我国网上证券的诞生。

1.5.3 网络保险方兴未艾

网络保险是新兴的一种以计算机网络为媒介的保险营销模式，有别于传统的保险代理人营销模式。

网络保险的产生和发展是一种历史趋势，它代表了国际保险业的发展方向。目前，国内的保险网站大致可分为两大类：第一类是保险公司的自建网站，主要推销自家险种，如平安保险的"PA18"、泰康人寿保险的"泰康在线"等；第二类是独立的第三方保险网站，是由专业的互联网服务供应商(ISP)出资成立的保险网站，不属于任何保险公司，但也提供保险服务，如易保、网险等。很明显，以上这两大类网站代表了中国网络保险的发展水平，只有对它们的实施策略及市场运作方式进行理性、客观的研究分析，才能深刻地把握中国网络保险的发展状况。

网络保险的核心概念是指保险机构以互联网为操作平台，向客户提供保险业务的各种服务活动，其中包括保险信息咨询、保险计划书设计、投保签单、在线交费、承保、核保、理赔、保单查询、保金变更、退保、续保及投诉等。边缘一点或广义的概念还包括保险机构本身的网络化管理，如内部资料收集、统计分析、经营管理、业务培训，与银行和其他业务单位的交易，与工商、税务等行政部门的联系与交流。一般来说，网络保险主要指前者。美国是互联网发展的先驱，也是网络保险的先行者。

20世纪90年代初，美国的保险公司就开始提供网上保险咨询。1995年2月，美籍埃及人侯赛因·安南在美国加州的红杉城与人合办了世界上第一个，也是目前全美最大的网络保险专业网站，为保险公司和客户提供网上交易平台。1996年，美国国民第一证券银行首创网上保险直销，前10个月，保费收入就达1500万美元。同年，全球最大的保险及资产管理公司法国安盛集团也紧随其后推出了网上保险业务。

1.5.4 网络期货逐步发展

网络期货是指在互联网上进行期货信息交流和期货交易的经济活动。从理论上讲，所有可用传统方式交易的期货都可借助网络来进行。期货品种较多，一般可分为金融期货和商品期货两大类。金融期货中有股票期货、外汇期汇、债券期货、利率期货、指数期货、股票期货等；商品期货中有农产品期货、金属期货、燃料期货等。而农产品期货又可细分为作物品种期货，如大豆、玉米、小麦、绿豆、花生仁等；燃料期货可分为石油、煤炭、天然气等品种；金属期货可分为黑色金属、有色金属两类，黑色金属又可分为钢、铁两个品种，有色金属可分为铜、铝等品种。

网络期货在发达国家较早兴起。1994年，美国纽约两家最大的期货交易所——纽约商业交易所和纽约期货交易所合并，并推出了网上期货行情查询和部分品种的网上期货交易。不久，芝加哥期货交易所推出了世界上第一个网上交易网站。1998年，德国期货交易所和瑞士期权与金融期货交易所合并，成立了欧洲期货交易所，也开始做网上期货业务。日本在20世纪90年代中期就有不少期货公司和金融机构利用公司网站提供网上期货服务，如东京大众、太阳大众和软银金融。2000年9月，这3家公司又共同出资7亿日元联合成立了日本第一家专门的网络期货交易公司。目前，国外期货交易所和期货公司90%以上能提供网络交易服务，网络期货交易量超过了总交易量的30%。

虽然电子交易系统完整记录了投资者交易的过程及结果，但由于电子交易数据存储介质的特殊性，因此，对于期货经纪公司而言，为便于管理和固定交易结果，仍应在交易的过程中定期让投资者签署确认交易报告书；交易结束后，在办理账户清结手续时，与投资者签订书面的文件，就交易的过程和结果进行最终确定。

对于电子交易数据的保存，应当保持其完整性、原始性——任何对于交易系统或者交易设备的检修或改造，都不应改变这一点，否则，就有可能因交易数据的真实性而出现问题。另外，在诉讼发生时，有必要调取电子交易数据作为证据使用时，为了使这一证据具有更充分的证明力，应该将这一调取的过程进行公证——证明调取的交易数据是原始的交易数据，符合证据的真实性的法律要求。

目前，国内网络期货业务的运作模式主要有两种：一是期货信息增值服务模式，这种模式的运作是期货经纪公司通过网站向期货投资者提供各种期货行情和网上交易辅助系统或辅助通道；二是网上直接交易模式，即，期货投资者通过网站或其他渠道获知期货信息并确定投资意向后，直接在网上向交易所的交易厅下单。

网络金融行业除了上述网络银行、网络证券、网络保险和网络期货外，还有一些正在兴起或成长的边缘性网络产业，如网上产权市场、网上技术市场、网上投资中心、网上拍卖中心、网上集邮市场等。这些网上交易市场与网络金融有关，但算不算网络金融的组成部分，是不是网络金融新的成长因素，都还有待进一步研究和思考。

本 章 小 结

本章重点介绍了网络经济及其应用的概念和网络经济产生的社会背景。通过对网络金融应用的产生与发展和网络金融产生的社会背景的介绍，详细阐述了金融网络体系化和金融通信网络化是网络金融产生与发展的技术基础的理论，金融业务处理自动化和金融业务全球化是网络金融产生的业务基础。同时还简要论述了网络金融形成与发展的物质基础、金融制度创新、网络金融应用与金融业发展的趋势，使读者能正确地了解银行的智能化和虚拟化、证券发行与交易网络化、金融业务综合化与全能化以及金融机构和商业银行的集中化、大型化趋势等，了解网络金融业务的界限模糊、金融市场透明、开放性与安全性并重和加强网络金融监管等重要特征。

关键术语和概念

网络经济　网络经济应用　电子商务　互联网　跨国公司　跨国生产经营　经济全球化　金融市场全球化　网络银行　网络证券　网络保险　网络期货

综合练习题

一、单项选择题

1. 与"知识经济""信息经济""数字经济"和"网络经济"等相比，"（　　）"一词所揭示的，并不是新经济中的本质特征。

  A．信息经济　　　　　　　　　B．后工业经济
  C．注意力经济　　　　　　　　D．网络经济

2．在网络经济下，注意力也成为竞争目标的原因是(   )。

　　A．网络经济是全球化经济

　　B．网络经济是中间层次作用减弱的"直接"经济

　　C．工业文明形成生产过剩导致竞争目标转移

　　D．网络经济是全天候运作的经济

3．经济学界认为，(   )实际上是"网络经济学"的一个分支，甚至更有人把它作为通信经济学的分支加以考虑。

　　A．网络产业经济学　　　　　　　B．网络经济学

　　C．Internet 经济学　　　　　　　D．信息基础结构经济学

4．目前在经济学中出现了用(   )取代 Internet 经济学的新趋势。

　　A．网络产业经济学　　　　　　　B．网络经济学

　　C．Internet 经济学　　　　　　　D．信息基础结构经济学

二、多项选择题

1．新的经济是凭借高速度的网络运行的，而这些网络都建立在(   )的基础上。

　　A．Internet 协议(IP 协议)　　　　B．Internet 应用

　　C．新的市场　　　　　　　　　　D．商业工具

　　E．电子媒介

2．网络经济应用的特征有(   )。

　　A．全天候运行　　　　　　　　　B．直接经济与虚拟经济

　　C．高速稳定　　　　　　　　　　D．经济运行的速度与创新

3．数字化时代的四大特征是(   )。

　　A．分散权力　　B．全球化　　C．追求和谐　　D．赋予权力

4．网络效应的产生及其强弱程度，取决于三个因素：(   )

　　A．网络连接成本　　　　　　　　B．网络的规模

　　C．网络的标准　　　　　　　　　D．网络关联度

5．下列经济形态中出现在后工业经济之后的是(   )。

　　A．农业经济　　　　　　　　　　B．工业经济

　　C．网络经济　　　　　　　　　　D．数字经济

　　E．信息经济　　　　　　　　　　F．注意力经济

三、简述题

1．简述网络经济的特点。
2．简述网络经济的新定律。
3．简述电子商务的构成。
4．简述 EDI 系统的构成要素。

四、思考题

1．信息化时代的基本特征是什么？你的体会是什么？
2．如何正确理解网络经济的新定律？
3．怎样理解金融电子化的成因？谈谈你对金融电子化的展望。
4．试述网络经济应用的具体特征。
5．试述网络经济应用社会基础的内在条件和外在因素。
6．分析经济全球化对网络经济应用的影响。

五、实训题

1．浏览某企业网站、政府网站、院校网站，思考经济社会信息化的问题。
2．结合综合网站的国际经济新闻内容，分析经济全球化的发展变化。
3．查阅若干个我国网络银行网站，熟悉其一般内容和特征。

第 2 章 网 络 银 行

学习目标

了解网络银行的产生与发展,熟悉网络银行的特点、功能与现状,掌握网络银行管理上的一些风险及可采用的手段与原则,以及网络银行在支付结算中的作用。

教学要求

知识要点	能力要求	相关知识
网络银行概述	(1) 理解网络银行的基本概念、特点和创新性 (2) 掌握网络银行与传统银行的区别与联系 (3) 了解网络银行的特点、业务流程	(1) 网上支付功能 (2) 账户交易数据
网络银行的建设、服务与管理	(1) 了解网络银行的主要内容 (2) 了解网络银行、电子商务的关系,掌握基本知识点	(1) 网络银行两种建立模式 (2) 网络银行运行系统结构

章前导读

近年来，随着计算机技术、网络通信技术的迅猛发展，信息的交流与传播在社会经济活动中担负起越来越重要的责任。小到个人的衣食住行，大到单位、组织、国家间的商贸与合作，信息正成为经济生活中最活跃的因素。二十大报告中指出，要"加快发展数字经济，促进数字经济和实体经济深度融合。"有人形象地比喻："我们正步入一个崭新的信息经济时代。"互联网作为一种全球性的、开放式的数字信息交换载体，它的拓展建设和普及应用，特别是对人们传统行为观念的冲击和影响正日益受到广泛关注。伴随着互联网应用环境的日趋成熟，电子商务、电子服务(E-services)等新型商务模式的种类和规模得到了迅速的发展，并逐渐得到大多数人的接受和认可，互联网市场正在成为全球发展最快、规模最大、前景最美好的经济领域。网上购物、网上理财等互联网业务的发展，都要求传统的商业银行或金融机构提供一种基于互联网技术的开放的支付结算服务，也就是提供网上银行服务。

引例

美国安全第一网络银行

1995年10月18日世界首家网络银行—美国安全第一网络银行(SFNB)在美国诞生，银行总部设在亚特兰大市。这家银行没有总部大楼，没有营业部，只有网址，员工也不多。营业厅就是电脑画面，所有交易都是通过网络进行的。又被称为虚拟网络银行或纯网络银行。这类网络银行，一般只有一个具体的办公场所，没有具体的分支机构、银行网点、营业柜台和营业人员。

这类银行的成功主要是靠业务外包及银行联盟，从而减少成本。在SFNB开业的短短几个月内，就有近千万人次的浏览量，虽然其存款额在全美银行界还是微不足道的，但它的存在却证明了一种理想的实现，给世界金融界带来了极大的震撼。

目前，全世界已经有两百多个国家和地区成立了不同规模和不同性质的网络银行，并作为银行业务的重要补充。

2.1 网络银行概述

网络银行是指商业银行通过互联网为客户提供金融产品与金融服务的经营方式。它有分别依附于传统商业银行和纯虚拟银行的两种经营模式。网络银行的低成本和高回报的优势、信用的重要性、提供3A式服务等基本特征是其生存及发展的条件。

2.1.1 网络银行的概念

网络银行,在美国诞生时叫 E-bank,直译为电子银行,它是银行、网络和计算机的三位一体,是网络上的虚拟银行柜台。理论上,用户可以不受时间和空间的限制,只需用一台计算机和一根网线或电话线,就可以享受全天候的网上金融服务。

1. 网络银行的界定

网络银行从初级简单的电话银行,发展到 PC 银行,再到现在的 WAP 银行和目前正在被信息界、金融界广泛讨论的应用蓝牙技术的银行,是一个不断成长、完善的过程。因此,在认识网络银行时,必须用发展的眼光看待问题,而不能局限于某一技术阶段形成的某种特定的银行形式。

广义的网络银行,简单说就是那些利用网络为客户提供产品与服务的银行,其运行结构如图 2.1 所示。这里的"电子网络"包括局域网、内部封闭式网络和开放型网络;这里的"产品与服务"包括 3 个层次,一般的信息和通信服务、简单的银行交易和所有银行业务。

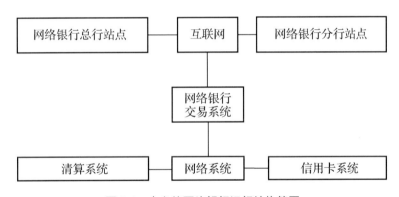

图 2.1 广义的网络银行运行结构简图

狭义的网络银行,是指利用网络,为通过使用计算机、网络电视、机顶盒及其他一些个人数字设备连接上网的消费者,提供一类或几类银行实质性业务的银行。这里的"网络"一般指开放性网络。网络银行又可以称为网上银行、在线银行、电子银行、虚拟银行,它实际上是银行业务在网络上的延伸。

撇开不同概念之间差异的表象,可以认清网络银行的一些基本属性。这些属性包括电子虚拟的服务方式、业务运行环境的开放、业务时空界限的模糊、交易实时处理、交易费用与物理地点非相关等。

从这些属性中可以看出,网络银行不只是将现有银行业务移到网上那样简单,它是金融创新与科技创新相结合的产物,是一种新的银行产业组织形式和银行制度。

2. 网络银行的特点

(1) 3A 式服务。网络银行突破了时间、空间的限制,它利用网络技术将自己和客户连接起来。在各种安全机制的保护下，客户可以随时随地在不同的计算机终端登录互联网办理各项银行业务。

(2) 打破了传统商业银行的结构和运行模式。信息技术是任何规模的银行都可采用的经营工具。传统银行可以用较少的投资购置最好的设备，通过网络连接用户。这种模式是通过网络联系用户，而不是通过设置传统分支机构与用户保持联系。

3. 网络银行的类型

根据不同的划分依据，网络银行可以分为不同的类型。例如，按照服务对象，网络银行可以分为个人银行与企业银行；按业务种类，网络银行可以分为零售银行和批发银行；按建立模式，网络银行可以分为负担银行(即分支型银行)和直接银行(也称纯网络银行和虚拟银行)等。本书针对按建立模式的分类方式来进一步阐述。

网络银行一般有两种建立模式：一种是以互联网为背景的由传统银行开拓的网上银行，即原有的负担银行，它分支机构密集，人员众多，在提供传统银行服务的同时推出网上银行系统，形成营业网点、ATM、POS机、电话银行、网上银行的综合服务体系。目前，无论从全球还是我国的情况看，这种形态占网上银行的绝大多数；另外一种是在传统银行之外以互联网技术为依托的信息时代崛起的直接银行，它的分支机构少甚至没有，人员少而精，采用电话、互联网等高科技服务手段与客户建立密切的联系，提供全方位的金融服务，如图 2.2 所示。还有就是传统银行在互联网上设立网站，介绍银行的自身情况，发布有关金融信息，但在网上没有开设银行业务，充其量只能算作"上网银行"，而不是真正意义上的"网络银行"。

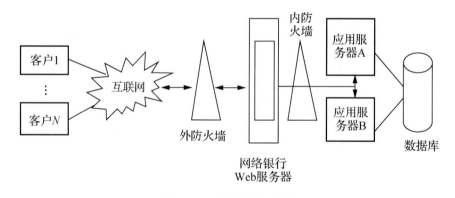

图 2.2 直接银行的结构图

(1) 负担银行。

负担银行是在现有的商业银行的基础上发展起来的，是传统银行业务的网上实现，传统银行开设新的电子服务窗口，即所谓传统业务的外挂电子银行系统。

负担银行的典型代表是富国银行，它被认为是美国银行业提供网上银行服务的优秀代表。

中国目前开办网上银行业务的银行基本属于这一种类型。由于整个系统是在传统银行系统的基础上，利用互联网开展银行的相关业务，所以也称为网络银行服务。

(2) 直接银行。

直接银行是完全依赖互联网发展起来的全新的电子银行,此类银行所有的交易和业务都要依赖互联网进行,比如世界第一家安全交易型网络银行——美国安全第一网络银行(SFNB),其标识如图 2.3 所示。

图 2.3 SFNB 标识

SFNB 于 1995 年在互联网上建立,它不同于以往的银行,它没有营业网点,银行员工也比传统银行要少得多。SFNB 采用一种全新的服务手段,用户只要键入其网址,屏幕上就显示出类似普通银行营业大厅的画面,显示有"开户""个人财务""咨询台""行长"等柜台,还有一名保安。客户只需单击所需办理业务的柜台并按指示操作,就可进入自己想进的区域。客户足不出户便可进行存款、转账、付账等业务操作。

SFNB 是第一个在互联网上提供全部业务交易和安全金融服务的金融机构,除此之外,还有许多因素使 SFNB 与其他金融机构有所不同。首先,SFNB 主要存在于互联网上,网上银行业务是其重点之所在,而其他金融机构将互联网业务作为一项增值服务来提供。SFNB 给客户提供一个安全的环境,使他们能够在此环境中学习、接受和掌握这种全新的银行服务方式。SFNB 预计,经过一段时间并且业务达到一定规模后经营成本会大幅度下降。

直接银行是一种虚拟银行,它没有分支机构,借助于互联网就可将业务拓展到世界各地,极大地减少了银行的管理费用。根据美国博思管理顾问公司的调查报告,这种网络银行的经营成本只占经营收入的 15%~20%,而传统银行的经营成本则相当于经营收入的 60%。此外,在美国开办一个网络银行所需费用是 100 万美元;而建立一个传统银行的分行所需的费用高达 150 万~200 万美元,每年还需要附加经营费用 35 万~50 万美元。图 2.4 所示为银行完成每笔交易的成本费用,可以看出,网络银行的服务费要比分行的服务费低得多。

直接银行的优势很明显,它可以树立自己的品牌,以极低廉的交易费用实时处理各种交易,提供一系列的投资、抵押和保险等综合业务。由于客户服务成本很低,银行还可以向客户提供更优惠的存贷款利率。

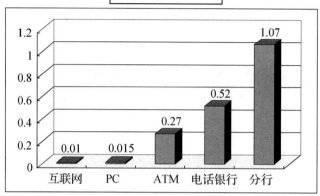

图 2.4 传统银行与网络银行支付成本对比

但与传统银行相比，直接银行也存在一些难以克服的缺点。例如，无法收付现金，加重了对第三方发展的依赖性；改变了以往银行保存交易记录的方式，需要法律和客户方面的不断确认；缺乏客户基础，需要培养新的银行客户的信任度和忠诚度；技术上的前期投入非常大等。

2.1.2 网络银行的主要业务内容

随着互联网技术的不断发展创新，网络银行提供的服务种类、服务深度都在不断地丰富、提高和完善。从业务品种细分的角度来讲，网络银行一般包括以下几个方面的内容。

1. 公共信息的发布

网络银行通过互联网发布的公共信息，一般包括银行的历史背景、经营范围、机构设置、网点分布、业务品种、利率和外汇牌价、金融法规、经营状况及国外金融新闻等。通过公共信息的发布，网络银行向客户提供了有价值的金融信息，同时起到了广告宣传的作用。通过公共信息的发布，客户可以很方便地认识银行、了解银行的业务品种情况及业务运行规则，为客户进一步办理各项业务提供了方便。

2. 客户的咨询投诉

网络银行一般以电子邮件、BBS 为主要手段，向客户提供业务咨询及投诉服务，并以此为基础建立网上银行的市场动态分析反馈系统。通过收集、整理、归纳、分析客户的各种问题、意见及客户结构，及时地了解客户关注的焦点及市场的需求走向，为决策层的判断提供依据，便于银行及时调整或设计创新的经营方式和业务品种，更加体贴周到地为客户服务，并进一步扩大市场份额，获取更大的收益。

3. 账务的查询

网络银行可以充分利用互联网点对点服务的特点，向企事业单位和个人客户提供其账户状态、账户余额、账户一段期间内的交易明细清单等的查询功能。同时，为企业集团提供所属单位的跨地区多账户的账务查询功能。这类服务的特点主要是客户通过查询来获得在银行账户的信息，以及与银行业务有直接关系的金融信息，而不涉及客户的资金交易或账务变动。

4. 申请和挂失

申请和挂失主要包括存款账户、信用卡的开户、电子现金、空白支票申领、企业财务报表、国际收支申报的报送、各种贷款、信用证开证的申请、预约服务的申请、账户挂失、预约服务撤销等。客户通过网络银行清楚地了解有关业务的章程条款，并在线直接填写、提交各种银行表格，简化了手续，方便了客户。

5. 网络支付功能

网络支付功能主要向客户提供互联网上的资金实时结算功能，是保证电子商务正常开展的关键性的基础功能，也是网络银行的一个标志性功能，没有网络支付的银行站点，充其量只能算作一个金融信息网站，或称作上网银行。网络支付按交易双方客户的性质分为 B to B，B to C 两种交易模式。目前，由于从法律环境和技术安全性方面考虑，在 B to C 功能的提供方面，各家银行基本一致，B to B 交易功能的提供尚处在不断摸索和完善之中。

(1) 内部转账功能。

客户可以在自己名下的各个账户之间进行资金划转，一般表现为定期转活期、活期转定期、汇兑、外汇买卖等不同币种、不同期限资金之间的转换，主要目的是方便客户对资金灵活运用并进行账户管理。

(2) 转账和支付中介业务。

客户可以根据自身需要，在网络银行办理网上转账、网上汇款等资金实时划转业务，该业务为网上各项交易的实现提供了支付平台。客户可以办理转账结算、缴纳公共收费(煤、水、电、房、电话、收视费等)、发放工资、银证转账、证券资金清算等，以及包括 B to C 商务模式下的购物、订票、证券买卖等零售交易，也包括 B to B 商务模式下的网上采购等批发交易，这类服务真正地实现了不同客户之间的资金收付划转功能。

6. 金融创新

基于互联网多媒体信息传递的全面性、迅速性和互动性，网络银行可以针对互联网特点，针对不同客户的需求开发更多智能化、个性化的服务，提供传统商业银行在当前业务模式下难以实现的功能。例如，针对企业集团客户，提供通过网络银行查询各子公司的账户余额和交易信息，并在签订多边协议的基础上实现集团内部的资金调度与划拨，提高集团整体的资金使用效率，为客户改善内部经营管理、财务管理提供有力的支持。在提供金融信息咨询的基础上，以资金托管、账户托管为手段，为客户的资金使用提供周到的专业化的理财建议和顾问方案。采取信用证等业务的操作方式，为客户间的商务交易提供信用支付的中介服务，从而在信用体制不尽完善合理的情况下，积极促进商务贸易的正常开展。建立健全企业和个人的信用等级评定制度，实现社会资源的共享。根据存贷款的期限，向客户提前发送转存、还贷或归还信用卡透支金额等提示信息。

2.2 网络银行的发展

网络银行的产生对金融业特别是银行业带来了相当大的震动，银行业如何面对它，则是今后银行业发展的重要话题。对于它的出现，专家们认为这是银行业百年不遇的机遇和挑战，要认真对待，这才是银行业适应新形势的发展方向。

2.2.1 网络银行的产生

1995 年全球首家网络银行诞生，对 300 多年来的传统金融业产生了前所未有的冲击。网络银行的发展经历了以下 4 个阶段。

1. 第一阶段——银行上网

在这个阶段(计算机辅助银行管理阶段)，银行通常在互联网上设立自己的站点，宣传自己的经营理念，介绍银行的背景知识及所开办业务的介绍，旨在通过互联网这个信息传播媒体树立自己的形象，拓展社会影响力，更广泛地吸引市场资源。

20 世纪 60 年代，金融电子化开始从脱机处理发展为联机系统，使各银行之间的存、贷、汇等业务实现电子化联机管理，并且建立起较为快速的通信系统，以满足银行之间汇兑业务发展的需要。20 世纪 70 年代，发达国家的国内银行与其分行或营业网点之间的联机业务，逐渐扩大为国内不同银行之间的计算机网络化金融服务交易系统，国内各家银行之间出现通存通兑业务。20 世纪 80 年代前期，发达国家的主要商业银行基本实现了处理和办公业务的电子自动化。

20 世纪 60 年代末兴起的电子资金转账技术及网络，为网上银行的发展奠定了技术基础。所谓电子资金转账系统，是指使用主计算机、终端机、磁带、电话和电信网络等电子通信设备及技术手段进行快速、高效的资金传递方式。

2. 第二阶段——上网银行

在这个阶段(银行电子化或金融信息化阶段)，商业银行往往将已开办的传统业务移植到互联网上，将互联网作为银行业务的网上分销渠道，同时通过互联网提高传统业务的工作效率，降低经营成本，以便为客户提供更加方便周到的服务，培养客户的忠诚度。

电话银行的一些缺陷影响了其发展范围和速度，随着计算机普及率的提高，商业银行逐渐将发展的重点从电话银行调整为 PC 银行，即以个人电脑为基础的电子银行业务。目前，电话银行业务已经基本停止。

银行电子化使传统银行提供的金融服务变成了全天候、全方位和开放性的金融服务，电子货币成为电子化银行的未来货币形式。随着信息技术的进步,银行电子化水平也在逐步提高。家庭银行是银行电子化的重要内容。在 20 世纪 80 年代中期,欧美的一些银行就开始为主要客户提供通过计算机进入自己账户的网上银行服务、家庭银行服务。

3. 第三阶段——网上银行

在这个阶段(全面开展网络业务阶段),银行往往针对互联网的特点,建立新型的金融服务体系,创新业务品种,摆脱传统业务模式的束缚。同时,在提供标准化服务的基础上逐步建立以客户为中心的经营管理模式,更深入分析市场与客户的需求,以提供智能化的财务管理手段为依托,建立起面向客户的个性化服务模式,使银行的经营管理向着高技术含量、高知识含量的集约化经营模式转变。

20 世纪 90 年代中期以来,网上银行的出现使银行服务完成了从传统银行到现代银行的一次变革,网上银行摆脱了传统银行业务模式的束缚,建立了新型的金融服务体系并创新业务品种,为顾客提供多品种全方位的服务。

网上银行的第一个基本功能就是方便了电子商务交易活动中的支付,其功能和工作原理如图 2.5 所示。这就使网上消费真正变为现实,如订票、购物等,只有形成快捷、安全、稳定的网上支付系统,网络消费才能真正地顺利进行。

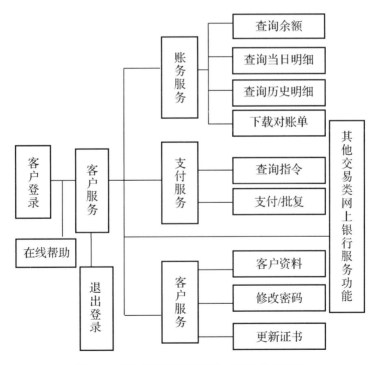

图 2.5 网上银行操作系统的功能和工作原理

4. 第四阶段——网银集团

在这个阶段(金融系统网络化阶段),建立以网络银行为核心,业务经营范围涉及保险、证券、期货等金融行业及商贸、工业等其他相关产业的企业集团。在互联网经济市场充分发展的背景下，树立起以网络银行为中枢神经和核心纽带的虚拟的互联网企业，逐步以数字技术为手段，控制并管理现实的各种社会经济成分。

随着网上银行的不断发展，现代银行业将建立起以网上银行为核心，业务和经营范围涉及保险、证券、期货等金融行业及商贸、工业等其他相关产业的企业集团。在互联网充分发展的前提下，逐步形成以网上银行为中枢神经和核心的虚拟的互联网托拉斯集团。

2.2.2 国内外网络银行的发展概况

国外网络银行随着信息技术与互联网的发展而发展，国际银行业在经历 ATM 机、无人银行、电话银行之后，网络银行业务获得了快速的发展。

1. 国外网络银行的发展

1985 年，英国出现了第一个全自动化银行—苏格兰格拉斯哥银行的 TSB 分行。1989 年 10 月，英国米兰银行开创了电话银行业务，成为世界上第一家电话银行。随后英国的巴克莱银行和西敏寺银行等也成为全自动化银行，英国的劳合银行还在伦敦的牛当大街创办了未来银行。

1995 年 10 月，全球第一家真正意义上的网上银行(SFNB)在美国诞生。这家银行没有建筑物，没有地址，只有网址和网上银行站点，一幅幅网页画面构成了银行交易的营业接口，所有的交易都通过互联网进行。它的员工只有十几人，银行的管理维护通过员工的远程控制进行，该行 1996 年存款为 1400 万美元，但到了 1997 年就发展到了 4 万亿美元。同年，美国花旗银行紧随其后，在互联网上设置了资金的站点。

根据方便性、客户信任、在线资源、服务和成本等多方面考量，Gomez Advisors(戈麦斯顾问公司)曾对提供网上银行服务的银行进行了排名，SFNB 位居榜首，富国银行位列第二，Net.Bank 位居第三。

2. 国内网络银行的发展与现状

1996 年 2 月，中国银行在互联网上建立了主页，首先在互联网上发布信息。目前，工商银行、农业银行、建设银行、中信实业银行、民生银行、招商银行、太平洋保险公司、中国人寿保险公司等金融机构都已经在互联网上设立了网站。

(1) 中国银行。

1998 年 3 月，中国银行正式开通了该行首家国内虚拟银行，办理了国内第一笔网上支付业务。从 1996 年 6 月起，中国银行正式推出了"企业在线理财""个人在线理财"和"支付网上行"等网络银行的系列化产品。"企业在线理财"主要为企业，特别是集团企业客户提供资金管理服务；"个人在线理财"主要为个人、家庭提供理财服务；"支付网上行"主要为持卡人、商家提供 B to C 网上安全支付的手段，它以长城电子借记卡为平台，通过 SET(安全电子交易)协议和 CA(安全认证中心)及支付网关，在充分保障客户资金安全的同时实现网上支付的功能。客户只要拥有一张长城借记卡,再从网上下载中国银行提供的电子钱包软件,就可在网上实现购物结算。

(2) 招商银行。

招商银行 1987 年成立于深圳蛇口,是中国境内第一家完全由企业法人持股的股份制商业银行,也是国家从体制外推动银行业改革的第一家试点银行。

2019 年 6 月 26 日,招商银行等 8 家银行首批上线运行企业信息联网核查系统。招商银行网站主要有"个人业务""公司业务""信用卡""今日招行"等几大板块,无论是个人业务还是公司业务都可以在网上办理。

(3) 中国建设银行。

1999 年 8 月,中国建设银行在北京和广州相继推出了网上虚拟银行业务,其业务处理能力为日处理 130 万笔业务,并允许 5 万客户同时进行银行网站的访问和交易,初期以私人业务为主,主要有对私人的信息服务和交易服务。2000 年 1 月,中国建设银行北京分行正式开通网上个人理财业务,提供个人投资分析、个人储蓄、债券、个人住房贷款、汽车消费信贷、个人小额质押贷款、个人助学贷款、个人住房装修贷款等个人理财服务。网上银行的签约客户还可以根据理财建议直接进入网上银行进行资金的划转和支付。随后,建设银行为了丰富网络银行业务的品种,又推出了网上银证转账业务,股民客户可以通过网上银行查询账户余额、明细和转账等其他服务品种,实时掌握和控制银证转账银行账户的资金状况。

(4) 中国工商银行。

中国工商银行网上银行,主要业务包括个人金融服务、企业金融服务、电子银行(分个人和企业)、网上理财和网上商城。2000 年 2 月,中国工商银行开通对公网上银行业务,随后又推出 B to B 企业在线支付、信用卡 B to C 在线支付业务,同期推出的还有个人网上银行业务,包括储蓄账户和牡丹卡账户的余额查询、转账、缴费等功能,开通个人网上银证转账业务,形成了涵盖集团理财、个人金融及 B to B、B to C 在线支付等系列产品的完整功能体系。

(5) 中国香港特区的银行。

1998 年 11 月,花旗银行在中国香港特区率先推出网上银行。随后汇丰银行、恒生银行、永亨银行、道亨银行、运通银行、东亚银行、美洲银行也相继推出类似服务,所提供的网上银行服务包括理财服务、投资、购物、股票买卖、贸易融资、商贸解决方案、按揭、保险、基金销售及其他网上贷款等。

香港的各大银行是较早实行网络化的银行,它们通过互联网向客户提供开户、查询、对账、行内转账、跨行转账、信贷、网上证券、投资理财等传统服务项目,使香港居民可以足不出户、安全便捷地管理活期和定期存款、支票、信用卡及网上股票买卖交易个人投资。

2.3 网络银行的功能与特点

企业银行与家庭银行的发展在互联网出现之前,称为电子银行,即银行通过专线、专用软件和企业、个人的计算机终端,为企业和个人提供多种银行服务,特别是转账、结算及内部资金调拨、个人理财服务等。现在网上银行以服务对象区分为企业银行与个人银行,即对公业务和对私业务。

2.3.1 网络银行系统功能

网上企业银行是银企双方共同为适应"e"时代的市场环境,银行根据企业客户实际需要,专门为其设计的一套企业自助金融服务系统。网络银行运行数据结构如图 2.6 所示。

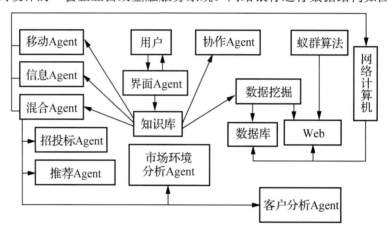

图 2.6 运行数据结构图(多 Agent 的知识获取结构)

1. 网上企业银行的主要功能

网上企业银行的主要功能如下所述。

(1) 客户端功能。

① 操作员管理。签到(IC 卡+口令)、签退、修改密码、查询操作员日志、退出系统。

② 查询打印。查询打印存款户、贷款户余额(含集团子账户);查询打印存款户、贷款户交易明细(含集团子账户);查询打印存贷利率;查询打印牌价;查询打印客户委托交易(含集团子账户)备注。对于一些大型集团企业,系统提供了总公司对子公司的财务监控功能。

③ 联机交易。其包括以下几点。

A. 同城支付,包括同行系统付款和跨行付款。

B. 异地支付,包括同行系统内汇款、跨行汇款和委托银行开出银行汇票。

C. 还贷还息,主要是处理客户主动归还银行借款本金和利息业务。

D. 集团内部转账,主要是处理集团内部账户间资金划拨。

E．代发工资，处理客户代发工资资金的转出，代发工资数据的传输。

F．代收业务，处理委托银行代收费数据的传输。

G．备注。企业在签发交易时，系统对企业操作员的权限有严格的控制，企业开户注册操作时，将账号赋予了操作员，而且对账号的交易权限、限额有严格的控制。企业在发送交易时，对操作员的管理要求比较严格，系统要求至少两个人以上对交易进行复核授权，系统具有的多人复核授权的授权管理模式更加适应现代集团大企业的财务运作管理模式，可以根据企业开户时自主设定的多人授权关系及交易的金额自动识别，通过网络批量授权。

对于一些企业交易量较大的情况，系统能够对交易自动编押(计算支付密码)，大大降低了企业操作人员的劳动强度。

④ 凭证号管理。

A．申领。主办行按凭证使用量由操作员办理，主管授权。

B．销号。客户发出一笔交易，该笔电子凭证自动销号。确保电子凭证号不能重复使用。

(2) 银行端管理功能。

① 操作员管理。操作员签到、操作员签退、查询操作员、注册操作员、注销操作员、操作员更密、修改操作员。

② 客户管理。查看客户终端、增加客户终端。开户时企业必须提供完整的申请单、营业执照复印件、银企协议。同时任何银行开户操作必须在两人相互监督下完成。另外，还可删除客户终端、修改客户终端名、查看账号、增加账号、删除账号、修改账号名、查询交易类型限制、设置交易类型限制。

对客户终端可设定有权限查询或交易的账号，对账号设定可做交易的类型，对交易类型设定是否定向操作，若定向则设定定向关系——账号和限额，若不定向则只设定限额。这样符合众多客户的不同需求。

③ 企业IC卡发放管理。初始化读写器、初始化IC卡、企业操作员管理、企业操作员账号管理、IC卡挂失、注销。

④ 业务管理。业务打印(包含报表、票据)、反交易、查询操作员日志、查看交易日志、查看交易流水、查看凭证号、计费设定。

⑤ 数据与交换行管理。利率牌价数据管理、交换行管理、系统日志的清理(操作员日志、交易日志)。

2．银行端监控功能

银行实时监控系统发生的交易，包括交易的统计信息和明细信息。金融行业属于国家重点安全防范单位，过去银行一直采用模拟监控产品，随着安防技术的发展，网络视频监控技术已经逐渐成熟，建立一套完善的银行网络视频监控系统已经势在必行。监控系统作为金融部门不可或缺的安全防范技术手段，在各金融部门的安全保卫工作中起到了重要作用。

2.3.2 网络银行的特点

网络银行的客户可以通过输入用户名和密码的方式,来登录网上营业厅。网上营业厅的最大特色就是,给客户提供了多种多样的个性化"自助式服务"。

1. 网上企业银行系统的特点

网上企业银行系统是一套完整的、全新观念的银行应用系统,标志着银行对大客户的服务能力得到了提高,最大限度地方便了客户各项结算业务的办理,加强了内部资金管理和运营,增强了市场竞争实力。随着这类系统功能的不断完善和加强,其作为银行吸引大客户、服务大客户的重要手段,必将发挥越来越大的作用。

(1) 个性化。

银行可为企业量身定制网络金融服务,使其在竞争日益激烈的今天,增强竞争力,同时提高银行效益。

① 根据企业的运作模式,设置账号操作模式和操作流程。

② 根据企业的财务经营管理模式,包括跨地市的管理和监控,尤其针对集团企业,进行操作员权限和账户操作权限控制。

(2) 高安全性。

① 网络安全。

A. 系统基于银行内网,与互联网隔离,提高了网络安全性。

B. 系统采用一级防火墙,将外部网络与银行内网隔离。

C. 系统采用二级防火墙,将银行内网与账务主机之间进行网络隔离。

D. 系统采用硬件防火墙进行实时入侵检测,对检测到的入侵,可报警或直接与路由器联动,阻挡入侵者。

② 通信安全。

网络银行通信安全的特点如下所述。

A. 完整性,指信息在传输、交换、存储和处理过程保持非修改、非破坏和非丢失的特性,即保持信息原样性,使信息能正确生成、存储、传输,这是最基本的安全特征。

B. 保密性,指信息按给定要求不泄漏给非授权的个人、实体,或提供其可被利用的特性,即杜绝有用信息泄漏给非授权个人或实体,强调有用信息只被授权对象使用的特征。

C. 可用性,指网络信息可被授权实体正确访问,并按要求能正常使用或在非正常情况下能恢复使用的特征,即在系统运行时能正确存取所需信息,当系统遭受攻击或破坏时,能迅速恢复并能投入使用。可用性是衡量网络信息系统面向用户的一种安全性能。

D. 不可否认性,指通信双方在信息交互过程中,确信参与者本身,以及参与者所提供的信息的真实同一性,即所有参与者都不可能否认或抵赖本人的真实身份,以及提供信息的原样性和完成的操作与承诺。

E. 可控性,指对流通在网络系统中的信息传播及具体内容能够实现有效控制的特性,即网络系统中的任何信息要在一定传输范围和存放空间内可控。除了采用常规的传播站点和传播内容监控这种形式外,最典型的如密码的托管政策,当加密算法交由第三方管理时,必须严格按规定可控执行。

③ 数据安全。

A．系统中操作员密码、客户密钥等关键数据加密存放。

B．数据库设置了口令和用户权限。

④ 支付安全。

一方面,由于支付密码器产生的支付密码具有不可抵赖性,这样也保证了银行的正当权益。

另一方面,手机付费、虚拟货币支付及间接支付,有密码、识别和实时认证保证其安全性。最有代表性的是独立第三方支付(如支付宝、财付通等)和银联的第三方支付(CHINAPAY)。独立第三方支付成功解决了相互不了解的人的交易诚信问题。

⑤ 业务安全。

A．系统控制。控制系统的开通、关闭,能启动、切断各种连接;通过参数控制系统办理业务时间,可实现24小时连续开通;可实现银行强制签退企业交易子系统。

B．权限控制。银行和企业分别设置多级操作权限,利用IC卡系统保障操作员的操作权限控制,避免因有意、无意原因对系统造成破坏。

C．交易安全。网上企业银行交易账号控制:企业在企业电子银行系统中允许做交易的账号;账户业务范围控制:每个交易账号允许做的业务范围;账户限额控制:交易账户的当天转账最大限额;操作员权限控制:对操作员可操作的账号、单笔转账的最大金额、每天转账的最大金额进行控制。

(3) 工作日志直接打印。

操作员进行的任何操作都自动记录在系统日志上,根据管理的需要可以随时进行查询与检查,也可直接打印。

(4) 高扩展性。

① 系统具有强大的网络扩展性和业务扩展性。

② 支持多种软硬件平台,能有效地适应不同银行的不同需要。

③ 为企业提供多种财务数据文件格式。

④ 系统采用模板化配置,针对不同银行的需要,提供一整套的银行交易和服务的应用模块。

⑤ 支持多种支付密码系统接口。

(5) 集团企业的有效资金管理。

网上企业银行服务采用智能化网络授权模式,使集团客户可以灵活地监控和调动下属机构间的资金,实现集团企业"收支两条线""资金集中调配"等企业内部财务管理,加强了集团企业内部控制,提高了资金利用率。

(6) 零维护、零培训。

网上企业银行是银行根据企业客户实际需要,专门为其设计的一套企业自助金融服务系统。系统基于 Web 方式，网上银行的客户端采用公共浏览器，不需要银行去维护和升级，可大大节省银行的客户维护和培训费用。

2. 网上个人银行系统的特点

随着我国经济的高速发展和个人信用制度的逐步建立，个人银行业务迅猛发展，正逐步成为商业银行最主要的业务领域和效益来源。

(1) 产品服务个性化。随着电子信息技术的迅猛发展，银行的经营策略逐步转向客户细分基础上的差别化、个性化服务，根据客户的收入和财富状况、行为偏好、需求变化，提供量身定做的服务，以求充分挖掘客户使用银行产品和服务的最大潜力。

(2) 分销渠道网络化。零售业务的分销渠道已由过去单纯的物理网点发展成为包括物理网点、自助终端、电话银行、网上银行等多种形式在内的网络化、立体化分销渠道。

(3) 支付工具电子化。当代银行业务电子化的基本特征之一，就是传统货币逐步转向以现代计算机技术和通信手段为基础、以银行卡为载体的电子货币，银行业务从传统的手工操作转变为高科技的电子作业。

(4) 竞争格局并存化。银行业务的电子化和网络化促使大型商业银行零售业务迅速扩展，超大规模的银行合并使全能型的银行不断涌现。但由于经济发展和金融深化的不平衡，各种类型的小型零售银行仍有其存在和发展的空间，尤其是在交通不便、居住分散、偏远的地区和农村，小型零售银行有其生存发展的独特条件。因此，在今后相当长一段时间内，零售银行领域大银行与小银行、实体银行与虚拟银行将长期并存。

(5) 个人银行业务国际化。金融的全球化趋势和跨国银行的发展，家庭消费行为和经济活动范围的国际延伸，以及对金融服务需求向国际领域的扩展，必然促进零售业务的国际化发展。

(6) 市场份额逐渐扩大。20 世纪 90 年代以来，随着电子信息革命与网络技术的发展，银行的大量业务都通过 ATM 机、POS 机等设备实现，电话银行、网上银行的开通，改变了银行单纯以增设分行为手段的高成本业务扩展方式，为客户提供了价格低廉、快捷、方便的新的金融产品，促使零售业务的销售额和利润迅速增长，使零售业务成为银行的主要盈利业务。

(7) 网上个人银行的主要业务。网上个人银行业务与其他普通商业银行既有相同之处，也有很大的区别，主要包括下列内容。

① 信用卡业务。网上银行有别于其他银行的是，它有极强的利率竞争优势。例如，在英国，网上银行的信用卡利率一般在 9%～10%之间，而其他商业银行则在 12%～15%；此外，网上银行还保证赔偿客户因信用卡诈骗、盗刷产生的损失。

② 存款账户。银行的存款业务通常只开设储蓄存款账户，而不开设活期存款账户；原因是，活期存款是一种交易账户，流动性极强，管理成本太高。网上银行的客户可通过互联网或电话在不同银行的账户之间进行资金划拨。

③ 消费信贷。网上银行的消费贷款一般会设定最高限额，如最高不能超过 15 000 元等，其目的是控制信用风险。

④ 其他银行业务服务。其包括查看账户余额及咨询、房屋抵押贷款、购买保险和网上购物;网上进行投资如股票交易、购买单位信托基金等;通过数码技术与电视联网,提供电视银行业务服务。网上银行"无线运用协定"(WAP)技术,使互联网与电视及移动电话联网。人们只要通过小小的移动电话屏幕,就能在任何地点、任何时间进行银行业务交易。

2.4 网络银行的建设、服务和管理

随着互联网技术的不断发展和广泛的应用,各行各业将面临全新的"较量"。特别是金融业,在今后的几年里,国内外金融业的竞争将更加激烈,网络银行将在金融竞争中扮演重要的角色。国内外各金融机构都在为网络银行的建设和发展寻找突破口,积极迎接竞争和挑战。因此,加快建设和发展网络银行,才能使金融机构在市场经济中立于不败之地,同时它也是金融机构参与市场竞争和寻求发展的一条新途径。

2.4.1 网络银行的建设

建设和发展网络银行,应从人才和技术两方面入手:一方面,建设和发展网络银行需要一批高技术、高水平及高素质的人才,不但要精通技术,而且对于金融业务要非常熟悉,他们将在建设和发展网络银行中起主导作用;另一方面,要以技术为支撑点,保证网络银行运行的安全和高效。

1. 网络银行系统建设的原则

建设网络银行系统应遵循以下几个原则。

(1) 系统的可扩展性。随着业务的发展,系统应具有调整和扩充系统功能的能力,同时保持应用和数据的一致性,以适应不同应用环境和不同应用水平的需要。

(2) 系统的可管理性。金融服务体系的建设,要能对结构复杂、分布广泛、计算机应用水平各异的所有用户和所有系统进行统一、安全的管理,确保业务的正常运行和系统的安全稳定。

(3) 系统的安全性。系统的安全性主要涉及加密和解密、安全和认证,防止非法侵入和病毒干扰。系统安全主要包括业务数据的安全管理、结算处理的安全控制、数据传输的加密解密和数据完整性控制、交易过程中的安全认证等。

(4) 集成性原则。确保网上银行系统与现有电子银行业务信息系统实现有机地集成,以便为客户提供全天候、全方位和个性化的银行综合服务。集成性原则还应体现在业务服务、经营管理和客户服务三者的集成上。

2. 网络银行系统建设的基本结构

下面以中国建设银行为例,介绍网络银行的构成体系,1999 年年初,中国建设银行总行与合作公司在北京进行了建行网络银行业务的需求分析和软件开发,同年推出建行网络

银行服务系统，为个人客户和企业客户都提供了基于互联网的银行服务，其主页如图2.7所示。

中国建设银行网络银行的服务理念如下。

建设银行网络银行——OnLineBank：实时在线的银行，不排队的银行。

图 2.7　中国建设银行网上服务系统主页

中国建设银行网络银行力求以客户的需求为依据，突出以客户为中心。近期目标是方便客户，满足客户日益增长的随时随地的金融服务需求，帮助客户更新理财观念，享受到先进的信息技术在金融行业中的切实应用；远期目标则是采用新型的金融服务方式，以遍布全国的城市综合业务网络系统为基础，以 24 小时到账的清算系统、全国大中城市联网的龙卡系统为依托，支持实时网上结算、网上购物、网上订房、网上订票等电子商务行为，为客户提供全方位、全天候的金融服务，进而促进电子商务在中国的发展。

3．网络银行运行系统结构

以中国建设银行为例，中国建设银行网络银行运行系统由总行网站、分行网站、北京网络中心、总行 CA 中心、成员行业务主机系统、成员行签约柜台 6 个部分组成，总行网络银行系统采取总行/网银中心/分行三层体系结构，提供信息服务、客户服务、账务查询和实时交易等功能。其中，由总行指定部门从全行范围规划、运作和管理，网银中心具体实现账务查询和实时交易功能，分行实现业务主机系统与网银中心实时连接，如图2.8 所示。

图 2.8 中的分行网站，主要是信息宣传，网络银行业务通过链接到网银中心实现。网银中心有两个网站，分别是申请网站和交易服务器。申请网站的工作是接受客户申请。交易服务器的工作是网络银行交易过程采用基于 SSL 的 HTTPS 协议，只接受有总行 CA 中心发放的数字证书的客户的交易请求，其他客户不能访问，该服务器接受客户的交易请求，转发至相应的成员行业务主机系统进行处理，并将处理结果反馈客户。

总行 CA 中心是建行唯一的证书生成、发放和管理机构，该系统完全离线工作，通过电子邮件方式接受网银中心传送的经过审核的客户申请资料，生成的证书每日批量人工放置到专门的证书下载网站上，同时给申请人发通知邮件。

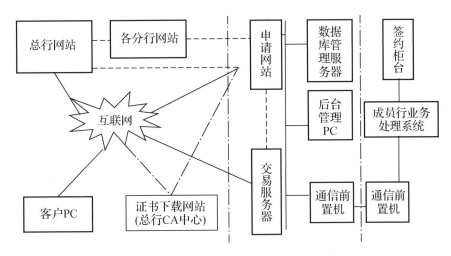

图 2.8 中国建设银行网络银行系统的构成

成员行业务处理系统是处理网银中心传送来的交易请求,并将处理结果返回网银中心。签约柜台是验证已申请 CA 证书的客户的网络银行交易账号的有效性。

4. 网络银行系统的安全设计

下面以中国建设银行网络银行系统的安全设计为例,介绍网络银行系统的各种安全措施。

(1) 系统层的安全措施。

① 交易服务器。中国建设银行网银中心的交易服务器是一个建立在符合 B1 级安全标准的可信操作系统 VVOS 之上的安全的 Web 服务器,此服务器可与客户端建立 SSL 连接,并校验客户端证书的合法性。该服务器作为网络银行的 Web 访问服务器和交易服务器,将内部网络和客户请求到达的外部网络分开,当从外部区域接收到用户请求后,VVOS 会进行一系列的安全检查。只有在完全确认一切正常后,才会将用户的交易请求通过特定的代理程序送至运行在系统内部区域的应用服务器进行后续处理。

② ISS 安全监控系统。中国建设银行为保证网络银行系统的整体安全,对网络银行系统的运行情况还运用了 ISS 系统漏洞扫描和实时入侵监控。ISS 安全监控工作站用于对进出网银中心的各种信息进行网络监控,为安全管理员提供可疑信息的"报警、记录、回放"等功能,并提供相应的报告;还可用于对网银中心的各种服务器进行网络层安全漏洞检测,根据提示修补漏洞,从而最大程度降低安全风险,保护企业网络的系统安全。

③ 加密算法加密和数字签名。网银中心与商户间的信息运用标准加密算法加密和数字签名,采用 SSL 安全套接层协议保护从客户端到 Web 服务器之间的数据传输安全,防止数据在网上传输过程中被窃听和截取。

④ 数字证书。中国建设银行的 CA 中心向每个网络银行的客户(包括商户)发放数字证书以校验客户的身份,该证书在客户网上申请时实施下载。客户的身份认证依靠基于"RSA 公钥密码体制"的加密机制,网络银行服务器上会安装中国建设银行签发的服务器端证书。

同样，客户端必须装有中国建设银行的有效数字证书，才能与网络银行服务器进行通信，而数字证书是中国建设银行用户在互联网上的身份证，上面存储个人信息使系统有效进行通信的身份识别。参与通信的双方各自有其自己的电子证书，对其身份不容抵赖。

(2) 应用层的安全措施。

中国建设银行网络银行系统除了在网络和主机等系统方面采取技术防范措施外，软件应用层也有安全控制。客户在中国建设银行的网上银行进行交易时，能够体会到中国建设银行在安全方面采取的各种安全措施。

① 检测证书 UID 并核对登录密码。当用户登录时，系统不但会要求用户提供中国建设银行签发的数字证书，而且要从用户证书中摘出 UID，与用户在登录页面中输入的 UID 相比较。UID 比较通过后，再比较用户在登录页面中输入的密码与系统预留值是否一致。只有当两次比较都通过后，系统才会进入下一步处理。每当用户登录成功后，系统都会首先向用户通报该用户共访问了网上银行多少次及上一次访问的时间，以便用户及时核对。

② 设置交易密码。当用户进行转账类交易时，系统会要求用户再次输入一个密码，以提高系统的安全性。用户的初始登录密码和交易密码都由网银中心生成，但为了保护用户的利益，密码同 ATM 卡一样，当用户首次登录时，系统会强制性要求用户修改这些密码。

为了进一步加强网络银行系统用户的安全信心和防范内部安全威胁，所有用户的系统登录密码都不是真正的密码，而是经加密处理后的乱码。用户登录或进行交易时输入的密码，都会由系统进行加密处理，再将加密处理后得到的乱码与网银中心存放的乱码比较，如一致，则认为所输入密码正确。

③ 设置会话密码，审核用户交易请求。考虑到 HTTP 协议的无连接特点，网络银行系统将使用会话密码来保证上一个页面的请求和下一个页面的请求是由同一个人发出的。当用户登录时，系统会提示用户输入登录密码，核对无误后系统会自动生成一个会话密码，并将其嵌入返回给用户的页面。当系统收到下一个页面时，将首先检查页面中内含的会话密码是否与系统保存值一致。只有通过这项检查，系统才会进行后续处理。当客户操作完毕将交易请求送到网银中心后，网络银行系统会首先审核其请求是否合法。系统在审核时充分考虑到了 HTTP 协议和 HTML 语言的特点，会全方位地进行审核，如账户是否签约、服务是否登记等。

2.4.2 网络银行系统建设的特点

21 世纪的金融业是建立在网络技术高度发达的基础上的，网络的不断发展将改变金融业传统的经营观念、服务方式、推销方式及交易方式。因此，网络银行的建设和发展要力求为客户提供最新的财经信息、金融产品信息和个人理财服务，逐步实现网上查询、转账、网上代付业务。实现全国范围内的个人资金融通，并结合实际提供个人信息查询、个人账户之间转账、代付业务、个人理财咨询服务等全方位的金融"套餐"。

1. 建立了公钥证书安全体系，保障应用安全

网络银行系统建立了目前最为严密的 128 位 SSL 加密的公钥证书、1024 位证书认证安全体系，保证以下安全要素。

(1) 客户身份认证。个人网上银行通过发放特约商户证书和银行证书并采用 128 位 SSL 协议的方式，确保了商户、客户的网上银行密码及加密密钥在网上的加密传送，客户的每一笔交易都将按照机密性和完整性的要求记录，在方便客户的前提下最大限度地确保了客户网上交易和支付安全。企业网上银行的客户必须持有银行签发的证书才能进行各种交易活动。证书存放在 IC 卡中，其公、私密钥长度为 1024 位，利用证书来验证客户身份，以确保该客户为银行真正的客户，防止非法用户的入侵。

(2) 可靠性及不可抵赖性。在无纸化的网络环境中，传统的通过手写签名和印章进行交易鉴别的方法已经行不通。因此，网上银行会在客户的每一笔支付交易时都会确认客户签署的电子签名。由于电子签名是由客户的私钥生成的，别人不可能仿制，因此电子签名可以作为每一笔交易的不可抵赖的凭据。

(3) 信息的完整性、机密性。由于电子商务建立在互联网这个开放的网络环境上，因此保证商城、客户、银行三方交易信息的完整性及机密性将是银行的首要承诺。

网络银行通过 128 位 SSL 通道保证商城给银行的交易信息、客户确认的支付信息及银行给商城(包括收款方)的信息都是加密传输的，并且用信息摘要技术保证完整性校验。

(4) 交易的审计。对于客户的每一笔交易，网络银行系统都会按照完整性和机密性的要求对交易信息进行记录，以作为交易的审计备案。

(5) 个人网上业务转账交易的安全设计。对于个人客户发起的每一笔转账交易，系统都要求客户两次输入转出账号，同时输入网上银行使用的支付密码(非登录密码)，避免了客户由于失误造成的转账错误，也避免了他人冒用客户身份登录网上银行或客户未退出系统而被他人冒用的情况。

(6) 企业网上业务转账交易的安全设计。为了降低网上交易的风险，企业网上业务的实时交易只限于账务信息的查询。而对于转账支付交易，则通过客户在网上提交指令，再由后台业务人员手工处理的方式，增加了后台业务人员的把关及系统自动加押、后台手工核押的第二道防护；同时客户在登录网上银行时需要安全证书，在提交支付(支付指令、B to B 支付和批量支付)时会提示客户进行电子签名，以保证交易的唯一性和不可否认性；并可以根据支付指令的付款限额支持多级授权，保证客户交易的安全；客户还可以随时通过查询指令来跟踪指令的审批和执行情况。

(7) 数据库内数据的加密存放。客户使用的密码都经过不可逆加密算法存放在数据库中，即使黑客入侵数据库系统，得到密码字段，也无法破译原密码。

2. 利用防火墙等技术，保障网络安全

在整个系统的网络框架上，银行采取了以总行站点作为入口的方式，以便于系统的安全监控及总行的统一管理。在总行的入口处，设立了两道防火墙及一个安全代理服务器以

防止非法入侵；此外，防火墙及安全代理服务器上都有完整的信息审计记录，再辅之以完善的人为监控，可以最大限度地保证网络安全。

3. 建立动态安全监控系统，保障系统安全

采用国际领先的网络安全产品，建立站点的实时监控系统和扫描系统。实时监控系统能够 24 小时监控到系统的所有服务活动，并能根据监控模板配置做出相应的反应。利用扫描系统分别在防火墙内部和外部有针对性地对服务器操作系统进行扫描，可以及时发现和补救系统安全漏洞。

4. 利用多层授权机制，保障业务安全处理

企业客户在进行 B to B 等网上支付交易时，可根据金额大小选择是否需经过企业财务主管进行多层授权。企业客户(财务人员)与财务主管分别持有一个证书，超过规定限额的交易必须由企业主管持有其证书进行确认才能成交。每个企业客户的授权限额可由企业在开户时自行确定。

5. 健全的内部柜员操作管理机制

网上银行内部管理系统使用浏览器/服务器结构，通过内网向全行提供内部管理的功能。系统内部从总行、省行到市行建立七级柜员制度，逐级管理。对于客户管理、柜员管理等重要功能，采用多重柜员审核的机制，保证这些操作不能由单一柜员独立完成。同时，柜员在内部管理系统上的所有操作都记入操作日志中，以后随时进行组合查询。

6. 与 CFCA 认证系统的紧密结合

CFCA(中国金融认证中心)是我国权威的认证机构，由它提供的 Non-SET CA 证书和 SET CA 证书是我国网上银行、电子商务 CA 安全证书的应用标准。

目前，网络银行子系统已经将 CFCA 的 Non-SET 证书中的企业高级证书作为网络银行的企业客户证书和商户证书，并即将在全国推广；同时 SET 证书也将用于我国的 B to C 网上购物电子商务应用中。

2.4.3 网络银行的服务

一般情况下，网络银行提供的服务可以分为三大类：一是提供即时资讯，如查询结存的余额、外币报价、黄金及金币买卖报价、定期存款利率的资料等；二是办理银行一般交易，如客户往来、储蓄、定期账户间的转账、新做定期存款及更改存款的到期指示、申领支票簿等；三是为在线交易的买卖双方办理交割手续。

以 SFNB 为例，网络银行具体的服务项目有以下几种。

(1) 基本支票业务。在 SFNB 开立基本支票账户只需预先存入 100 美元。在前半年试用期内，对支票签发实行免费无限制服务，每月可以使用 20 次免费电子支付、10 次免费

ATM 机取款服务和免费 POS 机交易服务，90 天内免费提供支票清算查询服务。半年以后，如果客户的存款金额达不到银行的要求，则每月收取 30 美元的费用。对于支票退票或止付，银行收取 25 美元的手续费。

(2) 利息支票账户。要开立这样的账户同样只需要 100 美元。这种账户是在基本支票账户的基础上，加上利息收益和电子票据支付服务。这个账户中必须维持月余额不低于 500 美元。如果在某一个月的任何一天，余额少于 500 美元，则该月就没有利息。利息支票账户的手续费为每月 4.95 美元，可以最多使用 35 次电子票据支付服务。如果账户的日均余额超过 5000 美元，则免除所有手续费。

(3) 信用卡服务。SFNB 发行 VISA 卡，分普通卡和金卡两种。SFNB 的信用卡不收年费，但如果每年使用次数少于 6 次，则收取 25 美元的费用。要申请信用卡，必须首先开立一个账户。

(4) 基本储蓄账户。基本储蓄账户的月手续费为 5 美元，但如果平均日余额超过 200 美元，则可以免收手续费。每月可以免费存取款 3 次，第四次到第六次存款每次收费 3 美元，第七次起每次收费 15 美元。

(5) 货币市场账户。一次存入 2500 美元就可以开立这样的账户，同时，必须维持每月余额超过 2500 美元。

(6) 存单业务。存单业务最小金额为 1500 美元。对提前支取者，半年及一年期的收取 3 个月的利息，对两年期的收取 6 个月的利息。

(7) 宏观市场金融信息服务。SFNB 为客户提供全面的金融分析服务，及时向客户提供各种市场信息和新闻。

2.4.4 网络银行的风险

21 世纪的银行是建立在计算机通信基础上的网络银行。网络银行正成为金融机构拓宽服务领域、促进金融发展的重要手段，但与此同时，因为兼有银行业与现代信息技术的双重特点，网络银行的发展也在传统银行业一般风险的基础上带来了一系列新的风险，给银行业的监管和风险防范提出了更大的挑战。

1. 技术风险

网络银行最大的优点在于虚拟性，它无须考虑银行的物理结构，只需设置虚拟的互联网站点。整个交易过程基本在网上完成，突破了时间和地域的限制。但是，这种虚拟性的达成依赖于自动化程度较高的技术和设备。而这些复杂的技术和设备又不可能绝对不出问题。因此，与传统的银行相比较，技术风险成为网络银行所面临的最大、最特殊的风险，在具体的网络银行业务中，常常会转化为法律风险，并使商业银行承担相应的民事责任。

(1) 网络银行硬件系统出现问题给客户造成损失应承担的民事责任。硬件系统是网络银行存在的物质基础，如果银行由于硬件系统出现技术故障而给客户的利益造成损失，那么商业银行对客户的损失负有赔偿责任。这就要求商业银行在采购硬件系统时应对硬件系统的质量给予充分的注意。如果硬件系统供应商提供的硬件设备确有质量问题，商业银行可以向供应商行使追索权，但这不影响商业银行对客户的损失负全部赔偿责任。

(2) 网络银行软件系统出现问题给客户造成损失应承担的民事责任。商业银行在决定使用某软件系统时，应对该软件系统的整体技术能力做深入的调查，以确保对客户的服务质量。如果网络技术能力不足以支持网络银行的运作，导致支付、结算等业务出现过错而给客户造成损失或影响到服务质量，商业银行就有义务赔偿客户的损失，客户有权要求商业银行履行赔偿责任，即使该软件不是商业银行自行开发设计的，也应推定商业银行在软件及软件技术的选择上存在过错。

(3) 因客户操作上的失误产生损失而使商业银行承担民事责任。所有的硬件系统、软件系统都是商业银行提供的，所以商业银行应向客户详细说明有关软件、硬件的操作方法。否则，因为客户操作失误带来损失的，商业银行应对客户的损失依据过错的大小承担一定的赔偿责任，这也将影响到网络银行的信誉和客户的信心。

2. 安全系统运行风险

这里所说的网络银行安全系统造成的客户损失包括以下几个方面。

(1) 安全认证系统出现故障而给客户造成的损失。因为网络的虚拟性，交易双方都无法确保对方身份的真实性，尤其是在当事人仅仅通过互联网交流时。在这种情况下，要建立交易双方的信用感和安全感非常困难。于是，人们在实践中发展出一种切实有效的方法来解决这个问题，电子认证应运而生。简而言之，电子认证是以特定的机构对电子签名及其签署者的真实性进行验证的具有法律意义的服务。因为银行负有维护网络安全的义务，违反了这种义务，即应承担一定范围内的民事法律责任。

(2) 因不可抗力而给客户造成的损失。在中国，几乎所有的网上银行服务协议中都约定了遇到不可抗力或者其他不可归因于银行的情况时，银行如没有执行客户的指令，可以不承担任何责任。而根据《中华人民共和国民法典》(以下简称《民法典》)的规定，因不可抗力不能履行合同的，根据不可抗力的影响，部分或全部免除责任。由此可见，在发生不可抗力的情况下，不能履约的一方并不一定能够全部免除责任。

(3) 管理风险。中国的网络银行是传统银行与网络技术相结合的产物，面对复杂的网络技术，网络银行的管理能否适应？这就存在着对复杂技术、复杂系统的管理风险，商业银行在计算机系统的日常维护管理及客户商业资料的保密方面未尽到认真和谨慎义务的，给客户造成损失的，商业银行是要承担民事责任的。另外，还存在着网络银行管理人员和操作人员的道德风险。

2.4.5 网络银行的监管

由于网络银行的虚拟性，必须对其实施风险监管。我国目前的网络银行监管制度中存在诸多不足之处，需要借鉴发达国家先进经验，从监管体系的构建、市场准入条件的完备、银行内部监控制度的强化等方面完善网络银行监管法律制度。

第2章 网络银行

1. 网络银行的监管遵循的基本原则

(1) 网络银行监管的国际性标准、国际合作日益重要,过分强调一国金融业的特殊性,有可能成为全球金融一体化外的"孤岛",而在竞争中失败。

(2) 网络银行监管离不开网络经济的协调发展和有关立法的完善。

(3) 传统银行监管的审慎性原则,同样适用于网络银行的监管。

(4) 在存款人利益得到有效保护的情况下,适当降低银行开展网络金融业务的市场准入要求,有益于金融机构降低成本、改善服务,实现银行间资源共享、成本分担。

(5) 信息的有效收集、分析和共享,是网络银行日常监管的关键。

(6) 严格控制网络银行已办业务的终止和市场退出。

(7) 监管的有效实施依赖于综合性人才的培养与使用。

2. 网络银行的管理可采用的手段

为了避免或减少承担网络银行业务中可能产生的民事责任,商业银行应加强网上银行业务的风险管理。

(1) 商业银行开展网上银行业务,应遵守国家有关计算机信息系统安全、商用密码管理、消费者权利保护等方面的法律、法规、规章;应采用合适的加密技术和措施,以确认网络银行用户的身份和授权,保证网上交易数据传输的保密性、真实性;应实施积极有效的措施,确保网络银行业务交易系统不受计算机病毒的侵袭和黑客的入侵,并根据银行业务发展的需要,及时更新系统安全保障技术和设备。

(2) 商业银行应以适当的方式向客户说明和公开各种网络银行业务品种的交易规则,应在客户申请某项网络银行业务时,向客户说明该品种的交易风险及其在具体交易中的权利和义务。

(3) 商业银行开展网络银行业务,应根据有关法律、法规制定和实施全面、综合、系统的业务管理规章,加强对管理人员、业务操作人员的业务、法律知识培训,建立网络银行业务专业监管机构,配备专门的网上银行业务审计人员,定期对网络银行业务进行审计。

3. 网络银行开发管理的安全建议

为了提高商业银行开展网络银行业务的能力,规避一些不必要的安全风险,作为网络银行的管理者可以适当地参考业界人士的一些建议。

(1) 从硬件和软件两方面重视网络银行的安全性,特别是软件。

(2) 选用适合自己的杀毒软件。

(3) 树立安全意识。网上交易的安全不仅是网络银行的自身安全就足够,用户个体的安全与否直接关系到整个网上交易安全体系,要树立全网安全的概念。

(4) 重视网络银行用户的信息反馈。

(5) 听取防病毒专业公司关于防病毒方面的具体意见,加强技术合作与沟通渠道的建设,建立畅通的信息通报与交流机制。

(6) 各网络银行之间应该加强互相沟通，互通有无。

(7) 绝对的安全是不存在的，积极关注相关安全领域的发展动向，追踪最新的发展技术，联合相关厂商提出合理的安全运行体制。

(8) 建立相应的安全事件的应急处理预案与机制。

(9) 成立专门的包括防病毒的安全小组，处理日常的与安全有关的事务。

(10) 组织人员进行安全知识培训，特别是防病毒知识的培训。

本 章 小 结

本章主要介绍了网络银行的概念、网络银行的基本知识，详细叙述了网络银行的主要内容及网络银行的产生和国内外的发展概况。本章还专门阐述了网络银行的主要特点、功能、作用，并深刻分析它依附于传统商业银行和纯虚拟银行这两种经营模式，以及低成本和高回报的优势、信用的重要性、提供 3A 式服务等基本特性是网络银行生存及发展的条件等。

另外，介绍传统支付与网上支付的手段及特点，重点阐述了网络银行管理上的一些风险及可采用的手段与原则，以及网络银行在网上支付中的作用。

本章重点论述了广义网络银行的基本理论和一般应用过程，网络银行中的其他模式，如自助银行和电话银行等将在其他章节中专题讲述。

关键术语和概念

网络银行　纯虚拟网络银行　网络金融产品　网络金融服务　网络企业银行　网络个人银行　负担银行　直接银行　3A 式的服务

综合练习题

一、单项选择题

1. 网络性业务看重的是对注意力的营销，是感官的集结；而交易性业务看重的是（　　），是理智的选择。
　　A．忠诚度　　　　B．灵活性　　　　C．效益性　　　　D．关联性
2. 网络银行的其他风险有（　　）。
　　A．流动性风险　B．利率风险　　　C．市场风险　　　D．以上全是
3. 网络银行还面临（　　）等其他方面的法律风险。
　　A．洗钱　　　　B．客户隐私权　　C．网络交易　　　D．以上全是
4. 下列哪个是属于网络银行的建立模式（　　）。
　　A．网络银行　　B．直接银行　　　C．网银集团　　　D．上网银行

5．在网络银行系统中，负责审核、生成、发放和管理网络银行系统所需要的证书的是（   ）。
  A．网站   B．网上银行中心
  C．CA中心   D．签约柜台

6．中国第一家将传统银行服务延伸到互联网领域的商业银行是(   )。
  A．中国银行   B．中国工商银行
  C．中国建设银行   D．招商银行

二、多项选择题

1．网络银行业务中的风险包括(   )。
  A．操作风险   B．战略风险   C．信誉风险   D．法律风险
  E．组织管理风险

2．网络金融服务的特色可以简单地概括为(   )。
  A．任何时间(Anytime)   B．任何地点(Anywhere)
  C．任何方式(Anyhow)   D．任何人(Anybody)

3．电子商务的特征是(   )。
  A．交易虚拟化   B．交易成本低
  C．交易效率高   D．交易透明化

4．网络金融业务应该包括由传统金融机构和部分金融软件商通过互联网等公共信息网络提供的各种传统或创新的(   )。
  A．银行业务   B．证券业务
  C．保险业务   D．期货经纪业务
  E．投资理财咨询服务

5．随着网络银行的发展，网上银行卡业务开始融入网络银行整体框架之内，其结构体系主要有(   )。
  A．支付认证体系   B．网上银行卡业务应用系统
  C．网上特约商户   D．客户数据系统

6．网络银行的系统架构主要由(   )组成。
  A．网络银行技术架构   B．人员和部门组成架构
  C．业务平台架构   D．金融产品

三、简述题

1．简述网络银行的业务功能。
2．简述网络银行的组织体制。
3．简述网络金融的发展趋势。

四、论述题

1．分析网络银行的成本。
2．分析网络经济时代，金融"游戏"新规则。
3．分析网络经济时代的银行再造。
4．举例分析网络金融应用的低交易成本。

五、实训题

结合经济学，进一步认识边际效用递增规律。

第3章 自助银行与电话银行

学习目标

通过本章学习，了解网上支付工具的各种类型、特点、功能与现状，熟悉自助银行、移动银行和电话银行的一般运行方式、基本结构和基本操作过程；准确识记本章的基本概念，掌握基本知识点。

教学要求

知识要点	能力要求	相关知识
自助银行的各种类型	(1) 各种网上支付工具的概念 (2) 了解不同模式手机银行的特点、功能与现状 (3) 了解自助银行的特点、功能与现状 (4) 了解电话银行的特点、功能与现状	(1) ATM 和 CDM 的工作原理 (2) 外挂的自助设备 (如 ATM、CDM、CRS、POS)
自助银行的概念、移动支付的使用、电话银行的业务流程	(1) 熟悉自助银行、移动银行和电话银行应用的基本体系与功能 (2) 熟悉移动银行系统的基本结构 (3) 掌握基本知识点	(1) 自助银行相关知识 (2) 电子银行安全监控系统

章前导读

20世纪90年代兴起的电子商务，实现了商务活动向互联网的转移。诸多成功的 B to B、B to C 范式，把网络经济的作用发挥到了极致。网络银行兴起之后，自助银行从两个方面成为网络银行的重要组成部分：一是作为现金存取的途径，成为网络银行的资金流动循环中不可缺少的补充环节；二是将自助设备与互联网连接，向广大客户提供进入网络银行系统的重要通道。另外，自助银行的范围也有了新的发展，一些公共电信终端如多媒体电话也成为自助银行的一种形式。

为了能够使学生正确理解移动金融与互联网金融的区别，我们将手机银行移动支付与电话银行放在同一章中进行论述。

消费记录随你查

刘小姐前几日在 ATM 机取款时发现自己龙卡账户的余额少了 2000 多元，可她想不起来什么时候消费过这笔钱。联想到最近很多报纸报道过信用卡被盗刷、多刷，心里不禁一阵后怕。巧的是旁边那台自助终端机可以根据刘小姐的要求把龙卡最近的消费记录打印出来，时间、地点、消费金额、余额等要素清清楚楚，帮刘小姐查到了"遗忘的消费"。据信用卡专家介绍，除了刘小姐这样的情况，还有很多客户为了吃上贷记卡的"免息大餐"，也需要时不时地查一下自己的消费记录。无疑，银行提供的自助终端机成了最好的帮手。

3.1 自 助 银 行

自助银行(Self-service Banking)又称"无人银行""电子银行"，它属于银行业务处理电子化和自动化的一部分，是从国外兴起的一种现代化的银行服务方式。它利用现代通信和计算机技术，为客户提供智能化程度高、不受银行营业时间限制的全天候金融服务，全部业务流程在没有银行人员协助的情况下完全由客户自己完成。

3.1.1 自助银行概述

自助银行基本上可以描述为使银行客户以自助形式去处理传统营业网点的柜台作业交易，通过金融电子化设备来提供金融服务。银行客户可以在没有银行人员协助的情况下，随时以自助方式来完成交易。

1. 自助银行的产生与类型

传统的银行业务是通过柜员操作来进行的，随着银行业务的不断发展和扩大，这种操作模式越来越不适应人们的生活节奏。在此情况下,各银行都致力于推动金融电子化的进程,通过使用先进的金融设备和经营方式来提供更好的服务,以扩大影响、提高形象。自从我国引入自动柜员机(ATM)以来,银行自助化进程逐步加快,在很大程度上扩大了银行的服务范围、延长了银行的营业时间。

(1) 自助银行的产生。

20 世纪 60 年代,自助银行首先在国外得到应用。原因很简单,当时银行客户和业务不断增多,柜台客户流量不断增多,不少人排很长时间队只为了办理小额存取款及查询等简单的业务,办理业务可能只需要 2～3 分钟,但排队却可能要很长的时间,客户抱怨连连。

当时的银行高层认为,客户增多会使银行柜台人员疲于应付,因此降低了为优质客户服务的水平,于是便想通过增加营业网点来分散客户,但是增加人员势必大幅度提高成本开支。基于这些情况,银行高层产生了引入自动柜员机的念头,技术供应商也积极响应。于是,自动柜员机应运而生,接着又扩展到自助存款机、外币兑换机、夜间金库、自助保管箱、存折补登机、信息查询机等一系列自助银行设备。

案　例

市内资金任你划

　　家住上海徐汇区的王先生,其父母因急用向其借 50000 元,自己远在宝山忙着公司项目抽不出空,父母来取又不放心。同事小刘建议王先生使用自助银行去划款。午间休息时,王先生在某银行宝山支行的一台自助终端机上刷卡、输入转入账号、金额。友好的人机交流界面让王先生不到 1 分钟就搞定一切。人刚回到公司,母亲就打电话告诉他已经在该银行徐汇支行提到了现金。

(2) 自助银行的两种类型。

目前国外流行两种不同形式的自助银行营业网点,即混合式自助银行和隔离式(全自动化)自助银行。

① 混合式自助银行是指在现有的银行分支机构的营业大厅内划分出一个区域,放置各种自助式电子设备,提供 24 小时的自助银行服务。该区域在日常营业时间内,能够分担这些网点的部分银行业务,缓解柜台压力;在柜台营业时间以外,营业大厅关门,该区域被人为地与营业大厅隔离,又变成了独立的自助银行。

② 隔离式自动银行又称全自动化自助银行,这种形式的自助银行与银行分支机构和营业网点完全独立,一般设立在商业中心、人口密集区或住宅区内,也是全天候开放。自助银行的独立网点不仅能节省银行开设人工网点的成本,还能迅速扩大其影响和服务领域。由于不受时间限制、能良好地保护个人隐私等特点,自助银行可吸引更多工作繁忙的人来办理业务,以固定的营运成本争取更多的储蓄存款。

自助银行属于银行柜台业务处理电子化、自动化和网络化的范畴,是商业银行为满足客户的交易而进行的金融创新成果,一般由电子保安、自动柜员机、自动存款机、外汇兑换机、存折补登机、夜间金库、多媒体查询机、自动保管箱等系统组成,自助银行系统管理机工作原理如图 3.1 所示。

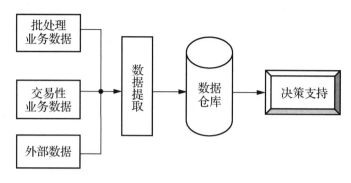

图 3.1 自助银行系统管理机工作原理简图

2. 自助银行的功能

走进任何一家自助银行,都会发现里面基本会有自动柜员机、自动存款机、多媒体查询机、存折补登机、外币兑换机等几种机器。大部分银行的自助银行设备和功能也都只局限于这几种,主要功能是自动提款、自动存款、存折补登、多媒体查询、外币兑换、外汇买卖、银证转账、缴纳公用事业费、自助贷款、分流银行业务等。

3. 新型模式自助银行的特色

根据个人零售业务以客户为导向的营销理念,充分考虑到不同消费者的消费需求,一些新型的服务网点模式应运而生。

(1) 社区模式。在居民区、办公楼及其附近提供银行服务的分行模式,强化中间业务服务及营销,是一种"自助银行增强型"设计,即以自助设备为主,并不定时地配合必要的人工服务,以期达到高效率服务和业务推广的双重业务目标。

(2) 商业区模式。在商业区、闹市区提供快速现金服务的自助银行,提供快速取现服务。

(3) 校园模式。在校园及其附近提供简单存取款服务,其交易特征为"频率高、单次交易额小",以特殊形式的自助银行为主,如网吧银行、书吧银行等。

(4) 店中银行模式。在便利店、机场、加油站、商场、酒店等其他行业的营业厅内提供银行服务。这些营业场所也是银行客户常光顾的场所,在这些场所提供银行服务显然给银行客户提供了方便。可以结合所在营业场所的具体情况设计成咖啡吧银行、超市银行、专卖店银行等。

(5) 顾问银行模式。顾问银行模式又称 VIP 分行,一种专门为其附近的 VIP 客户提供专业理财服务的网点。与传统的网点不同,这些新型模式的网点具有更强的针对性、更贴近普通社会大众的生活,可以根据目标客户群的不同采用完全不同的设计风格,以满足目标客户群的心理情感上的需求,这些将是未来银行网点发展的主要形式。

不同城市有不同的消费特点,相同城市不同区域的市民也有着不同的消费要求,相同区域的客户又会因为收入、职业等情况的不同分为若干个不同的客户群,在一个城市区域范围内,往往需要采用多种网点的整合布局以达到最大服务覆盖又能有区别地为不同的客户提供不同服务方式的目的。

3.1.2 自助银行的设计

建设自助银行不是目的，发展业务、最大限度地争夺客户份额、留存忠诚客户才是银行业务渠道建设的真正目的，自助银行只是其中的工具之一。在进行自助银行系统功能的整体方案设计和营销渠道整合布局时，首先应该考虑的是如何通过结构重建充分发挥现有网点的作用。银行是否需要建设自助服务网点，则应根据目标客户群的特征进行正确分析。

1. 自助银行的设计原则

自助银行整体方案的设计和规划，是依据金融机构和客户的具体需求来进行的。为了吸引更多的客户光顾自助银行、开设账户，最大范围地开展各项业务、树立银行形象，自助银行应该从不同的层面进行统筹规划，并遵循以下原则。

(1) 产品成熟性。所选择的设备应具有成熟稳定的技术、先进的功能，并采用整合式设计的产品。

(2) 符合工业化标准。硬件设备应遵循工业化标准，并具有开放式体系结构，以便支持符合标准的软、硬件。

(3) 良好的通信性能。自助银行的各个组成设备都应具有良好的通信能力，支持局域网和广域网的连接。

(4) 模块化设计。系统采用模块化设计，具有良好的可维护性和可扩充性。

(5) 安全性能好。系统在软、硬件方面都要提供安全措施，重要的自助服务设备应具有自动报警和监控功能。

2. 系统功能设计

自助柜员系统从功能上讲可分为以下 3 类。

(1) 银行业务主机。银行业务主机主要负责处理前置机转来的账户交易，完成各相关账户的更改、登记及处理结果的反馈等。主机通信程序员负责通信链路的建立、管理、监控、维护以及通信设备和前置机的管理。

(2) 前置机系统。前置机系统的设置，除了减轻防火墙和主机负担外，更重要的是为了以最大的带宽接收现金循环控制的所有信息并记入相应的库表，并由前置机系统生成发往主机的信息包。这样即使主机更换应用系统，也无需修改现金循环控制系统的应用程序，只需对前置机进行调整，从而减轻了科技人员开发和维护的工作量。前置机系统主要具有以下功能。

① 接收、处理和转发 CRS(存取款一体机)交易并进行加密和解密处理。
② 处理并记录交易日志和 CRS 的例外信息。
③ 管理 CRS 密钥，提供维护人员对 CRS 设备状态和交易情况的统计与查询报告。
④ 监控 CRS 设备的运行状况。
⑤ 可供操作员对 CRS 设备进行增加、修改和删除的管理。
⑥ 通信及环境参数的设置与管理。

(3) 现金循环机。现金循环机主要具有以下功能。

① 硬件管理。主要完成对串口、识别模块、凭条打印机、日志打印机、出钞口、入钞口等的配置；对读卡器、功能键、钞票暂存器等硬件模块的检测和初始化；在运行过程中对识别模块、打印机、存取款钞箱、通信状态、传感器、传送带等进行实时检测；对检测到的异常状况，及时写入电子日志，并进行处理；提供所有硬件设备的自诊断功能等。

② 插卡检查。对客户磁卡进行检查，对无效卡拒绝插入，不提供操作，同时对系统认可的、不同性质的卡种，提供不同的服务。

③ 交易管理。完成客户交易请求的提交和交易结果的返回处理，以及操作员管理交易的提交和交易结果的返回处理。客户主要交易流程有现金取款、取款冲正、现金联机存款、现金脱机存款、存款补发、账户查询、修改密码、转账交易。管理交易流程有清钞、清钞确认、装钞、装钞确认、对账请求、线路检测、主机换密钥通知。

④ 异常处理。异常处理主要是对客户操作不当或系统内部其他原因而产生的非正常现象的处理。通常客户的操作间隔均有时间限制，若客户在规定时间内未完成相应的操作，如客户忘记取出磁卡、未在规定时间内拿出出钞口的现金、连续 3 次输错密码等，从保护客户利益出发，系统会根据产生异常的不同原因，自动选择不同的处理，如收回磁卡或现金或暂停服务等。

3. 银行自助服务的主要设备

(1) 自动柜员机(ATM)。自动柜员机是最普遍的自助银行设备，提供最基本的银行服务之一，即出钞交易，有些全功能的 ATM 还可以提供信封存款业务。在 ATM 上也可以对账户进行查询、改密的业务。作为自助式金融服务终端，除了提供金融业务功能之外，ATM 还具有维护、测试、事件报告、监控和管理等多种功能。

(2) 自动存款机。自动存款机能实时将客户的现金存入账户，消除客户信封存款的疑虑。在存款过程中，自动存款机能接受多种货币，识别面值并判断真伪，不需要人工核查、清点。客户存款能实时入账，并可以马上查询到交易处理结果，不必担心交易过程中出现意外。

(3) 存折补登机。存折补登机是一种满足客户存折更新需要的自助服务终端设备，通过存折感受器和页码读取设备的配合，实现自动打印和向前、向后自动翻页。客户将存折放入补登机后，设备自动从存折上的条码和磁条中读取客户的账户信息，然后将业务主机中的客户信息打印到存折上，打印结束后设备发出声音提示客户取走存折。整个过程自动完成，操作简便、打印迅速。

(4) 外币兑换机。外币兑换机适用于机场、旅游区、闹市区等地，主要服务对象为外国游客和有侨汇收入的居民。外币兑换机能识别多种不同的货币，在兑换过程中自动累计总数，然后按照汇率进行兑换。

(5) 自助发卡机。银行多功能自助发卡机为银行解决柜台压力，满足客户在自助银行开户的业务需求。

银行多功能自助发卡机通过对第一代、第二代身份证的识别，支持开户发卡，使客户在自助设备上就可以持证自助开户。同时该项设备还继承了传统银行自助设备的功能，如查询余额、查询明细、转账、修改密码和各种中间业务；其发卡功能是补卡、换卡和持存折开卡。

(6) 多媒体虚拟柜员系统。虚拟柜员是指与DCC(Data Center Consolidation，数据集中工程)系统相连、外挂的自助设备(如ATM、CDM、CRS、POS等)及电子系统(如Callcenter)，需要注意的是，虚拟柜员不能提供柜台服务，主要是查询与调拨。实体柜员是在各种机构内具体经办会计、储蓄、信贷、财务、银行卡业务的人员，分为a级主管、b级主管、现金柜员和普通柜员。无论何种实体柜员均能够对外营业，且都能够携带现金钱箱，办理现金收付，但不同属性柜员其授权权限及业务权限不同。

(7) 多媒体查询机。多媒体查询机利用触摸屏技术提供设备说明、操作指导、金融信息、业务查询等多种服务。简洁的、直观的画面可以引导客户轻松操作，进行账户余额、近期交易的查询，对账单打印，并可修改密码，获得业务咨询、客户理财设计等多种信息服务。

(8) 大屏幕信息显示屏。大屏幕信息显示屏是通过主机控制的液晶显示屏，采用LED矩阵，显示内容丰富多彩、灵活多变，克服了数码管显示方式单调、项目固定的缺陷。屏幕可以滚动显示利率、汇率，并可显示业务指南、广告等大量信息。通过修改主机上的应用程序，可以方便地更改显示内容和显示方式。

(9) 夜间金库。夜间金库(又名银行自助金库)可以进行大额现金、贵重物品的寄存，它是自动柜员机的一种延伸产品，解决了普通存款机巨额存款的烦琐和银行营业柜台网点夜间无法进行交易的不便，还增加了夜间贵重物品保管的功能，减少了用户在夜间现金和贵重物品的携带量，保证用户的安全，积极推进了银行的业务扩展，适于安放在繁华商业旺地，也可单独面向有大额存款需求的企事业单位(如收费站、加油站、超市等)。

(10) 自动保管箱。客户事先向银行申请办理租箱手续，领取箱号钥匙和专用磁卡。客户持专用磁卡插入读写器并输入密码进入检物室，在检物室内按语音提示，输入箱号和密码，系统核对无误后由机械手将客户租用的保管箱传送到客户身边；若有必要，客户可通过对讲系统与控制中心人员联络。客户用钥匙打开保管箱，可提存物品，操作结束锁好保管箱按返回键，系统自动将保管箱放回原处。客户离开时，必须使用保管箱钥匙才能开启检物室房门，这样可以防止客户将钥匙遗留在检物室内。

(11) IC卡圈存机。它帮助客户实现储蓄账户、IC卡账户(电子存折)、电子钱包间的相互转账。

(12) 其他辅助设施。其他辅助设施包括电话、点钞机、伪钞识别机、UPS(Uninterrupted Power Supply，不间断电源)、书写台等设备。

4. 自助银行安全监控系统

由于自助银行是无人值守的，其安全防范就极为重要。为此，必须设计具有出入管理、安全防范、火灾监视、设备控制等功能的现场综合安全管理系统。

(1) 系统功能。

① 出入管理功能。只有持有指定卡的人员方可进入该区域，并同时提供在防范异常、火灾等情况发生时的自动锁定和开启功能。

② 安全防范功能。利用传感器监视各种非法入侵和破坏活动,一旦发生,迅速报警并启动CCTV系统监视或录像。

③ CCTV监视功能。利用该系统监视重要的设备和区域,当异常情况发生时自动启动,实现监视或录像。

④ 火灾检测报警功能。发生火灾时发出报警、关闭空调、打开出入口。

(2) 设备管理功能。

有人进入时,自动打开照明和空调,退出后关闭。

(3) 显示和报警功能。

显示系统工作状态,有异常情况发生时,发出声光报警。联网报警通过监控该区域发生的异常可以通过公用电话线转报到控制中心,实现联网。

3.2 移动金融服务与应用

随着计算机技术和移动技术日益完善的结合,新型的移动计算的概念已影响社会各领域,移动商务已经成为广义互联网领域热门的话题之一。

本章所说的移动金融服务、移动银行、手机银行等概念,是指通过移动通信网络将客户的移动电话连接至银行,实现通过手机界面直接完成各种金融业务的服务系统,是将货币电子化与移动通信业务相结合的一种服务方式,并非真正意义的金融业务。支付机构只有在银行卡收单业务上全面运行了互联网接入,形成了金融支付系统才能被称为具有实际意义的互联网金融与服务(参见本书第10章)。

3.2.1 移动金融服务的应用模式

移动电子商务和移动银行业务会随着智能手机的普及和手机终端的高速替换而呈现高速增长的态势。

随着智能手机的普及,随时随地处理金融业务得到了业界的广泛认同。网络银行服务已经成为银行业的必备服务内容,就像ATM业务是银行不可或缺的服务一样。不过,手机银行服务乃至手机支付的重要性不只是开创一项成长空间巨大的新业务这么简单,还是新的竞争增长点:一方面,如何吸引手机支付的上下游服务提供商,形成有利益的增值链;另一方面,降低银行的服务成本,丰富客户服务手段,提高客户服务质量已成为银行竞争的关键。特别是如何更好地吸引和服务优质客户,成为银行能否更好发展的重中之重。

1. 相关概念

移动银行服务(Mobile Banking Service)也可称为手机银行服务,是指银行按照客户通过手机发送的短信指令,为客户办理查询、转账、汇款、捐款、消费、缴费等业务,并将交易结果以短信方式通知客户的金融服务方式。

(1) 短信息服务(Short Messaging Services,SMS)。短信息服务是一种在移动网络上传送简短信息的无线应用,是一种信息在移动网络上储存和转寄的过程。世界上第一条短信息是 1992 年在英国沃达丰的 GSM 网络上通过 PC 向移动电话发送成功的。与话音传输及传真一样,短信服务同为 GSM 数字蜂窝移动通信网络提供的主要电信业务,它通过无线控制信道进行传输,经短信息业务中心完成存储和前转功能,每个短信息的信息量限制为 140 个八位组。从发送方发送出来的信息(纯文本)被储存在短信息中心,然后转发到目的用户终端。这就意味着即使接收方终端由于关机或其他原因而不能及时接收信息,系统也可以保存信息并在适当的时候重新发送。

(2) 用户识别应用发展工具(Sim Tool Kit,STK)。STK 即用户识别应用发展工具,它包含一组指令用于手机与 SIM 卡的交互,这样可以运行卡内的小应用程序,实现增值服务的目的。之所以称小应用程序,是因为受 SIM 卡空间的限制,STK 卡中的应用程序都不大,而且功能简单易用。目前市场提供的主流 STK 卡主要有 16K、32K 和 64K 卡。STK 卡与普通 SIM 卡的区别在于,在 STK 卡中固化了应用程序,通过软件激活提供给用户一个文字菜单界面。这个文字菜单界面允许用户通过简单的按键操作实现信息检索,甚至交易。STK 卡可以有选择性地和公钥基础设施(Public Key Infrastructure,PKI)结合使用,通过在卡内实现的 R.S.A 算法来进行签名验证,从而使利用手机从事移动商务活动不再是纸上谈兵。

(3) 移动通信/分组无线服务(GSM/GPRS)。GPRS(General Packet Radio Service,通用分组无线服务),它是利用"包交换"(Packet-switched)的概念所发展出的一套无线传输方式。包交换是将用户传送的数据划分成一定的长度,每个部分叫做一个分组。每个分组的前面有一个分组头,用以指明该分组发往何地址,然后由交换机根据每个分组的地址标志,将他们转发至目的地。GPRS 是一种新的 GSM 数据业务,它在移动用户和数据网络之间提供一种连接,给移动用户提供高速无线 IP 和 X.25 分组数据接入服务。GPRS 采用分组交换技术,可以让多个用户共享某些固定的信道资源。

(4) 无线应用协议(WAP)。WAP 是无线网络的标准,由多家大厂商合作开发,它定义了一个分层的、可扩展的体系结构,为无线网络提供了全面的解决方案。WAP 协议开发的原则之一是要独立于空中接口,所谓独立于空中接口是指 WAP 能够运行于各种无线承载网络之上,如 TDMA、CDMA、GSM、GPRS、SMS 等。

(5) 移动通信/交互式数据业务(GSM/USSD)。USSD(Unstructured Supplementary Service Data,非结构化补充数据业务)是一种基于 GSM 网络的新型交互式数据业务,它是在 GSM 的短信息系统技术基础上推出的新业务。USSD 业务主要包括结构补充业务(如呼叫禁止、呼叫转移)和非结构补充业务(如证券交易、信息查询、移动银行业务)两类。

(6) 无线 Java 业务(K-Java)。无线 Java 业务是一种新的移动数据业务的增值服务,开辟了移动互联网新的应用环境,能更好地为用户提供全新图形化、动态化的移动增值服务。用户使用支持 Java 功能的手机终端,通过 GPRS 方式接入中国移动无线 Java 服务平台,能方便地享受类似于互联网上的各种服务,如下载各种游戏、动漫画、小说等,也可操作各种在线应用,如联网游戏、收发邮件、证券炒股、信息查询等。无线 Java 业务使得手机终端的功能类似于可移动上网的个人电脑,可以充分利用用户的固定互联网使用习惯以及固定互联网应用资源,提供高性能、多方位的移动互联网使用体验。

(7) 无限扩频通信技术/无线二进制运行环境(CDMA/BREW)。高通公司从芯片出发设计了 BREW 平台。BREW 平台不仅仅是为 PC 或 PDA 开发的产品的缩减版本，它比其他应用程序平台或成熟的操作系统小许多倍。BREW 平台就是手持设备上嵌入式芯片操作系统的接口或抽象层，启用了本地 C/C++应用程序及浏览器与基于 Java 技术和扩展的虚拟机(如游戏引擎和音乐播放器)的简易集成。除本地 C/C++以外，BREW 还支持其他多种语言，包括 Java、XML(Extensible Markup Language，可扩展标记语言)、Flash 等执行环境。由于它可以驻留在采用 Palm 等任何移动操作系统(OS)的智能手机上，因此可使用 BREW 分发系统(BDS)无线下载为这些 OS 编写的应用程序，并像 BREW 应用程序一样使之商品化。BREW 对基本的电话和无线网络运行提供保护。

2. 移动支付的定义

关于移动支付的定义，国内外移动支付相关组织都给出了自己的定义，行业内比较认可的是移动支付论坛(Mobile Payment Forum)给出的定义：移动支付(Mobile Payment)，也称为手机支付，是指交易双方为了某种货物或者服务，使用移动终端设备为载体，通过移动通信网络实现的商业交易。移动支付所使用的移动终端可以是手机、PDA、移动 PC 等。

(1) 时空限制小。

互联网时代下的移动支付打破了传统支付对于时空的限制，使用户可以随时随地进行支付活动。传统支付以现金支付为主，需要用户与商户之间面对面支付，因此，对支付时间和地点都有很大的限制；移动支付以手机支付为主，用户可以用手机随时随地进行支付活动，不受时间和空间的限制，如：用户可以随时在京东等网上商城进行购物和支付活动。

(2) 方便管理。

用户可以随时随地通过手机进行各种支付活动，并对个人账户进行查询、转账、缴费、充值等功能的管理，用户也可随时了解自己的消费信息。这给用户的生活提供了极大的便利，也更方便用户对个人账户的管理。

(3) 隐私度较高。

用户将银行卡与手机绑定，支付时需输入支付密码或录入指纹，支付密码与银行卡密码不同，支付安全性较高。

(4) 综合度较高。

移动支付有较高的综合度，其为用户提供了多种不同类型服务。例如：用户可以通过手机缴纳家里的水、电、气费；用户可以通过手机进行个人账户管理；用户可以通过手机进行网上购物等各类支付活动。这体现了移动支付有较高的综合度。

3. 主要功能与支付方式和方法

(1) 功能。

通过特殊技术(主要是 NFC)实现支付的手机，可支持电子支付和数据下载等多种功能。手机集公交卡、银行卡和钥匙等功能于一体，方便市民的出行购物，这一技术已经十分成熟。

手机支付是指通过手机对银行卡账户进行支付操作,包括手机话费查询和缴纳、银行卡余额查询、银行卡账户信息变动通知、公用事业费缴纳等,同时利用二维码技术可实现航空订票、电子折扣券、礼品券等增值服务。

(2) 支付方式。

手机支付有如下所述的三种方式。

① 费用通过手机账单收取,用户在支付其手机账单的同时支付了这一费用,在这种方式中,移动运营商为用户提供了信用,但这种代收费的方式使得电信运营商有超范围经营金融业务之嫌,因此其范围仅限于下载手机铃声等有限业务,交易额度受限(手机话费支付方式)。

② 费用从用户开通的电话银行账户(即借记账户)或信用卡账户中扣除,在该方式中,手机只是一个简单的信息通道,将用户的银行账号或信用卡号与其手机号连接起来,如果更换手机号则需要到开户行做变更(指定绑定银行支付)。

③ 无绑定手机支付,个人用户无需在银行开通手机支付功能,即可实现各种带有银联标识的借记卡进行支付,采用双信道通信方式进行通信,非同步传输,更加安全快捷,相对而言此种方式最为简单、方便、快捷(即银联在线快捷支付)。

(3) 支付的使用方法。

移动支付的方法有手机短信支付、扫码支付、指纹支付、声波支付和微信支付等。

① 手机短信支付是手机支付的最早应用,将用户手机 SIM 卡与用户本人的银行卡账号建立一种一一对应的关系,用户通过发送短信的方式在系统短信指令的引导下完成交易支付请求,操作简单,可以随时随地进行交易。手机短信支付服务强调了移动缴费和消费。目前这种支付已经停止使用。

② 扫码支付是一种基于账户体系搭建起来的新一代无线支付方案。在该支付方案下,商家可把账号、商品价格等交易信息汇编成一个二维码,并在各类媒体上发布。用户用手机扫描二维码,便可实现与商家账户的支付结算。最后,商家根据支付交易信息中的用户收货、联系资料,就可以进行商品配送,完成交易。

③ 指纹支付即指纹消费,是采用目前已成熟的指纹系统进行消费认证,即顾客使用指纹注册成为指纹消费折扣联盟平台会员,通过指纹识别即可完成消费支付。

④ 声波支付利用声波的传输,完成两个设备的近场识别。其具体过程是,在第三方支付产品的手机客户端里,内置有"声波支付"功能,用户打开此功能后,用手机对准收款方的麦克风,手机会播放一段类似"咻咻咻"的声音。

⑤ 微信支付是腾讯集团旗下的第三方支付平台,致力于为用户和企业提供安全、便捷、专业的在线支付服务。微信支付以绑定银行卡的快捷支付为基础,向用户提供线下支付、web 支付、公众号支付、缴税、转账等功能。

4. 手机支付的基本原理与特征

(1) 原理。移动支付系统将为每个移动用户建立一个与其手机号码关联的支付账户,其功能相当于电子钱包,为移动用户提供了一个通过手机进行交易支付和身份认证的途径。

用户通过拨打电话、发送短信或者使用 WAP 功能接入移动支付系统，移动支付系统将此次交易的要求传送给移动应用服务提供商(MASP)，由 MASP 确定此次交易的金额，并通过移动支付系统通知用户，在用户确认后，付费方式可通过多种途径实现，如直接转入银行、用户电话账单或者实时在专用预付账户上借记，这些都将由移动支付系统(或与用户和 MASP 开户银行的主机系统协作)来完成。

手机支付这项个性化增值服务，可以实现众多支付功能，此项服务强调了移动缴费和消费。当我们在自动售货机前为找不到硬币而着急时，手机支付可以很容易地解决这个问题。手机支付让手机成为随身携带的电子钱包。

整个移动支付价值链包括移动运营商、支付服务商(如银行、银联等)、应用提供商、设备提供商(终端厂商、卡供应商、芯片提供商等)、系统集成商、商家和终端用户。

(2) 特征。手机支付属于电子支付方式的一种，因而具有电子支付的特征，但因其与移动通信技术、无线射频技术、互联网技术相互融合，又具有自己的特征。

① 移动性。随身携带的移动性，消除了距离和地域的限制。结合了先进的移动通信技术的移动性，随时随地获取所需要的服务、应用、信息和娱乐。

② 及时性。不受时间地点的限制，信息获取更为及时，用户可随时对账户进行查询、转账或进行购物消费。

③ 定制化。基于先进的移动通信技术和简易的手机操作界面，用户可定制自己的消费方式和个性化服务，账户交易更加简单方便。

④ 集成性。以手机为载体，通过与终端读写器近距离识别进行的信息交互，运营商可以将移动通信卡、公交卡、地铁卡、银行卡等各类信息整合到以手机为平台的载体中进行集成管理，并搭建与之配套的网络体系，从而为用户提供十分方便的支付以及身份认证渠道。

5. 手机银行的应用模式

手机银行以互联网为网络支持，以手机为接口设备，以 IC 卡为安全控制工具和交易手段，为客户提供更为方便、快捷的服务。手机银行分为以下 3 种基本模式。

(1) STK 智能卡模式。

这种模式是在电信商提供给手机用户的 STK 智能卡上，加上银行的增值服务项目，即由手机、GSM、短信息中心和银行系统构成。手机与短信息中心通过 GSM 网络连接，而短信息中心与银行之间的通信可以通过网络连接。由于手机短信息服务资源有限，这种模式存在不能与多个银行在同一张 STK 卡上合作、不能随时更新应用菜单、银行依赖电信商等缺点。

(2) 无线应用协议模式。

使用 WAP 手机可以直接与互联网连接，利用银行提供的各种网上银行服务，摆脱电信运营商对银行增值服务的控制，但此种方式对客户来说，使用成本高，安全性不高。

(3) IC 卡上网交易模式。

通过手机，使用符合 ISO 国际标准的银行 IC 卡，银行可以开发更加广泛的业务，客户不仅可以使用不同银行的 IC 卡上网交易，而且使用成本降低，安全性提高。

6. 手机支付开放平台

手机支付开放平台主要包括开发者管理、应用程序编程接口管理、应用管理、安全管理、计费管理等模块。这个平台主要是将手机支付的核心能力(包括支付、缴话费、营销工具等)输送出去，从而吸引、聚拢庞大的社会力量，利用众包的模式来推动业务、应用、产品的创新和发展。

手机支付开放平台在对自身特点、现今开放平台的状况及未来的发展方向进行深入分析之后，决定以基础能力、支付能力、营销能力等几大类能力模块为发展方向。

参考图文

3.2.2 手机银行技术基础与支付的种类

手机银行是指银行以智能手机为载体，利用手机和其他移动设备等实现客户与银行的对接，为客户办理相关银行业务或提供金融服务，使客户能够在此终端上使用银行服务的渠道模式。

1. USSD/SMS/WAP(短信息服务平台)

(1) 尽管目前 USSD、SMS 和 WAP 都属于电路承载型的业务，但它们所使用的电路信道各不相同：通话状态下，USSD 和 SMS 使用相同的信令信道即 SDCCH，数据传输速率大约为 600b/s；而非通话状态下，USSD 使用 FACCH 信令信道，数据传输速率大约为 1Kb/s，比 SMS 传输速率高。目前，用户只能在非通话状态下使用 WAP，数据通过话音信道 TCH 进行交换，其传输速率大约为 9.6Kb/s；随着 GPRS、4G 等移动通信技术的发展和成熟，WAP 将演变为分组交换型业务，其数据传输速率也将达到 115.2Kb/s(GPRS 的一般速率)，甚至达到 2Mb/s。

(2) USSD 在会话过程中一直保持无线连接，提供透明通道，不进行存储转发；而 SMS 在物理承载层没有会话通道，只是一个存储转发系统，用户完成一次查询需要进行多次会话过程。因此，USSD 每次信息发送不需要重新建立信道，就响应时间而言，USSD 比短信息的响应速度快。WAP 与 USSD 类似，交互中保持一个会话过程，但由于 WAP 服务器和 Internet 速度等因素的影响，其目前的响应速度比 SMS 慢。

(3) USSD 和 WAP 都可以在服务器端对服务内容进行相应的调整，尤其是 USSD 可以在服务器端方便地修改菜单，使运营商可以迅速针对市场需求情况的变化做出反应；而以 SMS 平台为基础的 STK 卡则无法随时修改菜单选项，在业务开拓方面要稍微麻烦一些。

随着 USSD 应用的进一步推广和日渐成熟，运营商可充分利用当前的 GSM 网络资源，整理建设思路，可以将 USSD 和 SMS、WAP 等集成在一起，提供满足各种用户需求的移动数据业务。

2. K-Java/BREW

K-Java 和 BREW 在交互方式、交易速度、界面表达能力方面均有较强的优势，BREW 在安全性上更完善，而 K-Java 则在用户群和开发商方面更有优势。

3. SIM Pass 技术(基于 13.56MHz)

SIM Pass 是一种多功能的 SIM 卡，支持 SIM 卡功能和移动支付的功能。SIM Pass 运行于手机内，为解决非接触界面工作所需的天线布置问题给予了两种解决方案：定制手机方案和低成本天线组方案。

SIM Pass 是一张双界面的多功能应用智能卡，具有非接触和接触两个界面。接触界面上可以实现 SIM 应用，完成手机卡的通信功能；非接触界面可以同时支持各种非接触应用。

4. RFID-SIM(基于 2.4GHz)

RFID-SIM 是双界面智能卡技术向手机领域渗透的产品。它既有 SIM 卡的功能，也可实现近距离无线通信。

5. NFC 技术(基于 13.56MHz)

NFC 是一种非接触式识别和互联技术。NFC 手机内置 NFC 芯片，组成 RFID 模块的一部分，可以当作 RFID 无源标签来支付使用，也可以当作 RFID 读写器进行数据交换和采集。

6. 智能 SD 卡

在 SIM 卡的封装形势下，EEPROM 容量已经达到极限。通过使用智能 SD 卡来扩大 SIM 卡的容量，可以满足业务拓展的需要。

7. 移动支付的种类

移动支付标准的制定工作已经持续了多年，主要是银联和中国移动两大阵营在比赛。Statista 发布的报告显示，2020 年全球移动支付的金额已突破 5 万亿美元。强大的数据意味着，今后几年全球移动支付业务将呈现持续走强趋势。

(1) 按用户支付的额度，移动支付可以分为微支付和宏支付。

微支付：根据移动支付论坛的定义，微支付是指交易额少于 10 美元，通常是指购买移动内容业务，例如游戏、视频下载等。

宏支付：宏支付是指交易金额较大的支付行为，如在线购物或者近距离支付(微支付方式同样也包括近距离支付，例如交停车费等)。

(2) 按完成支付所依托的技术条件，移动支付可以分为近场支付和远程支付。

近场支付：通过具有近距离无线通信技术的移动终端实现本地化通信，进行货币资金转移的支付方式。

远程支付：通过移动网络，利用短信、GPRS 等空中接口，与后台支付系统建立连接，实现各种转账、消费等支付功能的支付方式。

(3) 按支付账户的性质，移动支付可以分为手机银行卡支付、第三方支付账户支付等。手机银行卡支付就是以手机为工具，以银行卡为依托，尽享个人理财方便的形式。

第三方账户支付是指为用户提供与银行或金融机构支付结算系统接口的通道服务，实现资金转移和支付结算功能的一种支付服务。

第三方支付机构作为双方交易的支付结算服务的中间商，需要提供支付服务通道，并通过第三方支付平台实现交易和资金转移结算安排的功能。

(4) 按支付的结算模式，移动支付可以分为及时支付和担保支付。

及时支付：支付服务提供商将交易资金从买家的账户即时划拨到卖家账户的支付形式一般应用于一手交钱一手交货的业务场景(如商场购物)，或应用于信誉度很高的 B to C 以及 B to B 电子商务，如首信、yeepal、云网等。

担保支付：支付服务提供商先接收买家的货款，但并不马上支付给卖家，而是通知卖家货款已冻结，卖家发货；买家收到货物并确认后，支付服务提供商将货款划拨到卖家账户。支付服务提供商不仅负责资本的划拨，还要为买卖双方提供信用担保。担保支付业务为开展基于互联网的电子商务提供了基础，特别是对于没有信誉度的 C to C 交易以及信誉度不高的 B to C 交易。这种支付方式的代表是支付宝。

(5) 按用户账户的存放模式，移动支付可以分为在线支付和离线支付。

在线支付：用户账户存放在支付服务提供商的支付平台，用户消费时直接在支付平台的用户账户中扣款的支付形式。

离线支付：用户账户存放在智能卡中，用户消费时，直接通过 POS 机在用户智能卡的账户中扣款的支付形式。

3.2.3 手机银行的应用

国内银行陆续推出的"手机银行"业务，使手机不再只是一个通信工具。最近，随着无线通信技术的发展，出现了基于手机的不同通信模式的应用，使手机银行的模式越来越多。下面对几种主要模式做一些比较。

1. 基于 SMS 的应用模式

该模式是基于手机短信提供银行服务的一种新的手机银行模式，客户和银行通过手机短信交互信息。其特点如下所述。

(1) 技术基础成熟。现有的手机均支持这种方式，对用户来说不需要更新设备。

(2) 成本不高。不论交易者在何地，交互需 0.1 元/次，也有的移动通信系统低于 0.1 元/次。

(3) 面向非连接的存储—转发方式。只能实现请求—响应的非实时业务。

(4) 无法实现交互流程。不同的业务需要使用不同的代码完成。

(5) 信息量少。由于该系统是简单的存储转发模式，其致命缺陷是交互性差、响应时间不确定。

2. 基于 STK 卡的手机银行模式

该模式是使用银行提供的 STK 卡替换客户的 SIM 卡，事先在 STK 卡中灌注银行的应用前端程序和客户基本信息，客户使用该卡完成银行业务。STK 卡的应用特点如下所述。

(1) 内置银行密钥。内置银行密钥，可实现端到端的安全。

(2) 基于 STK 卡。STK 卡可以解决菜单、密钥和个人信息存放问题，有些还支持 WAP。

(3) 有特定的运营商限制。该模式有其运营商限制，比如在国内分为中国移动或中国联通等。

(4) 有手机型号限定。该模式对部分手机型号进行了限定，这主要是为了支持 STK 卡操作。

(5) 业务扩展较难。新增服务或客户信息变更时需要重新写卡，业务的交互流程限制在卡内，无法方便实现银行对用户调整定制的服务。

(6) 推广成本高。STK 卡和配套设备有固定的支持与兼容系统，用户需要更换 STK 卡，或更换支持 STK 卡的手机。

(7) 技术标准不统一。它受处理器技术发展的限制，技术发展空间小。

(8) 32K STK 卡的兼容性差。该卡的容量决定了在一张卡上只能使用一家银行的服务。

3. WAP 模式

WAP 是全球性的工业标准，支持动态伸缩的数据装载，不受服务种类限制，联机方式、应用存在手机上，使用特定的终端设备。因终端特性和开发难度，目前此模式无大规模应用，其特性如下所述。

(1) 面向连接的浏览器方式，可实现交互性较强的业务及网上银行的全部功能。

(2) 终端设置较复杂。

(3) 客户可能需要更换终端设备。

(4) 交易成本高，不适合频繁的小额支付。

4. BREW/K-Java 模式

该模式有以下 6 个主要特点。

(1) 图形化界面，可以和用户有良好的交流。

(2) 提供透明通道，实时通信，响应迅速。

(3) 支持的终端较少。

(4) 安全机制较完善，适合电子商务运作。

(5) 需为不同终端编译不同的版本支持。

(6) 功能更新需客户下载新版本。

5. 手机钱包和手机理财

(1) 手机钱包。

利用手机进行支付的金融产品是指客户将手机号码与银行卡支付账户进行绑定，通过手机短信、语音、WAP、K-Java、USSD 等操作方式，使用手机缴费、电子商务付费、账户查询等个性化的金融服务。

随着客户对移动电子商务要求的不断变化，"手机钱包"的功能也将不断扩展和加强。

(2) 手机理财。

通过移动网络将手机与银行账户连接，实现通过界面直接完成各种金融理财业务，具有账户查询、理财通知、自助缴费/充值三大功能。

手机银行的发展方向是客户界面日益友好、交易速度越来越快、安全性越来越强。因此，手机银行的解决方案不应追逐或拘泥于某种接入技术、某个特定的通信服务器提供商，而应在提供强大的向后兼容的基础上，注重银行业务在移动通信渠道上的集成。

3.2.4 手机银行系统

手机银行作为一个实时在线、交互性强的交易渠道，首先它是基于银行账户的交易，而不是基于手机话费的交易，因此需要客户将手机与其银行账户对应绑定。其次，一方面银行会有大量金融产品通过手机渠道发布，需要将银行的金融产品解释成手机银行渠道的业务流程；另一方面，由于其贴近客户的特定，而且由于手机这种移动终端的界面表达能力的限制，不可能把所有的功能一次性全部展示在客户面前，需要为不同客户提供不同的定制服务。最后，手机银行系统需要支持多通信服务提供商和多接入技术。手机银行系统网络拓扑结构如图 3.2 所示。

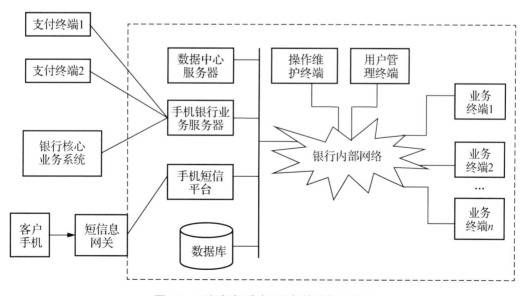

图 3.2　手机银行系统网络拓扑结构示意图

因此，在设计系统时，结合信息系统实际情况，需要集中签约系统、交互流程控制系统、业务集成系统相互协调，共同完成手机银行系统建设。

手机银行系统主要由 3 个部分组成。

1. 集中签约(个性化设置)系统

通过集中签约(个性化设置)系统，实现客户信息的集中共享，为以客户为中心的服务模式提供基础；通过多渠道签约，方便客户完成签约过程，降低营销成本。目前，手机银行的集中签约(个性化设置)系统主要实现以下功能。

(1) 客户信息集中管理。实现了客户信息的最大化利用。

(2) 提供客户定制的个性化的信息。初步体现了客户的差别化服务。

(3) 产品管理功能。提供了抽象的产品要素和交互流程管理，提供了同样的产品在不同渠道上的一致表现。

(4) 统一的渠道属性管理。其包括渠道信息维护管理、统一的渠道交易状态控制、统一的渠道交互安全控制、渠道产品控制和客户渠道产品的签约控制。

(5) 统一的产品计费管理。按客户需要提供相应功能的统一机制，针对不同客户进行针对性定价和优惠策略，为客户提供套餐、优惠等计费服务。集中签约系统中记录了客户定制的所有渠道、产品信息，可在此基础上实现统一的产品计费管理。

2. 业务集成系统

由于手机银行本身仅为一个交易渠道，真正的银行商业逻辑由核心产品层的功能组件提供，而这些功能组件往往不是直接面向客户的产品，因此，业务集成系统主要包含两个方面的能力：对于可单独提供产品的服务将其通过配置进行发布；对于需组合使用的服务，提供封装服务，以达到通过配置使其以新的产品服务形态表现的目的。同时，业务集成系统根据客户预先定制签约系统中的定制信息，自动组织并完成核心产品需要的交易信息。这样，同样的金融功能由于不同客户定制信息的不同而对不同客户体现出个性化特性。业务集成系统提供面向技术的配置化的产品—服务封装功能。

3. 交互流程控制系统

SP 是一种交易软件。SP 前置交易交互流程控制系统实际包括两个部分：一是对具体渠道的协议转换；二是对签约系统中制定的产品要素流程的具体交互控制。由于 USSD 接入模式的特性(面向实时连接)和手机终端表达能力的限制，客户在手机上对每个产品的每个交互步骤的控制均由 SP 前置系统控制。在设计和实施中除去与移动 USSD 平台的 SMPP 协议转换部分，SP 前置实际上是一个通用的交易交互流程控制系统，能够保持客户在具体渠道终端上的交易流程状态，并交互式地向渠道终端提供交易序列。SP 前置的交互流程控制通过与不同渠道的内容管理组件的配合，可以提供基于文本、语音、图形、图像等不同表现形式的业务流程，可以方便地将业务集成系统包装的产品实现在多媒体终端、电话银行、电视银行等渠道上。

4. 移动支付

(1) 手机支付。手机支付包含微信支付、支付宝和二维码支付多码合一等多集合多种支付模块，是最便捷的优惠买单方式，一般流程(图 3.3)如下：①扫一扫商户二维码；②输入消费金额；③输入密码，确认支付。

图 3.3　手机支付流程

(2) PC 收银台支付。PC 收银台支付兼容主流的客显收银台，无需打通系统、切换界面，输入金额即可完成收款，如图 3.4 所示。

图 3.4　PC 收银台支付示意图

5. 移动 POS 机支付

移动 POS 机是一种 RF-SIM 卡终端阅读器，又叫移动的销售点、手持 POS 机、无线 POS 机、批处理 POS 机，应用于各个行业的移动销售。移动 POS 机通过 CDMA，GPRS，TCP/IP 等方式与数据服务器连接。

3.2.5 手机银行风险控制

由于 USSD/SMS 移动接入模式的限制,手机银行系统的安全建立在移动 GSM 网的安全基础上,手机银行无法提供端到端的安全,因此无法在技术上实现系统的抗抵赖,只能通过与移动服务商的协议,约束其必须提供真实有效的交易信息。因此,在系统安全控制上除与移动服务商通过协议约束其必须提供安全可靠的接入服务外,系统还提供了大量的风险控制手段,主要有以下几个控制机制。

(1) 访问控制。基于签约系统提供产品的访问控制,限制客户访问自己定制的产品和服务,当某些产品和服务存在一定的风险或者不安全因素时,客户有权根据自己的选择不使用该项产品和服务,以保护自身的利益,同时避免银行与客户的纠纷。

(2) 记录发送的信息。记录所有移动 USSD 平台发送的信息,供事后安全审计使用。

(3) 专用渠道密码。在手机银行渠道上使用与客户账户、卡密码不同的专用渠道密码,防止客户账户、卡密码的泄露。

(4) 提供高粒度的客户风险控制手段。客户在系统最大允许范围内,可以在产品和渠道一级分别自行定制其能够承受风险的周期交易最大交易额度和交易次数。

(5) 身份认证。在第一次签约验证用户有效身份证件,手机银行渠道通过用户提供的手机号码发送随机确认码验证用户身份,并通知用户为手机银行渠道单独设置一个支付密码。需要通过手机银行渠道发生账务事件时,客户必须每次提供该密码以确认其身份。

(6) 抗抵赖。由于通过 USSD/SMS 方式的手机银行无法提供端到端的安全,因此无法在技术上实现系统的抗抵赖,只能通过与移动服务商的协议,约束其必须提供真实有效的交易信息,而客户的抗抵赖由移动服务商平台上的安全机制完成(使用手机置于手机 SIM 卡上的 IMSL 码对交易信息进行签名)。

手机移动支付是手机作为一种移动通信终端,从单纯的语音传输工具向数据传输工具跨越的又一股推动力量,也是金融业务开始向移动金融服务大举进军的推动力量。随着移动通信技术的日趋完善,手机银行将打造一条全新的价值链,它将给银行增加中间业务收入并使银行卡增值,同时作为一种优质高效、低成本的交易渠道,其替代银行柜面这一高交易成本渠道业务的替代效益也不可小视,会大大降低经营成本。除了获得实在的利益外,银行还可以通过为客户提供新的价值来提升客户的忠诚度。

3.2.6 手机银行发展瓶颈

1. 运营商和金融机构间缺乏合作

国内移动支付存在不同商业模式并存的情况,运营商、金融机构、移动支付第三方虽然已经在不同程度上建立起合作关系,但总的来看,主导者、合作方及运营模式不统一;此外,不同主导方所采用的技术方案有差别,实现移动支付功能的载体及其工作频段不统一。上述两方面的差异,提高了国内移动支付推广的成本,为国内移动支付更快普及带来了一定的障碍。

2. 交易的安全问题未妥善解决

移动支付的安全问题一直是移动支付能否快速推广的一个瓶颈，信息的机密性、完整性、不可抵赖性、真实性，以及支付模式、身份验证、支付终端(手机)的安全性、移动支付各环节(合同签订、发货、付款、违约、售后责任、退货、纳税、发票开具、支付审计等)的法律保障还不健全。

3. 行业标准尚未完全完善统一

从国内移动支付业务的开展情况看，仍然缺乏统一的被广泛认可的支付安全标准。首先应加强用于移动支付安全保障的信息安全基础和通用标准的研制，为移动支付的安全保障提供基础性技术支撑。同时，加强支撑移动支付业务应用的 RFID 标准的研制，突破 RFID 空中接口安全保障技术，加快具有自主知识产权的 RFID 空中接口协议的制定。国内移动支付产业链中各部门应加强合作，制定通用的移动支付安全保障流程、协议、安全管理等标准，保障移动支付业务系统的互联互通，促进移动支付产业的安全、快速、健康发展。只有相对完善的行内标准才能给用户提供一个诚信的支付环境。

虽然我国的移动智能终端数增势迅猛，移动付费的需求也日益增长，移动支付领域的相关产业还将面临如下 4 大难点。

(1) 远程支付在未来相当一段时间内如何过渡、如何进行政策和标准的引导？
(2) 可信服务管理平台(TSM)如何建及由谁来建，标准和规则在哪里？
(3) 产业生态环境建设，硬件、芯片、制卡及设备制造等整个产业链要打通，要盘活。
(4) 产业服务模式设计，包括整个的商业模式、技术模式、安全模式及监管模式等。

移动支付生态环境的建立，是不可能只靠任何一两家企业独立地完成的，只有通过合作的方式，才有可能把整个产业做起来，实现互利共赢的局面。

4. 安全问题隐患很大

(1) 病毒感染。大量手机支付类病毒猖獗爆发，如伪装淘宝客户端窃取用户账号密码的"伪淘宝"病毒、盗取多家手机银行账号隐私的"银行窃贼"及感染中国建设银行 App 的"洛克蛔虫"等。而移动支付类软件的典型病毒，又分为电商类 App 典型病毒、第三方支付类 App 典型病毒、理财类 App 典型病毒、团购类 App 典型病毒及银行类 App 典型病毒。据腾讯移动安全实验室统计显示，2020 年，恶意网址、风险 WiFi 等往往在用户未意识到的时候进行攻击，影响用户手机正常使用。

(2) 系统漏洞。2020 年，手机支付安全的状况越发不容乐观。而 Android 系统漏洞却加剧了这一现状。2020 年，国内漏洞报告平台乌云发布紧急预警称，淘宝和支付宝认证被曝存在安全缺陷，黑客可以利用该漏洞登录他人淘宝/支付宝账号进行操作，不清楚是否影响余额宝等业务。对移动支付安全造成较大威胁的相关 Android 手机漏洞主要有三个：MasterKey 漏洞、Android 挂马漏洞及短信欺诈漏洞。

(3) 诈骗电话及短信。诈骗短信、骚扰电话也造成了一定的手机支付风险。例如，腾讯移动安全实验室监控到，诈骗分子除了通过诈骗骚扰电话诱导手机用户进行银行转账之外，主要还通过发送带钓鱼网址或恶意木马程序下载链接的诈骗短信，这些诈骗短信往往会诱导用户登录恶意诈骗网址等，引导用户进行支付。其中，主要的诈骗案例类型有：网银升级、U盾失效类诈骗，社保诈骗及热门节目中奖诈骗。

3.3 电 话 银 行

电话银行是实现银行现代化经营与管理的基础。它通过电话这种现代化的通信工具把用户与银行紧密相连，使用户不必去银行，无论何时何地，只要通过拨打电话银行的号码，就能够得到电话银行提供的服务(往来交易查询、申请技术、利率查询等)。当银行安装这种系统以后，可使银行提高服务质量，增加客户，获得更好的经济效益。

3.3.1 电话银行的功能和服务内容

与近年来兴起的自助银行一样，在一些国家，电话银行也是银行扩展业务、增强客户服务的重要手段之一(在我国电话银行已经不多见了)。电话银行的接入方式方便，通过大多数人具有的终端——电话，用户能够在任何地方、任何地点获得服务。为适应这一发展需求，全国各大银行相继开通客户统一服务电话来提高银行服务形象。

1. 账户管理

客户可以通过电话银行实现对本人的银行借记卡、活期一本通、定期一本通账户的管理。

(1) 账户信息查询。可以查询活期余额、定期账户明细及各账户余额。

(2) 电话银行密码修改。可以通过电话修改本人电话银行密码。

(3) 交易明细查询。查询当日或历史账户变动明细，并可传真对应明细。

(4) 账户口头挂失。当客户的银行卡遗失时，可以在第一时间通过电话办理账户的挂失，降低账户资金被他人盗用的风险。

2. 汇款与转账

(1) 汇款。

客户通过网点柜台签约，即可通过电话银行人工办理或 IVR(Interactive Voice Response，互动式语音应答)自助交易办理向任意账户进行人民币汇款转账业务，提供向同城、异地、本行、他行账户汇款，实时通过银行大小额支付系统汇出。

① 指定账户汇款。客户可办理向预先签约指定的收款账户汇款。

② 非指定账户汇款。客户使用签约手机接收验证短信，验证身份通过后，办理向任意账户汇款。

③ 定时定额汇款。客户可申请按照固定时间、固定金额向某指定账户汇款，由银行按照时间及金额约定为客户汇出款项。

电话汇款的特点是便捷性、安全性和时效性。

① 便捷性：随时随地拨打电话即可办个人汇款业务，提供人工口述交易。

② 安全性：银行制定的各项手机银行安全措施，保证账户资金安全。

③ 时效性：大小额支付系统，汇款资金到账快。

(2) 转账。

客户通过电话银行自助交易可以办理本人同一客户号下不同账户及同一账户定活之间的转账，资金实时到账。

① 同一客户号下账户间转账。同一客户在银行开立的账户之间可以通过电话银行办理转账业务，资金实时到账，包括卡卡转账、卡折互转。

② 同一账户下定活互转。客户通过电话银行可以办理银行借记卡内活期转定期、定期转活期，资金实时到账。

3. 缴费支付

(1) 代缴费。

客户通过电话银行可办理各类水电气、有线、宽带等费用的缴纳。通过与水电气等公用事业单位合作，依托电话银行服务平台，客户可随时办理各类公用事业费缴费。

代缴费功能可以使客户足不出户交纳各种费用，免去银行排队，缴费变得更轻松。7×24 小时随时随地缴费，解决客户缴费难的问题。

(2) 订单支付业务。

订单是收款人(商户)和付款人(个人客户)之间达成商品或服务等交易意向后，对应生成的一条带有特定编号的交易信息，记录双方的交易金额、品种、编号等信息。

订单支付业务是银行为开展电子商务的商户和客户之间提供的经双方确认后的订单所记录的资金结算处理。客户在银行合作商户订购商品或服务，生成订单后，持银行卡通过银行各种电子渠道及柜面，向银行发出支付指令，银行负责将该笔资金清算至对应商户账户中，完成订单所对应资金的支付结算。

4. 电话理财

(1) 外汇买卖。

电话银行外汇买卖为客户提供即时外汇交易、挂单外汇交易、汇率查询、历史交易查询和外汇两得利试算等功能。

该项业务为客户的外汇理财提供简便、顺畅的通道，客户无须去外汇交易市场和银行营业网点，随时随地可方便、快捷地查询所有外汇行情，即时进行外汇交易，其特点如下所述。

① 便捷性。7×24 小时随时随地使用电话办理外汇投资。

② 即时性。实时掌握外汇行情，捕捉投资机会，提高外汇资金收益性。

(2) 电子国债。

客户可通过人工或电话自助语音交易办理财政部发行的凭证式国债购买、查询等业务。

① 国债信息查询。查询代售国债信息，包括年限、利率等。

② 国债购买。办理不同期次、不同年限凭证式国债购买。

③ 国债账户查询。查询客户卡内国债账户信息。

该项业务有如下特点。

① 便捷性。国债发行期间即可拨打电话办理国债业务，提供人工服务和自助交易。

② 风险低。国债投资风险低，有稳定的投资收益。

③ 电子凭证自动兑付。卡内电子国债账户到期自动兑付转入活期。

(3) 电话在线理财。

客户可通过电话办理银行外币理财产品的咨询、在线预约，保留理财产品的额度，方便客户筹集资金购买到满意的产品。

电话在线理财的特点如下所述。

① 便捷性。为客户提供理财产品咨询、预约、购买一站式服务。

② 专业性。由理财专员在线咨询，并及时为客户提供理财产品资讯，成为客户贴身家庭理财秘书。

(4) 开放式基金。

电话银行可以为客户提供开放式基金在线咨询和基金人工交易、IVR 自助交易服务。开放式基金主要服务内容见表 3-1。

表 3-1 开放式基金主要服务内容

业务类型	服务内容			
委托业务	基金认购	申购	赎回	撤单
查询业务	基金委托	成交	净值	账户查询
特殊业务	基金开户	变更分红方式	定时定投	

这项业务的特点如下所述。

① 全天候轻松投资。7×24 小时基金投资电话在线咨询、交易。

② 投资一站式。提供基金产品开户、购买、查询等一站式服务。

③ 交易更便捷。客户可通过人工服务办理基金交易，投资更轻松。

5．增值服务

(1) 电子客票。

电子客票服务为持卡客户提供出行方面的增值服务，客户拨打银行指定的订票电话即可享受航班查询、机票查询、机票预订、在线付款等一站式服务，满足客户出行之需。

该项服务的特点是支持国内外机票预订、明折明扣和最低折扣；提供电子客票服务、无须送票、随时随地提供预订；特定的电子客票电话号码方便记忆，支持银行借记卡在线支付或送票上门付款。

(2) 贵宾预约服务。

贵宾客户通过贵宾电话专员可以预约办理银行的贵宾服务，可享受出行、就医、休闲方面更加优质高效的服务。

① 机场贵宾预约。为贵宾客户办理机场绿色通道预约服务，客户可享受机场贵宾厅候机、专人陪同安检、登机等特色服务。

② 医疗通道服务。受理贵宾客户医疗通道预约，客户可享受名院名医预约挂号、专人导医、优先就诊、贵宾厅休息、优惠体检等特色服务。

③ 俱乐部服务。受理客户预约银行特定的休闲娱乐俱乐部，为客户提供全面的休闲服务及更多尊贵服务。

3.3.2 电话银行系统网络结构与服务流程图

电话银行网络结构、功能结构与部分服务流程图，其内容均由图形表示，不再做文字表述。

1. 电话银行网络结构图

电话银行网络结构如图 3.5 所示。

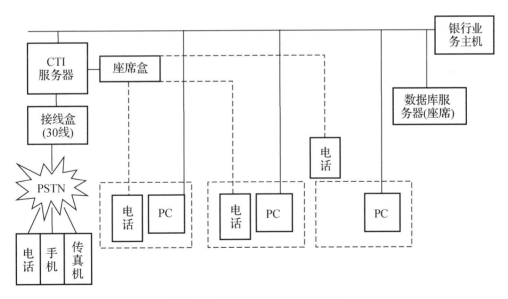

图 3.5 电话银行网络结构示意图

2. 电话银行功能结构图

(1) 电话银行功能菜单。

电话银行功能菜单如图3.6所示。

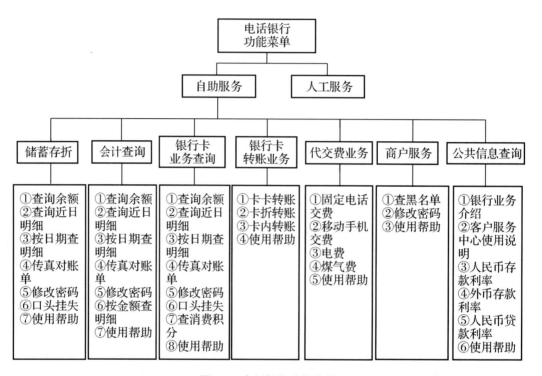

图3.6　电话银行功能菜单

(2) 自助服务业务。

自助服务业务，如图3.7所示。

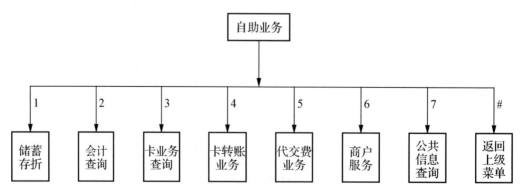

图3.7　自助服务业务示意图

① 储蓄存折，其功能如图 3.8 所示。

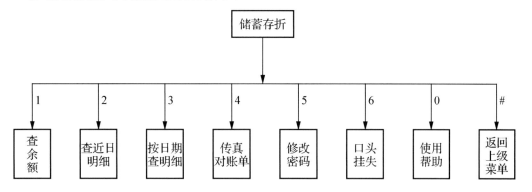

图 3.8　电话银行储蓄存折功能图

② 会计查询，其内容如图 3.9 所示。

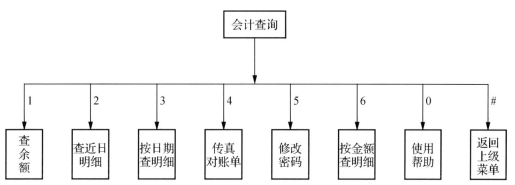

图 3.9　会计查询的内容

③ 银行卡业务查询，其内容如图 3.10 所示。

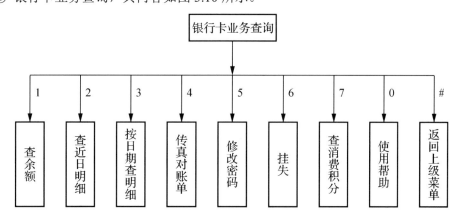

图 3.10　银行卡业务查询的内容

④ 银行卡转账业务，其内容如图 3.11 所示。

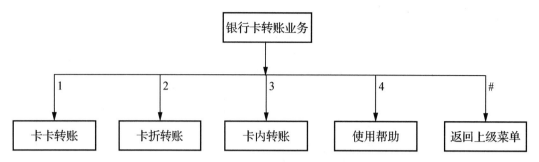

图 3.11　银行卡转账业务的内容

⑤ 代交费业务，其内容如图 3.12 所示。

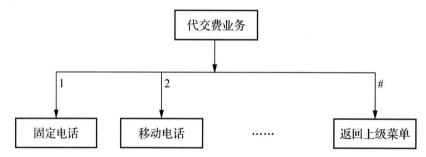

图 3.12　代交费业务的内容

⑥ 商户服务，其内容如图 3.13 所示。

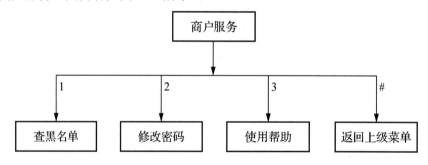

图 3.13　商户服务的内容

⑦ 公共信息查询，其内容如图 3.14 所示。

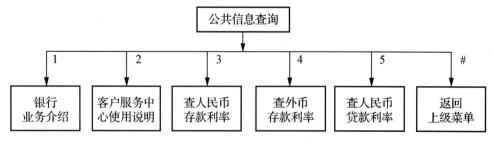

图 3.14　公共信息查询的内容

A. 银行业务介绍，其内容如图 3.15 所示。

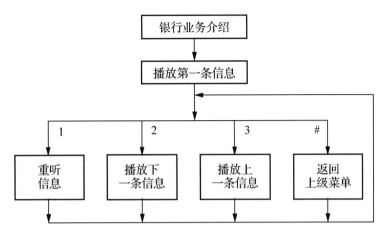

图 3.15　银行业务介绍的内容

B. 客户服务中心使用说明，其内容如图 3.16 所示。

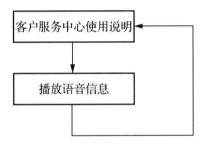

图 3.16　客户服务中心使用说明

C. 查人民币存款利率，其内容如图 3.17 所示。

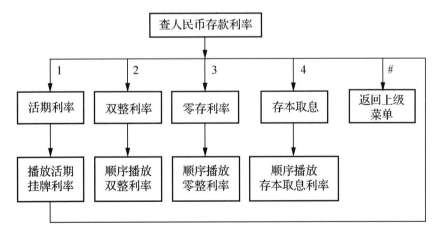

图 3.17　查人民币存款利率的内容

D. 查外币存款利率，其内容如图 3.18 所示。

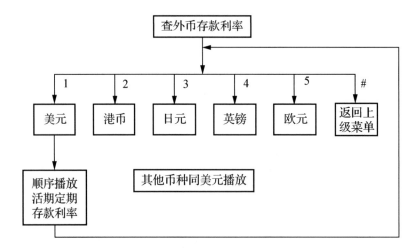

图 3.18　查外币存款利率的内容

E. 查人民币贷款利率，其内容如图 3.19 所示。

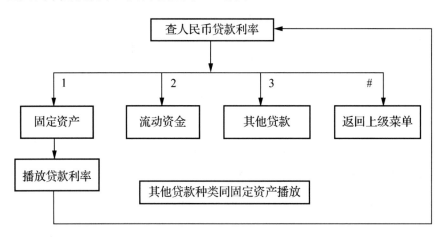

图 3.19　查人民币贷款利率的内容

电话银行除上述图例表述的服务业务之外，还有下列服务内容。

① 客户账户余额查询。
② 账户往来明细及历史账目档案。
③ 大额现金提现预告。
④ 银行存贷款利率查询。
⑤ 银行留言。
⑥ 银行通知。
⑦ 其他各类指定的查询服务。

第3章 自助银行与电话银行

本 章 小 结

本章主要介绍了自助银行、电话银行系统和移动银行的构成、功能、支付的模型和支付工具的支付与结算原理、模型及特点；重点解释了这类银行的体系结构和服务体系建设。本章所介绍的几种自助银行和电话银行是指商业银行通过金融网络为客户提供的全方位金融产品与金融服务的新的经营方式。本章还阐述了自助银行和电话银行的基本特征，详细分析了不同类型手机银行的特点与功能，以及低成本和高回报的优势、信用的重要性和提供的3A服务等。

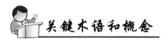
关键术语和概念

自助银行　ATM　隔离式自动银行　夜间金库　自动保管箱　移动金融服务　K-Java　SMS　STK卡　WAP　手机钱包　手机理财　电话银行

综合练习题

一、单项选择题

1. 自助银行设计原则是(　　)。
   A．集成性原则　　　　　　　　B．审慎性原则
   C．可管理性原则　　　　　　　D．良好通信性功能
2. 采用数字签名进行远程授权的支付方式是(　　)。
   A．银行卡在线刷卡记账　　　　B．银行卡从ATM提款再支付
   C．银行卡POS结账　　　　　　D．银行卡网上支付
3. 根据电子支付的定义，以下选项中不属于电子支付的是(　　)。
   A．用银行卡进行结账　　　　　B．用电子钱包进行网上支付
   C．电子汇款　　　　　　　　　D．用银行卡从ATM提款再支付
4. 手机银行(移动银行)也是以互联网为网络支持，但是以移动电话为接口设备，以(　　)为安全控制工具和交易手段，为客户提供更为方便、快捷的服务。
   A．IC卡　　　　B．ATM　　　　C．POS　　　　D．信用卡
5. 以下不是银行卡采用联网设备以(　　)方式进行支付的？
   A．在线刷卡记账　　　　　　　B．POS结账
   C．ATM提取货币　　　　　　　D．借助E-mail在网络上直接支付
6. 自助银行的设计原则包括(　　)
   A．良好的通信化性能　　　　　B．模拟化设计
   C．个性化原则　　　　　　　　D．安全性能好

7. ( )又称之为'无人银行''电子银行'。
   A．自主银行 B．网上银行
   C．手机银行 D．移动银行

二、简述题

1．简述手机银行的主要形式。
2．为什么说自助银行是实体银行的一个重要组成部分？
3．简述网上银行的主要支付方式。
4．简述网上银行的业务功能。
5．简述网上银行的组织体制。
6．简述网络金融的发展趋势。

三、论述题

1．分析网上银行的成本。
2．分析网络经济时代金融"游戏"新规则。
3．分析网络经济时代的银行再造。
4．分析不同类型手机银行的特点与功能，如何看待手机银行的发展前景？
5．指出自助银行、手机银行和电话等多媒体银行的特点、功能与现状，如何看待自助银行的发展前景？
6．结合自助银行、电话银行和信用卡的使用，说明网络金融对人们生活的影响。

四、实训题

尝试在商业银行办理手机钱包、电话银行和银行卡的开户。

第4章 电子货币与应用

学习目标

了解电子货币的发展和研究的现状、数字现金支付流程、电子钱包支付流程、电子支票支付流程,熟悉电子钱包的业务流程,掌握各类电子货币的使用方法和电子货币有关协议。

教学要求

知识要点	能力要求	相关知识
数字现金支付流程 电子钱包支付流程 电子支票支付流程	(1) 了解电子货币的特征、分类与运行的条件 (2) 了解电子货币的职能及在管理方面的特点 (3) 了解电子货币对传统经济产生的影响与发展趋势 (4) 熟悉电子钱包的业务流程	(1) 国际上常用的电子支票 (2) 各类电子信用卡的使用
网络货币支付流程 电子现金支付原理	(1) 掌握各类电子货币的使用方法 (2) 准确识记本章的基本概念,掌握基本知识点	(1) 电子货币有关协议 (2) 电子货币相关知识

章前导读

二十大报告中指出，要"让现代化建设成果更多更公平惠及全体人民。"随着电子货币应用环境的逐渐完善，电子货币已成为经济信息化社会中必不可少的结算工具，对中央银行货币政策中间目标和中央银行职能的转变都产生影响，其影响与作用将不断扩大。电子货币是一种无形的价值等量信息。它是代表价值的信息预存在集成电路芯片内的一种虚拟观念中的货币。电子货币与传统货币在发行、本质、形式、传递上都存在不同，它有自己的优势。电子货币的形式，有电子支票、电子信用卡、电子数字现金和网络货币等。目前，我国推广应用的电子货币有银行卡、电子支票和数字现金等形式。网络支付有3种形式：电子资金传输、信用卡系统和数字现金。

引例

煤水电费放心付款

现在公用事业费代收点遍布大街小巷，家中的煤、水、电、手机费账单一到，出门走不了几步，便能在连锁超市、便利店、书报亭等代收点缴款。住在曲阳的刘女士习惯在路口拐角的书报亭缴纳每月的公用事业费，可一些公用事业费代收点随意滞留甚至恶意侵吞居民缴款的案例被媒体曝光后，刘女士开始担心自己会不会遇到类似的问题。

针对市民因此产生的顾虑，媒体建议市民除了可到各公用事业单位所设的办事处或各营业网点缴纳外，通过银行自助终端自助缴纳或通过网上银行缴纳，是一种最为便捷最为省力的安全方式。

4.1 电子货币

电子货币是一种无形的价值等量信息。它是代表价值的信息预存在集成电路芯片内的一种虚拟观念中的货币。电子货币与传统货币在发行、本质、形式、传递上都存在不同，它有自己的优势。从宏观角度来讲，电子货币的形式有电子支票、电子信用卡、数字现金和网络货币等。目前，我国推广应用的电子货币有银行卡、电子支票和数字现金等形式。

4.1.1 货币概述

货币是充当一般等价物的特殊商品。不同形式的货币变化是生产力发展的必然结果。随着人类社会文明和科学技术的发展，生产力水平发生了巨大变化，货币的表现形式也经历了几次大的变革。

1. 商品货币

商品货币产生于人类社会最简单的商品交换时期。它们以实物形式出现,充当物物交换的媒介,如贝壳、兽皮、羊等都被当作货币使用过。商品货币难保存、易损耗,不便于携带和流通。随着人类社会发展和生产力水平的提高,商品货币逐渐退出经济舞台而被金属货币取而代之。

2. 金属货币

金属货币产生、流通于封建社会和资本主义社会。它们以金银等贵重金属作为货币来流通。由于生产力水平和有限资源的限制,金银货币为本币,辅以铜、铁等比较廉价的金属辅币共同在市面上流通。金属货币的价值比较稳定,而且经久耐用。但铸造工艺比较复杂,流通也不太方便,且因成色不一而造成价值偏差。如今,数字货币正逐步取代纸张成为货币的新载体,金属货币也逐渐退出历史舞台。

3. 信用货币

目前,在国际上绝大多数国家或地区市场上流通的货币通常是信用货币。与前两种货币不同,信用货币是一种货币符号,其本身并没有价值,以国家信用为基础,因此流通中带有一种国家的强制性。信用货币包括一般的流通纸币、期票、汇票、支票等。纸币的优点是使用、携带、流通比较方便。但是由于它没有价值,流通时会产生一些经济问题,如假币和通货膨胀等。

4. 电子货币

电子货币是指通过电子终端、电信网络、磁介质及其他电子设备来执行价值储存和交易支付的一种机制。它或是以电子信号为载体的货币。货币在发展过程中不断更换载体,从实物到金银,从金银到金银的纸制副本。电子货币产生以后,人们的生活和支付习惯都会有所改变,消费将更加便捷、迅速。电子货币的流通将会加快我国金融电子化建设进程,减少现金流通,促进金融业务发展和市场繁荣。同时,电子货币的产生将是对传统货币的挑战。电子货币的发行不是中央银行的行为,而是市场行为。

4.1.2 电子货币概述

电子货币是计算机介入货币流通领域后产生的,是信息网络技术发展和现代市场经济高度发展要求资金快速流通的产物。电子货币的出现,彻底改变了银行传统的手工记账、手工算账、邮寄凭证等操作方式,也给人们的购物、娱乐等方面带来了更多便利,它是货币发展史上的一次重大变革。

1. 电子货币的概念

随着信息网络技术的发展,电子货币应用越来越广泛,影响经济运行中的资金流和金融交易活动。相对于现实世界中具体的货币，电子货币存在着本质的不同，它是一种无形的价值等量信息。它是代表价值的信息预存在集成电路芯片内的一种虚拟观念中的货币。

很多人可能都用过邮局发行的 IC 卡，持卡人可以在任何一台 IC 卡电话机上打电话，而支付电话费时并不需要使用现金或进行银行转账，机器会自动修改储存在 IC 卡芯片中的数据资料。这实际上就可以看作是一种电子货币，只不过是单一用途的电子货币，不能作为其他商品的交换媒介。而信用卡则是人们接触到的一种严格意义上的电子货币，它能用于大多数商品的购买，消费者在购物时不需要使用纸币，只需通过刷卡来完成预结算，事后再通过银行的结算系统进行转账。通过这两个例子，人们可以简单地将电子货币分为两种类型：一类是以芯片及各种介质为基础的、采取直接扣除方式结算的电子货币，另一类是以账户系统为基础的、采取转账方式结算的电子货币。而根据其充当等价物的能力，电子货币可以分为单一用途的电子货币和多用途的电子货币。

2. 电子货币的发展

电子货币的产生是信息网络技术进步和金融业务创新的必然结果。在此基础上，电子货币的发展取决于互联网的普及和电子数据交换的应用两大重要因素。

(1) 互联网的普及。

金融业务网络化是企业内联网所必需的。这些网络系统有金融管理信息传输、跨行转账结算与资金清算、资金信息传输和承担各商业银行全国性通信子网功能等。金融机构内联网只有与互联网连接，才能将金融业务的服务市场推到更高层面和更大范围，电子货币的应用也更有发展空间。电子货币应用与互联网的普及密切相关。没有计算机网络及相关环境，电子货币只是一句空话。

(2) 电子数据交换的应用。

电子货币与电子数据交换(Electronic Data Interchange，EDI)密切相关。目前，在发达国家和部分发展中国家都已经得到普及应用，采用 EDI 已成为他们进行国际贸易和经济交易活动的主要方式。在我国，许多大型企业都采用 EDI。由于 EDI 的重要性日见显著，它在国际商务活动中的应用也日益广泛。当前在全球范围内应用 EDI 进行贸易的公司达到了千万余家。EDI 贸易、电子货币的发展，能大量地满足交易双方的市场需求，同时能及时传输资金和进行国际结算。

4.1.3 电子货币的特点与功能

在经济交易活动中，电子货币拥有自身特点。传统货币以实物的形式存在，而且形式比较单一。而电子货币则不同，它是一种电子符号，其存在形式随着信息处理技术进步而不断变化。例如，在磁盘上存储时是磁介质，在网络中传播时是电磁波或光波，在 CPU 处理器中是电脉冲等。

1. 电子货币的特点

电子货币(Electronic Money)，是指用一定金额的现金或存款从发行者处兑换并获得代表相同金额的数据，通过使用某些电子化方法将该数据直接转移给支付对象，从而能够清偿债务。其特点如下：①以电子计算机技术为依托，进行储存，支付和流通；②可广泛应用于生产、交换、分配和消费领域；③融储蓄、信贷和非现金结算等多种功能为一体；④电子货币具有使用简便、安全、迅速、可靠的特征；⑤现阶段电子货币的使用通常以银行卡(磁卡、智能卡)为媒体。

2. 电子货币与传统货币的区别

(1) 发行、本质上的区别。

电子货币与传统货币不同，电子货币的发行流程如图 4.1 所示。以人民币为例，人民币是我国的信用纸币，是国家发行的强制流通的价值符号。电子货币则是商业银行网络金融应用的金融创新工具，与人民币有着本质区别，其包括以下几方面。

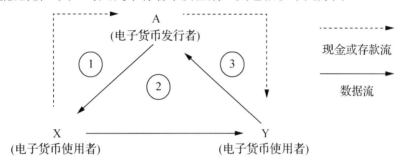

图 4.1 电子货币的发行流程

① 货币发行权不同。人民币的发行权属于国家，属于政府行为；电子货币的发行权属于商业银行等金融机构，属于市场行为，发行流程如图 4.2 所示。

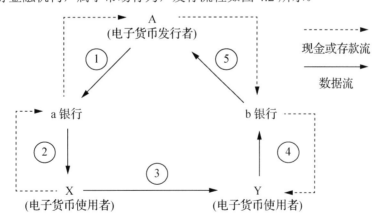

图 4.2 有中介机构介入的电子货币发行流程

② 货币本质不同。人民币代表的是一般商品等价物，电子货币体现的仅仅是一种电子结算工具，充当着具有人民币那样交换的媒介作用。
③ 货币信用基础不同。人民币反映的是国家信用，电子货币折射出银行信用。
④ 货币运动方式不同。人民币是可以在市面上流通的，可以在商品交易中直接交换；电子货币则受条件局限，不能流通，只能在金融网络系统中流通。

⑤ 货币发行量的基础关系不同。货币在流通中的需求量与商品价格总额成正比，与货币流通速度成反比，电子货币的发行量仅与人们的认同程度相关，它是以人们在商业银行开立的账户为基础的。

(2) 形式、传递上的区别。

① 电子货币与传统货币所占用的空间不同。传统货币以实物的形式存在，面值有限，大量的货币必然要有较大的空间。而电子货币所占的空间很小，其体积几乎可以忽略不计，一个智能卡或者一台计算机可以存储无限数额的电子货币。

② 电子货币和传统货币传递渠道不同。传统货币传递花费的时间长，风险也较大，需要采取一定的防范措施。较大数额传统货币的传递，甚至需要组织人员押运。而电子货币可以借助金融网络在短时间内进行远距离传递。互联网可瞬间将电子货币转移到世界各地，且风险较小。

③ 电子货币与传统货币计算所需的时间不同。传统货币的清点、计算需要花费较多的时间和人力，直接影响交易的速度。而电子货币的计算在较短时间内就可利用计算机完成，大大提高交易速度。

④ 电子货币与传统货币匿名程度不同。传统货币的匿名性相对来说比较强，这也是传统货币可以无限制流通的原因。但传统货币都有印钞号码，同时，传统货币总离不开面对面的交易，这在很大程度上限制了传统货币的匿名性。而电子货币的匿名性要比传统货币强，主要是加密技术的采用及电子货币便利的远距离传输。

3. 电子货币与银行卡的区别

(1) 接入产品与储值产品。

电子货币与银行卡存在着本质上的区别。银行卡属于"接入产品"，其本身只是一个接入银行的电子货币服务系统。在客户购买商品或服务需要进行支付活动时，必须实时接入银行或发行者的后台服务系统，经过在线授权才能完成交易，并在交易之后要对客户银行账户进行借记处理。而电子货币产品更具有普遍性和多用途性，电子货币作为"储藏价值产品"，其本身就记录了消费者的账号、密码、账户资金，甚至健康记录等信息。

(2) 信用卡不等于电子货币。

在金融网络中，最先以电子货币的形式得到应用的是信用卡，但信用卡本身不能完全代替电子货币，与真正意义上的电子货币相比存在区别。如在零售业的商业网点，拥有信用卡可直接下订单，在商家核实后就把货物寄出。这一过程是以信用卡为基础的电子化。但是，信用卡与电子货币的电子化最大的不同之处，在于信用卡的卡号只有一个，无论人们付多少钱，都是从唯一的卡号中把钱划出，所以有一定的安全漏洞且涉及一些个人的隐私问题。而电子货币和纸币一样，每个单位都有一个不同的独特的编号。与信用卡比较起来，电子货币能够保护顾客购物的隐私。银行能够清楚地了解信用卡的消费过程，却不能也无需知道电子货币的整个使用过程。像纸币一样，除了交易双方，一般没有人知道电子货币的使用过程。

4. 电子货币的优势

电子货币的优点是明显的，它的使用和流通更方便，而且成本低，尤其是大笔资金的流动。目前，存款、贷款、汇款、代发工资、代收费、储蓄通存通兑、银行卡、电子支票、电子现金等多种银行业务大多借助计算机系统实现电子货币的应用。电子货币的出现彻底改变了银行传统的手工记账、手工算账、邮寄凭证等操作方式。

(1) 快捷方便。在互联网上交易，无论买卖双方的地理位置相隔多么遥远，只要双方谈妥生意，一封附带着买方电子货币的 E-mail 可以在几秒钟内到达卖方的邮箱，卖方确认后即可将货寄出，整个交易便完成。

(2) 处理简单。相对于纸币，电子货币一旦确认，便完成其交换过程，处理过程很简单。比如，各国每年都要花费大量金钱将纸币在银行间转移或销毁，这些都会增加金融交易与服务的管理成本。

(3) 简化国际汇兑。由于互联网是一个巨大的世界，电子货币理论上是符合互联网标准的单一货币。无论身在哪个国家，其持有的电子货币在网上的相对价值应该是不变的，发展电子货币，可以简化传统货币在国际汇兑时的复杂手续。

(4) 安全性。相比较现实世界的经济犯罪行为，计算机犯罪和网络犯罪相对较少。所以信息化社会的电子货币的存放和使用比实物的纸币等要安全。与其他货币比较，由计算机处理的电子货币更容易以不同的类型编码或者密码确认来安排不同的消费用途。

5. 电子货币的职能

货币是固定地充当一般等价物的特殊商品。其职能有价值尺度、流通手段、支付手段、储存职能及世界货币职能。

(1) 价值尺度。

电子货币建立在纸币或存款账户基础上，作为更抽象的数字化货币发展着价值尺度的职能。在这里，电子货币只是作为观念的或想象的货币，具有计量商品价格、实现货币价值尺度的功能。

(2) 流通手段。

电子货币是本身没有价值的货币符号，其发挥流通手段职能必须依靠银行等中介机构的参与才能完成。电子数字化现金没有明确的物理形式，付款行为是银行从买方的电子现金中扣除并传输到卖方，交易可以适用于买卖双方在不同的空间；可以通过通信方式或互联网处理业务。作为流通手段的电子货币具有以下特点。

① 资金汇划快捷，可以使用个人电脑或电话，向国内外异地汇划电子货币。

② 携带方便，可以使用电子钱包完成各种交易支付。

③ 方便交互，可以利用画面、声音，随时对话并选择付款方式。

④ 兑换快捷方便，可以在电子线路上直接兑换货币，汇率立即可知。

⑤ 便于管理，可以随时记录消费的时间、地点等资料。由于电子货币在交易媒介时会留下记录，银行可以分析、识别确切的资金流，从而对地下经济和黑钱交易形成约束。

(3) 支付手段。

电子货币发挥支付手段职能的一个显著特征是将商业信用与银行信用成功地组合在一起，即消费者在购买商品时因存款不足，由银行履行付款责任，同时消费者和银行形成贷款关系，如消费者使用信用卡进行的交易等。在这里电子货币起中介作用，实质是通过信用进行交易，形成债权、债务关系，在最终结算时，大部分债权、债务关系可以相互冲销。

在电子货币的流通的条件下，由于信息处理水平的不同，在一定时间内流通中的货币需要量是不同的，货币需要量模型为

$$PQ = MV = BH$$

式中，M 代表货币数量；V 代表货币流通速度；P 代表物价水平；Q 代表社会商品交易总额；B 代表信息量(比特)；H 代表信息处理水平(赫兹)。

通常电子货币的流通速度要快于纸币的流通速度，因此，在电子货币流通的条件下对货币的需求量也会减少。

(4) 储存职能。

电子货币的储存和积累不仅表现在持有人账户的保证金、备用金上，也反映在各种结算收款上，当客户的电子货币账户同普通存款账户(主要是活期存款)能够实现自动转账时，这种储存手段范围将更为广泛。

(5) 世界货币职能。

电子货币在国际市场上发挥流通和支付手段职能的主要形式是信用卡。例如，VISA 信用卡可以在全世界大多数国家办理消费支付或转账，而不需要办理纸币兑换。在公司、证券机构和银行的商品交易清算或金融商品交易清算中，数字化现金和电子支票等通过国际资金清算系统和 SWIFT 系统发挥了电子货币的功能。它打破了以往任何一种货币在国际市场流通的滞涩，它没有时空限制，成倍地提高了货币交易的速度和效率，极大地降低了货币交易成本，促进了资本流动的全球化和金融市场的全球化。

4.2 电子货币的主要形式与应用

电子货币是电子支付与结算的主要工具。不同形式的电子货币的发行都会使流通中的传统纸币或金属货币需求减少，其发行的规模越大，可用于结算的余额就越多，但同时也要求有更多的传统货币随时准备赎回相当数量的电子货币，这就要求货币发行当局有足够的货币储备。

4.2.1 电子支票

电子支票，也称数字支票，是客户向收款人签发的、无条件的数字化支付指令，是将传统支票的全部内容电子化和数字化，形成标准格式的电子版，借助计算机网络(Internet 与金融专用网)完成其在客户之间、银行与客户之间，以及银行与银行之间的传递与处理，从而实现银行客户间的资金支付结算。简单地说，电子支票就是传统纸质支票的电子版。

1. 电子支票的概念

电子支票系统是电子银行常用的一种电子支付工具。支票一直是银行大量采用的支付工具之一。将支票改成带有数字签名的电子报文,或利用其他数字电文代替传统支票的全部信息,就是电子支票。它包含和纸质支票一样的信息,如支票号、收款人姓名、签发人账号、支票金额、签发日期、开户银行名称等,具有和纸质支票一样的支付结算功能。电子支票是代表价值的信息预存在芯片内的电子货币。电子支票交易行为包含3个实体,即购买方、销售方及金融中介。在购买方和销售方达成一笔交易后,销售方要求付账,购买方从金融中介机构那里获得一个唯一凭证,购买方把这个付款证明交给销售方,销售方再交给金融中介,付款证明是一个由金融中介机构提供证明的电子信息流。

电子支票的优点是节省时间,减少纸张传递的费用,没有退票,灵活性强。电子支票的整个事务处理过程要经过银行系统,而银行系统又有义务证明每一笔经它处理的业务细节。因此,电子支票的一个最大的问题就是隐私问题。

电子支票的一般样式如图 4.3 所示。该支票中各标号分别代表的是:①使用者姓名及地址;②支票号;③传送路由号码(9 位数);④账号。

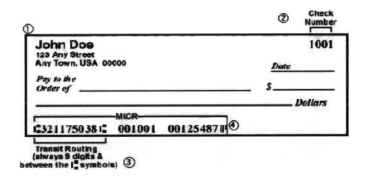

图 4.3 电子支票的一般样式

电子支票通过互联网传送,收款银行收到电子支票后,通过自动清算所(Automated Clearing House,ACH)网络来交换,这种银行体系和公众网络整合的做法,为银行及用户提供了类似实体支票处理机制的可行方案。电子支票支付模式根据支付的情况,可分为同行电子支票网络支付模式和异行电子支票网络支付模式两种。其中异行支付相对复杂一些,电子支票网络结算方式是 B to B 电子商务重要的结算方式之一,它满足了 B to B 电子商务交易金额大的需要。

2. 电子支票的特点

(1) 节省时间。电子支票的发行不需要填写、邮寄或发送,而且电子支票的处理很省时。用电子支票,卖方可即时发送给银行,由银行为其入账。所以,使用电子支票可节省从客户写支票到商家入账这一段时间。

(2) 减少了处理纸质支票时的费用。

(3) 减少了支票被退回的情况。电子支票的设计方式使商家在接收前先得到客户开户行的认证，类似于银行本票。

(4) 不易丢失或被盗。电子支票在用于支付时，不必担心丢失或被盗。如果被盗，接收者可要求支付者停止支付。

(5) 电子支票不需要安全存储，只需对客户的私钥进行安全存储。

(6) 电子支票与传统支票工作方式相同，易于理解和接受。

(7) 电子支票适于各种市场，可以很容易地与 EDI 应用结合，推动 EDI 基础上的电子订货和支付。

电子支票方式的付款可以脱离现金和纸张进行。购买者通过计算机或 POS 机获得一个电子支票付款证明，而不是寄张支票或直接在柜台前付款。电子支票传输系统目前一般是专用网络系统，国际金融机构通过自己的专用网络、设备、软件及一套完整的用户识别、标准报文、数据验证等规范化协议完成数据传输，从而控制其安全性。这种方式已经较为完善，主要问题是如何扩展到 Internet 上操作。今后的发展趋势是将逐步过渡到 Internet 上进行传输。这种方式尤其适合电子商务中的 B to B 应用。

3. 电子支票系统

电子支票系统主要包括 Net Bill、NetCheque 和 FSTC(Financial Service Technology Consortium，美国金融服务技术国际财团)的电子支票系统等。

(1) Net Bill。

图 4.4 所示是一张电子支票票样。

图 4.4　电子支票票样

Net Bill 是由美国卡内基梅隆大学与纽约梅隆银行合作设计开发的一个电子支票系统，它被设计成能够在 Internet 上传递文本、图像、软件之类的信息商品。其目的是提高账户转账的效益，使其成为一种顾客只需支付极少的手续费，银行即可提供结算服务的方式。

Net Bill 中的简单业务由客户、商家和中心服务器三方参与。客户使用的软件简称为支票簿，中心服务器使用的软件简称为钱柜。商家从钱柜收到客户的买卖信息。Net Bill 的业务流程如下。

① 客户选择欲购买的商品，支票簿向钱柜发出报价要求，钱柜将要求发送给商家。

② 商家对报价数字签字,并将其返回给钱柜。客户如果决定购买,则通知钱柜,并对其购买要求数字化签字。

③ 钱柜得到客户购买信息的要求,并向商家提出要求。商家用随机私钥对以上要求加密,并把加密的结果发送给钱柜。钱柜对加密结果计算一个安全的校验和,并把加密结果发送给客户。

④ 客户收到加密结果后,对加密结果计算一个校验和。把校验、时戳、购买描述及最终所接受的价钱打包在一起,形成电子购买订单,并把电子购买订单返回给钱柜。

⑤ 钱柜收到电子购买订单后,检验其数据的完整性,然后就可安全地转账。钱柜对账目进行核对,并通知商家已完成转账。

⑥ 商家向钱柜发出一张发票,发票经商家数字化签字,其中含有价钱及用于解密的私钥。

⑦ 钱柜把发票传递给客户。

⑧ 客户对商家的加密结果解密。

(2) NetCheque。

NetCheque 是 1995 年由南加利福尼亚大学的信息科学学院开发的电子支票支付系统,这个系统实现了全部的上述要求。购买者和销售者需要在 NetCheque 有一个账号。为了使系统真正安全,该系统采用了一个 Kerberos 标识和一个口令。为了用支票付款,必须安装某种专门的客户机软件,该软件的功能就像一个支票本。顾客可以使用该软件向贸易商发送加密了的支票。贸易商可以从银行提钱,或在与供应商的交易中使用支票。一个专门的清算账目网络对支票进行验证并给贸易商发送一条"OK"消息,然后贸易商就可以发货了。虽然该系统也适合于微付款系统,但是它难以真正发展起来,主要问题在于交换证书和给支票进行签名所需的公钥付款基础设施。

NetCheque 中使用 Kerberos 实现认证,并且中心服务器在认为有必要时可对所有主要的业务进行跟踪,图 4.5 所示是电子支票的校验过程。电子支票技术将公共网络连入金融支付和银行清算网络。

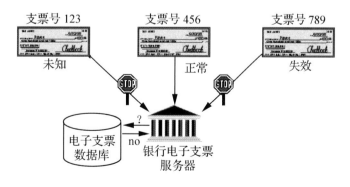

图 4.5 电子支票的校验过程

NetCheque 在很多方面是模仿普通的支票交易系统的。Kerberos 的主要优点是使用私钥加密，而私钥加密技术多数未申请专利。因此，有多种加密方案可供选择。

使用 Kerberos 时，要求每个用户产生一个用于签署支票的票据，而票据常常会出现过期的问题，因此要求有一个更好的在线环境。另一主要问题是 Kerberos 仅在两方之间建立安全联系，因此其中一方签署的支票无法由其他人验证，用户 B 不能验证用户 A 对支票的签字，因为票据仅在用户 A 和银行之间建立安全的联系。这一问题的解决方法是要求支票的产生者对银行和接收者分别建立两个不同的签字字段。

NetCheque 利用 Kerberos 标签来产生电子签名，并对支票进行背书。NetCheque 包括支票数额、货币单位、日期、账户号码、收款人、客户签名及商户和银行的背书等。其中前 5 项是明文，后几项对于收票行来说是可以验证的。

在签发支票时，用户产生支票的明文部分。用户从 Kerberos 服务器上获得一个标签 T，用来向银行证实自己的身份，并与银行共同享有一个密钥，再根据支票内容产生一个校验和，并把它放在一个证明器中，生成用户签名。

(3) E-Check(FSTC 电子支票系统)。

由于只涉及较少的人工步骤，E-Check 在从真实世界到虚拟世界过程中对支票付款系统起到了杠杆的作用。在现在的商业实践中，E-Check 处理技术相对简便。这个电子支票系统十分安全，它可以被所有的有经常账户的银行客户所使用。经常账户在美国确实存在，但在其他地方(如欧洲)是否存在还是一个未知数。电子支票包含与纸质支票一样的信息，并且是建立在同样的法律框架的基础之上的。电子支票可以直接在用户之间进行交换，而且它可以代替今天使用纸质支票的所有远程交易。顾客签写电子支票并将它发送给收款人。收款人将电子支票存入银行，得到银行存款，然后付款人的银行向付款银行结算该电子支票。付款银行使电子支票生效并从顾客的账户中收取支票金额。电子支票提供了可以通过互联网以安全的方式处理银行交易的能力。

FSTC(Financial Service Technology Consortium，金融服务技术国际财团)是由美国一些银行、研究机构及公司等组合成立的非营利性团体，参加的主要银行有美洲银行、波士顿银行、曼哈顿银行、化学银行、花旗银行、国家银行等，它以提高美国金融服务业的竞争力为目的。FSTC 推行了一系列电子货币试验项目，其中，最引人注目的当属电子支票项目。该项目的基本内容是，使用密码技术将支票内容(如支付人和支付金额等数据)加密之后，用电子邮件授信进行结算。另外，该项目有关支付的详细数据(如对该支票是为哪笔支付而签发的问题进行说明的数据)，也可以连同支票一起授信。这一特点可以说是为了实现金融 EDI 对赊销债权的回收状况能够自动核对而特意设计的内容。

4.2.2 电子信用卡

世界上最早的信用卡是美国富兰克林国民银行于 1952 年发行的信用卡。信用卡也称贷记卡，其特点是当用户的资金不足时，在规定数额内银行可为用户提供透支贷款服务。早期信用卡申办手续比较复杂，而且需要交纳保证金，需要有担保人提供担保。

1. 信用卡付款系统的优点

使用信用卡交易有不少好处，如携带方便，不易损坏，可以进行电子购物。但是，人们使用信用卡也存在着一些问题，其中最主要的就是安全问题。安全电子交易协议(Secure Electronic Transation，SET)是一种新型的安全交易模式，它的一项重要功能就是保证信用卡交易的安全性，SET 协议已在全球范围内推行。信用卡付款系统与其他形式的付款相比，具有下述一些优点。

(1) 信用卡发行广泛，使用简单，而且被全世界所接受。

(2) 信用卡系统提供了良好的消费者保护，因为用户有权在一定时间范围内退货并拒绝支付费用。

(3) 信用卡不一定是本国货币。无论客户在哪里购买商品，货币兑换都会为顾客自动完成。

(4) 在互联网上使用信用卡简单易学，多数人能够在很短时间内学会如何使用。用户浏览一个网站，在决定了他们要购买的服务或商品后，将他们的信用卡信息输入并发送到该网站，网站会每天将收集的信息向银行发送一次，或是网站的所有者与银行建立起一个直接链接。至此，如果用户信用卡额度足够，就可以即时结账。

2. 信用卡付款系统的标准

为了保证信用卡付款的安全，在过去的几年中已经建立起了两个标准：SSL 和 SET。SSL 与 SET 之间的区别是很明显的。SSL 只加密 Web 浏览器和 Web 服务器(顾客的计算机和贸易商的计算机)之间的通信。而 SET 提供了一个完全的付款安全解决方案，这个方案不仅包括顾客和贸易商，还包括信用卡付款所需的银行。

3. 信用卡的种类

信用卡的种类繁多，按不同的标准划分，可分为以下几大类。

信用卡按发行机构划分，可分为银行卡(金融卡)和非银行卡；按发行对象划分，可分为公司卡和个人卡；按清偿方式划分，可分为贷记卡、准贷记卡和借记卡；按流通范围划分，可分为国际卡和地区卡；按从属关系划分，可分为主卡和附属卡；按资信状况划分，可分为金卡和普通卡。其他银行卡还有灵通卡、专用卡绿卡、储蓄卡、联名/认同卡等。其基本功能都是用于电子支付。

信用卡与其他银行卡的一个重要区别在于信用卡不仅是一种支付工具，也是一种信用工具。使用信用卡可以透支消费，给用户带来了方便，但同时也给银行带来了恶意透支的风险。信用卡是市场经济发展的产物，也是货币信用发展的一种表现。目前，世界上发行的信用卡数以亿计，信用卡既是传统支付的工具，也是网络支付的重要工具。

在中国，为加速银联卡国际化，创建民族银行卡品牌，中国银联对银联标识进行了优化设计，发布了银联新标志，如图 4.6 所示。

图 4.6　银联新标志

目前我国主要的银行卡发卡行和品牌名称，见表 4-1。

表 4-1　我国主要的银行卡发卡行和品牌名称

发卡银行	品牌名称	发卡银行	品牌名称
中国工商银行	牡丹卡	招商银行	一卡通
中国银行	长城卡	华夏银行	华夏卡
中国农业银行	金穗卡	上海浦发银行	东方卡
中国建设银行	龙卡	广东发展银行	广发卡
交通银行	太平洋卡	深圳发展银行	发展卡
中信实业银行	中信卡	福建兴业银行	兴业顺通卡
中国光大银行	阳光卡	北京银行	京卡
中国民生银行	民生卡	上海银行	申卡

(1) 信用卡和借记卡。

信用卡和借记卡的样式和标识如图 4.7 所示。信用卡型电子货币是电子支付中最常用的工具，信用卡可在商场、饭店、车站等许多场所使用，可采用刷卡记账、POS 结账等方式进行支付。

信用卡

借记卡

图 4.7　信用卡和借记卡

借记卡是不具备透支功能但其他购物结算功能都齐全的银行卡，如牡丹灵通卡、长城借记卡和龙卡转账卡。申办借记卡无须担保,不用交纳保证金,也不需要进行资信审查,用卡时也不必使用身份证。借记卡具有储蓄存款、提取现金、购物消费的功能,手续简便,使用方便。

(2) 储蓄卡和转账卡。

储蓄卡和转账卡的样式如图 4.8 所示。储蓄卡是银行根据持卡人的要求,将其资金转账到储蓄卡内存储,在商务交易需要时直接从卡内扣款的借记卡。储蓄卡只能用于传统或网上消费。转账卡也是借记卡的一种,主要面向单位客户进行资金的支付结算或者转账,其向个人发放的转账卡功能与储蓄卡相同。

储蓄卡　　　　　　　　　　　　　　转账卡

图 4.8　储蓄卡和转账卡

(3) IC 卡

IC 卡也称为智能卡,其样式如图 4.9 所示,它利用集成电路芯片来记忆信息,其特点是交易速度更快、信息容量更大,本身具有存储信息和逻辑计算功能。

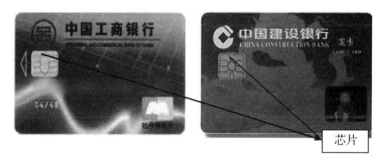

图 4.9　IC 卡

注:芯片具有"自爆"装置,如果想打开 IC 卡非法获取信息,卡片上的内容会立即自动消失。

(4) 综合卡。

综合卡(图 4.10)最大的优势在于其多功能性,持卡人仅凭一张卡就可满足日常需要。如华夏一卡通集非接触式 IC 芯片与磁条于一体,这种技术、物理基础使华夏一卡通能轻松实现多种功能:①轻松乘车并享受票价折扣优惠;②办理银行业务,具有华夏卡的所有金融功能;③华夏银行提供的各种附加服务。

图 4.10　综合卡

(5) 一卡通和一网通。

一卡通和一网通都是招商银行发行的银行卡，如图 4.11 所示。一卡通可以用于 ATM 提款、柜台存取款、POS 消费、电话银行等内容，但如果想要进行网上消费就需要持卡人本人到柜台或网上申请一张专门用于网上消费的招商银行一网通。一网通是依附于一卡通号码的一个虚拟卡，只能用于普通版用户在网上支付。一网通可以算是一卡通的一张附加卡，这张一网通不可以 ATM 取款、柜台存取款、POS 消费等，只能用于网上消费，这张卡中的钱是通过一卡通转过来的，只有通过一卡通转来钱后才能进行网上消费，在网上消费时输入的卡号是一网通的卡号，一网通中的余额可以转回一卡通中去。

一卡通

一网通

图 4.11　一卡通和一网通

(6) 智能卡。

智能卡(Smart Card)一般是指一张给定大小的塑料卡片，上面封装了集成电路芯片，用于存储和处理数据。人们常用的智能卡大致分 4 种。

① 存储卡。不能处理信息，只是简单的存储设备，从这个角度来讲，存储卡很像磁卡。唯一的区别是存储的容量更大，但也存在着和磁卡一样的安全缺陷，没有任何安全保障的应用。

② 加密存储卡。此卡在存储卡的基础上增加加密逻辑，保持存储卡的价格优势。一次性的加密卡(又称预付费卡)用得较多，如电话充值卡。

③ CPU 卡。CPU 卡有处理器和内存,因此不仅能存信息,还能对数据进行复杂的运算。由于 CPU 卡可以实现对数据的加密,安全性有了显著提高,可以有效地防止伪造,用于储蓄/信用卡和其他对安全性要求较高的应用场合,如图 4.12 所示。

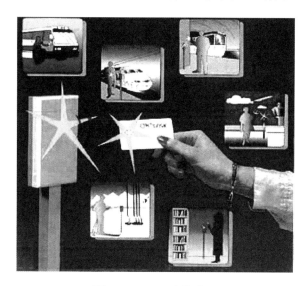

图 4.12　CPU 卡的应用

④ 射频卡。射频卡是在 CPU 卡的基础上增加了射频收发电路、非接触式读写,大量用于交通行业。其他类型的卡有光卡、并行 IC 卡、TM 卡等。

4.2.3　电子钱包

电子钱包是电子商务购物活动中常用的支付工具,在电子钱包内存放电子货币,如电子现金、电子零钱、电子信用卡等。

英国的国民西敏寺银行集团(NatWest Group)开发的电子钱包 Mondex 是世界上最早的电子钱包系统,于 1995 年 7 月首先在有"英国的硅谷"之称的斯温顿(Swindon)市试用。

1. 电子钱包系统

在我国,电子货币的主要形式就是电子钱包,电子钱包是在小额购物时常用的支付工具。电子钱包是个人电子货币数据储存的信息库,其工作原理如图 4.13 所示。

电子钱包系统包括电子计算机系统、智能卡、刷卡设备、电子钱包服务系统、电子钱包微型阅读器、电子钱包终端及其他协调统一系统的相关设备等,可以在手机和 PC 终端等操作系统上运行。

电子钱包系统通常包括电子钱包管理的多项功能,如允许客户改变电子钱包使用的保密口令或保密方式,允许客户查看自己银行账户上的收付往来的电子货币账目、清单和数据,电子钱包系统中还有电子交易记录器,客户通过查询记录,可以了解自己的交易明细,

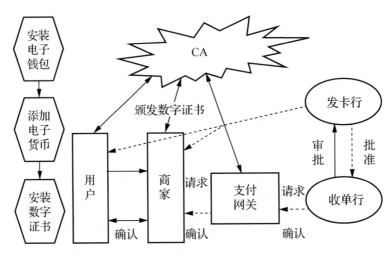

图 4.13 电子钱包工作原理

也可以把查询结果打印出来。电子钱包终端包括专用终端和多功能、多用途终端。专用终端通常安装在银行柜台,只接受处理电子钱包的一些特殊功能,如检验电子钱包芯片工作是否正常等。

2. 电子钱包的功能与特点

电子钱包的主要功能为个人资料管理、网上付款、交易记录查询、银行卡余额查询等。只要用户成功申请了电子钱包,系统将在电子钱包服务器为其开立一个属于个人的电子钱包档案,用户可在此档案中增加、修改、删除个人资料。在网上选择商品后,用户登录到电子钱包,选择入网银行卡,向支付网关发出付款指令来进行支付。同时,用户可对通过电子钱包完成支付的所有历史交易记录进行查询,可通过电子钱包查询个人银行卡余额。一般电子钱包内设众多商户站点链接,用户可通过链接直接登录商户站点进行购物。

电子钱包的主要特点有三个。①信息安全。电子钱包用户的个人资料存储在服务器端,通过技术手段确保安全,不在个人电脑上存储任何个人资料,从而避免了资料泄露的危险。②携带方便。消费者在申请钱包成功后,即在服务器端拥有了自己的档案,当外出旅游或公务时,不用再随身携带电子钱包资料,即可进行网上支付。③使用方便。电子钱包内设众多商户站点链接,消费者可通过链接直接进入商户站点进行购物;便捷快速。通过电子钱包,完成一笔支付指令的正常处理一般只需 10~20 秒。

3. 电子钱包开户流程

电子钱包开户流程如图 4.14 所示。用户下载和安装电子证书,网上开通银行卡或在银行柜台开通银行卡,添加银行卡,使用电子钱包。

第4章 电子货币与应用

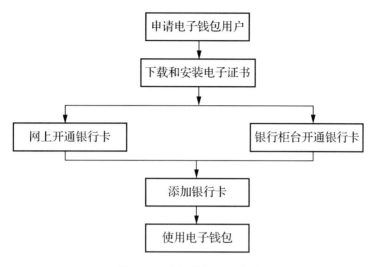

图4.14 电子钱包开户流程

4. 国外几种常用的电子钱包

(1) Agile Wallet。Agile Wallet 由 Cyber Cash 公司开发,可处理消费者结算和购物信息,提供快速和安全的交易。

(2) E-Wallet。Launch pad 公司的 E-Wallet 是一个免费的钱包软件,消费者可下载并安装到自己的计算机上。

(3) Microsoft Wallet。Microsoft Wallet 预装在 Internet Explorer 4.0 及以上版本(英文版)里,其功能与大多数电子钱包一样,在用户需要时可自动填写订单表。Microsoft Wallet 是微软公司为电子钱包的标准化而推出的产品。

4.3 网 络 货 币

网络货币是以公用信息网(Internet)为基础,以计算机技术和通信技术为手段,以电子数据(二进制数据)形式存储在计算机系统中,并通过网络系统以电子信息传送形式实现流通和支付功能的货币。具体而言,网络货币就是采用一系列经过加密的数字,在全球网络上传输的可以脱离银行实体而进行的数字化交易媒介物。

4.3.1 网络货币的概述

网络货币是电子货币的主要内容之一。电子货币通常只在专用网络金融上传输,通过 POS 机和 ATM 机进行处理、结算,以电子数据的形式取代了传统纸币或现金的交易媒介。网络货币是通过互联网相关的业务系统以电子数据的形式进行账户处理、结算和网上支付的交易媒介。在信息化社会,网络金融服务正在改变人们的生活、生产方式。24 小时电话理财服务、个人与企业网上银行和网上支付等,构造了与传统方式不同的金融服务模式。

在这个全新的服务模式中,电子货币和网上支付是整个网络金融服务体系的关键环节。没有电子货币,就没有网络金融服务;没有网络货币,网络金融服务就不完全。

网络货币具有货币的流通职能和支付职能。人们关心的是货币的交换能力,而不是它有无内在价值。因此作为流通手段,人们的选择标准是方便、快捷、安全。纸币是这样,网络货币更是如此。从性质上讲,网络货币同纸币一样都是价值符号。据不完全统计,目前市面流通的网络虚拟货币不下几十种,且绝大多数可用现实货币购买。

4.3.2 网络货币的类型

20 世纪 70 年代国际货币基金组织创设的特别提款权和后来欧洲理事会创建的欧元货币单位,是网络货币产生的基础性标志。网络货币的主要类型有网络现金、网络钱包、网络支票等。

1. 网络现金

网络现金也叫数字现金,是以电子数据信息形式在互联网系统内流通的货币。它不依赖于专用的存放网络货币的存储机制或"现金盒",能自由地在互联网中自动转换成接收目的的货币。

网络现金分为两种:在线现金和离线现金。在线现金是指消费者不需要自己来保存网络现金,而是让一家可信度高的网络银行参与到所有的网络现金转账过程中,并持有消费者的现金账号。在线现金系统要求商家先与消费者开户银行联系,然后进行消费行为的结算。这种方式可以确定消费者的现金是否有效,从而防止金融欺诈的发生。离线现金是指消费者自己保存网络现金,不需要网络银行参与交易。此时,防止重复消费欺诈就成为人们首先要解决的问题。所谓重复消费,是指用同一网络现金支付给两户商家,而造成的两次花费同一网络现金的现象。

2. 网络钱包

网络钱包(E-Wallet),是一个银行系统交易中运行在持卡人终端的软件。1995 年 7 月,这种软件系统首先在英国试用,之后被广泛应用于互联网的经济交易活动之中。这也是因为它的使用非常简单:只需把 Mondex 卡插入终端,输入密码,短时间内网络钱包卡和信息单据便从终端设备输出,一次交易即告结束。

从形式上看,网络钱包已经摆脱了实物货币形态,成为真正的虚拟钱包。它具有许多功能,如安全网络交易,进行 SET 交易时需辨认用户身份,并发送交易信息;网络安全验收管理,包括网络安全证书的申请、存储、删除等;交易系统的保存,会保存每一笔交易记录以备日后查询。在一些国家,使用网络钱包的消费者通常在银行里是有账户的。

在使用网络钱包时,将有关的应用软件安装到服务器上,利用网络钱包服务系统就可以把自己的各种网络货币或网络金融卡上的数据输入进去。在发生收付款时,消费者只要单击相应项目即可完成。目前这种网络钱包已经不再使用。

3. 网络支票

网络支票是采用信用方式的个人客户和企业利用数字化手段,使用网络签名做背书,并使用数字证明来验证付款者、付款银行和银行账号的一种网络付款形式。网络支票的应用是在与商户及银行相连的网络上以密码方式传递的,多数使用共用关键字加密签名或个人识别密码(PIN)代替手写签名。

网络支票具有以下优点:①使用方式如同传统支票,相当方便;②网络银行能为参与网络商务的商家提供标准化的资金信息,降低业务处理费用;③能创造出浮动费率并获取利益,网络银行账务服务系统能借助收取买卖双方的交易手续费而获取利润;④适用于付款的清偿,而且网络支票的密码加密方式比以往公开密钥密码的系统更容易处理。使用网络支票付款的时候,消费者手中使用的不再是传统的支票簿,而是网络支票簿。

网络支票簿只是一个形象的称谓,它是一种类似于IC卡的硬件装置,装置中设计有一系列程序,插入计算机端口后,通过密码证明,这个装置便把所需填写的内容显示在屏幕上。整个网络支票交易的程序分以下几个步骤:①消费者和商家达成购销协议并选择用网络支票支付;②消费者通过网络向商家传送出网络支票,同时向银行发出付款通知单;③商家通过专门的验证机构对网络支票进行验证,验证无误后将网络支票"背书",再发送给自己的开户行;④商家的开户行通过银行间的清算设备和网络同客户的开户行进行结算;⑤客户的开户行再通过认证系统程序认证网络支票,确认无误后即向商家的开户行兑付或者转账。

4.4 电子现金

电子现金(Electronic Cash)又称数字现金(Digital Cash)或E-Money,是纸币现金的数字化,是电子货币的一种。电子现金通常是指一种以数字(电子)形式存储并流通的货币,它把用户银行账户中的资金转换成为一系列的加密序列数,通过这些序列数来表示现实中各种金额,用户用这些加密的序列数就可以成为电子现金的使用者。

4.4.1 电子现金概述

电子现金也是现代社会中一种以数据形式流通的货币。它把现金数值转换成为一系列的加密序列数,通过这些序列数来表示现实中各种金额的币值。用户在开展电子现金业务的银行开设账户并在账户内存钱后,就可以在接受电子现金的商店购物了。

1. 特点

电子现金兼有纸质现金和数字化货币优势的特性,如方便、费用低(或者没有交易费用)、防伪性、不记名及其他性质。与其他电子支付手段相比,电子现金还具有以下特点。

(1) 匿名性。电子现金不能提供用于跟踪持有者的信息,这样可以保证交易的保密性,也维护了交易双方的隐私权。也正由于这一点,如果电子现金丢失,就会同纸币现金一样无法追回。

(2) 可传递性。电子现金可以方便地从一个人传给另一个人,并且不能提供跟踪这种传递的信息。任何人拿到电子现金都可以用于消费,简单地说,电子现金是可以转让的。

(3) 可操作性。电子现金必须具有可操作性。作为一种结算方式,电子现金必须能够交换成其他电子现金、纸币现金、商品或服务、银行账户的存款和债券等。

(4) 可分性。现实生活中,现金有多种面值,消费现金的数量由不同面值的现金组成,电子现金可以像普通现金一样细分成不同大小的货币单位用于支付。也就是说,电子现金是可以找零的。

(5) 可存储和查看。电子现金必须可存储和查看,可远程存储和查看,可支持用户在家里或办公室里交换电子现金。现金可存储在远程计算机里、智能卡里或其他易于转移的标准设备或专用设备上。

(6) 不可重复使用。电子现金一次使用完后,不能重复使用,但可以通过特定的金融机构充值。

(7) 方便性。电子现金不受空间、时间的制约,利用家中的计算机及 IC 卡就能取出。

(8) 独立性。电子现金不依赖于所用的计算机系统。电子现金的优势在于完全脱离实物载体,使用户在支付过程中更加方便。但必须通过电子现金自身使用的各项密码技术来保证电子现金的安全。

(9) 安全性。电子现金在开放的网络中交易必须是安全的。电子现金不应在进行交换时被轻易地复制或篡改。电子现金能够安全地存储在用户的计算机或 IC 卡中,并且可以方便地在网络上传输。电子现金是能够匿名消费的,消费过程中,持有者的个人资料必须得到保护,不能提供或跟踪持有者的信息。

(10) 可离线操作。电子现金支付系统不直接对应任何账户,持有者事先预付资金,便可获得相应货币值的电子现金(智能卡或硬盘文件),因此可以离线操作,是一种"预先付款"的支付系统。

2. 种类

目前电子现金主要分为预付卡式电子现金和纯电子形式电子现金。

(1) 预付卡式电子现金。它与人们常见的电话卡有些类似,即先储值后扣款。区别只是电话卡只能用于支付电话费,流动性小,而预付卡在许多商家的 POS 机上都可使用,非常方便。

(2) 纯电子形式电子现金。这种电子现金以硬盘数据文件的电子数据特殊形式存在,没有明确的物理形式,特别适用于买卖双方处于不同地点、通过网络进行支付的情况。

3. 比较

硬盘数据文件形式的电子现金和 IC 卡形式的电子现金的比较如下所述。

硬盘数据文件形式的电子现金是一种以数据形式流通的货币。它把现金数值转换成为一系列的加密序列数,通过这些序列数来表示现实中各种金额的币值。例如,用"6660040088"

数字串表示 20 元现金。数据文件形式的电子现金存在于硬盘中，在网络中的流通和传递相对方便且安全性较好，但携带不方便。

IC 卡形式的电子现金是将一定数量的现金金额存储在 IC 卡中，IC 卡可看作是记录电子现金余额的账户，由持卡人拥有并管理，存入和消费时必须使用专用设备写入或读出。IC 卡形式的电子现金在网络化过程中相对复杂一些，其用一张塑料卡作为载体，携带十分方便，普及要容易一些，但安全性较差。

两种电子现金各有优缺点，综合起来比较，IC 卡形式的电子现金因其使用方便、便于携带、可离线使用，适用于 B to C、C to C 的电子商务模式，是电子现金发展的方向。

4.4.2 电子现金支付的工作原理

电子现金是一种新兴的网络支付方式。电子现金与普通现金一样可以存、取、转让，允许用户对存储在一个计算机的硬盘、外存、IC 卡或其他设备中的电子现金进行存储和检索。电子现金的存储是从银行账户中提取一定数量的电子现金，存入上述设备中。电子现金与普通现金一样会丢失，如果买方的硬盘出现故障并且没有备份，电子现金就会丢失。

1. 电子现金支付的流程

采用电子现金支付方式实现电子商务的流程如图 4.15 所示。

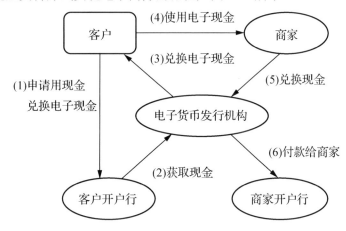

图 4.15 电子现金支付的流程

(1) 客户为了获得电子现金，要求其开户行将其存款转到电子货币发行机构，电子货币发行机构根据客户所存款额向客户兑换等值的电子现金，所兑换的电子现金需经发行机构签字。

(2) 客户开户行从消费者的账户向电子货币发行机构转账。

(3) 电子货币发行机构给消费者发放电子现金，消费者将电子现金存入其计算机或智能卡(IC 卡)中。

(4) 消费者浏览商家的站点，选购合适的产品或服务，并把电子现金发送给商家。商家在验证电子现金的真伪后，向消费者提供服务或供货。

(5) 商家将电子现金发送给电子货币发行机构，要求兑换现金。

(6) 电子货币发行机构把钱发送给商家的开户行，商家的开户行为商家入账。

2. 电子现金支付系统

电子现金支付系统最简单的形式包括 3 个主体(商家、客户、银行)和 4 个安全协议(初始化协议、取款协议、支付协议、存款协议)。电子现金在其生命周期中要经过提取、支付和存款 3 个过程，涉及客户、商家和银行三方。

(1) 电子现金的基本流通模式如图 4.16 所示。

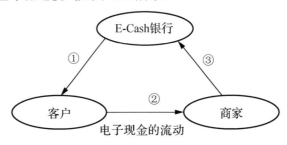

图 4.16　电子现金系统的基本流通模式

① 用户与银行执行提取协议，从银行提取电子现金。

② 用户与商家执行支付协议，支付电子现金。

③ 商家与银行执行存款协议，将交易所得的电子现金存入银行。

(2) 电子现金的有关协议如下所述。

① 取款协议(Withdrawal Protocol)。用户从自己的银行账户上提取电子现金。为了保证用户在匿名的前提下获得带有银行签名的合法电子现金，用户将与银行交互执行盲签名协议，同时银行必须确信电子现金上包含必要的用户身份。一般取款协议分为如下两个子协议。

A．开户协议。这一步通常计算量较大，用于向用户提供包含其身份信息的电子执照。

B．提款协议。这一步只是单纯的盲签名过程，用户能够从其账户中提取电子现金。

② 支付协议(Payment Protocol)。用户使用电子现金从商店中购买货物。它通常也分为两个子协议。

A．验证电子现金的签名协议。用于确认电子现金是否合法。

B．身份泄露协议。买方将向卖方泄露部分有关自己身份的信息，用于防止买方滥用电子现金。

(3) 存款协议(Deposit Protocol)。用户及商家将电子现金存入自己的银行账户上。在这一步中银行将检查存入的电子现金是否被合法使用，如果发现有非法使用的情况发生，银行将使用重用检测协议跟踪非法用户的身份，对其进行惩罚。

3. 电子现金验证

在网络支付过程中，必须保护电子现金不被盗窃或更改，商家和银行要能验证电子现金是否属于支付它的消费者，验证电子现金的真伪性。检验的过程中采用了盲数字签名原理。盲数字签名(Blind Digital Signature)是一种特殊的数字签名。一般数字签名中，总是先知道文件内容后才签名。盲数字签名与通常的数字签名的不同之处在于，签名者并不知道他所要签发文件的具体内容。盲数字签名在签名时，接收者首先将被签的消息进行盲变换，把变换后的消息发送给签名者，签名者对盲消息进行签名并把消息送还给接收者，接收者对签名再做逆盲变换，得出的消息即为原消息的盲签名。

4.4.3 数字现金带来的问题

随着电子货币应用环境的逐渐完善，数字现金已成为信息化社会中必不可少的结算工具，对中央银行货币政策中介目标和中央银行职能的转变都产生了影响，并且其影响会不断扩大。但是，数字现金也相应带来了一些难以解决的问题。

1. 税收与洗钱

由于数字现金可以实现跨国交易，税收与洗钱将成为潜在问题。对跨国交易是否征税？如何征税？这样的国际税收问题时有发生。同时，由于数字现金像真实的现金一样，其流通不会留下任何记录，税务部门很难追查。数字现金的不可跟踪性可能会被不法分子用于逃税。

数字现金使洗钱变得更加容易。因为利用数字现金可以将钱送到世界上任何地方而不留下一点痕迹，调查机关很难获得证据，要检查网上的所有数据包并破译所有的密码，这几乎是不可能的。

2. 外汇汇率的不稳定性

数字现金将会增加外汇汇率的不稳定性。数字现金也是货币总供应量的一个组成部分，可以随时兑换为普通现金。普通现金有外汇兑换及汇率的问题，数字现金也应该有，这就需要在互联网上设立一个外汇交易市场。在现实世界里，只有一小部分人可以从事外汇交易，而在虚拟世界里，任何人都可以参与外汇市场，而且不受国界限制。这种大规模参与外汇市场的现象将会导致外汇汇率的不稳定。

3. 货币供应的干扰

因为数字现金可以随时兑换为普通货币，所以数字现金量的变化也会影响真实世界的货币供应量。如果银行发放数字现金贷款，数字现金供应量就会增多。这样，当电子现金兑换为普通货币时，就会影响现实世界的货币供应。电子货币与普通货币一样会有通货膨胀的问题，并且因其特殊性，这些问题可能会更加严重。而且，数字现金没有国界，没有中央银行机构，可以由任何银行发行，所以政府可能很难控制数字现金的数量，从而使中央银行对货币供应量的控制变得更加困难。在没有中央银行对电子货币量进行有效控制的情况下，虚拟空间发生金融危机的可能性比现实世界更大。

4. 恶意破坏和盗用

电子现金的流通，一定要防止非法复制和重复使用电子现金；电子现金是存储在计算机里的,更要防止遭到恶意程序的破坏;另外,如果不妥善地加以保护,电子现金也有被人盗用的危险。所以,一定要采取安全措施,保护电子现金存储和使用安全。

4.5 电子货币的作用与影响

经济社会中,货币之所以可以执行支付职能,是因为人们对货币本身蕴含的价值尺度的信任和接受。所以,货币必须具备信誉性和普遍接受性。电子货币的应用和发展,取决于其自身的信誉程度和公众的可接受程度,这是决定网络金融业务应用和发展的重要前提。

4.5.1 电子货币的作用

电子货币已成为互联网、经济信息化社会商业环境中必不可少的结算工具。随着电子货币的推进和应用环境的逐渐完善,其影响与作用不断扩大。

1. 刺激消费和扩大需求

电子货币促进了电子商务的创新,特别是与其相关的信息、软件、计算机行业营销结构的创新,随着营销结构的变化和成本的降低,实物商品、软件、信息商品的需求将进一步扩大。电子货币刺激了市场消费,扩大了社会需求。使用电子货币可以在金融网络系统上完成支付或结算。对商家而言,瞬间即可低成本地收回资金,因此可以放心地给顾客发送商品;对客户而言,免除了烦琐的支付手续,可以轻松地购物,因此刺激了人们的消费欲望,扩大了社会需求。电子货币的影响加剧了市场竞争,提高了服务质量。

2. 降低经济交易成本

电子货币的应用可以将企业的销售收入立即转化为企业在银行存款账户的存款,从而减少企业结算资金的占用、提高企业资金周转的效率。

从金融业角度看,电子货币的应用可以减少金融机构在处理现金上的巨大花费,如银行保管现金的成本、防伪费用及相关经营费用。同时,金融机构作为电子货币的发行者能够获得在途资金,即有权对客户在电子货币的存款余额进行资金周转、调拨并获得收益。当电子货币应用的范围和数量不断扩大时,这笔潜在的收益是非常可观的。

3. 资金流带动信息流、物质流

电子货币的出现,为互联网覆盖的虚拟空间开展经济活动提供了最直接的技术支持,促使网络金融业务的发展。电子货币通过光纤电缆或电话线即可联网流通,无论距离远近,即使跨越国境,只要是与互联网连接的计算机终端之间,均可直接传递,简单而迅速地完成网络支付。以电子货币资金的流通带动信息流、物资流,促使社会经济交易活动扩大化,已经并正在对世界各国的金融、经济形成巨大影响。

4. 网络金融业务发展的基础

电子货币的应用和发展,取决于互联网、金融网络的影响扩大和 EDI 的普及;反过来,它还将影响网络金融业务的发展。人们对电子货币的认识和使用，有一个渐进的过程，犹如对网络金融应用的过程。先使用电子货币，再熟悉网络支付，然后再接受网络金融业务产品与服务，如网上转账、网上结算、网上存款、网上外汇交易、网上证券交易等，这些金融业务都与电子货币存在着密切关系。可以说，电子货币的应用和发展决定了网络金融业务的扩大和发展。没有电子货币，就没有网络金融。

4.5.2 电子货币的影响

信息化社会，互联网与信息技术正在改变着人们的生活、工作方式，电子货币和网络金融成为未来金融业发展的主流。尤其是电子货币的应用和发展，对中央银行职能、货币政策带来了影响。

1. 对货币政策中介目标的影响

中央银行的货币政策工具主要有法定准备金、公开市场操作和再贴现率。电子货币的发展，使中央银行的货币政策工具在发展的今天显得有些手足失措。

(1) 对存款准备金率的影响。

在传统金融领域中，中央银行通过提高或降低法定存款准备金率来增加或减少法定存款准备金，从而控制流通中的货币总量。这在电子货币尚未出现以前，是中央银行常使用且行之有效的一种手段。然而电子货币的出现，使得其作用力度大大下降。其原因：一是电子货币取代了一部分有准备金要求的储蓄，使得网络银行中的存款准备金所占比重下降；二是在激烈的国际竞争中，各国不断改革准备金制度，以求获得金融创新的先发优势；三是网络银行即使是经营场所发生了转移，其费用也相对较低，而且由于网络的特性并不会使原有客户发生流失，从而为网络银行规避一国或地区较苛刻的准备金要求提供了条件。

(2) 对货币流通量的影响。

在传统金融领域中，中央银行参与公开市场业务，通过增加或减少流通中的货币量，使货币的总供给和总需求趋于平衡。但是，对于电子货币，其发行较为分散，中央银行不再是唯一的发行人，中央银行可能因为缺乏足够的资产负债而不能及时地进行大规模的货币吞吐操作，这就减弱了中央银行公开市场操作的时效性和灵活性。

(3) 对再贴现率的影响。

再贴现率在传统金融业务中是中央银行调节商业银行借贷能力的一种有效手段。中央银行通过提高或降低再贴现率，增加或减少商业银行向中央银行的借贷成本，从而控制商业银行的贷款规模和能力。然而，当电子货币能够被商业银行自由发行时，即使中央银行提高了再贴现率，商业银行也可扩大电子货币的发行来缓冲由于再贴现率提高而带来的贷款规模缩小的压力。不过，由于电子货币仍需依赖传统货币来保证其货币价值，当发行者面临赎回电子货币的压力而需向中央银行借款时，再贴现率仍能显示出调整其借款成本的能力。

2. 推动中央银行职能的转变

电子货币可广泛应用于生产、交换、分配和消费领域，融储蓄、信贷和非现金结算等多功能为一体。中央银行相应的货币政策职能要开始与时俱进地进行转变。

(1) 改变宏观调控模式。

中央银行不应再坚持控制货币基础量 B 来控制总的货币供给量 M 的宏观调控模式。一般经济社会中，货币供给量 M 等于货币乘数 m 与货币基础量的积，公式如下

$$M = m \times B$$

信息化社会，货币乘数将主要通过网上在线电子货币信息流的流通速度，由网上金融市场进行内生变量决定，其稳定性大大降低，而且趋向于发散。在电子货币条件下，由于纸币被电子货币取代，流通中的现金和银行存款准备金之和定义为基础货币的理论基础已不复存在；电子货币再创造的速度极快，从而使货币乘数趋于极大，甚至是无穷大。因此，电子货币流通量将主要由金融市场内生的电子货币流通速度来决定，而不是由中央银行的初始货币供应量的外生变量决定。将电子货币的发行作为一个网络金融内生的市场选择过程而不是一个政府选择过程的制度安排，将是一种更有效的降低交易费用的制度选择。

(2) 金融监管工作重心转移。

中央银行如果用监管信用纸币的传统手段来监管电子货币的流通过程和规模，必然会引起宏观货币政策的失效和金融市场的混乱。因此，在新条件下中央银行应该适时地将金融监管工作的重点，从控制初始货币供应量转移到对电子货币的发行资格的认定、电子货币流通过程中安全支付标准的审查和监督、电子货币流通法规的制定等方面。

本 章 小 结

本章介绍了电子货币的特点、职能和电子货币应用现状与趋势，详细论述了电子货币是一种无形的价值等量信息，是代表价值的信息预存在集成电路芯片内的一种虚拟观念中的货币；并简单介绍了电子货币的产生，论述了电子货币的发展取决于互联网的普及和应用两大重要因素。通过对电子支票、电子信用卡、电子钱包等电子货币形式的实证分析，将电子货币的理论与应用有机地结合在一起。

关键术语和概念

电子货币　EDI　电子数字现金　网上支付　网络钱包　安全电子交易协议(SET)　网络现金　网络货币

第4章 电子货币与应用

综合练习题

一、单项选择题

1．电子钱包是一种便利、安全、多功能的支付工具，是电子货币的一种主要(　　)形式。
   A．支付　　　　B．实现　　　　C．管理　　　　D．分配
2．SET支付体系由支付网关和与之相连的银行系统、电子柜员机、用户端(　　)构成。
   A．电子钱包　　B．信用卡　　　C．电子支票　　D．电子货币
3．电子现金是一种以(　　)流通的货币，它把现金数值转换成一系列的加密数据序列，通过这些序列数来表示现实中各种交易金额的币值。
   A．纸币　　　　B．银行卡　　　C．电子货币　　D．数据形式
4．电子钱包是一个可以由持卡人用来进行安全电子交易和储存交易记录的(　　)，就像生活中随身携带的钱包一样。
   A．卡片　　　　B．软件　　　　C．记事本　　　D．数据库

二、多项选择题

1．电子货币的主要特征表现在(　　)方面。
   A．通用性　　　　　　　　B．安全性
   C．可控性　　　　　　　　D．依附性
   E．起点高
2．电子货币的管理包括(　　)。
   A．电子货币发行管理　　　B．金融认证(CA)管理
   C．电子货币工具管理　　　D．安全电子交易管理
   E．电子货币运行监控管理
3．下列说法正确的是(　　)。
   A．数字形式的电子货币不容易与其他金融资产转换
   B．数字形式的电子货币能够任意地分割，直至最小的货币单位
   C．数字形式的电子货币容易形成庞大的国际游资
   D．数字形式的电子货币就是国际货币

三、简述题

1．简述电子货币与传统货币的联系和区别。
2．简述电子货币的特征。
3．简述电子货币的运行条件。
4．电子货币支付经历的5个阶段分别是哪几个阶段？
5．简述电子钱包具有的功能。
6．电子货币对货币管理的影响表现在哪些方面？

7. 电子货币对货币政策的影响表现在哪些方面?
8. 简述电子支票系统。
9. 简述中国现代化支付系统的特点。谈谈对中国现代化支付系统的展望。
10. 简述电子支付工具的性能与优缺点。谈谈你对电子支付工具的展望。

四、思考题

1. 分析电子支付系统的功能。
2. 分析中国电子商务支付体系的结构及实现原则。
3. 分析电子钱包的优势。

五、实训题

1. 结合我国"金融联"网站的内容,认识电子货币与生产力发展的关系。
2. 查阅我国大型商业银行网站,比较它们网上支付的内容和特点。

第 5 章 网络金融支付

学习目标

通过本章学习，了解电子支付系统的结构、标准和功能，了解电子支付工具的性能与优缺点，掌握电子支付系统的网络平台与加密特点，了解大额支付系统和支付模型，熟悉中国现代化支付系统的特点，掌握网络支付与管理的相关理论和不同发展阶段的特点，研究中国网络支付的特色。

教学要求

知识要点	能力要求	相关知识
电子支付系统 电子支付工具	(1) 了解电子支付系统的结构、标准和功能 (2) 了解电子支付工具的性能与优缺点 (3) 掌握电子支付系统的网络平台与加密特点 (4) 熟悉中国现代化支付系统的特点	(1) 网络支付的一般过程 (2) 各种支付系统在安全性、风险性和支付效率方面的知识
SWIFT 和 CHIPS CNFN 和 CNAPS	(1) 了解 SWIFT 和 CHIPS 系统的功能和特点 (2) 了解电子账单呈递支付系统的功能和方式	(1) 电子支付系统的标准 (2) 网络支付、数字签名的法律依据

章前导读

网络支付

网络支付，是指电子交易的当事人，包括消费者、厂商、和金融机构，使用安全电子支付手段通过网络进行的货币支付或资金流转。可以看出，网络支付带有很强的 Internet 烙印，并愈发如此。网络支付是基于 Internet 的电子商务的核心支撑流程。网络支付是利用开放的互联网网络平台，利用数字信息传输来处理资金流动。网络支付的安全，取决于执行安全电子交易控制的开放性标准和安全电子交易协议。网络支付是在线转账、付款和资金结算，是电子商务、网络金融业务的关键环节和基础条件。

微信支付——梦之屏

从收银服务到运营服务——"梦之屏"

在后移动支付时代，微信支付不再只盯着支付，而是要通过数字化工具和行业合作伙伴一起把消费链的体验做得更好。

当顾客进店购物时，梦之屏会提示用户和屏幕进行互动领取优惠券，当顾客经过屏幕时，就会自动捕捉人脸信息进行 AR 互动，同时自动识别会员身份，显示会员积分、等级，并且通过后台大数据分析精准推送优惠券，顾客可在梦之屏上直接点击领取。

梦之屏应用在线下零售门店的黄金位置：收银台，集人脸会员管理、精准营销、AR 互动、定向广告、人脸支付等功能为一体。为商家提供人脸识别会员和营销体系，让顾客拥有更加优质的购物体验，提升顾客的忠诚度和复购率。

微信支付在 2019 年把服务商类别细化为四大模块：收单类、经营类、拓展类、SaaS 类，其中经营类是 2019 年重点扶持的模块，开为科技作为线下零售的 AI 服务商，致力于为零售商家提供轻量化的门店升级服务，帮助店家建立"强互动、高转化、易触达"的智能化会员和营销体系，提升门店经营能力。

可见单一的"收银服务"对商家来说价值不大，对消费者来说可替代性也很高，在没有其他附加服务的情况下刷脸支付和扫码支付并无明显区别，因此零售服务商正在向"运营服务"转变。

5.1 网络金融支付概述

支付，意思是付出、付给，多指付款，是发生在购买者和销售者之间的金融交换，是社会经济活动所引起的货币债权转移的过程。支付包括交易、清算和结算。

5.1.1 互联网支付的发展与相关概念

随着社会经济与信息网络技术的不断发展，人们对支付系统的运行效率和服务质量的要求也越来越高，促使支付系统不断从手工操作走向电子化、网络化。网络支付是电子商务的关键环节，也是电子商务得以顺利发展的基础条件。

1. 网络支付的兴起

从电子支付与网络支付的发展及概念可以看出，互联网支付可以认为是电子支付的一个最新发展阶段和创新，或者说，互联网支付是基于互联网络并适合电子商务的电子支付。互联网支付比 ATM 存取款、POS 支付结算等电子支付方式更新更先进一些，是 21 世纪网络时代里的主要电子支付方式。

目前，各种在线支付方式已成为人们日常消费的主要支付方式。银行推出的网银及民营企业推出的各种各样的第三方支付平台大大方便了人们的生活，互联网支付终端也从桌面电脑扩展到移动终端和电视等多种形式的终端上，互联网支付变得无处不在。

2010 年，中国人民银行发布《非金融机构支付服务管理办法》，部分民营第三方支付企业获得牌照。银联发力第三方支付，使第三方支付的竞争局势更为复杂。谁最能给用户带来更好的体验，谁能成为最赚钱的平台，谁将走得更快更远，留给业界颇多悬念。

2. 支付的创新与发展

经历了 2012 年的跨越式发展后，我国第三方支付行业逐步形成了线下、线上多种支付方式并存的融合局面。随着以快钱、乐富支付为代表的第三方支付企业在线下 POS 收单业务上的深化拓展，一个立体多维、融合增值的线下线上支付形态逐渐形成。这也是第三方支付行业未来的重要发展方向，不仅覆盖投资理财支付服务，同时将业务范畴逐渐扩展至对 B2B 企业流动资金管理需求的满足。

国内互联网创新型第三方支付企业将电子签名应用与 POS 刷卡系统相融合，实现了绿色环保的无纸化 POS 收单服务。电子签名的应用不仅可以有效节省时间、资金和纸张，还有助于提升服务效率和提高客户满意度，带来业务流程的简化以及工作效率的提高。

3. 互联网支付环境的重要性

互联网支付是电子商务、互联网金融业务的关键环节和重要组成部分，是使电子商务、网络金融能够顺利发展的基础条件。在讲求速度的电子商务、网络金融环境中进行经济交易活动，必然是电子支付方式。在线电子支付是互联网金融业务的关键环节，也是电子商务得以发展的基础条件，电子支付的工具是电子货币。

完善网络支付体系，建立和健全良好的支付环境，是保障和促进电子商务发展的一个关键因素。电子商务的发展要求信息流、资金流和物流三流的畅通，其中资金流主要是指资金的转移过程，包括付款、转账、兑换等过程。在互联网上进行的经济交易活动，支付方式可以是在线的电子支付("一网通"等)；也可以采用离线的传统支付方式"网上交易，网下结算"。传统支付方式的优点是人们比较熟悉,感觉安全;缺点是效率比较低,使其失去了电子商务、网络金融快捷的特点。网络支付体系的基本构成如图 5.1 所示,信用卡的网络支付模式如图 5.2 所示。

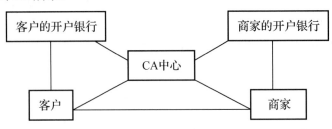

图 5.1　网络支付体系的基本构成

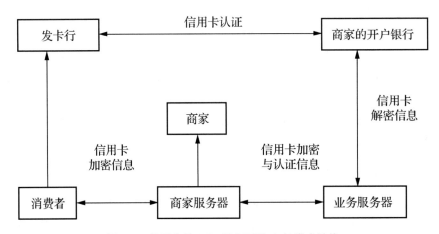

图 5.2　信用卡的 SSL 机制网络支付模式结构

根据传输信息内容的不同,可以把互联网支付系统分为非数字现金支付系统和数字现金支付系统。由于运作模式的不同,各种支付系统在安全性、风险性和支付效率等方面有着不同的特点。

5.1.2　互联网支付兴起的主要因素

网络支付的目的在于减少银行成本、加快处理速度、方便客户、扩展业务等。它将改变支付处理的方式,使得消费者可以在任何地方、任何时间,通过互联网获得银行的支付服务,而无需再到传统的银行柜台办理。

1. 传统支付结算方式的局限

传统的支付方式主要有现金支付、票据支付和银行卡支付 3 种类型,即所谓的"现金+三票一卡"。这些传统的支付结算方式在处理效率、方便程度、安全可靠、运作成本等多方面存在着诸多局限性。

(1) 运作速度与处理效率比较低。基于手工处理,造成支付结算效率的低下。
(2) 在支付安全上问题较多。特别是跨区域远距离的支付结算。

(3) 应用起来并不方便。各类支付介质五花八门，这些给用户的应用造成了困难。

(4) 浪费资源。由于涉及较多的业务部门、人员、设备与较为复杂的业务处理流程，运作成本较高。

(5) 不能为用户提供全天候、跨区域的支付结算服务。

(6) 纸质支票的应用并不是一种即时的结算，企业资金的回笼有一定的滞后期，且给偷税漏税、违法交易提供了方便。

2. 电子商务的迅速发展对金融业产生了深远的影响

互联网支付是电子商务的重要组成部分，是传统支付系统的发展和创新。传统支付变革的目的在于减少银行成本、加快处理速度、方便客户、减少欺诈等，而网上支付创新改变了支付处理的方式，使得消费者可以在任何地方、任何时间经互联网获得银行的支付服务，而无需再到银行传统的营业柜台，如图 5.3 所示。

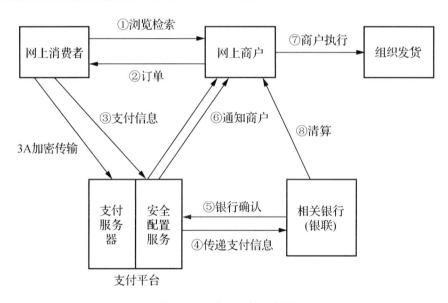

图 5.3　互联网支付示意图

互联网支付是电子商务的关键环节，也是电子商务得以顺利发展的基础条件。电子商务的特点就是在进行付款、信用借贷及债务清偿过程中，能获得即时、方便且安全的服务，将商品销售与服务的付款行为整合在电子销售网快速进行。电子商务的快速发展直接促进了互联网支付的发展。

5.2　互联网支付的分类

互联网支付是以计算机网络为基础的，它以载有特定信息的电子数据取代传统的支付方式来进行资金流转。目前使用中的网络支付方式有：信用卡网络支付、智能卡、电子现金卡、电子支票、电子钱包、电子汇兑、网络银行等，其共同特点是将现金或货款无纸化、电子化和数字化，应用网络进行资金信息的传输、支付和结算，辅以网络银行，实现完全的网络支付。

5.2.1 按支付方式分类

1. 网络银行直接支付

网络银行直接支付作为最早被接受的互联网支付方式，由用户向网上银行发出申请，将银行里的钱直接划到商家名下的账户，直接完成交易，可以说是将传统的"一手交钱一手交货"式的交易模式完全照搬到互联网上。早期的网络银行服务促进了电子商务的发展，随着电子商务市场的不断发展，在网络零售业中普通用户更加倾向邀请具有公信力的第三方参与交易从而起到监督的作用。但是在一些数额较大的 B2B 交易中，仍然普遍使用此种支付模式，主要原因是随着交易金额的增大，对于第三方机构信誉的要求也越来越高，而且 B2B 支付还要求有很高的资金收付速度。

2. 第三方辅助支付

此种支付方式除了用户、商户和银行，还会经过第三方的参与，但是与第三方支付平台不同的是，在此种支付方式中，用户无需在第三方机构拥有独立的账户，第三方机构所起到的作用也更注重为了使双方交易更方便快捷。以超级网银为例，超级网银是央行研发的标准化跨银行网上金融服务产品。通过构建"一点接入、多点对接"的系统架构，实现企业"一站式"网上跨银行财务管理，是以方便企业金融理财操作为目的的金融服务产品。

3. 第三方支付平台

所谓第三方支付平台，就是一些和产品所在国家以及国外各大银行签约、并具备一定实力和信誉保障的第三方独立机构提供的交易支持平台。通过第三方支付平台交易时，买方选购商品后，使用第三方支付平台提供的账户进行货款支付，由第三方通知卖家货款到达、进行发货；买方检验物品后，就可以通知付款给卖家，第三方再将款项转至卖家账户。因此买卖双方均需在第三方支付平台上拥有唯一识别标识，即账号。第三方支付平台能够对买卖双方的交易进行足够的安全保障。

互联网支付并不完全等同于第三方支付，互联网支付与第三方支付只是有一定的交集，既不是等价关系也非从属关系。互联网支付除了包含第三方支付以外还包括个人网络银行直接支付方式，而第三方支付的本质是通过第三方参与交易使得交易更加安全、方便，因此除了可以在互联网上进行外还可以通过其他渠道完成。

5.2.2 按支付工具分类

1. 电子信用卡网络支付

电子信用卡网络支付模式可以分为无安全措施的电子信用卡支付模式、借助第三方代理机构的电子信用卡支付模式、基于 SSL 协议机制的电子信用卡支付模式和基于 SET 协议机制的电子信用卡支付模式。电子信用卡网络支付模式覆盖范围宽广，但对网络安全环境的要求较高。

2. 数字现金支付

数字现金是一种以数据形式流通的、能被客户和商家普遍接受的、通过互联网购买商品或服务时使用的货币。通过隐蔽签名技术的使用，允许数字现金的匿名，从而最大限度地保护了用户的隐私。同时，无需银行中介的直接支付和转让使得这种支付模式十分经济。

3. 智能卡支付

智能卡是使用计算机集成电路芯片(即微型 CPU 和存储器 RAM)来存储用户的个人信息和电子货币信息，具有进行支付与结算等功能的消费卡。智能卡的网络支付方式依据在线或离线可分为两类，前者更多的是将智能卡当作有中央处理器的信用卡使用，而后者的典型代表则是我们日常使用的公交 IC 卡。

4. 虚拟货币支付

货币是社会生产发展的自然产品，是一种作为一般等价物的特殊商品，主要有三种职能：价值度量、价值储藏和交换媒介。因此从理论上来讲，除去传统的金本位，任何一种商品只要拥有作为一般等价物的资格都可以作为支付工具。虚拟货币就是应运而生的。但因为 2009 年 6 月中华人民共和国文化部(现为文化和旅游部)、中华人民共和国商务部联合下发的《关于加强网络游戏虚拟货币交易管理工作的通知》中明确指出同一企业不能同时经营虚拟货币的发行与交易，并且虚拟货币不得支付购买实物。因此现在我们所说的虚拟货币并不包括网游中的虚拟货币如 Q 币等。

5. 网银支付

网上银行又称网络银行、在线银行，是指银行利用互联网技术，通过互联网向客户提供开户、销户、查询、对账、行内转账、跨行转账、信贷、网上证券、投资理财等传统服务项目，使客户足不出户就能够安全便捷地管理活期和定期存款、支票、信用卡及个人投资等。可以说，网上银行是在互联网上的虚拟银行柜台。

6. 电子支票网络支付

电子支票是客户向收款人签发的，无条件的数字化支付指令。它可以通过互联网或无线接入设备来完成传统支票的所有功能。电子支票网络支付继承了纸质支票支付的优点的同时又降低了交易的费用成本,而因为使用公用关键字加密签名或个人身份证号码(PIN)代替手写签名等方法确保了交易的安全性,因此,现在电子支票网络支付得到了 B2B 电子商务的认可。

7. 电子汇票系统支付

电子汇票系统是依托网络和计算机技术,接收、登记、存储、转发电子汇票数据电文,提供与电子汇票货币给付、资金清算行为相关服务,并提供纸质汇票登记查询和汇票公开报价服务的综合性业务处理平台。该系统支持金融机构一点或多点接入。

5.2.3 按支付终端分类

1. 移动支付

移动支付是用户使用移动终端(手机等电子产品)对所消费的商品或服务进行账务支付的一种服务方式。目前,移动支付业务主要是由移动运营商、移动应用服务提供商(MASP)和金融机构共同推出。移动支付分为近场支付和远程支付两种。近场支付是指将手机作为 IC 卡承载平台以及与 POS 机通信的工具从而进行支付。远程支付仅仅把手机作为支付用的简单信息通道,通过 Web、SMS、语音等方式进行支付,可分为手机话费支付、指定银行支付和银联支付三种支付方式。

2. 电脑支付

电脑支付是最先兴起的互联网支付方式,从某种程度上来说,电脑支付的兴起推动了电子商务产业的发展。虽然随着移动支付的兴起,电脑支付的地位受到挑战,但在目前仍然占据着互联网支付中最多的份额。

3. 互联网电视支付

互联网电视支付主要分为两种:一是将类似 POS 机的装置植入遥控器当中;二是将银行卡的支付功能植入数字电视机顶盒。

5.2.4 银联在线支付

中国银联除了与各大商业银行和全国各地区域性银行以及航空、铁路、保险、水电煤等各大重点行业就互联网业务密切合作,还与支付宝、快钱、微信支付等第三方支付机构沟通接入其互联网支付系统的事宜。

1. 简介

银联在线支付(银联互联网支付)是目前我国最大的金融支付系统,是中国银联为满足各方网上支付需求而打造的银行卡网上交易转接清算平台，也是中国首个具有金融级预授权担保交易功能、全面支持所有类型银联卡的集成化、综合性网上支付平台。

中国已经进入互联网支付时代。面对我国电子商务产业爆发式增长的局面，面对现代企业以及广大持卡人日益广泛的互联网支付的现实需求，面对政府打造电子服务平台的迫切愿望，作为中国银行卡组织，中国银联积极联合产业相关各方，构建更加安全、便捷、高效的网上支付通道和环境，如 PayPal 是全球主流的第三方支付平台，PayPal 网站的银联支付是外贸商家全球跨境收付款的首选。

银联在线支付作为银联互联网支付的集成化、综合性工具，涵盖认证支付、快捷支付、储值卡支付、网银支付等多种支付方式，广泛应用于购物缴费、还款转账、商旅服务、基金申购、企业代收付等诸多领域。具有方便快捷、安全可靠、全球通用、金融级担保交易、综合性商户服务、无门槛网上支付六大特点。银联在线支付的支付模式简单灵活，无需开通网银，加快交易进程，提升用户体验，有助于银行、商户吸引更多客户，促进网上交易。支付过程中有多重安全技术保障，实时风险监控，充分保证支付安全；与其他担保交易提前划款给第三方账户不同，银联在线支付的金融级预授权担保交易，是在持卡人自有银行账户内冻结交易资金，免除利息损失和资金挪用风险，最大化地保证了银行、商户和持卡人权益，延伸全球的银联网络，越来越多的银联境外网上商户让持卡人"轻点鼠标，网购全球"。

银联在线支付是中国银联重点创新业务，对于中国电子支付和电子商务产业的发展具有深远的意义，也将中国银行卡网上支付推进到一个崭新的时代。

2. 银联在线主要支付业务

银联在线支付的创新业务，涵盖认证支付、快捷支付、小额支付、储值卡支付、网银支付等多种支付方式，可为用户境内外网上购物、水电气缴费、商旅预订、转账还款、基金申购、慈善捐款及企业代收付等提供"安全、快捷、多选择、全球化"的支付服务。这对于中国电子支付和电子商务产业的发展具有深远的意义，也将银联卡网上支付推进到一个崭新的时代。中国银联将继续本着"服务、创新、责任、共赢"的理念，与各合作机构精诚合作，携手努力，不断满足日益多元化、个性化的网上支付需求，共同推动中国电子支付产业快速、健康发展。

3. 支付特点

(1) 方便快捷。简单灵活支付，无需烦琐程序，加快交易进程，提升用户体验，有助于银行、商户吸引更多客户，促进网上交易，所有银联卡普遍适用。

(2) 安全可靠。多重安全防控技术保障，实时风险监控，完备的风险处置和化解机制，前中后台联动，充分保证交易安全。

(3) 页面输入和传输安全。在银联在线支付页面密码输入框嵌入了安全控件，可以有效防止信息盗录，保护持卡人密码安全。采集到支付信息后，银联在线支付系统通过专线将密钥加密后的支付信息传至发卡银行进行信息验证。

(4) 身份验证。银联在线支付的快捷模式支持静态、动态和证书三种身份验证方式。

(5) 风险管理系统监控。风险管理系统可以进行卡片准实时监控，可以向发卡银行提示大额或可疑交易；系统也对商户进行监控，因此需要收单机构按银联风险管理要求，正确上传商户信息，例如反映商户经营范围的MCC码等。除此之外，系统还可以向机构通报风险指标或发送相关信息文档等。

(6) 全球通用。银联跨境网上支付服务已经覆盖全球主要国家和地区，国内主要银行发行的银联卡均可使用，免收货币转换费，持卡人足不出户即可"轻点鼠标，网购全球"。

(7) 金融级预授权担保交易。银联在线支付是国内首个支持金融级预授权担保交易的在线支付平台，与其他担保支付方式相比，银联在线支付完全按照金融规范和标准提供预授权担保交易，在交易最终确认前，交易资金在自有账户内冻结，无需提前向第三方划转，免除利息损失和挪用风险，解决了持卡人对支付资金安全问题的担心，最大化地保证了银行、商户和持卡人的利益。银联的互联网商户通过了严格的入网审核和实名认证，在商户规则和业务管理环节，银联/收单机构要求商户提供可信赖的保证，以确保商户本身拥有良好的纠纷处理能力。

(8) 综合性商户服务。基于中国银联强大的资金清算体系和综合服务能力，不仅可为商户提供线下线上一体化的资金清算服务、便利的交易管理服务，提高资金管理效率，更可为商户带来庞大客户资源和无限商机。

(9) 无门槛网上支付。银联在线支付通过特殊的无卡支付通道，让无网银客户也能畅享网上支付服务，有助于银行减少对网银系统的资源投入，吸引更多客户进行网上交易。

4. 业务优势

(1) 发卡银行。银联在线支付通过与发卡银行建立可持续发展的互利共赢的商业模式，助力发卡银行满足持卡人安全、快捷、全球化、多选择的互联网支付需求，提高持卡人网络支付的效率和质量，提升发卡银行的服务范围和服务水平，扩大发卡银行互联网支付交易规模。

(2) 收单机构。银联在线支付全面支持国内绝大多数商业银行，提供统一、标准、规范的业务流程、接口规范和服务体系，以及线上线下一体化的互联网支付解决方案，帮助收单机构提高商户拓展的竞争力，满足其商户多样化的互联网支付应用需求，扩大用户规模。

(3) 商户。作为独立、公信、先进的互联网支付综合性工具，银联在线支付依托中国银联强大的电子支付综合服务能力，可为商户提供线下线上一体化的资金清算服务，便利的交易管理服务，更可提高商户订单支付成功率，确保交易信息安全；同时，依托银联强大的品牌支撑，有助于提高持卡人消费信心，为商户带来庞大客户资源和无限商机。

(4) 持卡人。银联在线支付通过覆盖范围广泛的支持银行，可自由选择的多种支付方式，庞大的境内外受理网络，严格的商户诚信认证，以及金融级别的信用担保，为持卡人提供安全、快捷、全球化、多选择的互联网支付服务，满足持卡人衣食住行乐购游及水电燃气等日常生活中全方位的网络消费和支付需求。

(5) 政府部门。银联在线支付可以有效满足不同政府部门的多样化互联网支付和资金管理需求，为当地电子商务和电子政务金融支付环节提供完善的解决方案，支持当地信息化项目落地，促进当地电子商务产业的健康快速发展，帮助当地政府构建电子商务和电子政务网络支付生态圈，提高社会经济信息化水平。

5. 业务范围

银联在线支付业务支持消费类、预授权类、账户验证和转账等交易类型，并提供互联网支付通知功能，能够广泛应用于以下业务领域。

(1) 网上购物。支持境内及跨境的网上商城购物，支持团购、秒杀等形式的网上购物。
(2) 网上缴费。支持全国多个城市的公共事业缴费(水、电、燃气、通信、有线电视等)。
(3) 商旅服务。支持全国多地区的酒店预订、机票预订等商旅预订服务。
(4) 信用卡还款。提供安全方便的在线信用卡跨行还款服务。
(5) 网上转账。提供简单快捷安全的网上跨行转账服务。
(6) 微支付。支持 App Store 等电子商店的虚拟小额产品购买。
(7) 企业代收付业务。手机自动缴费(账单缴费)等。

此外，还支持基金申购、理财产品销售、慈善捐款等业务。

6. 操作流程

(1) 认证支付流程。银联收集用户银行卡信息，将短信验证码发送至持卡人输入的手机号，待银联短信验证码验证成功后，通过现有跨行交换网络发送个人银行卡信息与手机号码至发卡银行进行验证和授权处理。

(2) 快捷支付流程。银联在线支付仅支持银联注册用户使用，通过预先收集持卡人的注册账户信息和银行卡关联关系，规避泄露持卡人银行卡敏感信息的风险。在支付时，持卡人输入账户信息和手机号码，待银联短信验证码和账户信息验证成功后，通过现有跨行交换网络发送银行卡信息和手机号码至发卡银行进行验证和授权处理。

(3) 储值卡支付流程。储值卡支付是指持卡人使用储值卡进行互联网支付的一种支付方式。银联在线支付的非注册用户也可以使用"储值卡支付"，支付时无需手机验证。储值卡支付的支付流程如下所述。

① 用户在商户网站选择"银联在线支付"。
② 选择"储值卡支付"方式，输入储值卡卡号、密码和校验码，点击"下一步"。
③ 确认支付信息。
④ 支付成功。

7. 网银支付流程

网银支付是用户通过银联跳转,最终在银行网银页面完成支付的一种支付方式。网银支付的支付流程如下所述。

① 用户在商户网站选择 "银联在线支付"。
② 选择 "网银支付",并输入用于支付的银行卡卡号,点击 "下一步"。
③ 在网银页面上,按银行网银的要求输入相关的支付信息。
④ 支付成功。

5.3 互联网支付的形式、特点和流程

准确地说,互联网支付是指客户为购买特定商品或服务,通过计算机等设备,依托互联网发起支付指令,实现货币资金转移的行为。

互联网支付是以金融电子化系统工具和各类电子货币为媒介,以计算机技术和通信技术为手段,通过电子数据存储和传递的形式在计算机网络系统上实现资金的流通和支付。如图 5.4 所示为基于 SET 协议的信用卡支付流程。

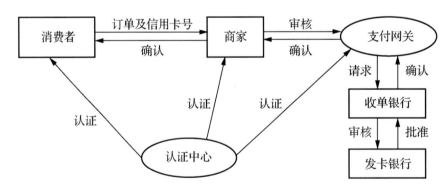

图 5.4 基于 SET 协议的信用卡支付流程图

5.3.1 互联网支付的主要形式和特点

互联网支付的主要形式和特点如下所述。

1. 主要形式

(1) 电子资金传输。

电子资金传输包括通过银行自动提款机(ATM)网络系统进行一定范围内普通费用的支付;通过跨省市的电子汇兑、清算,实现全国范围的大额资金在各地银行之间的传输。

电子支票系统包含 3 个实体,即购买方、销售方及金融机构。当购买方与销售方进行完一次交易处理后,销售方要求付款。此时,购买方从金融机构那里获得一个唯一的付款

证明(相当于一张支票),这个电子形式的付款证明表示购买方账户欠金融机构钱,购买方在购买时把这个付款证明交给销售方,销售方再转交给金融机构。

电子支票方式的付款可以脱离现金和纸张进行。购买者通过计算机或 POS 机获得一个电子支票付款证明,而不是寄张支票或直接在柜台前付款。电子支票传输系统目前一般是专用网络系统,国际金融机构通过自己的专用网络、设备、软件,以及一套完整的用户识别、标准报文、数据验证等规范化协议完成数据传输从而控制安全性。这种方式已开始逐步扩充到 IP 网络 Web 方式操作和在互联网上进行信息数据传输。

(2) 信用卡系统。

信用卡支付是金融服务的常见方式,可在商场、饭店及其他场所中使用,可采用刷卡记账、POS 结账、ATM 提取现金等方式进行支付。经济交易活动中最简单信用卡支付方式是用户通过互联网购物时,在所购商品的公司登记一个信用卡号码和口令,用户只需将口令传送到该公司,购物完成后,用户会收到一个确认的电子邮件询问购买是否有效。若用户对电子邮件回答有效,公司就从用户的信用卡账户上减去这笔交易的费用。现在更安全的方式是在互联网环境下通过 SET 协议进行网络支付,具体方式是用户在网上发送信用卡号和密码,加密发送到银行进行支付。当然支付过程中要进行用户、商家及付款要求的合法性验证。

(3) 数字现金。

数字现金是是经银行数字签名的表示现金的加密序列数,适合在互联网上进行小额实时支付。数字现金在给人们带来好处的同时也会带来问题,数字化现金的主要的好处就是它可以提高效率,方便用户使用。但是数字化现金的灵活性和不可跟踪性会带来发行、管理和安全验证等方面的问题。

数字现金的付款方式就是从买方的数字化现金中扣除并传输到卖方。实际的数字现金的传输过程通常经过公钥或私钥加密系统以保证只有真正的卖方才可以使用这笔现金。

2. 互联网支付的特点

(1) 互联网支付的特点。

互联网支付主要在开放的公共网络系统中,通过看不见但先进准确的数字流,完成相关支付信息传输,即采用数字化的方式完成款项支付结算。这种以一个开放的互联网为主要平台的网络支付结算方式一经产生,就呈现出传统支付结算方式所无法比拟的诸多优势,具体表现为以下五方面。

① 信息流代替现金流。网上支付完全是通过信息流的传输代替现金的交换,其各种支付方式都是通过数字化方式、自动完成交易款项支付的。

② 基于互联网的开放平台。网上支付的信息传递是基于互联网实现的,这是一个完全开放的公共通信网络平台,因此对网络可靠性的依赖程度较高。

③ 较高的安全性和一致性。网络支付可保护交易双方不被非法支付和抵赖,也可避免被冒名顶替。而且支付的全过程使用的都是数字货币,这也有效地防止了假币的产生。

④ 网络支付的技术支持。由于网络支付工具和支付过程具有无形化、电子化的特点,因此对网络支付工具的安全管理不能依靠普通的防伪技术,而是通过用户密码、软硬件加密和解密系统及防火墙等网络安全设备的安全保护功能实现。

⑤ 方便高效的支付方式。与传统的支付形式比较,网络支付具有方便、快捷、高效的特点。客户只需要在联网的计算机上轻点鼠标就可以足不出户完成全部支付过程。

(2) 互联网支付系统的技术特点。

① 可接受性。为了获得成功,付款基础设施必须被广泛接受。

② 匿名性。如果顾客想要匿名,他们的身份可以受到保护。

③ 可兑换性。数字货币应能够兑换成其他类型的货币。

④ 效率。支持实时到账。

⑤ 灵活性。可支持多种付款方式。

⑥ 集成性。为支持现有的软件,应创建能与软件集成的接口。

⑦ 可靠性。付款系统必须十分实用,可以避免孤立的断裂点。

⑧ 可伸缩性。允许系统加入新的顾客和贸易商,而不会使付款基础设施崩溃。

⑨ 安全性。允许在开放式网络上进行金融交易,如互联网。

⑩ 适用性。付款应与现实生活中一样容易。

为了支持上述要求和三大付款系统,人们需要在 Internet 上开发一个共同的框架。

5.3.2 基本功能和特点

1. 网络支付体系的基本功能

虽然网络支付体系的基本构成和方式在不同的环境不尽相同,但安全、有效、方便、快捷是所有网络支付方式或工具追求的共同目标。对于一个实用的网络支付与结算系统而言它至少应该具有以下 7 种基本功能。

(1) 数字签名和数字证书。能够使用数字签名和数字证书等实现对网络商务各方的认证,以防止支付欺诈。

(2) 加密技术。能够使用较为先进的加密技术,对相关支付信息流进行加密。防止未被授权的第三者获取信息。

(3) 数字指纹。能够使用数字摘要(即数字指纹)算法确认支付电子信息的真伪性,保护数据不被未授权者建立、嵌入、删除、篡改、重放等,完整无缺地到达接收者一方,可以采用数据散列技术(Hash 技术)。

(4) 不可否认性。当网上交易双方出现纠纷,特别是有关支付结算的纠纷时,系统能够保证对相关行为或业务的不可否认性。

(5) 多边支付。能够处理网上贸易业务的多边支付问题，这种多边支付的关系能够借用系统提供的诸如通过双重数字签名等技术来实现。多边支付协议应满足以下两个要求。

① 商家只能读取订单信息，如物品的类型和销售价。当接收行对支付认证后，商家就不必读取客户信用卡的信息了。

② 接收行只需知道支付信息，无需知道客户购买商品的具体信息，在客户购买大额商品(如汽车、房子等)时可能例外。

(6) 方便易用、手续便捷。整个网络支付结算过程对网上贸易各方，特别对客户来讲，应该是方便易用的，手续与过程不能太烦琐，大多数支付过程对客户与商家来讲应是透明的。

(7) 快捷的支付结算速度。能够保证网络支付结算速度快，即应该让商家与客户感到快捷，这样才能体现电子商务的效率，发挥网络支付结算的优点。

2. 网络支付的一般过程

由于网络支付的对象不同，网上支付一般可分为 B to B 和 B to C 两种。B to B 网络支付业务是指企业(卖方)与企业(买方)在互联网上开展电子商务活动的过程中，银行为其提供网上资金结算服务的一种业务。B to C 在线支付业务是指企业(卖方)与个人(买方)通过互联网上的电子商务网站进行交易时，银行为其提供网上资金结算服务的一种业务。

个人网上银行的 B to C 在线支付系统是商业银行专门为拥有该行信用卡、贷记卡等账户并开通网上支付功能的个人客户进行网上购物所开发的支付平台。

以工商银行网上支付为例，客户在工商银行特约网站选定货物后，根据网站提示或链接，去虚拟收银台付款。单击中国工商银行在线支付图标，转到工商银行地区分行网站网上支付页面，订单信息加密传递到该网站且不可更改。客户只需根据画面提示，输入自己的工商银行网上银行登录卡号及支付密码，确认提交即可。系统会提示网上支付是否成功，如果失败则提示失败原因。由于网络速度、银行验证等原因，如果支付后不能及时显示结果，请耐心等待。

如果长时间未有响应，可以返回工商银行支付平台界面重复提交申请。如果系统提示"已提交申请，请勿重复提交"，则说明该笔支付正在处理中。

5.3.3 常见的互联网支付流程与特点

在经济活动中，银行卡的使用比较成熟，在电子商务 B to B、B to C 的交易中，银行卡是目前应用较广泛的电子支付方式之一，所以，研究银行卡的网络支付方式具有一定的代表性。以下为使用银行卡进行网络支付的四种支付模式的流程与特点。

1. 无安全措施的支付模式的流程与特点

买方在网上向卖方订货，而银行卡信息通过电话、传真等非网络渠道传送，或者在互联网上传送，但无任何安全措施。卖方与银行之间使用各自现有的专用网络授权来检查银行卡的真伪，无安全措施的支付流程如图5.5所示。

图 5.5　无安全措施的支付流程图

无安全措施模式的特点如下所述。

(1) 卖方没有得到买方的签名，卖方将承担一定的风险。

(2) 银行卡信息在线传送，买方将承担银行卡信息在传输过程中被盗的风险。

(3) 商家完全掌握用户的银行卡信息。

这种模式也有明显的弱点，如商家得到用户的银行卡信息后，有些商家为了商业利益把信息透露给第三方，给别有用心的人以可乘之机；银行卡信息的传递没有安全保障，这样就很容易被人截获或篡改。这种模式是很不安全的。

在电子商务发展的初期，无安全措施的支付模式用得比较多。现在已不提倡再采用这种方式。

2. 通过第三方代理人的支付模式的流程与特点

(1) 第三方代理人支付模式的流程如图5.6所示。

① 客户在代理人处开设账户，取得银行卡账户代号。

② 客户上网进入商家的网站浏览选购商品，把银行卡账户代号传给商家。

③ 商家把客户银行卡账户代号传给第三方代理人，要求核实账户信息。

④ 第三方代理人与发卡行联系，完成支付过程。

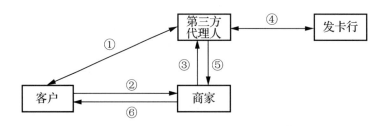

图 5.6　第三方代理人支付模式的流程图

⑤ 第三方代理人把验证的结果、完成支付的信息反馈给商家。

⑥ 商家确认客户订货。

(2) 第三方代理人支付模式的特点。

① 支付是通过双方都信任的第三方代理人完成的。

② 银行卡信息不在开放的网络上传送，客户没有银行卡信息被盗窃的风险。

③ 商家信任第三方代理人，风险小。
④ 客户、商家双方必须预先与第三方代理人签订某种协议。

这种模式的关键在于第三方，交易双方都对它有较高的信任度，风险主要由第三方承担，保密等功能也由第三方实现。

这种支付模型由 First Virtual Corp(FVC)提出，1994 年 10 月开始使用，它首先在互联网上实现了使用银行卡的安全支付，在当时是一个创举。它的缺点是支付的效率低，因为必须事先注册，业务过程中使用电子邮件反复传送信息以及对顾客意愿的确认，不能满足"实时购物"的需求，其在电子商务中使用，还有待改善。

3. 简单加密银行卡支付模式的流程与特点

这是比较常用的一种支付模式。用户只需到银行开立一个银行卡账户，在支付时，用户提供银行卡号码，但传输时要进行加密。采用的加密技术有 SHTTP、SSL 等。这种加密的信息只有业务提供商或第三方付费处理系统能够识别。由于用户进行网上购物时只需提供银行卡号，这种付费方式带给用户很多方便。但是，一系列的加密、授权、认证及相关信息传送，使交易成本增加，所以这种方式不适用于小额交易。

(1) 流程。

简单加密银行卡支付流程如图 5.7 所示。

(2) 特点。

① 加密的银行卡信息只有业务提供商或第三方机构能够识别。
② 用户购物时只需一个银行卡号码，较简单。
③ 数字签名通过加密技术获得。
④ 使用对称和非对称加密技术，启用身份认证系统，以数字签名确认信息的真实性。
⑤ 需要业务服务器和服务软件的支持。

这种支付模式的关键在于保证业务服务器和专用网络的安全，可以使整个系统处于比较安全的状态。由于商家不知道用户银行卡的信息，杜绝了商家泄露用户隐私的可能性。

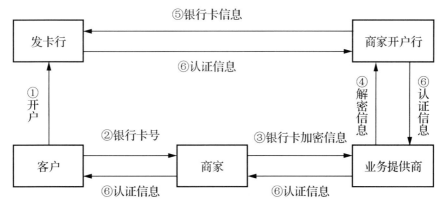

图 5.7　简单加密银行卡支付流程图

4. 安全电子交易(SET)信用卡支付

银行卡是目前应用最为广泛的电子支付方式。银行卡可在互联网环境下，借助 SET 协议在网络上直接支付，具体方式是用户网上发送经过加密的银行卡号和密码到银行进行支付。当然，支付过程中要进行用户、商家及付款要求的合法性验证，以及当事人身份验证。其工作流程与实际刷卡购物非常接近，只不过一切操作都是在互联网上完成的。

安全电子交易协议(SET)是为了保障互联网上信用卡交易的安全性而开发的。利用 SET 给出的整套安全电子交易规范，可以实现电子商务交易中的保密性、认证性、数据完整性、不可抵赖性等安全功能。因此它成为目前公认的信用卡网上交易的国际标准，是电子商务实现网络支付的发展方向。

5.4 大额资金支付系统

网络支付与结算按照支付的规模可以分为微支付、消费者级别支付和大额支付。大额支付，尤其是各大商业银行间的巨额资金的转账支付甚至跨国支付需要专业网络和支付系统的支持。

5.4.1 SWIFT

作为一个国际金融业合作组织，SWIFT 为全球 207 个国家的 8100 多家金融机构提供安全、标准化的报文交换服务和接口软件。《华尔街日报》把 SWIFT 称为当前网络时代最具影响力的通信机构之一。

1. SWIFT 提供的服务

SWIFT 的目标是在所有金融市场为其成员提供低成本、高效率的通信服务，以满足成员金融机构及其终端客户的需求。包括我国在内的全球的外汇交易电文，基本上都是通过 SWIFT 传输的。需要指出的是，SWIFT 仅为全球的金融机构提供通信服务，不直接参与资金的转移处理服务，也就是说，在网络支付机制中起传递支付结算电文的作用，并不涉及支付电文收到后的处理细节。SWIFT 提供的通信服务主要包括下述几方面。

(1) 提供全球性通信服务。全球近二百个国家和地区的近七千家金融机构同 SWIFT 网络实现连接。

(2) 提供接口服务。使用户能低成本、高效率地实现网络存取。

(3) 存储和转发电文服务。每年转发的电文达 10 亿条以上。

(4) 业务文件传送服务。SWIFT 提供的银行间的文件传送 IFT(Interbank File Transfer)服务，用于传送处理批量支付结算和重复交易的电文。

(5) 电文路由(Message Routing)服务与具有冗余的通信能力。

特别要指出的是，SWIFT 服务提供的 240 种以上的电文标准中，专门有支持大额资金支付结算的支付系统电文或转账电文。

SWIFT 系统提供的各类电文通信服务，全部采用标准化的处理程序和标准化的电文格式。这样，SWIFT 系统的通信服务可直接由计算机自动处理，中间不必经过转换和重新输入。实现从端到端的自动处理可以减少出错概率，提高交易处理效率和自动化水平，降低成本，减少风险。一笔通信服务通常 10 分钟内就可提交，传输一笔交易电文仅收取 0.36 美元。目前全球大多数国家大多数银行已使用 SWIFT 系统。SWIFT 的使用给银行的结算提供了安全、可靠、快捷、标准化、自动化的通信业务，从而大大提高了银行的结算速度。由于 SWIFT 的格式是标准化的，因此目前信用证的格式主要都是用 SWIFT 电文的格式。

2. SWIFT 的逻辑结构

SWIFT 是国际银行间非营利性的国际合作组织，现在 SWIFT 由两个分别位于美国和荷兰的控制中心(System Control Center，SCC)进行业务处理，同时在各会员国设有地区处理站。网络和系统管理由上述两个中心实施，银行本地线和检验由各地面处理站管理。

原则上每个国家有一个区域处理中心(Regional Processor，RP)。少数较小国家可共用一个 RP。因此，RP 也称国家处理中心(National Processor)。通过全双工国际数据通信链路同 RP 连接，各成员行则通过国内数据通信链路同 RP 连接。SWIFT 传输示意图如图 5.8 所示。

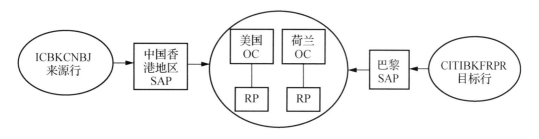

图 5.8　SWIFT 传输示意图

注：SAP—企业管理解决方案软件

5.4.2　CHIPS

纽约清算所于 1966 年研究建立 CHIPS(清算)系统，1970 年正式创立。当时，采用联机作业方式，通过清算所的交换中心，同 9 家银行的 42 台终端相连。到 1982 年，成员行包括位于纽约地区的 100 家银行。到 20 世纪 90 年代初，发展为由 12 家核心货币银行组成，有 140 家金融机构加入的资金调拨系统。

1. CHIPS 简介

CHIPS(Clearing House Interbank Payment System)，中文为"纽约清算所银行同业支付系统"，主要以美国纽约为资金结算地，具体完成资金调拨即支付结算过程。因为纽约是世界上最大的金融中心，国际贸易的支付活动多在此地完成，所以 CHIPS 虽然在纽约运行，却是世界性的资金调拨系统。现在，世界上 90%以上的外汇交易，是通过 CHIPS 完成的。可以说，CHIPS 是国际贸易资金清算的桥梁，也是欧洲美元供应者进行交易的通道，如图 5.9 所示。该系统采用 UnisysAl5 多处理机，有 23 台 CP2000 高性能通信处理机及 BNA 通信网，以处理电子资金转账和清算业务。

(注：BNA 是一种 ASCII 码形式的二维向量地图数据交换格式档案。)

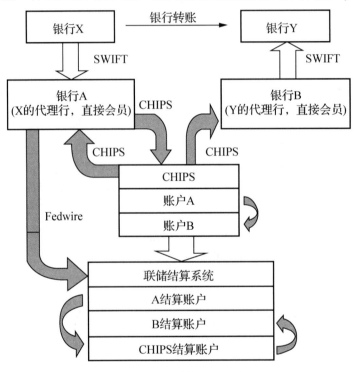

图 5.9 CHIPS 资金清算示意图

注：Fedwire——美国联邦储备通信系统。

CHIPS 的参加银行，除了能利用该系统本身调拨资金外，还可接受往来银行的付款指示，通过 CHIPS 将资金拨付给指定银行。这种层层代理的支付清算体制，构成了庞大复杂的国际资金调拨清算网。因此，它的交易量非常巨大，而且在逐年增加。

CHIPS 采用层层代理的支付清算体制，构成庞大复杂的国际资金调拨清算网，其体系结构如图 5.10 所示。

会员银行在纽约美联储有存款准备金，具有清算能力，拥有 CHIPS 系统的标识码。参加银行的金融业务需要通过会员银行的协助才能清算和支付。其他地区银行是纽约地区之外具有外汇经营能力的美国银行，外国银行是设于美国纽约的分支机构或代理行，当然外国银行也可以选择CHIPS中的会员银行作为其代理行。

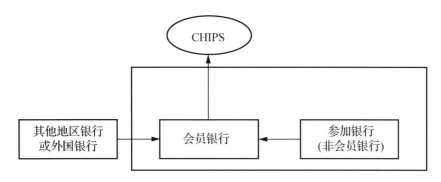

图5.10 CHIPS体系结构示意图

CHIPS虽庞大和复杂，但能够高效方便地处理和运行，有许多独特的优势，见表5-1。

表5-1 CHIPS的特点

序 号	特 点
1	参加银行预先给出调拨提示，到生效之日拨款银行下达"解付"命令后，CHIPS开始实施
2	实时查询
3	自动识别标识码
4	双套系统互为备份，高速连接，不间断电源
5	保密模块、保密设备、标准的保密检测

2. CHIPS的运作框架

CHIPS的运作框架是典型的"SWIFT&CHIPS"模式。两个不同国家和不同银行之间，进行一笔资金清算需要完成信息流与资金流的两个过程，其逻辑步骤如下所述。

第一步，汇款银行先找到CHIPS的会员银行，将该会员银行作为其代理银行，会员银行则确认其UID(用户身份证明)识别号码。

第二步，汇款银行向其代理银行发送电子付款指示，要求代理银行于某日扣其来往账，将该款项拨付给收款银行的代理银行。

第三步，汇款银行的代理银行收到电文后，核对并处理电文，然后按照一定的标准格式将所有数据经过CHIPS网络传送到CHIPS中心计算机存储起来。

第四步，中心计算机接收到汇款银行的代理行的"解付"命令之后，将此款项通知通过CHIPS传送到收款银行的代理银行中。

第五步，收款银行的代理银行根据收款银行的 UID 通知收款银行接受汇款，完成汇款。

CHIPS 利用网络传输完成国际资金电子支付与结算，而一笔国际电子汇兑由于拨款银行和收款银行相距非常遥远，可能需要经过不同国家多个同业的转手才能完成。例如，中信银行的客户 A 要求中信银行给某国的渣打银行的客户 B 支付一笔款项，若上述两行有业务往来，则可以直接通过 CHIPS 划拨；若该两行以前未曾有过业务往来，则需要一个中间的第三者银行来协助处理。假设该两行均与德意志银行有所往来，但中信银行不是 CHIPS 会员银行，渣打银行与德意志银行均是 CHIPS 的会员银行，则中信银行可以先将款项汇给德意志银行，德意志银行再将汇款转入渣打银行的账户中，并通知渣打银行知晓该款项的受益人为客户 B。渣打银行接到通知以后，通过自身的银行系统通知客户 B 汇款已到账。也就是说，CHIPS 机制可能涉及多个(跨国)银行，其流程如图 5.11 所示。

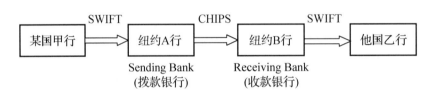

图 5.11 CHIPS 国际资金调拨流程图

5.4.3 CNFN

中国国家金融通信网(China National Financial Network，CNFN)是把中国人民银行、各商业银行和其他金融系统有机融合在一起的全国性和专业性金融网络系统。

1. CNFN 的结构

CNFN 的目标是向金融系统用户提供专用的公用数据通信网络，通过文件和报文传输向应用系统如汇兑系统提供服务。我国的金融机构通过该网络可连接全国各领域成千上万企事业信息系统，为广大的客户提供全面的支付服务和金融信息服务，最终成为中国现代化支付系统(China National Advanced Payment System，CNAPS)的可靠网络支撑(物理结构上有点类似于 SWIFT 网络)。

为充分发挥金融通信网的投资效益，实现一网多用，在规划网络建设时，一般将通信子网与资源子系统分离，建设独立于应用的全国金融通信网。整个 CNFN 网络分为 3 个层次的节点：一级节点国家处理中心 NPC，二级节点城市处理中心 CPC，三级节点中国人民银行县支行处理节点 CLB。由 NPC 与几百个 CPC 构成国家主干网，由 CPC 与几千个 CLB 构成城市区域网络。

在 CNFN 的三级节点中，NPC 负责整个系统的控制和管理及应用处理，CPC 和 CLB 主要完成信息采集、传输、转发及必要的应用处理。CNFN 网络结构如图 5.12 所示。

第 5 章 网络金融支付

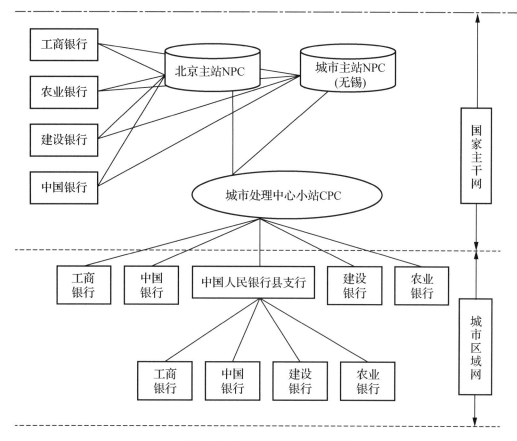

图 5.12 CNFN 网络结构示意图

在一般的情况下，主用 NPC 即北京主站控制管理，一旦发生事故，备用 NPC 即无锡主站就接管遭受破坏的主用 NPC 的所有业务，直到北京主站 NPC 完全恢复使用。两个 NPC 之间由高速卫星线路和高速地面线路相连。两个国家处理中心互为备份，有同样的结构和处理能力。

2. CNFN 物理通信线路

CNFN 物理通信线路包括卫星通信线路和地面通信线路两部分。目前支撑 CNFN 的中国金融卫星通信网与中国金融数据地面通信骨干网已基本建成，为 CNFN 的建设已打下坚实基础。目前 CNFN 在我国已实现网络到县，天地对接，现已建成数千个收发报行，覆盖了中国人民银行的所有一二级分行和部分县支行，并连接商业银行多个通汇网点，现其正在完善中。国家级主干网是以中国人民银行的卫星通信网为主体，以中国金融数据地面通信骨干网和邮电部门的公用数据通信网 DDN 为辅助信道。卫星网与地面网互为备份，相互补充。区域网根据当地通信状况可选用中国金融数据地面通信骨干网、DDN、X.25 或 PSTN；少数边远地区交通不便或有特殊需要的地区，也可采用卫星通信网构成区域网。各商业银行总行要采用 DDN 线路与 NPC 连接。

CPC 与当地商业银行的连接,可根据当地通信状况选用中国金融数据地面通信骨干网、DDN、X.25 或 PSYN。CLB 与当地商业银行的连接,可采用拨号线路、租用线路、无线通信等多种通信媒体。

总之,CNFN 是日通信息量和业务处理的物理通信平台,数据是 CNFN 中最重要的资源,各个子块功能的无缝融合使 CNFN 系统能够有机工作,为 CNAPS 的研发应用提供了底层保障。

5.4.4 CNAPS

CNAPS(China National Advanced Payment System,中国现代化支付系统)是在中国国家金融通信网(CNFN)上运行的我国国家级的现代化的支付系统,是集金融支付服务、支付资金清算、金融经营管理和货币政策职能为一体的综合性金融服务系统。

1. CNAPS 的支付业务系统

CNAPS 的报文信息格式基本上采用 SWIFT 报文格式标准,这样 CNAPS 的用户也可以方便地借助 SWIFT 进行国际金融服务,如支付结算服务。

CNAPS 是一个非常庞大的复杂金融系统工程,作为现代化的支付系统。为了发挥实施货币政策、改善宏观金融调控、防范支付风险、优化对商业银行的服务、满足社会各种支付清算要求、加强资金周转等功能,其主要业务系统见表 5-2,其中 HVPS 和 BEPS 可以用来支持企业或组织间的资金调拨与支付结算。

表 5-2 CNAPS 的支付业务系统

名 称	作 用
HVPS	大额实时支付系统
BEPS	小额批量支付系统
BCAS	银行卡授权系统
GSBES	政府证券簿记支付系统
FMIS	金融管理信息系统
IPS	国际支付系统

CNAPS 实施者包括中国人民银行、各商业银行及非银行金融机构的企业、政府机关、公共事业单位和个人。如图 5.13 所示,根据各自角色的不同,可分为业务发起人、发起行、发报行、接受行和受益人。

第5章 网络金融支付

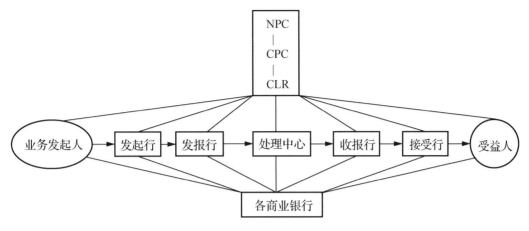

图 5.13 CNAPS 实施过程

2. CNAPS 的层次结构

CNAPS 是一个三层结构，分别由 NPC(国家处理中心)、CCPC(城市处理中心)和前置机[前置机为各外围应用系统提供与 CNAPS 连接的通道，如商业银行前置机、TRCS(EIS 转换中心)等]组成；NPC、CCPC 和商业银行前置机内部的各服务器与控制台均通过一局域网相连；NPC 与 CCPC 通过支付系统骨干网相连，CCPC 与各商业银行前置机通过城域网相连。

在三级节点 NPC、CPC、CLB 上，都有各商业银行分支的参与，其中业务发起人为工商企业、政府机关和个人等；业务发起行是各个商业银行和其他金融机构的基层单位，如营业网点等，受客户委托办理业务，是支付业务系统的开始行；发报行是发起行所在的 CNFN 处理中心；业务发起人是需要办理业务的主动方，如要汇款的客户；受益人是业务办理的接受方，如收款人；接受行是受受益人的委托办理收汇业务的基层金融单位，是支付业务系统的结束行。

5.5 支付体系的业务流程

互联网金融支付的产生和发展是和电子商务的发展分不开的。互联网金融支付的难点之一在于实现互联网金融支付不仅是银行的事情，还是商家和顾客的事情。互联网金融支付几乎要涉及电子商务活动的所有实体。互联网金融支付的实现需要一个有网络连接的所有实体所组成的复杂体系的支持。

5.5.1 支付体系构成

互联网金融支付的过程涉及电子商务活动参与的主体(由客户、商家、银行和认证中心 4 个部分组成)，其支付体系由交易主体、网络基础设施和电子商务平台等几部分组成，如图 5.14 所示。

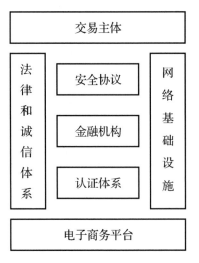

图 5.14　支付体系构成图

因此，互联网金融支付体系可以说是融购物流程、支付与结算工具、安全技术、认证体系、信用体系，以及现在的金融体系于一体的综合系统。如图 5.15 所示为互联网金融支付与结算的示意图。

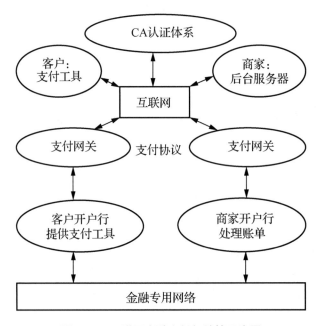

图 5.15　互联网金融支付与结算示意图

概括来说，支付体系的基础设施是金融电子化网络，流通的支付工具是各类电子货币。支付功能的实现要通过在线商用电子化机制及互联网中的交易信息来体现。网络支付的交易安全保证则通过网络安全认证机构的全过程认证，互联网络本身的防火墙、信息加密措施，对恶意攻击和欺诈的实时跟踪、检测、防卫措施来实现。

(1) 网上交易主体。网络支付系统的主体首先应该包括买(消费者或用户)卖(商家或企业)双方。

(2) 安全协议。网络支付系统应有安全电子交易协议或安全套接层协议等安全控制协议，这些涉及安全的协议构成了网上交易可靠的技术支撑环境。

(3) 金融机构。其包括网络金融服务机构(含第三方支付)、商家银行和用户银行。

(4) 认证体系。公开、安全的第三方认证体系可以在商家和用户进行网上交易时为他们颁发电子证书，在交易行为发生时对数字证书和数字签名进行验证。

(5) 网络基础设施。电子支付建立在网络平台之上，包括互联网、企业内联网，要求运行可靠，接入速度快、安全等。

(6) 法律和诚信体系。这个体系属于网上支付与结算的外部环境，是由国家及国际相关法律法规的支撑实现的，另外，还要依赖于完善的社会诚信体系。

(7) 电子商务平台。电子商务平台包括可靠的电子商务网站和网上支付工具(电子货币，如数字现金、电子支票、信用卡、电子现金)等。

综上所述，电子商务网络支付体系的基本构成即为电子商务活动参与各方与网络支付工具、支付通信协议以及外部环境的结合体。

目前，国际上网络支付系统主要有如下几种：①btArray，即英国电信(British Telecom)的微支付系统；②CYbank 支付系统，即使用 CYbank 账号的资金进行支付的系统；③Digital Silk Road 用于邮递等低成本业务的支付系统；④E-Gold，即允许通过账号系统使用黄金进行支付的系统；⑤Intercoin，即一种先试用后购买的在线票据服务系统；⑥MarketNet，即安全客户、商家认证服务系统；⑦NetMarket，即在网上实行自动加密的商业交易系统。

5.5.2 电子支付系统的分类、标准与参与者

通过前面章节对互联网金融支付、互联网银行的一般了解后，有必要对传统网络银行业务的电子支付流程进行一般性的了解，以便更好地接受互联网银行服务。实际上，目前的互联网金融支付与电子支付、网络支付绝大部分已经融为一体，只有少部分支付业务不在互联网金融支付系统范围内，还在独立运作。

1. 电子支付系统分类

电子支付系统可以分为三大类，即大额支付系统、脱机小额支付系统和联机小额支付系统。各类系统的主要特点概述如下。

(1) 大额支付系统。大额系统(本章第 4 节已重点讲述)是一个国家支付体系的核心应用系统。现在的趋势是，大额系统通常由中央银行运行，用于处理贷记转账。当然也有由私营部门运行的大额支付系统，这类系统对支付交易虽然可做实时处理，但要在日终进行净额资金清算。大额系统处理的支付业务量很少(1%～10%)，但资金额超过 90%，因此大额支付系统中的风险管理特别重要。

(2) 脱机小额支付系统(亦称批量电子支付系统)，主要指 ACH(自动清算所)，处理预先

授权的定期贷记(如发放工资)或定期借记(如公共设施缴费);支付数据以磁介质或数据通信方式提交清算所。

(3) 联机小额支付系统指 POSEFT 和 ATM 系统,其支付工具为银行卡(信用卡、借记卡或 ATM 卡、电子现金等)。

脱机小额支付系统和联机小额支付系统这两类小额支付系统的主要特点是金额小、业务量大,交易资金采用净额结算(但 POSEFT 和 ATM 中需要对支付实时授信)。

2. 电子支付系统的标准

目前,电子支付涉及的标准主要有以下几种。

(1) PKI(Public Key Infrastructure,公共密钥体系)标准。

(2) SSL(Securesockets Layer,安全套接层协议)标准。

(3) SET(Secure Electronic Transactions,安全电子交易标准)标准。

(4) X5.95 标准。账户数字签名工业标准(Account Authority Digital Signatures),提供了标准化信用卡处理和账户管理方法。

(5) X.509 标准。电子商务证书发放标准(ISO/IEC/ITUX.509,基于 PKL,PKIX)。

(6) X.500 标准。电子出版目录查询标准(目录服务协议 LDAP-X.500 协议)。

3. 电子支付系统的参与者

电子支付系统的参与者主要由金融机构或银行、收款人或付款人、支付网关和金融专用网等组成。

(1) 金融机构或银行。就支付而言,即为收款人或付款人的开户银行。

(2) 收款人或付款人。收款人或付款人即为资金接收或划出的个人或团体。

(3) 支付网关。支付网关是商家授权并以此获取支付消息进行支付交易的平台。

(4) 金融专用网。金融专用网包括连接各专业银行及支付网关的各种金融专用网。

5.5.3 电子支付结算业务的流程

如果需要使用银行的网络服务,个人或者企业首先要选择能提供网络服务的银行;然后,向银行申请登记注册,获得进行网上银行业务操作的凭证;最后,根据系统的指示,逐步进行操作。

1. 办理网络银行支付业务应具备的条件

(1) 银行交易中心必须取得金融认证中心的权威认证。

(2) 商家在交易中心设立网上商店,建立商户档案,将产品通过图文并茂的方式展示在互联网上。

(3) 顾客(一般消费者或单位)最好持有银行账户或信用卡,符合该条件的可以通过互联网或到当地储蓄所、分理处注册成为会员用户,会员既可以以更加优惠的价格购买货物,又能只凭一个会员 PIN(识别码)支付货款。没有银行账户或信用卡的顾客在线购买,也可以通过数字现金、汇兑、同城交换、邮政汇款、货到付款等多种方式支付。

2. 网络银行和支付业务的一般流程(以中国工商银行为例)

以中国工商银行个人网络银行操作为例来介绍一下具体的操作流程。中国工商银行为客户办理了网络银行开户之后,可以通过互联网直接登录到中国工商银行的网络银行页面,登录时会弹出安全提示,提示应通过安全链接登录中国工商银行的网络银行。在个人网上银行的登录界面上输入账号、密码、验证码后,中国工商银行安全认证系统即开始对客户身份进行认证,如能确认客户身份,客户便可以登录到中国工商银行网络银行,从而可以进行交易。客户在提交支付(支付指令、B to B 支付和批量支付)时,系统会提示客户进行电子签名,以保证交易的唯一性和不可否认性;并可以根据支付指令的付款限额支持多级授权,以保证客户交易的安全性。另外,客户还可以通过查询指令来跟踪指令的审批和执行情况。

一般来说,客户在登录网络银行后,通过网络银行操作系统可获得三个方面的服务功能,如图 5.16 所示:一是交易类业务服务功能,包括账务服务、支付服务等;二是个人信息服务,包括修改客户资料、修改密码、更新证书等;三是获得在线帮助。在完成各项服务后,可选择退出登录功能,退出网络银行业务操作系统。

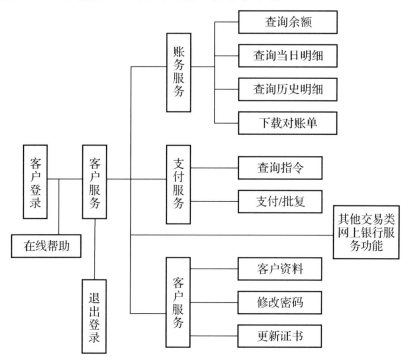

图 5.16 网络银行操作系统所提供的功能

上述流程是由客户来完成的,对于网络银行业务操作系统来说,这只是流程中的一个环节。从客户将交易指令输入电脑到电脑反馈有关信息是一个复杂的过程,如图 5.17 所示。

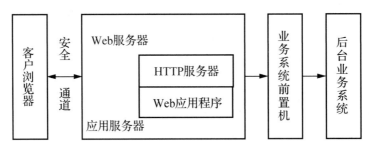

图 5.17 交易流程图

交易流程有如下几个步骤。

(1) 客户浏览器发出 HTTP 的交易请求，如邮寄出一份表单的数据。

(2) HTTP 的交易信息经过安全通道发送到网上银行的网络服务器。

(3) 网络服务器上的应用程序接受客户传来的 HTTP 交易信息。

(4) 网络应用服务器处理交易信息，包括验证该客户在 CIDB 中规定的权限、交易数据的格式转换、数据运算等。

(5) 网络应用服务器生成后台业务数据信息，提交业务主机(前置机)进行处理。

(6) 处理结果返回到网络应用服务器。

(7) 网络应用服务器根据返回的数据动态生成交易结果的 HTML 主页。

(8) 交易结果的动态 HTML 主页返回到客户的浏览器。

5.5.4 电子支付网络

电子商务中网络支付与结算采用的方式是否真能做到快捷、方便、安全、可靠，还取决于数据交换的网络、电子支付的网络平台以及专业网络的先进性、技术性和合理性。

1. 数据交换的网络模式

国内最有代表性的支付平台有信用卡支付(包括借记卡)、手机网银、支付宝、财付通、安付通、快钱等，这里不再做详细的阐述，只对数据交换的网络模式予以介绍。

(1) 电话交换数据网。

在我国各地，诸如 POS、电话银行等大部分电子支付业务都是基于电话交换网络(PSTN)，用户入网比较方便灵活，相关技术比较成熟。但随着电子支付用户的大量增多和交易量的大幅度增加，基于模拟电话网的电子支付业务也暴露出了一些问题，如交易时间长、"重拨"现象明显、接通率低、可靠性较低、保密性较差、误码率高等。

(2) 分组交换数据网。

我国已形成了覆盖全国的公用分组交换等数据网络设施，这为建设上乘的电子支付网络打下了物理基础。分组网本身非常适用于业务量小的实时数据传输，其虚拟电路的灵活设置适用于多台终端同时与银行主机通信，并使扩容变得非常容易；带宽的统计复用消除了原来因中继线争用带来的通信不畅；协议的纠错功能保障了误码率比电话网低很多，使交易数据准确无误地被传递；组网模式可以与原有的电话网模式兼容，以便分别发挥各自的优势。电话网对散点终端入网较为适用,分组网对较为集中的大商场更能显示出其优势。

数据网在电子支付领域具有固有的安全性能,这不仅体现在数据网本身良好的网络拓扑结构和网络管理能力上,VPN(虚拟专用网)、CUG(闭合用户群)、防火墙等技术的广泛应用也为数据网上电子支付的应用提供了有力的保障,可有效防止非法用户的侵入。借助VPN,银行可利用公用数据网的条件组成专用的虚拟支付网络,可由自己来管理VPN资源。VPN具有安全可靠等特点。分组等网上的CUG业务是指若干个用户组成的通信群体,群体内的用户之间可互相通信,本群外的用户无法与内部用户相通信,该业务也可为电子支付的安全通信提供方便。

2. 电子支付的网络平台

(1) 电子支付的平台——EDI。

EDI平台实现了商业用户间标准格式文件(如订单、发票等)的通信和交换。在EDI平台上,交易信息根据国际标准协议格式化,并通过网络对这些数据进行交换和自动处理,从而有机地将商业贸易过程的各个环节(包括海关、运输、银行、商检、税务等部门)连接起来,实现了包括电子支付在内的全部业务自动化,在EDI平台上进行电子支付具有很大的优越性。

EDI具有一整套成熟的安全技术体系,基于X.400和X.500系列协议,能够有效地防止信息的丢失、泄密、篡改、假冒、抵赖、拒绝服务等。EDI的消息处理机制在MHS的基础上进一步丰富了消息安全服务,突出强调了报文的安全要素。

根据我国的国情,目前可以在EDI平台上开展电子征收业务(电子缴费、电子征税等),这种方式有着传统申报方式不可替代的优势。在EDI平台上开展电子征收的难点是银行和政府主管部门的MIS(管理信息系统)数据库接口和应用接口的开放问题。

(2) 电子支付的网络平台——互联网。

在传统通信网和专用网络上开展电子支付业务,由于终端和网络本身的技术难以适应业务量的急剧上涨等一些因素,使用户面很难扩大,并使用户、商家和银行承受了昂贵的通信费用,因此寻求一种物美价廉的大众化平台成为当务之急,飞速发展的互联网就顺其自然地成为焦点。与此同时,与电子支付相关的技术、标准和实际应用系统不断涌现,在互联网上开展电子支付已成为现代化支付系统的发展趋势。

3. 电子支付的专业网络

(1) SWIFT(环球同业银行金融电讯协会管理的银行结算系统)。

SWIFT系统的服务内容和网络系统的技术结构在前面已有叙述,现将SWIFT系统作为电子支付专业网络的特点做一个简单的介绍。

① SWIFT系统可连接全世界五大洲的银行,便于与世界各地的客户联系。SWIFT的服务的全天候、全地域的。

② 由于SWIFT系统已成为银行本部和海外办事机构之间可靠的通信系统,从而使全球性的金库和保险管理系统得到了发展。

③ 标准化格式能够进行自动化通信处理，避免了各地区银行间语言不同及翻译问题。

④ 理论上、技术上和程序上的保密性，保障了网络的安全，避免了外来的干扰。

⑤ SWIFT 的实践证明，一个满足各成员国共同业务要求的系统，可以降低成本并提高安全性和可靠性。

⑥ SWIFT 具有较强的检测、检索能力。

(2) FedWire(美国联邦储备通信系统)。

FedWire(Federal Reserve Communication System)是美国的第一个支付网络。这个通信系统属于美国联邦储备体系(Federal Reserve System)，并由其管理。它作为美国国家级的支付系统，用于遍及全美 12 个储备区的 1 万多家成员银行之间的资金转账。它实时处理美国国内大额资金的划拨业务，并逐笔清算资金，每天平均处理的资金及传送证券的金额超过 1 万亿美元，每笔金额平均 30 万美元。FedWire 的功能齐全，它不仅提供资金调拨处理，还具有清算功能。

① 资金转账(Funds Transfer)。即将储备账户余额从一个金融机构划拨到另一个金融机构的户头上，且基本都是大额转账

② 传输美国政府和联邦机构的各种证券交易信息。

③ 传输联邦储备体系的管理信息和调查研究信息。

④ 自动清算(ACH)业务。在美国，人们多用支票作支付工具，通过 ACH 系统，就可使支票支付处理实现电子化。

⑤ 批量数据传送(Bulk Data)。通过 FedWire 进行的资金转账是通过联邦储备成员的联邦储备账户实现的。

5.6　数字现金结算

数字现金即电子现金(Electronic cash，E-cash)，又称电子货币(E-money)或数字货币(Digital cash)，是以数字化形式存在的货币，它是一个适合于在互联网上进行小数额实时结算与支付的系统。数字现金和信用卡不同，信用卡仅仅是一种支付手段，其最终还必须通过结算机构予以兑现；而数字现金和其他货币一样，本身就是钱。从国家金融机构来看，数字现金比现有的实际现金(包括纸币和硬币)存在更多的优点。

5.6.1　数字现金支付流程

数字现金是一种表示现金的加密序列数，可以表示现实中各种金额的币值。数字现金又是能被客户和商家接受的、通过互联网购买商品或服务时使用的一种交易媒介，其支付结算流程如图 5.18 所示。它的结算方式可以是存储性质的预付卡，也可以是以纯电子形式存在的用户号码数据文件。它可以提高效率，方便用户使用，可以保护用户的隐私，但由于数字现金易被不法商家利用，它的安全性要求较高。

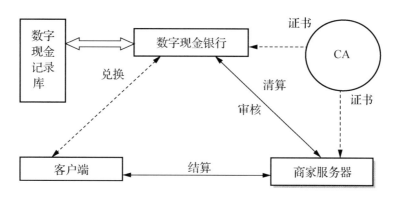

图 5.18　数字现金支付结算流程

数字现金的支付与结算系统是一种"预付费"的结算系统。它的特点是不直接对应任何账户，持有者预付资金，便可获得相应货币值的数字现金(智能卡或硬盘文件)用于网上支付与结算，因此可以离线操作。

1. 数字现金支付的特点

数字现金支付模式有以下特点。
(1) 数字现金支付模式的优点。
① 使用上与传统现金相似，比较方便和易于被接受。
② 支付过程不必每次都经过银行网络(即离线支付)，成本低，适合小额支付。
③ 可以匿名使用，使用过程具有不可追踪性。
④ 安全性较高，充分利用了数字签名技术保证安全，防止伪造、抵赖。
(2) 数字现金支付模式的缺点。
① 数字现金的支付属于"虚拟支付层"模式，真正的资金划拨还需要通过"实际支付过程"进行，如使用转账的方式从银行卡中划拨一定的资金购买电子现金。
② 数字现金支付的匿名性及不可追踪性使得电子现金的持有者一旦丢失相关资料,将无法报失。
③ 需要安装额外的软件，所以对于付款人来说初期设置比较复杂。

按照数字现金的两种不同形式(即硬盘数据文件形式的数字现金和 IC 卡形式的数字现金)，数字现金支付系统可分为两类：银行机构发行的数字现金系统和非银行机构发行的数字现金系统。下面我们分别介绍这两种系统的支付流程。

2. 银行机构数字现金流程

银行机构发行的数字现金网络支付的流程(以 E-cash 为例)如图 5.19 所示。

数字现金(E-cash)是一种非常重要的电子支付系统，它可以被看作是现实货币的电子或数字模拟,数字现金以数字信息形式存在，通过互联网流通。

(1) 购买。买方在数字现金发行银行开立 E-cash 账号并购买 E-cash。买方要在银行建立一个账户，将足够资金存入该账户以支持今后的支付。

(2) 存储。使用电脑 E-cash 终端软件从数字现金发行银行取出一定数量的 E-cash 存在硬盘上。一旦账户被建立，买方就可以使用数字现金软件产生一个随机数，它是银行使用私钥进行数字签名的随机数。

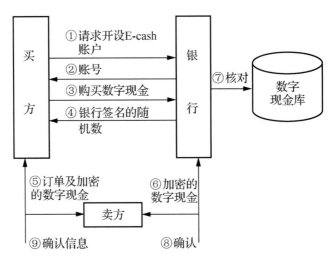

图 5.19　银行发行数字现金网络支付流程图

(3) 用 E-cash 购买商品或服务。买方向接收 E-cash 的卖方订货，并用卖方的公钥加密 E-cash 后，传送给卖方。

(4) 资金清算。接收 E-cash 的卖方与数字现金发行银行进行清算，在交易中，数字现金被发给卖方，卖方再把它直接发给发行数字现金的银行，银行检验货币的有效性。像纸币一样，数字现金通过一个序列号进行标识，银行将从卖方获得的数字现金与已经使用的数字现金数据库进行比对，并确认它没有被重复使用，然后将它转入卖方账户。

(5) 再次使用时，并不需要每次都向发行机构兑回传统现金。

3．非银行机构数字现金流程

数字现金发行者可能是银行等金融单位，也可能是公正的第三方机构，如果是第三方机构，则机构中必须再加入银行进行实体现金的交换，数字现金发行者可能不止一个，如果有多个数字现金发行者，也可能发行各自的数字现金。如果这些数字现金能够通用，则数字现金发行者也必须承认其他数字现金。最后为了简化分账问题，可能还要成立清算中心，数字现金系统可以发展到非常复杂。下面以一个数字现金发行者(非银行的发行者)为例，描述数字现金的支付流程。

使用这种类型的数字现金进行网络支付，需要在客户端安装专门的数字现金客户端软件，在商家服务器端安装数字现金服务器软件，发行者需要安装对应的数字现金管理软件等。为了保证数字现金的安全性及可兑换性,发行银行还应该从认证中心申请数字证书以证实自己的身份,并利用非对称加密进行数字签名,具体流程如图 5.20 所示。

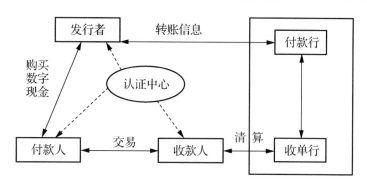

图 5.20 非银行机构数字现金支付流程图

(1) 预备工作。付款人、收款人(商家)、发行者都要在认证中心申请数字证书,并安装专用软件。付款人在发行者处开设数字现金账号,并存入一定数量的资金(如使用银行转账或信用卡支付方式),利用客户端软件兑换一定数量的数字现金。接受数字现金付款的商家也在发行者处注册,并签约收单行用于兑换数字现金。

(2) 付款人与收款人达成购销协议。付款人验证收款人身份并确定对方能够接受相应的数字现金。

(3) 付款人将订单与数字现金一起发给收款人。这些信息使用收款人的公开密钥加密,收款人使用自己的私钥解密。

(4) 收款人收到数字现金后,可以要求发行者兑换成实体现金。发行者通过银行转账的方式将实体现金转到收单行,收款人与收单行清算。

5.6.2 案例:Mondex 电子现金支付系统

Mondex 是英国国民西敏寺银行于 1989 年研制开发的一种智能卡型电子现金系统,结合 money (代表货币)、mondy(代表世界)、exchange(代表流通)这 3 个词,定名为 Mondex,希望该系统能成为全球的电子现金货币机制。

目前,Mondex 已成为全球最成熟的电子现金产品之一,万事达国际组织(MasterCard International)在 2001 年取得了 Mondex 100%的股权,确立以 Mondex 电子现金机制进军电子货币市场。

Mondex 预先在智能卡芯片中载入币值,可以在零售店使用。利用芯片中的微处理器和存储器,卡本身能执行支付控制程序和芯片间的传输协议,从而实现币值从一张 Mondex 卡向另一张卡的转移支付。

1. Mondex 支付系统工作原理

Mondex 支付系统流程如图 5.21 所示,具体流程如下。

(1) 申请兑换。客户以银行存款申请兑换 Mondex 电子现金,发卡行受理后向客户发放载有等额币值的智能卡或向其智能卡中充入等额币值。这一过程可利用 Mondex ATM 或专用的联网设备终端，并用卡片间的协议进行对话。

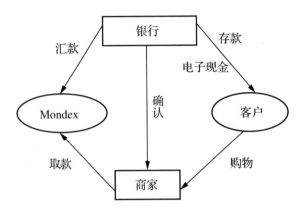

图 5.21 Mondex 支付系统流程图

(2) 存款和取款。持卡人可持卡向自己开户行中的银行账户进行存款和取款，账户金额与卡内金额是此消彼长的关系。

(3) 支付货款。持卡人可持卡向商家支付货款，商家利用"币值转移终端"设备与持卡人的 Mondex 卡建立通信(网上或网下皆可)，并形成币值的转移。这一过程中，完全不用银行的参与，由 Mondex 卡的读写设备自行检测卡的真伪。

(4) 币值转移。持卡人可持卡与另一持卡人进行币值的转移(网上或网下皆可)。通过"Mondex 钱包"这一设备来完成转移。若为网下支付，付款人可将卡插入"钱包"中，将卡内一定数额的币值移入电子钱包的存储器芯片中，然后再由收款人移入自己的 Mondex 卡，将电子钱包中保存的币值再移入自己的卡中；若为网上支付，则通过双方专用的卡读写器，直接在双方的卡之间建立通信，将付款人卡中一定数额的币值转移到收款人的卡中。而接收到 Mondex 电子现金的任何一方，包括持卡人的开户行、商家和其他个人及持卡人自己，都可以向发卡行请求兑换 Mondex 卡内的余额，将电子现金兑换成传统的实体现金。

2. Mondex 支付系统评价

Mondex 支付系统具有良好的匿名性、离线操作性，与实体现金的使用十分近似。随着智能卡技术的完善，其安全性、防伪性及多功能性都会不断提高，这对于电子商务中的支付而言是十分有利的。因此，Mondex 支付系统在企业的大额支付结算中应用较多。

3. 电子现金安全使用

在网络支付过程中，必须保护电子现金不被盗窃或更改，商家和银行要能验证电子现金是否属于支付它的消费者，验证电子现金的真伪性。检验的过程中采用了盲数字签名原理。所谓的盲数字签名(Blin Digital Signature)是一种特殊的数字签名。一般数字签名中，总是先知道文件内容后才签名。盲数字签名与通常的数字签名的不同之处在于，签名者并不知道他所要签发文件的具体内容。盲数字签名在签名时，接收者首先将被签的信息进行盲变换，把变换后的信息发送给签名者，签名者对盲信息进行签名并把信息送还给接收者，接收者对签名再做逆盲变换，得出的信息即为原信息的盲签名。

(1) 电子现金使用过程中的不安全因素。

在电子现金系统的支付与结算流程中(图 5.21)，A 阶段和 C 阶段是两个反向的过程。在 A 阶段，客户在 E-cash 银行处开立电子现金账户，并用传统货币、信用卡等向电子现金管理系统和应用系统购买电子现金，存到电子现金账户中去。

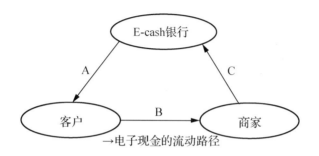

图 5.21 电子现金系统的支付与结算流程

由于网络可以随时处于连通状态，因此，客户可以把电子现金取出，存在自己的电子现金存储设备中，也可以等到需要时再向 E-cash 银行提取。在 C 阶段，商家把由客户处获得的电子现金，向 E-cash 银行要求承兑，并由 E-cash 银行在商家的电子现金账户和传统货币账户之间进行转账。这里涉及的安全问题主要有 6 个方面。

① 网络安全问题。代表电子现金的加密序列数在客户和 E-cash 银行之间、商家和 E-cash 银行之间传输，这种数据传输是通过互联网传输的，相对于原有银行封闭式的计算机网络系统，互联网具有开放性，因此面临着更多的不安全因素。

② 电子现金的安全管理问题。电子现金的安全管理问题就是 E-cash 银行对电子现金的管理问题，E-cash 银行对电子现金有严格的安全管理规定和安全软件控制系统。这关系到金融计算机信息系统的安全管理。

③ 重复消费问题。从 E-cash 银行兑换出来的电子现金要避免同一现金发生第二次交易。

④ 确认电子现金的真实性。由于电子现金与持有者的身份是各自独立的，发出行不可能通过电子现金来识别用户，因此也就不会知道用户的真实身份，对用户是否合法、善意地使用电子现金也就无从考证。银行必须对每一笔电子现金的交易转账时刻保持高度的警惕性，严格认证数字签名，确认电子现金的真实性。

银行在消费者的随机序列号上加数字签名，然后把随机数、电子现金和数字签名打包发给用户；用户收到电子现金后，将原随机序列号剔除，但保留银行的数字签名。消费者现在就可用只有银行数字签名的电子现金了。消费者消费电子现金后，商家把它发给发行银行，因为有银行的数字签名，银行就可确认电子现金的真实性。但银行不知道谁是消费者，只知道这个电子现金是真实的，这就是真正的匿名现金。

⑤ 风险较大。如果某个用户的硬盘损坏，电子现金丢失，钱就无法恢复，这个风险许多消费者都不愿承担。

⑥ 逃税与洗钱。由于电子现金可以实现跨国交易，逃税和洗钱将成为潜在的问题。电子现金不像真实的现金，流通时不会留下任何记录，税务部门很难追查，由于其不可跟踪性，电子现金很可能被不法分子用以逃税。

电子现金使洗钱也变得很容易。因为利用电子现金可以将钱送到世界上的任何地方而不留痕迹，如果监管单位想要获取证据，需要检查网上所有的数据并破译所有的密码，这几乎是不可能的。目前唯一的办法是建立一定的密钥托管机制，使监管单位在一定条件下能够获得私人的密钥，而这又会损害客户的隐私权，但作为预防洗钱等违法行为的措施，许多国家已经开始了这种做法。

(2) 对策。

电子现金的安全性和可靠性等问题要从立法和技术两方面进行逐步完善。

① 加强对网络交易安全性的保护。加强网络建设，完善系统管理，采用防火墙、防毒软件、密钥加密技术、数字摘要、数字签名等来加强网络交易的安全，增加客户对网络的信任感，保证客户的合法权益不受侵害。从法律上和技术上共同防止黑客攻击。

② 管理要在法律方面进行调整。第一，限制电子现金的发行人。目前情况下，可只允许银行发行电子现金，这样，许多现行的货币政策和法规可以应用于电子现金，而无需进行太大的改动。当电子商务环境成熟时，再扩展到有实力和有信誉的大公司和网络服务提供商。第二，建立合理的电子现金识别制度。目前，发行统一的电子现金是不可能的，所以必须建立合理的电子现金识别制度。

③ 采用数字签名。完全匿名的电子现金要求银行在所发行的电子现金上嵌入一个序列号，以实现对电子现金的数字签名，同时消除电子现金同特定消费者之间的任何关联。这个过程是：消费者随机创建一个序列号，然后把它传输给发行电子现金的银行；银行在消费者的随机序列号上加数字签名，然后把随机数、电子现金和数字签名打包发给用户；用户收到电子现金后，将原随机序列号剔除，但保留银行的数字签名。

④ 分割选择技术。用户在提取电子现金时，不能让银行知道电子现金中用户的身份信息，但银行需要知道提取的电子现金是正确构造的。分割选择技术是用户正确构造 N 个电子现金传给银行，银行随机抽取其中的 $N-1$ 个让用户给出它们的构造，如果构造是正确的，银行就认为另一个的构造也是正确的，并对它进行签名。

⑤ 认证。客户要提高警惕，学会通过 CA 认证中心验证网络商店和金融机构的合法性。通过认证，一方面可以鉴别通信中信息发送者身份的真实性；另一方面可以验证被传送信息是正确的、完整的、没有被篡改的、重放的或延迟的。

⑥ 盲数字签名。签名申请者将待签名的消息经"盲变换"后发送给签名者，签名者并不知道所签发消息的具体内容，该技术用于实现用户的匿名性。

⑦ 条件匿名性。电子现金的使用不泄露合法用户的身份，在必要时(如用户被怀疑有敲诈、勒索、非法购买、行贿受贿等行为的)可借助可信的第三方撤销匿名性。

⑧ 防止重复消费。利用加密，可追踪电子货币持有人的消费行为，并且防止电子现金

被篡改。可采用双锁技术，既保证了匿名安全性，又能在某人试图重复消费时发出警告。当同一现金发生第二次交易时，就会揭示出电子现金持有人的身份；而在正常情况下，电子现金要保护使用者的匿名要求。

⑨ 灾难复原。现实生活中，钞票有缺损，可以到银行兑换。为了提高电子现金的实用性，如果是硬盘损坏，造成电子现金丢失，有关机构应能提供匿名的灾难复原。

本 章 小 结

本章介绍了网络支付在线转账、付款和资金结算，网络支付工作环境网络支付结算的兴起等网络支付的形式、特点和一般过程。通过对网络支付模型的3种形式：电子资金传输、信用卡系统和数字现金的描述，详细阐述了大额资金支付系统、网络支付体系构成、电子支付系统的分类、标准与参与者和支付结算业务的流程，并对电子支付系统的发展进行了论述。

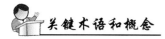
关键术语和概念

结算　支付系统　支付网关　数字现金　电子资金传输　信用卡系统　加密技术　数字指纹　多边支付　第三方代理人支付方式　SWIFT　CHIPS　CNFN　CNAPS　PKI 标准

综合练习题

一、单项选择题

1. 网上支付是指付款方把支付指令发给(　　)，然后由收款方把支付指令转发给银行。
   A．收款方　　　　　　　　　　B．电子银行
   C．网上银行支付系统　　　　　D．加密存储卡
2. 电子支付密码系统的主要模式是(　　)。
   A．"密码+签名"模式　　　　　B．单一的支付密码器
   C．使用 IC 卡的支付密码器　　 D．以上全是
3. 电子资金划拨中的程序是(　　)。
   A．申请阶段　　　　　　　　　B．付款阶段
   C．认证阶段　　　　　　　　　D．以上全是
4. 网上支付系统涉及付款人、收款人和(　　)，网上支付系统把银行的柜台延伸到客户端，因此，网上支付是传统支付系统的创新和发展。
   A．SSL　　　　　　　　　　　 B．电子商务平台
   C．银行　　　　　　　　　　　D．客户

5. 网上支付方式主要有电子支票、信用卡支付和( )等。
   A．网络货币 B．支付宝
   C．电子现金 D．电子钱包

二、多项选择题

1. 电子支付系统可以分为( )。
   A．大额支付系统 B．脱机小额支付系统
   C．联机小额支付系统 D．电子货币
2. 电子支付系统的参与者有( )。
   A．金融机构或银行 B．收款人或付款人
   C．支付网关 D．金融专用网
3. 智能卡的应用范围是( )。
   A．电子支付 B．电子识别
   C．数字存储 D．身份认证
4. 电子现金,在网上付款所具有的特性是( )。
   A．具有金钱价值 B．互通性
   C．快捷方便 D．安全性
5. 在信用卡付款系统中主要角色有：( )。
   A．顾客 B．贸易商
   C．发行器 D．捕获器
6. 电子支付密码系统的主要模式是( )。
   A．"密码+签名"模式 B．单一的支付密码器
   C．使用 IC 卡的支付密码器 D．多项式支付密码器
7. 电子支付密码的应用意义是( )。
   A．杜绝仿照票据,保证资金安全
   B．提高银行工作效率,避免人为错误
   C．实现通存通兑和同城实时清算
   D．电子支付密码系统是银行开拓各种新兴业务的基础

三、简述题

1. 简述电子支付协议的种类。
2. 简述与电子支付相关的协议。
3. 简述电子支付系统的要求。
4. 简述电子支付的标准。
5. 简述电子支付系统的特点。
6. 简述第三方代理人支付方式的原理和特点。
7. 简述中国混合支付体系的发展。

四、分析题

1．分析电子支付系统的功能。
2．分析中国电子商务支付体系的结构及实现原则。
3．分析电子支付系统的发展前景。

五、思考题

1．为什么说支付与结算是开展电子商务的瓶颈？
2．网络支付体系是由哪些要素组成的？
3．网络支付的工具主要有哪些？
4．第三方支付网关与第三方支付平台有什么区别和联系？
5．SWIFT 和 CHIPS 有什么关系？
6．CNFN 和 CNAPS 有什么关系？

六、实训题

1．结合中国工商银行、中国农业银行、中国银行、中国建设银行的网站，比较分析网上银行产品及特色。
2．申请办理网上个人银行证书和银行卡，安装网上个人银行软件系统。
3．在招商银行网上个人银行大众版，操作查询个人银行账户。
4．在网上个人银行专业版，操作个人同城同行或同城异地转账汇款。

第6章 网络金融结算与清算

学习目标

通过对本章内容的学习,要了解网络支付与结算的基本概念,熟悉数字现金支付与结算的流程,掌握电子支票的结算过程,了解合并账单模式支付流程,学会使用中银电子钱包支付和在线转账支付模式及各类银行卡支付模式。

教学要求

知识要点	能力要求	相关知识
网络支付安全技术	(1) 了解电子支付网络与密码系统 (2) 掌握网络支付安全交易的一般过程	(1) 电子支付密码技术 (2) 密钥加密技术
数字现金支付流程 电子钱包支付流程 电子支票支付流程	(1) 了解数字现金支付流程 (2) 掌握电子钱包支付流程 (3) 熟悉电子支票的结算过程	(1) 数字信封的工作原理 (2) 数字摘要与数字签名技术
第三方平台支付银行卡在线支付模式 实时资金汇划清算	(1) 了解第三方平台支付流程、结算支付模式的特点 (2) 掌握网银在线支付流程 (3) 掌握在线转账支付流程	(1) 第三方平台支付的应用 (2) 网银在线支付

第6章　网络金融结算与清算

章前导读

人类社会在利用计算机和远程通信技术建立联机系统后，就彻底改变了依靠电报和函件等通信手段进行异地汇兑调拨的处理方式。联机系统用高速专用线路、社会公用通信网或卫星通信网把信息中心和各营业点的终端连在一起，建立起电子化的支付系统。通过这些系统，银行间的资金调拨可以通过网络瞬时完成。当前，发达国家普遍推行票据清算自动化，实现资金调拨的自动化，票据流已经被信息流所代替。跨国或国内支付交易的不断增长和在不同国家或同一国家不同银行支付系统之间建立间接联系的复杂性造成的费用消耗，促使银行业不断寻求降低成本和提高效率的方法。

引例

在线支付在酒店业中的运用

国际连锁酒店早已充分利用在线支付的优势进行一系列的促销和推广活动。例如，洲际酒店集团，推出了"提前14天预订特惠价"等网上支付促销手段。如今，越来越多的国内酒店开始使用网上支付系统来完善网站预订的功能。

在线支付能为酒店提供何种便利？

对酒店行业来说，酒店可以通过价格等手段，鼓励客户进行在线支付，提高预订后的前台到达率，尽量避免无效的网络订单，降低了酒店空房率，有利于酒店的营销运作，客观地管理客房的预订流量。

(1) 便捷的异地支付服务。在线支付是全天候且不受地理位置的限制。交易者可以在任何时间、任何地点完成支付，这给酒店和客人都带来极大的便利。

(2) 实时确认支付成功。由于网上支付是通过互联网进行信息传输的，资金的划拨能实时完成，充分体现快速、高效的优点。由于是即时确认，大大提高了预订的效率。

(3) 保障了客户和酒店双方的利益。由于房款预付，对于客户来说，可以得到即时确认，确保入住酒店时有房；对于酒店来说，可以保证预订单的真实有效，有效控制预订流量。

(4) 提高了收益管理。在旺季，可以杜绝No-Show的出现，提高上房率。

(5) 增加新的销售渠道。在淡季，在不冲击原有价格体系的前提下进行一系列的价格促销工作。

随着科技的进步，建立一套网上直销系统已不再昂贵，充分利用互联网这一工具，相信酒店必将从中得益。

6.1　互联网金融数字现金的结算

互联网金融结算也称网络支付与结算，是指以金融电子化网络为基础的，以商用电子化工具和各类交易卡为媒介并采用现代计算机技术和通信技术作为手段，通过计算机网络特别是互联网，以电子信息传递形式来实现的结算和支付。

6.1.1 电子结算系统

电子商务的主要目标是要影响消费者进行结算的方式，它的发展方向是实时的电子传输、票据清算和结算系统。

电子结算系统的出现与应用，是由于技术成本的降低，经营成本和处理成本的降低，在线商务的增加，推动了电子结算的三大动力。广义来讲，电子结算就是买主和卖主之间的在线资金交换。交换的内容通常是由银行或中介机构发行的并由法定货币支撑的数字金融工具，如加密的信用卡号码、电子支票或电子现金。

1. 数字现金及结算方式分类

世界上第一种数字货币是由被誉为数字货币之父的 David Chaum(大卫·乔姆)发明并且发行的，并于 1982 年提出第一个数字现金方案，他利用盲签名技术保护用户的隐私权。他作为数学家、密码学家和电脑专家，于 20 世纪 70 年代末开始研究如何制作数字化货币。数字货币是以电子化数字形式存在的货币，是由 0 和 1 排列组合成的通过电路在网络上传递的信息电子流。数字货币比起传统的实际货币(纸币和硬币)有明显的优点：传统货币有较大的存储风险、昂贵的运输费用、在安全保卫及防伪造等方面都需要大量的投入。而数字货币相比于信用卡和电子支票等电子货币又不同，它是层次更高、技术含量更高的电子货币，不需要连接银行网络就可以使用，方便使用者。到 1995 年年底，由于乔姆发明的这种数字货币使用者越来越多，它被一家叫"马克·吐温"的银行所接受，使它可以和用户账户内真实存款转换。随后许多人都在这方面做了大量的研究工作，并且提出了许多解决方案。

1995 年，Stadler 等人提出了公平盲签名的概念，可以用于条件匿名的支付系统。1996 年，Camenisch 和 Frankel 等人分别提出了公平的离线电子现金的概念。公平电子现金中用户的匿名性是不完全的，它可以被一个可信赖的第三方撤销，从而可以防止利用电子现金的完全匿名性进行的犯罪活动。在数字现金的发展历程中，许多公司做出了自己的贡献，例如 DigiCash；而有些吸取了教训，已发展成为具有一定影响力的公司，例如 Mondex、PayPal 等。

数字现金的结算根据其交易的载体可分为基于账户的数字现金系统和基于代金券的数字现金系统。根据数字现金在消费时商家是否需要与银行进行联机验证还可分为联机数字现金系统和脱机数字现金系统。根据一个数字现金是否可以合法地支付多次将数字现金分为可分数字现金和不可分数字现金。

2. 电子商务需求

支付与结算问题一直是制约电子商务迅速发展的主要障碍之一，电子结算系统和数字现金的出现无疑是给支付与结算问题的解决开拓了一条新的路子,数字现金比其他电子支付手段更灵活,更能有效地保护客户的隐私,这些都是电子商务所需要的。

电子商务由于其自身的特点,它的交易必须是有效的、机密的、完整的、可靠不可依赖并且可以鉴别的、可以被审查的。如果数字现金要成为其重要的一环,就必须考虑这些因素。

(1) 广义电子结算就是买主和卖主之间的在线资金交换。交换的内容通常是由银行发行并由法定货币支撑的数字金融工具。

(2) 推动电子结算发展的力量来自三方面:技术成本的降低、经营成本和处理成本的降低、在线商务的增加。

(3) 传统结算工具的局限性:不能进行实时结算;缺乏便利性;缺乏安全性;使用范围太窄;缺乏合格性;不能进行小额结算。

(4) 电子代币支持小额计算,小额结算是推动很多电子代币发展的原因。

(5) 电子代币是由银行或金融机构支持的数字结算方式,分为先付代币(实时代币)和后付代币。

3. 数字现金结算存在的问题

(1) 普遍性不够。只有少数商家接受数字现金,而且只有少数几家银行提供数字现金开户服务。

(2) 成本较高。数字现金对于硬件和软件的技术要求较高,需要一个大型的数据库存储用户的交易和 E-cash 序列号以防止重复消费。因此,尚需开发硬软件成本低廉的数字现金。

(3) 存在货币兑换问题。由于数字现金仍以传统体系为基础,因此不同国家发行不同国家的数字现金,从事跨国交易必需使用特殊的兑换软件。

(4) 系统风险较大。如果某个用户的硬盘损坏,数字现金丢失,就无法恢复,这个风险许多消费者都不愿承担。更令人担心的是数字伪钞的出现,会对数字现金的发行者和使用者带来毁灭性的打击。

4. 传统结算与小额结算

小额结算所涉及的交易额少,在传统的结算方式下交易费用往往大于结算金额,使许多企业放弃了这部分市场,但是小额结算又可以加快现金的回收,于是小额结算应运而生。

5. 结算卡结算

基于信用卡的结算可以分为三类:使用未加密信用卡细节信息的结算;使用加密信用卡细节信息的结算;使用第三方证明的结算。使用加密信用卡细节信息的结算是把信用卡信息输入浏览器或其他电子商务设备,并在加密后通过互联网从买方安全地传送给卖方。

结算卡为商家提供了内置的安全机制。当商家收到通过安全套接层(SSL)所保护的页面上传来的消费者结算卡信息时,结算卡交易遵循下列的步骤:商家必须验证结算卡以保证其有效性,不是盗窃的卡;商家和消费者的结算卡发行公司验证消费者的账号上有足够的资金,并根据本次交易额冻结相应的资金;在所购商品送达消费者之后,相应的资金通过银行系统转账到商家。

在某些结算卡系统中,银行和其他金融机构的作用相当于持卡人和商家之间的经纪人。这类系统称为封闭系统,因为没有其他机构参与交易。如果交易由第三方处理,此系统就称为开放系统。

在线商家要在互联网交易中处理结算卡,必须设置一个商家账户。结算卡的处理可由电子商务软件包所附带的软件来完成,也可外包给第三方来完成所有的结算卡处理业务。

6.1.2 数字现金一般流程

数字现金的解决方案应该按照以下的基本流程进行。

1. 取款协议

用户从自己的银行账户上提取数字现金。为了保证用户匿名的前提下获得带有银行签名的合法数字现金,用户将与银行交互执行盲签名协议,同时银行必须确信数字现金上包含必要的用户身份。一般取款协议分为两个子协议:开户协议和取款协议。

2. 支付协议

用户使用数字现金从商店中购买货物,通常也应该分为两个子协议:验证数字现金签名(用于确认数字现金是否合法)和知识泄露协议(买方将向卖方泄露部分有关自己身份的信息,用于防止买方滥用数字现金)。

3. 存款协议

用户及商家将数字现金存入自己的银行账户上。在这一步中银行将检查存入的数字现金是否被合法使用,如果发现有非法使用的情况发生,银行将使用重用检测协议跟踪非法用户的身份,对其进行惩罚。

例如,Digicash,它是一个匿名的数字现金协议。所谓匿名是指消费者在消费中不会暴露身份。譬如日常生活中,现金交易虽然钞票有号码,但交易中一般不会加以记录。Digicash协议步骤如下所述:

(1) 消费者从银行取款,他收到一个加密的数字钱币(Token),这个Token可以当钱用;

(2) 消费者对这个 Token 做加密变换，使之仍能够被商家检测其有效性，但却不能跟踪消费者的身份；

(3) 消费者在某商场消费可以使用该 Token 来购物或购买服务；

(4) 商家检验该 Token 以确认以前未收到过此 Token；

(5) 商家给消费者发货；

(6) 商家将该电子 Token 发送给银行；

(7) 银行检验该 Token 的唯一性，至此消费者的身份仍然保密，除非银行查出该 Token 被消费者重复使用了，则消费者身份仍会被暴露，消费者的欺诈行为也被暴露了

Digicash 协议显然在电子商务中是可行的，也得到了应用，但它依然是有自己的不足。例如，如果消费者在买东西后，将 Token 发给商家，但消费者无法判断商家是否收到 Token。此时，如果消费者什么也不做，那么如果商家确实没有收到他的 Token，消费者自然收不到所购货物，对于消费者而言无疑是有损失的；如果消费者将这个 Token 发给其他的商家，在最后银行检验唯一性时无法通不过，可能还落得重复使用数字现金的欺诈罪名。

Digicash 协议有缺陷，数字现金的实际应用也面临着技术方面、法律方面等种种困难，但并不意味着数字现金没有前途。相反，在技术不断发展的今天和现实世界对电子商务成熟发展的渴求，数字现金在电子商务领域的前途是光明的。

6.2 电子支票的结算过程

电子支票支付就是在互联网平台上利用电子支票完成商务活动中的资金支付与结算。电子支票支付方式模拟传统纸质支票的支付方式，可以说是传统纸质支票支付在网络的延伸。电子支票的签发、背书、交换及账户清算流程均与传统纸质支票相同，用数字签名背书，用数字证书来验证相关参与者身份，安全工作也由公开密钥加密来完成，其结算流程如图 6.1 所示。除此之外，电子支票的收票人在收到支票时，即可查知开票人的账上余额及信用状况，避免退票风险，是电子支票超越传统支票的优点。

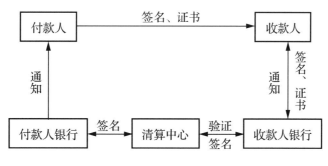

图 6.1 电子支票结算流程

6.2.1 电子支票的运用

电子支票是一种借鉴传统纸质支票转移支付的优点，利用数字传递将钱款从一个账户转移到另一个账户的电子付款形式。这种电子支票的支付是在与商户及银行相连的网络上以密码方式传递的，多数使用公用关键字加密签名或 PIN 码代替手写签名。用电子支票支付，事务处理费用较低，而且银行也能为参与电子商务的商户提供标准化的资金信息，因此是最有效率的支付手段。

1. 电子支票支付模式的优缺点

(1) 电子支票支付模式的优点。
① 与传统纸质支票类似，用户比较熟悉，易于被接受，可广泛应用于 B to B 结算。
② 电子支票具有可追踪性，所以当使用者支票遗失或被冒用时可以停止付款并取消交易，风险较低。
③ 通过应用数字证书、数字签名及各种加密/解密技术，提供比传统纸质支票中使用印章和手写签名更加安全可靠的防欺诈手段。加密的电子支票比电子现金更易于流通，买卖双方的银行只要用公开密钥确认电子支票即可，数字签名也可以被自动验证。

(2) 电子支票支付模式的缺点。
① 需要申请认证，安装证书和专用软件，使用较为复杂。
② 不适合小额支付及微支付。
③ 电子支票通常需要使用专用网络进行传输。

2. 电子支票支付的一般过程

(1) 开具电子支票。买方首先必须在提供电子支票服务的银行注册，开具电子支票。注册时可能需要输入信用卡和银行账户信息以支持开具支票。电子支票应具有银行的数字签名。

(2) 电子支票付款。一旦注册，买方就可以和产品/服务出售者取得联系。买方用自己的私钥在电子支票上进行数字签名，用卖方的公钥加密电子支票，使用电子邮件或其他传递手段向卖方进行支付；只有卖方可以收到用卖方公钥加密的电子支票，用卖方的公钥确认买方的数字签名后，可以向银行进一步认证电子支票，之后即可发货给买方。

(3) 清算。卖方定期将电子支票存到银行。卖方可根据自己的需要，自行决定何时发送。

电子支票交易过程可分以下几个步骤。
① 消费者和商家达成购销协议并选择用电子支票支付。
② 消费者通过网络向商家发出电子支票，同时向银行发出付款通知单。
③ 商家通过验证中心对消费者提供的电子支票进行验证，验证无误后将电子支票送交银行索付。

④ 银行在商家索付时通过验证中心对消费者提供的电子支票进行验证,验证无误后即向商家兑付或转账,如图 6.2 所示。

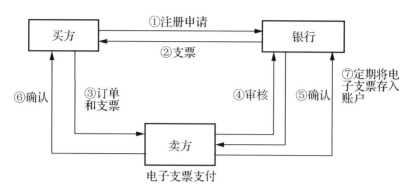

图 6.2 电子支票支付流程

3. 同行支付与异行支付

电子支票通过互联网传送,收款银行收到电子支票后,通过自动清算所(Automated Clearing House,ACH)网络来交换,这种银行体系和公众网络整合的做法,为银行及用户提供了类似实体支票处理机制的可行方案。电子支票支付模式按照参与银行的情况,可分为同行电子支票网络支付模式和异行电子支票网络支付模式两种。

(1) 同行电子支票支付(清算)过程。

同行电子支票支付模式由于只涉及客户在同一家银行的资金结算,所以相对比较简单,具体流程如下所述。

① 预备工作。客户(如企业、学校或政府部门等组织)与开户银行、商家与开户银行之间密切协作,通过严格的认证阶段,如相关资料的认定、数字证书的申请与电子支票相关软件的安装应用、电子支票应用的授权等,以准备利用电子支票进行网络支付。

② 客户和商家达成网上购销协议,并且选择使用电子支票支付。

③ 客户通过网络向商家发出电子支票。

④ 商家收到电子支票后,通过 CA 认证中心对客户提供的电子支票进行初步验证,验证无误后将电子支票送交开户银行索付。

⑤ 开户银行在商家索付时通过 CA 认证中心对客户提供的电子支票进行最后验证,如果有效即向商家兑付或转账,即从客户资金账号中转拨相应资金余额到商家资金账号,如果支票无效,如余额不够、客户非法等,即把电子支票返回商家,告知索付无效消息。

⑥ 开户银行代理转账成功后,在网上向客户发出付款成功通知信息,方便客户查询。

(2) 异行电子支票清算流程。

由于涉及两个或多个银行以及中间的用于银行间资金清算的自动清算所,所以流程较为复杂一些。一个完整的异行电子支票支付流程如图 6.3 所示。

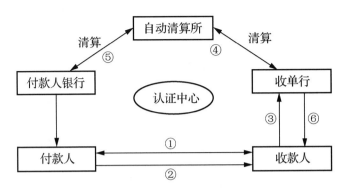

图 6.3 异行电子支票清算流程

① 付款人(消费者)和收款人(商家)达成购销协议并选择用电子支票支付。

② 付款人利用自己的私钥对填写的电子支票进行数字签名后,通过网络发送给收款人,同时向银行发出付款通知单。

③ 收款人通过认证中心对消费者提供的电子支票进行验证,验证无误后将电子支票送交收单行索付。

④ 收单行把电子支票发送给自动清算所的资金清算系统,以兑换资金进行清算。

⑤ 自动清算所向付款人的付款银行申请兑换支票,并把兑换的相应资金发送到收款人的收单行。

⑥ 收单行向商家发出到款通知,资金入账。

需要注意的是,电子支票与电子现金的系统架构类似,最大的不同是电子现金需要发行单位为其发行的现金担保,因此,电子现金发行单位在电子现金上的数字签名很重要。而电子支票的开票人即付款人要为其所开的支票兑现做担保,因此,付款人在电子支票上的数字签名也很重要。

6.2.2 电子支票中的安全机制

电子支票的运作类似于传统支票。客户从他们的开户银行收到数字文档,并为每一个付款交易输入付款数目、货币类型及收款人的姓名。为了兑现电子支票,需要付款人在支票上进行数字签名。在美国和欧洲,支票的使用很不相同,大多数现有的电子支票解决方案是建立在美国的系统基础之上的,由此,付款人和收款人都必须对支票进行签名。收款人将支票拿到银行进行兑现,然后银行又将支票送回给付款人。

1. 电子支票的认证

电子支票是客户用其私钥所签署的一个文件。接收者(商家或商家的开户行)使用支付者的公钥来解密客户的签字,这样做使接收者相信发送者的确签署过这张支票。同时,客户的签字也提供了不可否认性,因为支票是由支付者的私钥签署的,支付者对发出的支票不能否认。此外,发出的电子支票还会有发送者的开户行数字签字,这样使接收者相信他所接收到的支票是根据发送者在银行的有效账目填写的。接收者使用发送者开户行的公钥对发送者开户行的签字加以验证。

2. 公钥的发送

发送者及其开户行必须向接收者提供自己的公钥。提供方法是将他们的 X.509 证书附加在电子支票上。

3. 私钥的存储

为了防止欺诈，客户的私钥需要被安全存储并能被客户方便使用。可向客户提供一个智能卡，以实现对私钥的安全存储。

4. 银行本票

银行本票由银行按以下方式发行：发行行首先产生支票，用其私钥对其签字，并将其证书附加到支票上；接收行使用发行行的公钥来解密数字签字。通过这种方式使接收行相信，它所接收到的支票的确是由支票上所描述的银行发出的。而且通过这种方式也提供了不可否认性，因为银行本票是由发行行用其私钥签署的，发行行对其发出的银行本票不能否认。

6.3 电子钱包与在线转账结算

电子钱包也叫储值卡，是用集成电路芯片来存储电子货币并被顾客用来作为电子商务购物活动中常用的(尤其在小额购物或购买小商品时)一种支付工具。电子钱包的网络支付是指客户利用电子钱包作为载体，选择其存放的电子货币在互联网上实现即时的、安全可靠的在线支付。下面以中国银行(以下简称中银)电子钱包软件为例来介绍电子钱包支付与结算。

6.3.1 中银电子钱包支付

中银电子钱包采用目前公认的信用卡/借记卡网上交易的国际安全标准——SET 协议的方式，建立了完全符合国际标准的安全认证中心和支付网关，为客户提供安全、可靠、快捷、高效的电子商务支付结算。

1. 中银电子钱包的特点

中银电子钱包提供的安全电子交易具有以下特点。

(1) 确保信息的保密性。SET 协议通过多种先进的信息加密技术(如 DES、RSA 等算法)，确保数据信息在网络传输中的安全性。

(2) 确保支付信息的完整性。SET 协议利用哈希(Hash)算法确保数字签名信息不会被改变和假冒。

(3) 不仅对商户进行认证，还要对持卡人进行合法性认证。SET协议运用数字签名、认证等技术手段对交易双方进行全面的认证。中银电子钱包使用时对持卡人和商户双方的认证是通过电子证书来实现的，该电子证书是由权威性的、公正的认证机构即认证中心CA来颁发和管理的，每次交易时，都要通过电子证书对各方的身份进行验证。

2. 中银电子钱包的功能

中银电子钱包具有管理账户信息、管理电子证书、处理交易记录、导入导出信息、设置相关选项和更改口令的功能。

(1) 管理账户信息。

管理账户信息是指中银电子钱包能够为客户创建多张卡的账户信息、编辑卡账户信息(即可以改变电子钱包中的卡账户信息)、删除卡账户信息(同时也删除与此卡账户相关的电子证书)。

(2) 管理电子证书。

管理电子证书包括电子证书的申请、电子证书的查看和电子证书的删除。在申请电子证书之前，必须先添加卡账户信息，否则无法申请电子证书。目前，中银电子钱包规定用于网上支付的卡的电子证书最多可申请10张，而且，用于网上支付的卡的电子证书有效期为一年，一年以后需重新为这张卡申请电子证书。

(3) 处理交易记录。

处理交易记录是指中银电子钱包会保存每一笔交易记录，并能够对这些交易记录进行各种处理，包括查询交易记录、打印交易记录、分类排序(升序或降序)交易记录、归档交易记录(指把选定的交易记录转成文件的形式存储，以便客户对交易记录进行备份)、恢复交易记录(指把归档的交易记录添加到交易列表中)、删除交易记录(一旦删除了购买记录，将无法恢复、查看或打印它们)等。

(4) 导入导出信息。

导出信息是指将客户的证书和账户信息导出至外部媒体(如软盘)上。所有的用户数据都将复制到客户所选择的外部媒体上，以便用于另一个电子钱包，证书和账户信息都将自动导出，而交易数据可以由客户选择是否导出。导入信息是指将先前已导出至一个外部媒体上的证书和账户信息再装回电子钱包。

(5) 设置相关选项。

设置相关选项包括以下几个步骤。

① 设置"证书警告"选项。设置此选项来设定所选的卡账户的证书状态无效时是否需要一个警告信息。

② 设置"导入警告"选项。设置此选项来设定电子钱包在将数据导出至外部媒体后，第一次启动时是否显示一条警告信息。

③ 设置"验证商店"选项。设置此选项来设定是否在每次购买时显示有关商店的信息。显示商店的有关信息能够让用户验证与之交易的商店是否正确。

④ 设置"显示收款方细节"选项。设置此选项来设定是否在购买记录细节中显示收款方的消息。

⑤ 设置"显示交易 ID"选项。设置此选项来设定是否在购买记录细节中显示交易 ID。

⑥ 设置"代理设置选项"选项。设置此选项来设定是否想要在用户的局域网(LAN)中使用代理服务器连接互联网(代理服务器是内部网络和互联网间的安全屏障,阻止互联网上的其他人存取内部网上的信息。代理服务器可以是 HTTP 服务器,也可以是 SOCKS 服务器)。

⑦ 设置"数据位置"选项。设置此选项来查看和改变电子钱包程序所用的数据的位置(硬盘和软盘),包括用户和交易数据的位置、用来检索和存储数据的目录。

(6) 更改口令。

更改口令即用新的口令替换旧的口令,这里更改的是中银电子钱包的口令,而非长城电子借记卡的密码。

3. 中银电子钱包的流程

使用电子钱包购物,通常需要在电子钱包服务系统中进行。使用电子钱包的顾客通常应在银行有账户,在电子钱包内只能保存电子货币,用户可以使用电子钱包管理器来改变保密口令或保密方式,查看自己银行账户上的收付往来的电子货币账目、清单和数据。中银电子钱包进行网上购物的基本流程如下。

(1) 消费者在自己的计算机上安装中国银行电子钱包软件。

(2) 登录中国银行网站在线申请获得持卡人电子安全证书。

(3) 登录中国银行网上特约商户购物网站选购商品,填写送货地址并最后确认订单。

(4) 单击采用长城电子借记卡支付,将自动启动电子钱包软件,按提示依次输入卡号、密码等信息,即可完成在线支付。

(5) 消费者在家中坐等商家送货上门。

注:以上步骤(1)、(2)仅在初次使用中国银行长城电子借记卡进行网上购物时需要进行,再次使用时不必重复。

中银电子钱包可以从中国银行主页上免费下载。如果无法下载,可以到中国银行指定网点索取电子钱包光盘。如果下载的电子钱包是压缩文件,首先使用解压缩软件将该文件解压至一个临时目录中,然后运行 setup.exe,按照软件安装提示进行安装即可。

6.3.2 在线转账结算模式

在线转账是应用非常普遍的电子支付模式。支付者可以使用申请了在线转账功能的银行卡(包括借记卡和信用卡)转移小额资金到另外的银行账户并完成支付。一般来说,在线转账功能需要到银行申请,并获得用于身份识别的证书及电子钱包软件才能够使用。在线转账使用方便,付款人只需使用电子钱包软件登录其银行账户,输入汇入账号和金额后即可完成支付。此后的工作由清算中心、付款人银行、收款人银行等各方通过金融网络系统来完成。

1. 在线转账模式的优缺点

(1) 在线转账支付模式的优点。

① 安全性较高，经过数字签名处理的支付命令一般无法被未经授权的第三方破解。

② 直接利用银行网络进行支付，支付指令立即生效，收款人立即可以得到收款确认。

③ 架构简单，适合小额度支付。

④ 付款人无需告诉收款人汇出账户信息，可防止卡号、密码等关键信息泄露。

(2) 在线转账支付模式的缺点。

① 付款人需要申请个人认证，并下载安装证书、软件，步骤烦琐。

② 付款人的付款指示立即生效，若有任何操作错误而导致转入错误账户，或者转移金额有误，虽然有转账记录，但追讨程序及过程会比较烦琐。

③ 一旦款项进入收款人账户，即使交易失败，收款人予以否认，款项转移仍合法完成，追回会比较麻烦。

④ 在线转账支付模式中，付款人身份无需被验证。电子商务中交易双方通常是陌生人，付款人无法确认收款人的身份，因此也无法确定收款人收款后是否会履行其义务。

2. 在线转账支付的流程

在线转账支付流程的参与者包括付款人、收款人、认证中心及发卡行和收单行，其支付流程如图 6.4 所示。

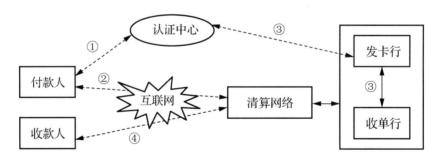

图 6.4 在线转账支付流程示意图

① 付款人和发卡行申请认证，使得支付过程双方能够确认身份。

② 付款人通过电子钱包软件登录发卡行网站，并发出转账请求。转账请求包括汇入银行名称、汇入资金账号、支付金额等信息。

③ 发卡行接受转账请求之后，通过清算网络与收单行进行资金清算。

④ 收款人与收单行结算。

第6章　网络金融结算与清算

6.4　第三方平台结算支付模式

第三方平台结算支付模式是当前国内服务商数量最多的支付模式。在这种模式下，支付者必须在第三方平台开立账户，向第三方平台提供信用卡信息或账户信息，在账户中"充值"，通过支付平台将该账户中的虚拟资金划转到收款人的账户，完成支付行为。收款人可以在需要时将账户中的资金兑成实体的银行存款。

第三方支付是指具备一定实力和信誉保障的独立机构，采用与各大银行签约的方式，通过与银行支付结算系统接口对接而促成交易双方进行交易的网络支付模式。

在第三方支付模式下，买方选购商品后，使用第三方平台提供的账户进行货款支付(支付给第三方)，并由第三方通知卖家货款到账、要求发货；买方收到货物，检验货物，并且进行确认后，再通知第三方付款；第三方再将款项转至卖家账户。

由于第三方平台结算支付模式架构在虚拟支付层，本身不涉及银行卡内资金的实际划拨，信息传递流程在自身的系统内运行，因此电子支付服务商可以有比较自由的系统研发空间。若干年前，第三方支付平台运用客户的 E-mail 作为账户，也就是所谓的"E-mail 支付"，目前新兴的第三方支付已得到迅猛发展。

第三方交易支付迅猛发展

1. 银联电子支付有限公司

2002 年 6 月银联电子支付有限公司正式揭牌成立，是电子商务领域中从事专业网上支付服务的先行者。公司拥有面向全国的统一支付网关，专业从事网上电子支付服务，是中国银联旗下的网络支付公司。其专业产品 OneLinkPay 解决了网上银行卡的支付问题。

2. 首信易支付

首信易支付创建于 1999 年 3 月，是中国首家实现跨银行跨地域提供多种银行卡在线交易的网上支付服务平台。作为国内成立最早、规模最大的网上支付平台，首信易支付积累了丰富的运营经验，面对网上支付业务越来越激烈的市场竞争，始终以领先的技术、鲜明的优势和完善的服务巩固了自己行业领导者的地位。

3. 支付宝

以支付宝作为信用中介，在买家确认收到商品前，由支付宝替买卖双方暂时保管货款的一种增值服务。买方在收到货物之前，如果支付宝向卖方支付了货款，所造成的一切损失由支付宝公司负责。全赔策略突显了支付宝的担保功能对用户的吸引力，专注于中国大陆市场的网上支付平台，更适应中国的宏观环境，更符合国民消费习惯。

4. 贝宝中国

贝宝是一家全球网上支付公司，是网上支付领域的领导者，2005 年进入中国，与易趣对接。贝宝在国外具有十分成功的经验，遍布全世界 56 个市场，但是在拥有成熟信用卡机制和完善信用体系的发展环境之下，未必适合缺乏良好信用体系的中国国情。然而，贝宝与易趣合作，堪称强强联手。

6.4.1 第三方平台支付概述

所谓第三方支付，就是一些与产品所在国家及国外各大银行签约，并具备一定实力和信誉保障的第三方独立机构提供的交易支持平台。在通过第三方支付平台的交易中，买方选购商品后，使用第三方平台提供的账户进行货款支付，由第三方通知卖家货款到达、进行发货；买方检验物品后，就可以通知付款给卖家，第三方再将款项转至卖家账户。

1. 支付原理

除了网上银行、电子信用卡等支付方式以外还有一种方式也可以相对降低网络支付的风险，那就是正在迅猛发展起来的利用第三方机构的支付模式及其支付流程，而这个第三方机构必须具有一定的诚信度。

第三方机构与各个主要银行之间又签订有关协议，使得第三方机构与银行可以进行某种形式的数据交换和相关信息确认。这样第三方机构就能实现在持卡人或消费者与各个银行，以及最终的收款人或者是商家之间建立一个支付的流程。

2. 交易与支付步骤

在第三方支付交易流程中，支付模式使商家看不到客户的信用卡信息，同时又避免了信用卡信息在网络上多次公开传输而导致信用卡信息被窃。

以 B2C 交易为例，支付步骤如下。

(1) 客户在电子商务网站上选购商品，最后决定购买。
(2) 第三方支付交易流程，买卖双方在网上达成交易意向。
(3) 客户选择利用第三方作为交易中介，客户用信用卡将货款划到第三方账户。
(4) 第三方平台将客户已经付款的消息通知商家，并要求商家在规定时间内发货。
(5) 商家收到通知后按照订单发货。
(6) 客户收到货物并验证后通知第三方。
(7) 第三方将其账户上的货款划入商家账户中，交易完成。

3. 支付特点

可以看到，第三方平台具有以下显著的特点。

(1) 第三方平台提供一系列的应用接口程序，将多种银行卡支付方式整合到一个界面上，负责交易结算中与银行的对接，使网上购物更加快捷、便利。消费者和商家不需要在不同的银行开设不同的账户，可以帮助消费者降低网上购物的成本，帮助商家降低运营成本；同时，还可以帮助银行节省网关开发费用，并为银行带来一定的潜在利润。

(2) 较之 SSL、SET 等支付协议，利用第三方平台进行支付操作更加简单而易于接受。SSL 是应用比较广泛的安全协议，在 SSL 协议中只需要验证商家的身份。SET 协议是基于信用卡支付系统的比较成熟的技术。但在 SET 协议中，各方的身份都需要通过 CA 进行认证，程序复杂，手续繁多，速度慢且实现成本高。有了第三方平台，商家和客户之间的交涉由第三方来完成，使网上交易变得更加简单。

(3) 第三方平台本身依附于大型的门户网站，且以与其合作的银行的信用作为信用依托，因此第三方平台能够较好地突破网上交易中的信用问题，有利于推动电子商务的快速发展。

在通过第三方平台的交易中，买方选购商品后，使用第三方平台提供的账户进行货款支付，由对方通知卖家货款到达、进行发货；买方检验物品后，就可以通知付款给卖家。第三方平台的出现，从理论上讲，杜绝了电子交易中的欺诈行为，这也是由上述的特点决定的。

4. 第三方平台和银行的关系

(1) 第三方平台和银行的关系比较微妙。从全球范围来看，若第三方平台一旦做大，将与银行的网上银行及网上支付抢生意，甚至有可能会取得银行牌照、变身做零售银行的可能。反过来说，第三方平台也为银行推出网上电子支付业务充当了冲锋陷阵的角色，使银行网上电子支付业务的推出更容易一些，因此银行也不想将其扼杀。

(2) 第三方平台与银行的业务冲突。第三方平台与银行的业务冲突看来不是很明显，但在不远的将来就会越来越明显，但如前所述，由于第三方平台在以前也为银行做了不少有益的事，因此银行业为了避免同第三方平台产生矛盾，也有可能给第三方平台指出一条出路，但不一定会全面放开。

(3) 第三方平台与银行共赢发展。第三方平台在科技与金融、线上与线下的跨平台性特征，使其积累的行业经验与用户数据更为多维度。他们可以通过最新的科技手段，对线上、线下的用户行为数据进行跟踪、分析、挖掘，将这些数据同银行的信贷等业务进行对接，便可以创造出新型的融资模式。虽然当下第三方平台整体规模相对银行来讲依旧偏小，但第三方支付业务的创新性与灵活性已经引起了银行的重视。

5. 行业分类

(1) 互联网型支付企业。以支付宝、财付通、盛付通为首的互联网型支付企业以在线支付为主，捆绑大型电子商务网站，迅速做大做强。

(2) 金融型支付企业。以银联电子支付、快钱、汇付天下为首的金融型支付企业，侧重行业需求和开拓行业应用。

(3) 第三方平台为信用中介。以非金融机构的第三方平台为信用中介，类似三维度、拉卡拉这类手机刷卡器产品，这类移动支付产品通过和国内外各大银行签约，具备很好的实力和信用保障，是在银行的监管下保证交易双方利益的独立机构，在消费者与银行之间建立一个某种形式的数据交换和信息确认的支付的流程。例如，乐富支付向广大银行卡持卡人提供基于 POS 终端的线下实时支付服务，并向终端特约商户提供 POS 申请/审批、自动结账/对账、跨区域 T+1 清算、资金归集、多账户管理等综合服务。

6.4.2 第三方平台的支付流程与运作

第三方平台结算是典型的应用支付层架构。提供第三方结算电子支付服务的商家往往都会在自己的产品中加入一些具有自身特色的内容。但是总体来看，其支付流程都是付款人提出付款授权后，平台将付款人账户中的相应金额转移到收款人账户中，并要求其发货。有的支付平台会有"担保"业务，如支付宝，担保业务是将付款人将要支付的金额暂时存放于支付平台的账户中，等到付款人确认已经得到货物(或者服务)或在某段时间内没有提出拒绝付款的要求，支付平台才将款项转到收款人账户中。

1. 支付流程

第三方平台支付与结算模式的资金划拨是在平台内部进行的，此时划拨的是虚拟的资金。真正的实体资金还需要通过实际支付层来完成，支付与结算流程如图6.5所示。

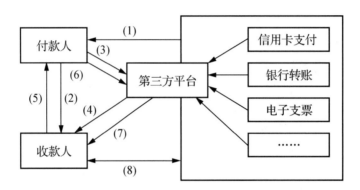

图 6.5　第三方平台支付与结算流程

有担保功能的第三方平台支付与结算的流程步骤如下。

(1) 付款人将实体资金转移到第三方平台的支付账户中。
(2) 付款人购买商品(或服务)。
(3) 付款人发出支付授权，第三方平台将付款人账户中相应的资金转移到自己的账户中保管。
(4) 第三方平台告诉收款人已经收到货款，可以发货。
(5) 收款人完成发货许诺(或服务)。
(6) 付款人确认可以付款。
(7) 第三方平台将临时保管的资金划拨到收款人账户中。
(8) 收款人可以将账户中的款项通过第三方平台和实际支付层的支付平台兑换成实体货币，也可以用于购买商品。

2. 运作机制

在线支付业务(平台)是在网上银行和商家之间建立起安全连接，实现消费者与银行及商家之间的在线货币支付、资金清算、查询统计等业务。满足上述运行机制，交易双方至少各有一个第三方平台支付账号，待买家确认付款后，支付平台才将钱真正转给卖家，如图 6.6 所示。

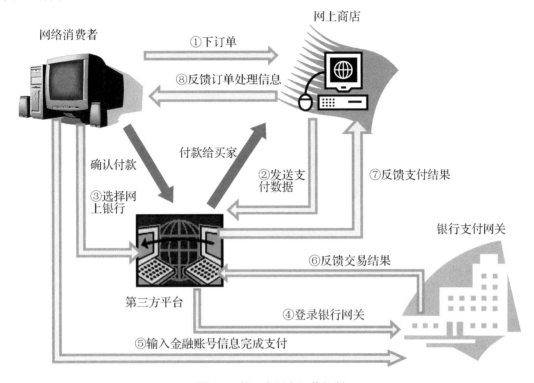

图 6.6　第三方平台运作机制

6.4.3　第三方平台的经营模式、盈利模式、优点、缺点及主流产品

第三方平台的经营模式、盈利模式、优点、缺点及主流产品，具体如下所述。

1. 经营模式

当前经营状况相对较好的第三方平台企业主要基于以下两种经营模式。

(1) 支付网关模式。第三方平台将多种银行卡支付方式整合到一个界面上，充当了电子商务交易各方与银行的接口，负责交易结算中与银行的对接，消费者通过第三方平台付款给商家，第三方平台企业为商家提供一个可以兼容多银行支付方式的接口平台。

(2) 信用中介模式。为了增强线上交易双方的信任度，更好地保证资金和货物的流通，充当信用中介的第三方支付服务应运而生，实行"代收代付"和"信用担保"。交易双方达成交易意向后，买方须先将支付款存入其在支付平台上的账户内，待买家收货通知支付平台后，由支付平台将买方先前存入的款项从买家的账户中划至卖家在支付平台上的账户。这种模式的实质便是以支付公司作为信用中介，在买家确认收到商品前，代替买卖双方暂时保管货款。

2. 盈利模式

(1) 利息收入。消费者使用第三方平台实现网上购物是实时付款,而第三方平台支付给网店的货款则是按照周甚至月度在结算。假设支付宝平均结算周期为半个月,沉淀资金高达 60 亿元人民币,这就意味着支付宝的账户上随时都有 60 亿元人民币的资金可供使用,每年的利息收入也超过 2 亿元人民币。

(2) 服务佣金。第三方支付企业首先和银行签协议,确定给银行缴纳的手续费率;然后,第三方平台根据这个费率,加上自己的毛利润即服务佣金,向客户收取费用。

(3) 广告收入。第三方平台主页上发布的广告针对性都比较强,包括横幅广告、按钮广告、插页广告等。总体上看,广告布局所占空间较少,布局设计也较为合理,体现出了内容简捷、可视性强的特点。而且主页上也还有若干公益广告,可以让用户了解更多的技术行业信息。

(4) 其他金融增值性服务。如代买飞机票、代送礼品等生活服务。

3. 第三方平台支付模式的优点

在缺乏有效信用体系的网络交易环境中,第三方平台支付模式的推出,在一定程度上解决了网上银行支付方式不能对交易双方进行约束和监督,支付方式比较单一,以及在整个交易过程中,货物质量、交易诚信、退换要求等方面无法得到可靠的保证,交易欺诈广泛存在等问题。

第三方平台支付模式的优点体现在以下几方面。

首先,对商家而言,通过第三方平台可以规避收不到客户货款的风险,同时能够为客户提供多样化的支付工具。尤其为无法与银行网关建立接口的中小企业提供了便捷的支付平台。其次,对客户而言,不但可以规避无法收到货物的风险,而且货物质量在一定程度上也有了保障,增强客户网上交易的信心。最后,对银行而言,通过第三方平台银行可以扩展业务范畴,同时也节省了为大量中小企业提供网关接口的开发和维护费用。

可见,第三方平台结算模式有效地保障了交易各方的利益,为整个交易的顺利进行提供支持。

(1) 比较安全。信用卡信息或账户信息仅需要告知支付中介,而无需告诉每一个收款人,大大减少了信用卡信息和账户信息失密的风险。

(2) 支付成本较低。支付中介集中了大量的电子小额交易,形成规模效应,因而支付成本较低。

(3) 使用方便。对支付者而言,他所面对的是友好的界面,不必考虑背后复杂的技术操作过程。

(4) 支付担保业务可以在很大程度上保障付款人的利益。

(5) 合作金融机构数量众多。一个第三方平台所支持的银行越多，说明其覆盖的银行用户数越多，用户通过其付款的灵活性就越高。

(6) 充值渠道便利。账户余额、网上银行、线下网点支付、信用卡付款、手机支付、消费卡充值、国际卡支付、语音支付均可以作为充值渠道。大多数情况下，网上购物都是以第三方平台中的余额付款，若无法上网，又或者账户余额不足，那就需要使用更多元化的支付手段了。

(7) 网上金融理财等服务。第三方平台发展至今，除满足人们网上购物的需求外，各种网上金融理财服务及水、电、煤气等生活费用缴交服务方面的功能更如雨后春笋般呈现出来。例如，基金买卖，跨行信用卡交易，跨行转账，房屋贷款，手机充值，购买游戏卡，分期还款，缴纳水费、电费、煤气费、电话费、个人保险等。

4. 第三方平台结算模式的缺点

(1) 这是一种虚拟支付层的支付模式，需要使用其他"实际支付方式"完成实际支付层的操作。

(2) 付款人的银行卡信息将暴露给第三方平台，如果这个第三方平台的信用度或者保密手段欠佳，将带给付款人相关风险。

(3) 第三方结算支付中介的法律地位缺乏规定，一旦该中介破产，消费者所购买的"电子货币"可能成为破产债权，无法得到保障。

(4) 由于有大量资金寄存在第三方平台账户内，而第三方平台不属于金融机构，因此会有资金寄存的风险。

除此之外，还有风险问题，电子支付经营资格的认知、保护和发展问题，恶性竞争问题，法律、法规支持问题等都应引起监管部门和企业自身的注意，由于涉及网络，当遇到黑客袭击，资金无法保障安全。

5. 主流产品

国内的第三方支付产品主要有 PayPal、支付宝、微信、财付通、盛付通、腾付通、快线、网易宝、网银在线、乐富等。

其中用户数量最大的是 PayPal、支付宝和微信，Paypal 主要在欧美国家流行，支付宝和微信是阿里巴巴和腾讯旗下产品。另外中国银联旗下银联电子支付也开发了第三方平台，推出了银联商务相应的金融服务。

6.5 银行卡在线支付模式

构建起统一的银行卡支付体系，其目标市场主要定位在电子商务的 B to C 交易上。商家通过建立简单的支付接口，就可以向全国各地消费者提供最常见的银行卡在线支付方式，只需要向支付服务商发送简单的支付指令并接收反馈信息，不必担心资金的实际流动方式，可以专注于在线营销业务的本身。

6.5.1 智能卡支付模式

解决电子商务资金流要构建严格的支付体系，形成统一的银行卡支付体系是消除我国现有在线支付机制混乱因素的唯一途径。

1. 智能卡及其结构

(1) 智能卡。类似于信用卡，但卡上不是磁条，而是计算机芯片和小的存储器。在智能卡上将消费者信息和电子货币储存起来，可以用来购买产品或服务存储信息。

(2) 智能卡的结构。智能卡的结构主要包括 3 个部分：建立智能卡的程序编制器，处理智能卡操作系统的代理，作为智能卡应用程序接口的代理。

2. 智能卡的应用范围

(1) 电子支付。智能卡用于电话付费，可代替信用卡。

(2) 电子识别。能控制对大楼房间或系统的访问，如收银机。

(3) 数字存储。存储或查询病历，跟踪信息或处理验证信息。

3. 智能卡的工作过程

(1) 在适当的机器上启动消费者的浏览器。

(2) 通过安装在机器上的读卡机，用消费者的智能卡登录到相关银行的站点，智能卡自动将账号、密码和其他一切加密信息告知银行。

(3) 消费者从智能卡下载现金到商家的账户，或从银行账号下载现金到智能卡。

4. 智能卡的标准

智能卡作为网络支付主要有以下标准。

(1) 全球 PC/SC 计算机智能卡联盟。由 IBM、微软等 10 家 IT 界巨头组成的计算机与智能卡联盟，并制定了一系列智能卡的规范。

(2) EMV 集成电路卡规范。由 Europay、MasterCard、VISA 等共同完成的基于 ISO 标准的集成电路卡规范。

(3) PCSC 标准。微软公司制订的标准。

(4) Java Card API 标准。由 Sun 提出的标准。

(5) 欧洲电信智能卡规范。用来鉴别移动电话用户的智能卡规范。

(6) 中国 IC 卡系列标准规范。由中国人民银行组织开发和制定，与国际通用的 EMV 规范兼容。

5. 智能卡的优点

(1) 使电子商务交易变得简便易行。智能卡消除了某些应用系统可能对消费者造成的不利影响,它能为消费者存储某些信息,并以消费者的名义提供这些信息(不需要使用者记住个人密码)。

(2) 具有很好的安全性和保密性。降低了现金处理的支出及被欺诈的可能性,提供了优良的安全性能。可以实现像信用卡一样的功能,但保密性高于信用卡。

6.5.2 信用卡网络支付模式

信用卡网络支付模式可分为无安全措施的信用卡支付模式、借助第三方代理机构的信用卡支付模式、基于 SSL 协议机制的信用卡支付模式和基于 SET 协议机制的信用卡支付模式,下面重点介绍前两种支付模式。

1. 无安全措施的信用卡支付模式

(1) 流程。

无安全措施的信用卡支付流程如图 6.7 所示。

图 6.7 无安全措施的信用卡支付流程

(2) 特点。

由于卖方没有得到买方的签字,如果买方拒付或否认购买行为,卖方将承担一定的风险;信用卡信息可以在线传送,但无安全措施,买方(即持卡人)将承担信用卡信息在传输过程中被盗取及卖方获得信用卡信息等风险。商家完全掌握消费者的信用卡信息,存在安全风险。

2. 借助第三方代理机构的信用卡支付模式

改善信用卡事务处理安全性的一个途径就是在买方和卖方之间启用第三方代理,目的是使卖方看不到买方信用卡信息,避免信用卡信息在网上多次公开传输而导致的信用卡信息被窃取。

(1) 一般流程。

消费者在第三方经纪人处开立一个账户(经纪人持有消费者的账号和信用卡号)并用该账户从商家订货,商家将消费者账户提供给经纪人,经纪人验证商家身份,给消费者发送 E-mail,要求消费者确认购买和支付后,将信用卡信息传给银行,完成支付过程。其流程如图 6.8 所示。

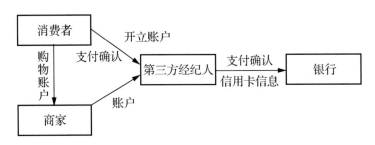

图 6.8 通过第三方经纪人的信用卡支付示意图

(2) 软件供应商解决方案。

① Cybercast 第三方代理人解决方案。买方必须首先下载 Cybercast 软件,即"钱包"(很多钱包软件提供多种支付工具,里面包括信用卡、数字/电子现金、电子支票,打开钱包可以选择其中的一种支付方式)。其软件使用步骤如下。

A. 在建立钱包过程中,买方将信用卡信息提供给第三方 Cybercast。

B. 第三方 Cybercast 指定一个加密的代码代表信用卡号码,传送给买方。

C. 当买方向接收 Cybercast 的卖方购物时,它只需简单地输入代码。

D. 卖方将代码及购买价格传送给第三方 Cybercast。

E. 第三方证实这一事务处理并将资金及购买商品的授权传送给卖方。

Cybercast 第三方代理软件具有如下特点:开设账号时信用卡信息通过网络传输;Cybercast 信用卡服务不向买卖双方额外收费,所有 Cybercast 费用都通过信用卡处理系统支付。

② First Virtual 公司第三方代理服务解决方案。

A. 买方通过填写注册单或通过语音电话向 First Virtual 提供他们的信用卡号码,申请 Virtual PIN,买方可以用它替代信用卡。

B. 为了购买产品,顾客通过他的 FV 账号向卖方选购,购买方式有两种:买方自动授权卖方通过浏览器获得其 FV 账号并向买方发送账单;买方自己把账户信息传过去。

C. 卖方通过买方账号和 FV 支付系统服务器联系。

D. FV 支付系统确认买方账号,并清点出相应资金。

E. FV 支付系统服务器向买方发送一个电子信息,这条信息是自动 WWW 格式,或者只是一个简单的 E-mail。买方根据情况做出反应:是的,我同意支付;不,我拒绝支付;我从未发出过相关命令。

F. 如果 FV 支付系统服务器获得了一个"同意"的信息,就通知卖方,卖方准备发货。

G. FV 在收到购买完成的信息后在买方账户上借记,买方在收到产品/信息后,如果拒绝付款,可以终止他们的账户。

FV 第三方代理软件具有如下的特点:卖方在 FV 上注册需付费 10 美元,一次交易付费 0.29 美元和 2%的附加费,买方通过账户进行一次支付需要 1 美元的费用,每个买方的启动费用是 2 美元;整个系统也可以建立在现存的机制上以方便买卖双方,买方只需要一个电子邮箱和 FV 账户即可,卖方无需具有计算机技能或者互联网销售服务器,而只需通过 FV 就可直接处理销售业务。

(3) 通过第三方代理人支付的特点。

支付是通过双方都信任的第三方完成的;信用卡信息不在开放的网络上多次传送,买方有可能离线;在第三方开设账号,这样买方没有信用卡信息被盗窃的风险,卖方信任第三方,因此卖方也没有风险;买卖双方预先获得第三方的某种协议,即买方在第三方处开设账号,卖方成为第三方的特约商户。

注意:网上信用卡支付还有基于 SSL 和 SET 协议的两种支付模式,鉴于 SSL 和 SET 协议是用来保证互联网信息传递的安全的,并不是专门用于电子支付的技术,本书将在第 7 章介绍 SSL 和 SET 协议的时候论述这两种支付模式的具体内容。

6.5.3 智能卡 NFC 技术

近场通信(Near Field Communication,NFC)技术是近年来被广泛应用的一项新技术。这项技术被广泛应用于电子支付、身份识别和信息传递等的各种应用领域,从而促进电信、银行、交通等领域的进一步融合,给人们的生活带来便捷。NFC 的应用分为行业应用和个人应用。

1. 智能卡与 NFC 业务

移动通信终端,具有得天独厚的优势来成为 NFC 业务用户端的载体。首先,智能手机普及率很高,将 NFC 业务用户端模块植入手机,不会增加额外携带的装置;其次,手机是无线通信的终端,NFC 也是一种无线通信,将 NFC 的装置放入手机,可以共用一些装置和器件,如天线和射频部分;第三,手机中的用户识别模块,是功能强大的智能卡,在移动通信中提供了鉴权认证、计费等功能。此外,智能卡中的一些新技术,如全球平台国际标准组织(Global Platform,GP)能管理应用,为应用提供安装、下载、删除等功能,而这些功能,都能满足 NFC 的某些需求。因此本文讨论的 NFC 方式,是内置在移动通信终端中的,基于智能卡的实现方式。

智能卡的主要功能是用户的鉴权认证,在 2G 的 GSM 网络中使用的叫作 SIM(Subscriber Identity Module,用户识别模块)卡,在 3G 的 UMTS 中使用的叫作 USIM(Universal Subscriber Identity Module,通用用户识别模块)卡。SIM 卡和 USIM 卡是网络鉴权认证的重要实体,由于私密数据的存储及安全过程的计算都在智能卡中完成,因此有相当高的安全性,能够为诸如 NFC 应用提供高等级的安全机制。

在电信领域中所使用的智能卡有 8 个触点,但在日常使用当中一般只适用其中的 6 个触点,剩下的两个触点一般保留,NFC 业务可以利用这两个保留的触点与天线连接。

作为智能卡的一项重要技术,GP 为智能卡支持多应用提供了一种有效的解决方案;引入 GP 后,与智能卡相关的角色有如下几个方面。

(1) 应用提供商是拥有应用并对应用的行为负责的机构。

(2) 卡片发行商是拥有卡片并最终对卡片的行为负责的机构。

(3) 卡使用者。

(4) 卡外实体是跟卡进行通信以完成会话通信的终端。

(5) 认证控制权威，即卡发行商和应用开发商外的第三方，可以提供安全域来进行身份认证和下载应用。

(6) 应用。作为软件组成部分，其作用就是在卡上实现某些特定的功能。

GP 提供的基本服务包括以下几个部分。

(1) 动态管理卡空间。通过不同的安全域来承载不同安全需求的应用下载、安装、删除。

(2) 卡和应用的生命周期管理。通过注册表来管理卡和应用的生命周期状态。

(3) 卡命令的分发。命令通过卡管理来分发，这样等于加入了一层过滤。提供了安全保证。

(4) 卡片密钥管理：对密钥分组分 ID 管理。不同安全域也管理着该安全域的一个密钥集，来提供不同级别的安全管理。

GP 的引入为智能卡上实现多应用的管理和调度提供了一种有效的手段，而通过在一个手机上实现多个 NFC 业务是我们追求的目标，我们希望使用一台手机就能实现刷卡、门禁、公交等，而不是像过去那样需要携带多张卡或者多个设备。

2. 智能卡 NFC 实现方式及比较

智能卡的 NFC 实现方式一般都是利用现有的智能卡，加上射频模块来实现，目前基于智能卡的 NFC 实现方式主要有以下 3 种。

(1) eNFC 技术。

eNFC 技术由 ETSI(European Telecommunications Sdandards Institute，欧洲电信标准)进行标准化，工作频点在 13.56MHz，通信距离设计为 4 厘米。如图 6.9 所示 eNFC 技术可以实现卡模拟模式、阅读器模式和点对点通信模式，但需要手机中加入天线和控制芯片的支持，目前支持此技术的手机款型越来越多。

(2) SIMPass。

双界面 SIM 卡技术由某 SIM 卡供应商主推，工作频点在 13.56MHz。SIMPass 在功能上只支持非接触式 IC 卡应用。如图 6.9 所示，无需改造手机，将天线与 SIMPass 直接连接，即可为 SIMPass 提供射频信号。这种方案具有天线组件成本低廉，用户不需要更换手机的优势，有利于 SIMPass 的应用推广；缺点是使用了 SIM 卡中保留的两个触点，导致 IC-USB 等新技术无法使用，而且连接的排线容易折损。

(3) RF-SIM。

RF-SIM 是一种集成度很高的方式，将射频和天线都封装在了 SIM 卡的内部，目前 RF-SIM 支持的频点在 2.45GHz。通过不同读卡器模块和设备，工作距离可控制在 4cm、5m 和 50m 等范围。RF-SIM 可以实现卡模拟模式、阅读器模式和点对点通信模式。RF-SIM 对手机没有任何要求。但 RF-SIM 的频点与目前市面上大多数读卡机不一致，要大规模推广需要更换大量的读卡机，同时 RF-SIM 卡的成本较普通智能卡要高出很多。

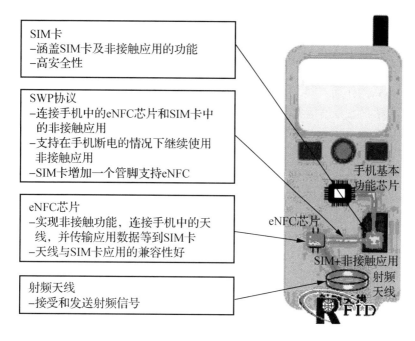

图 6.9　eNFC 技术示意图

以上三种方式各有利弊，但都是基于智能卡的方法，究竟哪个会成为行业标准一统天下，还是会三分天下，目前还没有定论，国内运营商和交通、银行等行业目前都投入了大量的人力物力进行基于智能卡 NFC 业务的标准化以及测试工作。

综上所述，智能卡能为 NFC 提供很好的实现方式，但建立标准的统一和跨越行业壁垒是发展 NFC 产业首要应该解决的问题。

6.6　互联网金融支付清算体系

支付清算体系是中央银行向金融机构及社会经济活动提供资金清算服务的综合安排。具体来说，支付清算体系的内容主要包括：清算机构；支付结算制度；支付系统；银行间清算制度与操作。支付清算体系的主要功能：组织票据交换清算；办理异地跨行清算；为私营清算机构提供差额清算服务；提供证券和金融衍生工具交易清算服务；提供跨国支付服务。

6.6.1　清算体系概述

支付结算是当今社会中实现清算的主要手段，它的正常合理运行对社会资金的安全、高速运转发挥重要作用。先进的支付结算体系是社会经济良好运行的基础，是经济发展的催化剂。

1. 支付结算体系的作用

支付结算体系的基本作用是要完成资金安全、高效的划拨,以加速资金周转,提高资金使用效益,畅通货币政策传导,减少货币政策操作时滞,提高货币政策执行效率、控制系统性风险,维持社会公众对使用支付工具和支付系统的市场信心,维护社会公众对货币债权的信心,维护金融稳定。

支付结算体系的作用具体表现在以下几个方面。

(1) 开展结算业务对银行具有积极的作用。开展结算业务能聚集社会闲散资金,扩大银行信贷资金的来源。支付结算业务是银行存、贷业务的纽带,是专门为客户提供资金清偿服务的业务。

(2) 结算业务的开展有助于为商业银行资产负债业务营造良好的外部环境。目前,先进的结算工具,可以吸取大量生产流通领域的周转资金存入银行作为结算备用金。

同时,银行在办理结算时,这部分资金可以被银行运用,从而为银行的放款和投资提供稳定的资金来源。

(3) 开展结算业务能提高商业银行信贷资金质量,促进央行实施宏观调控。银行通过开展票据承兑与票据贴现业务,一方面将商业信用转化为银行信用,另一方面拓宽了业务领域,资产结构趋于完善,合理,使得中央银行可以在此基础上开展票据贴现业务。通过提高或降低贴现率等措施,进行金融宏观调控,引导资金流向,控制货币总量,促进经济结构优化,保证国民经济持续、快速地发展。

(4) 开展结算业务对于社会的作用表现在可加速整个社会资金周转,提高资金使用效益,促进经济发展。银行结算节省了现金使用,减少货币发行,调节货币流通,降低社会流通费用。安全、高效的支付结算体系对于畅通的货币政策传导,密切各金融市场的有机联系并加速社会资金周转,提高资金配置效率、防范和化解金融风险具有重要意义,并且有利于金融工具创新,增强商业银行的流动性,培育社会信用,改善金融服务,维护公众对货币及其转移机制的信心。

2. 支付结算监管手段问题

现行法律将支付结算体系划分为支付清算和结算两部分,割裂了支付结算体系的统一性。因为结算与清算的高度关联性,有些支付结算问题直到清算阶段才被人民银行发现,按原监管体制单由人民银行解决,但人民银行和银监机构分设后,有关支付结算监督协调机制尚未建立起来,遇到此类纠纷如不及时合理地解决,将不利于形成公平、公允的结算环境,监管效率有待进一步提高。

机构分设后,由于人手少,任务重,银监部门主要侧重于金融机构风险防范的监督管理,无暇顾及支付结算日常监管,实际形成了支付结算监管的严重缺位。

此外,按照规定,商业银行支付结算行为日常的合规性监管与处罚应由银监机构承担,而商业银行营业网点众多,支付结算具有专业性、时效性且业务繁杂,如银监机构未专设结算监管部门,则难以对商业银行的支付结算业务进行适时、全面的有效监控。

3. 支付结算功能问题

当前支付结算方式的多元化基本上能满足单位及个人因资金给付而发生的资金清算需要。

但是由于对于票据基本知识宣传不够等因素影响,票据的功能未得到正常发挥。

一是由于部分存款人对现金的主观偏好,较少使用票据结算。

二是个别存款人签发空头票据的不良行为,危害了结算票据的信誉,影响了票据的正常使用。

三是随着支付结算业务的快速发展和创新,电子技术在银行领域的广泛应用,原来的票据种类和格式难以适应支付结算业务发展的要求,需调整。

6.6.2 支付清算体系的运作

清算,其实就是因跨行交易而产生的银行间债务债权进行定期净轧(比如每日),以结清因跨行交易产生的债务债权。

1. 支付清算体系简介

支付清算体系是一个国家的金融基础设施,或说公共服务。我国由央行主管此事,目前大体维持"结算-清算"二级制的支付体系,如图 6.10 所示。通俗地讲,银行与第三方支付公司、用户之间为结算关系,而银行之间构成清算关系,两个层次交易完成后,支付环节才算终了。

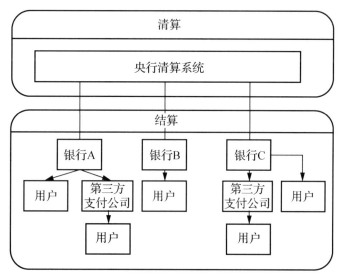

图 6.10 "结算-清算"二级体系

清算是一个平台,更为底层,由央行主导建设,一般个人用户不会直接接触清算系统。结算则是前端,由银行、非现金支付公司等向客户提供服务,也就是所谓的支付业务。银行自身接入清算系统,非金融支付公司则以自己开户的备付金托管行代理接入清算系统。

从上面的二级体系可以看出，跨行的清算必须经过央行的清算系统进行处理，而银行内部的结算，则是由各个商业银行自己经营办理。

在《中华人民共和国中国人民银行法》中规定了中国人民银行对清算的义务和责任。

(1) 中国人民银行应当组织或者协助组织银行业金融机构相互之间的清算系统，协调银行业金融机构相互之间的清算事项，提供清算服务，具体办法由中国人民银行制定。

(2) 中国人民银行会同国务院银行业监督管理机构(银保监会)制定支付结算规则。在《中华人民共和国商业银行法》中规定了商业银行对结算的支持：商业银行可以经营办理国内外结算。因此，清算不等于结算。从基础概念看，央行主导了银行业金融机构之间的清算系统，而商业银行则可以经营国内外结算业务，即是"结算-清算"二级制的支付体系。

那么，为什么央行需要维持目前的"结算-清算"二级体系呢？其本质是监控资金在全社会的流动，避免系统性风险，提高支付的效率，树立公众对支付体系的信心，同时，有利于有效地实施货币政策等。由于清算系统是平台系统，不是前端服务，因此对用户体验没有刻意要求，但对系统稳定性、可靠性、高效性、安全性要求极高，央行将其视为金融的基础设施，或称公共服务，依然未允许市场化的商业介入。

结算环节则是市场主体分散的交易，对用户体验要求较高，因此在不产生系统性风险(要一定程度上容忍非系统性风险，比如创新业务试点中发现安全漏洞之类的)的前提下，当局鼓励创新，增加用户支付效率，改进体验。因此，我们认为，央行希望实现的意图为维持现有格局，清算环节仍然视为基础设施，不希望市场介入；支付结算环节则放开竞争，鼓励创新。

目前在运行的清算系统均由央行主管，主要包括大额实时支付系统、小额批量支付系统、网上支付跨行清算系统(超级网银)、同城票据清算系统、境内外币支付系统、全国支票影像交换系统、银行业金融机构行内支付系统、银行卡跨行支付系统(银联跨行交易清算系统 CUPS)、城市商业银行资金清算系统和农信银支付清算系统等。这些系统大多由央行主办，可视为非营利的基础设施，仅银行卡跨行支付系统由特许企业(银联)运营(但银联仍由央行主管)。

2. 清算的运作过程

本节我们以银联为例子，结合目前的刷卡消费涉及的发卡行、收单行、衔接机构、用户和商户等主体，全面阐述清算的过程。

(1) 清算账户的开通。

清算进行的前提条件是参与清算的主体需要开通清算账户，用于管理清算过程中形成的债权债务沉淀，管理资金的头寸。

首先接入相关清算系统的主体需要在清算系统开清算账户，银行一般需要在央行开通准备金账户和备付金账户(主要用于清算)，银联则只需要在央行开通备付金账户即可，无需准备金账户。

而商户对接银联的清算则有两种接入模式。

① 直联商户。即,直接通过银联的 POS 接入商户,商户的交易过程会经过银联网络,且其清算过程是由银联的收单清算系统进行处理,直联商户的结算账户(不在央行清算系统开清算账户,只是在商业银行开结算账户而已),一般不是开在央行的清算系统,而是开在一般商业银行中,银联通过对应的小额系统对其结算账户进行贷记处理。

② 间联商户。间联商户是由收单行自己布置 POS 对接的商户,商户的交易过程一般对银联来说是透明的,其清算过程,或者说应该是结算过程是由对应的收单行跟各个商户自己进行的,银联不参与其中的结算。

从图 6.11 可以看出,清算账户和结算账户不是一个概念,清算账户开在央行对应的清算系统中,而结算账户一般开在商业银行。

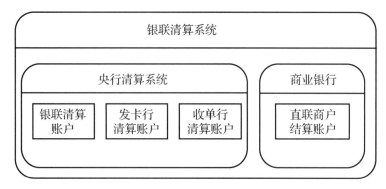

图 6.11 银联清算系统

例如,银联境内清算账户均开在中国人民银行,跨境业务的清算账户开在代理清算银行(一般是中国银行和汇丰银行)。境内成员机构(即参与银行卡交易的银行)的清算账户均开立在中国人民银行,银行一般在中国人民银行开立有准备金账户和备付金账户,清算一般使用备付金账户进行。境内商户和第三方支付机构的结算账户均开立在商业银行中。

银联清算系统、银联结算系统和银联会计核算系统的关系,如图 6.12 所示。银联清算系统处理的对象是银行卡跨行交易的清算资金。银联会计核算系统处理的是银联的自有资金,其中的自有资金中包括银联自己清算账户上的资金余额。银联会计核算系统是按照企业会计准则,使用总分户账,登记账户变动和资金转移的信息,而银联清算系统仅仅是建立了清算资金的台账信息。

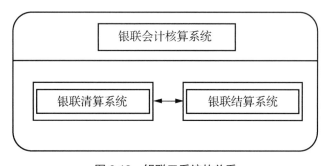

图 6.12 银联三系统的关系

(2) 清算的执行过程。

央行《支付清算组织管理办法》规定：

(1) 支付清算是指支付指令的交换和计算；

(2) 支付指令是指参与者以纸质，磁介质或者电子形式发出的，办理确定金额的资金转账命令；

(3) 支付指令的交换是指提供专用的支付指令传输路径，用于支付指令的接收，清分，和发送。

(4) 支付指令的计算是指对支付指令进行汇总和轧差；

(5) 参与者是指接受支付清算组织章程制约，可以发送，接收支付指令的金融机构及其其他机构。

清算的执行过程主要分为清分和资金划拨两个阶段。

① 清分。清分是指对联机交易系统中的交易日志中记录成功的交易，逐笔计算交易本金和交易的费用(如手续费，利润分成等)，然后按清分对象汇总轧差形成对各个清分对象的应收或者应付金额的过程。简言之，就是通过交易日志计算搞清楚今天应该给谁多少钱和应该向谁要多少钱。

② 资金划拨。资金划拨是指完成了清分后，已经搞清楚了应该给谁多少钱或者向谁要多少钱以后，需要通过特定的渠道和方式，完成应收应付资金的转移。简单地说，就是明确通过何种渠道，拿回应收的钱，付出应付的钱。

从图 6.13 可以看出，清分的数据一般是先从联机交易系统获取交易日志到清算系统，然后根据交易成功的交易日志按照清分对象汇总轧差形成各个清分对象的债权债务关系(注意，在清分阶段，还没有对各个相关清分对象的清算账户进行贷记和借记操作，贷即是需要给钱的，借是需要出钱的，清分阶段只是在清算系统内部计算当天的轧差后的债权和

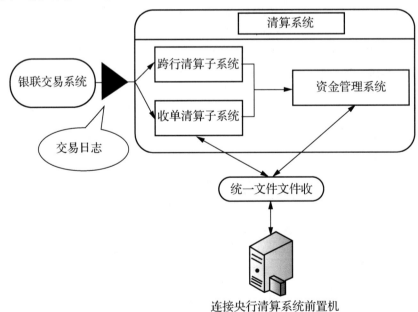

图 6.13　清算系统模块

债务关系。)。完成清分后,就可以得出各个清分对象的当天的债权和债务关系,接下来需要对各自清算账户进行资金划拨,实现资金从债务的清算账户向债权的清算账户进行划拨。资金划拨,说白了就是资金转账,需要通过一定的清算支付系统进行:如图6.13中通过资金管理平台形成转账命令文件上传到统一文件收发平台,由统一文件收发平台通过调用连接央行相关清算系统的前置机接口发送到相关的清算系统对清分对象的清算账户进行借贷记录操作,并获取操作后的回导结果。

(3) 资金的划拨方式。

① 境内的跨行清算是通过央行的大额支付清算系统完成资金划拨。银联是特许企业,有权限可以主动借记或者贷记诚意机构的清算账户。

② 境外的跨行清算是通过银联代理清算银行进行的,通过银行与银行直接的结算汇兑系统完成,但目前只能支持贷记结算。

③ 境内的收单清算可以通过央行的小额支付清算系统完成资金划拨,但只能是实现贷记结算。

(4) 银联清算系统与央行大小额支付清算系统的关系。

① 无论是跨行清算还是收单清算,银联都是作为一个特许参与者,加入央行的大小额支付清算系统,完成了银行卡交换业务的资金划拨。

② 银联通过央行的大额支付清算系统,实现与境内成员机构清算账户之间的双向资金转移(可贷记和借记相关清算账户)。

③ 银联通过小额支付系统或者当地的票据交换系统,实现与境内第三方机构和直联商户之间的单向资金转移(只能贷记相关清算账户)。

④ 在大额支付清算系统中,银联享有比商业银行更大的特权,因为银联可以借记或者贷记相关成员机构的清算账户,而商业银行只能贷记对方的账户。在大额支付清算系统中还享有借记特权的只有国债登记公司,但其借记操作还需要有国债做抵押。从这里可以看出,借记清算账户的权限是更高的,即可以随意决定别人的清算账户对外付款,或者说直接扣别人清算账户的资金,因此只有特许企业才能有这个权限,如银联或者国债登记公司等。

(5) 银联清算系统与银行结算系统的关系。

① 银联和商业银行都是作为参与者,加入大小额支付清算系统,完成了跨行资金的划拨。

② 银联清算系统的清算对象是成员机构(一般是商业银行:发卡行,收单行)、第三方机构和直联商户。

③ 商业银行结算系统的结算对象是在本行开立存款账户的单位或者个人,并通过央行的支付清算系统,帮助存款账户持有人完成支付结算所需的资金转移(如个人跨行转账,则需借助央行的清算系统)。

④ 银联在央行开立的清算账户从本质上说是备付金账户,而商业银行在央行开立的清算账户分准备金账户和备付金账户。

⑤ 准备金账户主要是用于监管使用，用于保护存款人合法权益；而备付金账户主要用于自身的资金头寸的管理。

(6) 清算的对账。

涉及资金扭转的系统，都需要进行对账。各个清分对象需要进行对账：清分对象自己都会记录交易信息，然后用自己记录的交易日志与清算系统进行复式(双向)对账。那么对账面临的问题是：以谁的数据为准？

对账方式分为自主清算和非自主清算。简言之，自主清算就是以我数据为准的清算，非自主清算就是不是以我数据为准的清算。

境内的跨行清算和收单清算均采用了自主清算，其相应的对账方式是先以银联的清分结果为准，先行办理资金划拨，然后成员机构，第三方机构或者直联商户，再根据银联的对账文件，对比自身的交易明细，如果有出入就通过差错方式处理。

外卡收单清算及部分跨境业务均采用非自主清算。

6.7 银联清算业务体系

目前实现跨行清算的系统主要有银联跨行清算系统、第三方支付系统、中国人民银行的网上支付跨行清算系统(超级网银)，这里以银联的跨行清算系统为例进行介绍。

6.7.1 跨行清算业务与清算对象

首先从业务上讲，银联的支付清算包括清分和资金划拨两个环节。清分是指对交易日志中记录的成功交易，逐笔计算交易本金及交易费用(手续费、分润等)，然后按清算对象汇总轧差习惯应收或应付金额；资金划拨是指通过特定的渠道和方式，完成应收应付资金的转移。

银联的支付清算包括跨行清算和收单清算，二者的对象不同：跨行清算是针对收单机构和发卡机构的清算，收单清算是代替收单机构针对商户和收单专业化服务机构的清算。

1. 清算资金的划拨方式

境内的跨行清算通过中国人民银行的大额支付清算系统完成资金划拨，银联可以主动借记或贷记成员机构的清算账户；境外的跨行清算通过银联代理清算银行，通过银行与银行直接的结算汇兑系统完成，但目前只能实现贷记结算。境内的收单清算可以通过中国人民银行的小额支付清算系统完成资金划拨，部分分公司保留通过当地中国人民银行票据交换系统完成资金划拨，但均只能实现贷记结算。

2. 对账方式

对账方式根据自主清算和非自主清算进行区分。境内的跨行清算和收单清算均采用自主清算，相应的对账方式是先以银联清分结果为准，先行办理资金划拨，然后成员机构、

第6章 网络金融结算与清算

第三方机构或商户再根据银联的对账文件，对比本身的交易明细，如果有错误就通过差错方式处置；外卡收单清算及部分跨境业务均采用非自主清算。

3. 银联清算系统与大小额支付的关系

无论是跨行清算还是收单清算，银联都是作为一个特许参与者，加入大小额支付清算系统，完成银行卡交换业务的资金划拨。银联通过大额支付系统，实现境内成员机构清算账户之间的双向资金转移。银联通过小额支付系统和当地票据交换系统，实现与境内第三方机构和商户之间的单向资金转移。

在大额支付清算系统中，银联享有比商业银行更大的特权，因为银联可以借记或贷记对方的账户，商业银行只能贷记对方的账户。在大额支付清算系统中还享有借记特权的只有国债登记公司，而且其借记操作还需要国债作抵押。

4. 场景案例

张某是工商银行的持卡人，他需要取现金，但是找不到工商银行的 ATM 机，发现附近有建设银行的 ATM 机，他只能去建设银行取款，整个过程就是跨行清算的过程(图 6.14)，我们以这个场景为例，分析一下业务流程。

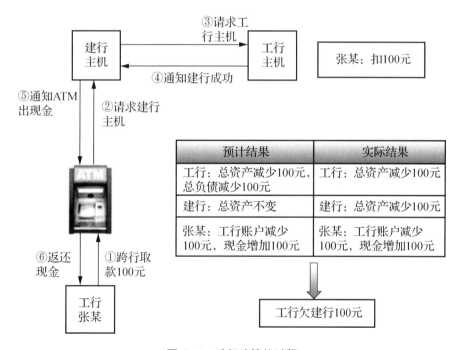

图 6.14 跨行清算的过程

以上的交互流程，很关键的一点是不同银行间如何进行通信。如果银行直接与银行开发接口，那 n 家银行就要有 $n \times (n-1)$ 个接口线路，显然非常不经济且复杂。银行间可以通过以下两种模式进行通信。

(1) 公共接口模式。定义通信网络定义标准接口，所有的银行都必须实现这个通信网络定义的 API，新的银行如果想要接入这个通信网络，必须实现通信接口约定的协议。

(2) 适配器模式。通信网络主动去连接所有的银行的接口，把所有银行的接口信息都接入里面，就像一个适配器，新的银行如果想要接入这个通信网络，这个通信网络必须主动联系银行，按照银行的接口协议实现通信。

一般来说，第三方支付公司属于适配器模式，需要一家一家银行去接入；银联是公共接口模式，对于银联这种需要稳定系统的公司来说是最合适的。

此外，如果跨行之间每笔交易都实时清算，那交易量太大，而且可能涉及两个银行之间的频繁资金划转，对最终清算的中国人民银行的系统压力也会很大，例如日间如果发生：

A 用户从工行 ATM 支取建行卡 200 元；

B 用户从建行 ATM 支取工行卡 100 元；

C 用户从建行 ATM 支取工行卡 150 元；

实际上只需要发生交易时工行和建行进行记账，日末工行统一转账给建行 50 元即可。

为了保障轧差资金划转时每个银行有足够的资金进行清算，各接入行需要在中国人民银行开立备付金账户，同时各银行会在内部开立相应的虚拟账户对应在中国人民银行的备付金账户，以便实时对账。

5. 清分、清算、结算的关系

简单讲，清分=记账，清算=内部算账，结算=跨行转账结算；银行结算是指通过银行账户的资金转移所实现收付的行为，即银行接收客户委托代收代付，从付款单位存款账户划出款项，转入收款单位存款账户，以此完成经济之间债权债务的清算或资金的调拨。银行结算是商品交换的媒介，是社会经济活动中清算资金的中介。

支付清算体系是一个国家的金融基础设施，或说公共服务。我国由央行主管此事，目前大体维持"结算-清算"二级制的支付体系。通俗地讲，银行与商户、消费者之间为结算关系，而银行之间构成清算关系，两个层次交易完成后，支付环节才算终了。清算，其实就是因跨行交易而产生的银行间债务债权进行定期净轧(比如每日)，以结清因跨行交易产生的债务债权。清算是一个平台，由央行主导建设，一般个人用户不会直接接触清算系统。结算则是前端，由银行、非金支付公司等向客户提供服务，也就是所谓的支付业务。银行自身接入清算系统，非金融支付公司则以自己开户的备付金托管行代理，接入清算系统。

6.7.2 POS 系统

POS(Point of Sales)系统即销售时点信息系统，是指通过自动读取设备(如收银机)在销售商品时直接读取商品销售信息(如商品名称、单价、销售数量、销售时间、销售店铺、购买者等)，并通过通信网络和计算机系统传送至有关部门进行分析加工以提高经营效率的系统。

1. 系统简介

POS 系统最早应用于零售业,之后逐渐扩展至其他如金融、旅馆等服务行业,利用 POS 系统的范围也从企业内部扩展到整个供应链。

POS "销售点"——供应链管理的定义为:对于某个销售点某一时间的销售数据的计算和存货的支出,通常用条形码或磁介质设备。

POS 系统是一种多功能终端,把它安装在信用卡的特约商户和受理网点中与计算机连接,就能实现电子资金自动转账,它具有支持消费、预授权、余额查询和转账等功能,使用起来安全、快捷、可靠。

2. 系统分类

POS 系统按照结算方式划分主要有以下两种类型。

(1) 消费。

POS 系统具有消费、预授权、查询支付名单等功能,主要用于特约商户受理银行卡消费。

(2) 转账。

POS 系统具有财务转账和卡卡转账等功能,主要用于单位财务部门。

3. 功能

以收银员为例,POS 系统的功能如下所述。

(1) 识别功能。

收银员识别功能是指收银员必须在工作前登录才能进行终端操作,即门店中每个系统的收银员都实行统一编号,每一个收银员都有一个 ID 和密码,收银员只有输入了正确的 ID 和密码后,才能进入销售屏幕进行操作。在交接班结束时,收银员必须退出系统以便让其他收银员使用该终端。如果收银员在操作时需要暂时离开终端,可以使终端处于"登出或关闭"状态,在返回时重新登录。

(2) 销售功能。

POS 系统有多种销售方式,收银员在操作时可根据需要选择商品各种销售方式的如下特殊功能。

① 优惠、打折功能:优惠折扣商品或交易本身特价许可等,应进行权限检查。

② 销售交易更正功能:包括清除功能、交易取消功能。

③ 退货功能:通常收银员无该种商品交易的权限,需管理人员来完成。

④ 挂账功能:是指在当前交易未结束的状态下保留交易数据,再进行下一笔交易的收银操作。

(3) 付款功能。

POS 系统付款方式主要有:现金、支票、信用卡等,系统设置有多种付款方式可供使用。

(4) 其他功能。

① 票据查询功能:查询范围可以是某时间段内的全部交易,也可以是某时间点的交易情况。

② 报表制作及打印：根据收银机本身的销售数据制作出一些简单的报表，并在打印机上打印出来。报表包括结款表、柜组对账表等。

③ 前台盘点：盘点的过程主要是清查库存商品数量。前台盘点的实质是将要盘点商品的信息像销售商品一样手工输入或用条码扫描仪录入收银机中，作为后台的数据来源。

④ 工作状态检查功能：指对有关收银机、收银员的各种状态进行检查。工作状态包括一般状态、交易状态、网络状态、外设状态等。

4．POS 系统结算的步骤

POS 系统结算步骤：用户通过商户 POS 终端进行消费；POS 终端将数据传送给收单平台；收单平台将消费数据传送给银联；银联通知发卡行处理；发卡行校验信息后执行扣款，并通知银联；银联收到信息，反馈给收单平台；收单平台将交易成功信息反馈给 POS 终端；POS 机打印小票，消费成功。

5．ECR 战略

(1) 战略描述。

ECR(Efficient Consumer Response，高效消费者反应)战略，它是在商业、物流管理系统中，经销商和供应商为降低甚至消除系统中不必要的成本和费用，给客户带来更大效益，而利用信息传输系统或互联网进行密切合作的一种战略。

实施"高效消费者反应"这一战略思想，需要我们将条码自动识别技术、POS 系统和 EDI 集成起来，在供应链(由生产线直至付款柜台)之间建立一个无纸的信息传输系统，以确保产品能不间断地由供应商流向最终客户，同时，信息流能够在开放的供应链中循环流动。既满足客户对产品和信息的需求，给客户提供最优质的产品和适时准确的信息，又满足生产者和经销者对消费者消费倾向等市场信息的需求。从而更有效地将生产者、经销者和消费者紧密地联系起来，降低成本，提高效益，造福社会。

(2) POS 收单。

POS 收单业务中 POS 机主要还是负责处理交易指令、完成交易的，比如持卡人刷卡，POS 机上送交易请求，不管还是直连还是间连，交易指令从 POS 机到收单机构到转接中心(银联)再到发卡行验证处理后再原路返回，交易成功后此笔交易处理完毕，交易的信息流完成，交易结束后持卡人在签购单上签字，商家保存签购单，交易完成，但是商户此时还没有收到货款。

虽然客户账已经实时扣划了，并存到商业银行的相关账户中，因为商户是 T+1 结算，信息流的完成只是转接部分完成交易成功，但是真正资金流的完成还需要处理，当天晚上银联清算平台会集中处理上传的交易，次日扣除手续费之后收单行再给商户打款完成结算，然后资金流完成。

(3) 结算。

现在，POS 机的日常使用十分广泛，但是对于不同品牌、不同设备类型，其操作的方法还是存在一定的差异。以现在使用较多的银联商务 POS 机为例，了解一下其结算流程。

POS 收单业务中 POS 机主要还是处理交易指令完成交易的，比如持卡人刷卡，POS 机上送交易请求，不管还是直连还是间连，交易指令从 POS 机到收单机构到转接中心(银联)再到发卡行验证处理后再原路返回，交易成功后此笔交易处理完毕，交易的信息流完成，交易结束后持卡人在签购单上签字，商家保存签购单，交易完成。

但是商户此时还没有收到货款(客户账户已经实时扣划了，只是存到商业银行的相关内部账户中)，因为商户是 T+1 结算，信息流完成只是转接部分完成交易成功，但是真正资金流完成还需要处理，比如当天晚上银联清算平台会处理集中所以处理上送交易，第二天扣除手续费之后收单行再给商户打款完成结算，然后资金流完成。

结算行提供系统使交易完成，并负责将刷卡产生的资金打到商家的开户账户去，所以要向商家收取费用，这就是手续费的由来。手续费实际上没有统一标准，双方谈妥后就可以指定结算行，银行一般会提供 POS 机，POS 机只是个信息的硬件载体，银联也只是个信息传送平台，只有银行有权利发送交易的指令和划拨资金。

6.7.3 清结算系统

清结算系统是支付系统的一个子系统，这里重点介绍清结算中的系统设计及与对账系统的关系。

清结算系统是第三方支付系统按照与商户的协议，将一个结算周期内的收付款项汇总轧差生成待结算金额，并将待结算金额结算给商户的一个功能模块，是支付系统的一个子系统。

第三方支付系统的清结算系统与中国人民银行的支付清算体系不在同一层级，简单来说，后者担任着完成银行与银行之间的资金清算，而前者仅仅服务于一个第三方支付系统，完成对第三方支付系统的商户的资金结算。

我们注意到了清算和结算用词的差异，清算是各清算中心的工作内容，包括清分和资金划拨两个步骤，清分用于登记流水和轧差汇总，资金划拨则是在各个银行之间进行资金调动，即该扣哪个银行多少资金就扣掉，该付给哪个银行多少资金就给它增加余额；结算是指银行按照结算周期对其直连商户的资金核算了结。

第三方支付系统的清结算系统，虽然包含清结算三个字，但"清"仅仅只是清分，没有清算中心那样进行资金划拨的权利，结算倒是名副其实的结算，与银行对其直连商户的结算概念等同。

1. 清结算系统的实现

正如《支付路由的管理与设计》一文中提到的，后台服务型系统的设计一般都有的三方面是：业务流程、管理页面、接口；支付路由和清结算系统的设计也类似。

只不过，相较于支付路由(业务流程一般分布在来自管理页面的配置和接口的调用当中，不存在自动化的业务处理)，清结算系统的业务流程存在自动化的业务处理逻辑，且清结算系统不一定是纯后台服务型系统，因为它需要提供给商户后台查看结算单信息以及进行对账单下载的权利(这两点一般只是查询、下载的功能，故以下不会讲述商户后台的部分)。

清结算的管理页面功能如下。

清结算的管理页面主要包含商户结算信息的管理、清分明细管理和结算单管理三部分。商户的结算信息是在商户入驻支付平台的时候通过协议合同确定的，协议中包含如下用于结算的关键信息。

(1) 结算周期，可以是 D0，D1，也可以是 T1，T2……Tn(D 代表自然日，T 代表工作日)，D0 一般是设置某些个时间段结算一次，比如可以设置 0 点到 15 点的交易在 15 点之后结算一次，15 点到 24 点的交易在 24 点之后结算一次。

(2) 结算方式，分为结算到商户的银行账户，还是商户支付平台内的可用余额账户。

(3) 银行账户信息，包括银行账户名、联行行号、银行账号。

如上所述，商户结算信息管理页面中的结算信息基本上都是在商户登记时录入进去的，还可以在这个页面里进行后期的维护，如更改结算周期、修改结算方式、修改银行账户信息、修改结算信息的有效性等。

清分明细管理是对成功消费的订单生成的清分明细的管理，之所以称之为明细，是因为这条记录中会包含交易金额、商户手续费，甚至可能会有渠道成本、代理商利润金额等信息，清晰地表明了各部分金额的归属。

清分明细管理的数据来源于订单系统在一笔消费订单成功之后，对清结算接口的调用(当然其中也可能会要求退款也要产生清分明细，这个时候就要看退款是从哪个账户退，从可用余额账户退，可以考虑不登记，也可以登记但不计入结算，从待结算账户退，就要登记并参与结算)。

结算单管理即是对商户的结算管理，结算单是一种外在表现形式，其记录了商户一个结算周期内的所有清分记录的汇总轧差的结果。

结算单的生成是由系统依据商户的结算周期设置自动汇总清分记录而成。

2. 清结算的接口

清结算的接口是与其他系统交互的入口，一笔交易的最后一步，即是调用清结算接口登记一条清分记录，用于一个结算周期之后对商户进行结算。

清结算接口的设计一般要包含商户编号、交易金额、商户手续费、渠道成本等参数字段，如果要求代理商的分润信息添加进来，则也要增加相应的代理商户编号、代理商分润金额等参数(描述的参数基于这些费用成本数值都是在订单系统完成的计算，如果要求清结算系统内自行计算，则要上传相应的费率，或者在清结算系统调用费用中心获取相应的商户费率、代理商扣率等费率数据)。

需要注意的是，订单系统调用清结算系统登记清分记录，也可能会出现异常，导致清分记录没有登记成功，这个时候，要么在订单系统设置相应的机制保证一定要清结算系统登记成功方才停止请求，要么就要进行两个子系统的对账，对不上的记录要自动补登记，并且要在两个系统流水一致的情况下，才能进行结算操作。

3. 清结算的自动化业务流程

清结算的自动化业务流程分为三步：自动生成结算单、自动结算、自动生成对账单。

自动生成对账单，即是一开始讲到的，按照第三方支付系统按照与商户的协议，将一个结算周期内的收付款项汇总轧差生成待结算金额，形成一条结算单数据。

自动结算是按照设定的结算方式，在生成结算单之后，或者指定某个具体的时间点，自动将结算单中的金额结算给商户的银行账户或者支付平台账户，但是结算之前，需要进行记账操作，如下所述。

结算到银行账户：

借：应付账款-商户-待结算账户　　　XXX 元
　　贷：银行存款　　　　　　　　　XXX 元

结算到支付平台账户：

借：应付账款-商户-待结算账户　　　XXX 元
　　贷：应付账款-商户-余额账户　　 XXX 元

可以没有自动结算这个功能，由人工在管理页面操作结算。

结算到银行账户，也可以分成两步，先结算到支付平台账户，再自动帮助商户提现到银行账户，这个逻辑可以在代付渠道不能使用的情况下，将资金结算到商户的支付平台账户，对其可见。不过，是否要按照应急状况进行这种逻辑的设定要看业务方的考虑，如果机制完善，也可以不采用这种方式，毕竟对于资金问题，过于自动化可能并不让人放心。

自动生成对账单，即是在对商户结算之后，提供商户核对结算金额是否正确的依据，而对账单生成的依据则是清分明细。

生成对账单之后的一个问题就是怎么让商户获取到对账单，一般有如下几种方式：在商户后台提供下载入口；提供获取对账单的接口，由商户进行系统对接；将对账单放到支付机构的 FTP/SFTP 上，允许商户访问获取；将对账单推送到商户的 FTP/SFTP 上……

方法很多，可以视具体需要确定提供哪些方式。

清结算系统完成对商户的结算之后，要将这个结算周期的清分记录生成一个对账文件(商户对账单)，供商户对账使用。

可能有人认为提供商户对账单供商户对账应该放在对账系统，但由于商户对账单的生成要依据清分记录，所以商户对账单的生成是在清结算系统。

4. 与对账系统的关联

清结算系统与对账系统产生关联，主要是考虑要不要在跟渠道对账结束之后，再将资金结算给商户的问题，涉及下面两种情形：如果是先对账，再结算，则是以渠道的流水记录为准，核对了流水之后再进行结算；如果是不管对账结果，直接结算，则是以支付系统的流水记录为准进行结算。

然而，渠道对账单里的流水可能只是用户充值到支付平台账户，并不需要结算给哪个商户，而结算给商户的资金也不一定是发生了银行卡支付，像余额支付(对于支付宝，还有花呗支付等)这种，支付记录不需要与渠道对账，但是也要结算给商户。

本 章 小 结

本章详细介绍了数字现金支付流程、电子现金安全支付、电子支票支付、电子支票中的安全机制、合并账单模式支付流程等应用实务，文中详细分析了 Mondex 电子现金支付系统案例、中银电子钱包支付、在线转账支付模式及网银在线第三方平台支付示例、智能卡支付模式、信用卡网络支付流程、招商银行的网络服务和实时资金汇划清算系统，详细阐述了在线转账、付款和资金结算等电子商务和网络金融业务的关键环节。

关键术语和概念

EDI 系统　SWIFT　FedWire　密钥加密　数字摘要　数字签名　双重签名　SET　电子认证　数字信封　数字现金　Mondex　币值转移　电子支票　同行支付　合并账单支付　电子钱包　第三方平台结算支付　在线支付　电子汇兑　交易实时监控　集中法人清算

综合练习题

一、判断题

1. 电子钱包是电子商务活动中顾客购物常用的一种支付工具，是在小额购物或购买小商品时常用的电子现金。　　　　　　　　　　　　　　　　　　　　　　　　(　)
2. 安全的网上交易系统具有三大功能：身份验证、数据加密传输、网上支付。(　)
3. 支付网关子系统主要包括商业银行业务系统公共接口、SET 服务器、SSL 服务器、HTTP 服务器、支付网关应用、支付交易仲裁软件、支付网关密钥与证书管理软件等。
(　)
4. 电子支付涉及的标准主要有：X5.95 标准、X.509 标准、X.500 标准、PKI 标准、SSL 标准和 SET 标准。　　　　　　　　　　　　　　　　　　　　　　　　　　(　)
5. 电子支付系统的特点有：认证、保密和数据的完整性、业务的不可否认性和多支付协议等。　　　　　　　　　　　　　　　　　　　　　　　　　　　　　　(　)

二、简述题

1. 简述票据电子化管理系统的功能。
2. 简述智能卡特征。

3. 简述电子支票系统。
4. 简述中国国家金融网。
5. 简述电子支付密码原理。
6. 简述电子资金划拨系统。
7. 简述电子资金划拨系统的支付方式。

三、论述题

1. 分析电子钱包支付的优势。
2. 分析分组交换数据网。
3. 分析电子支付系统的发展前景。
4. 试述数字现金支付模式的特点分析。
5. 分析第三方平台支付流程图的工作原理。
6. 试述合并账单支付模式的流程图。

四、实训题

1. 请画出双重签名的流程图(电子版)。
2. 熟练安装和使用各类网上支付系统并在网上完成资金的支付和结算。
3. 实际操作并讲述第三方支付网关与第三方平台的区别和联系？(在课堂上进行)
4. 根据在线转账支付模式的流程图，思考并分析第三方支付模式。

第 7 章 网络支付与安全

学习目标

通过对本章内容的学习,了解电子商务存在哪些风险,SSL 协议的优点及应用,SET 协议的应用,SSL 和 SET 协议的区别,客户认证主要包括哪些方面,认证中心的功能,证书的发放。重点掌握电子商务的安全要求,SSL 协议的基本概念和服务,SSL 协议的结构及运行步骤,SET 协议的目标、工作原理,SET 支付系统的组成,SET 协议涉及的范围及各种安全认证技术,数字证书的分类,证书申请的方法。

教学要求

知识要点	能力要求	相关知识
网络支付协议其他协议	(1) 熟悉 SSL 网络传输安全协议的内容 (2) 熟悉 SET 协议的内容和应用领域 (3) 了解 SSH、SOCKS、S-HTTP 等协议	(1) SSL 整体结构和运行方式 (2) 各类支付协议及未来的发展趋势
结算认证系统	(1) 掌握 CA 认证的基本体系与功能 (2) 熟悉各类数字证书的运用	(1) 认证中心功能的实现 (2) 安全认证技术的内容
中国电信 CA 认证系统	了解中国电信 CA 认证系统的技术特点	学会使用中国电信 CA 认证

第 7 章　网络支付与安全

章前导读

基于互联网的电子商务已经成为研究和应用的热点，而支付处理作为电子商务的一个重要组成部分，涉及互联网上消费者与商家之间的交易安全。

引例

贝宝(PayPal)

PayPal 创办于 1998 年，是最早从事第三方支付的企业之一。PayPal 是全球第三方支付行业中最成功的案例之一，2006 年第三季度，PayPal 的交易量就高达 91 亿美元。消费者网上购物付款时，因为要向素未谋面的商家提供自己的银行账户信息，会感到担心。有了 PayPal，消费者只需在 PayPal 账户存一定金额，购物时通过 PayPal 账户付款即可。PayPal 所起的作用，便是在消费者与商家之间搭起桥梁。

2005 年 7 月 11 日，贝宝中国(PayPal China)网站(www.paypal.com.cn)正式开通，标志着贝宝正式登陆中国市场。与此同时，贝宝与银联电子支付服务有限公司(ChinaPay)建立战略伙伴关系，在支付渠道和商户共享方面开展全面的合作。贝宝与银联电子支付的合作使中国用户能用多家银行的多种银行卡，通过贝宝进行安全、快捷、便利的网上支付。

1. 贝宝为买家和卖家提供的服务

贝宝是一种在线付款与收款的方式。

对于买家而言，用贝宝付款和收款是完全免费的，买家可以使用网上银行账户付款，买家的账户信息会被安全保存，绝对不会透露给任何其他人。

对于卖家而言，接受大多数主要的银行卡和其他付款类型。贝宝对卖家是完全免费的，操作简单。

2. 贝宝账户注册方便

(1) 任何人只要有一个电子邮件地址，就可以使用贝宝在线发送和接收款项。

(2) 企业账户是以公司、单位名称或个体工商户字号开设的贝宝账户。企业账户可以设立不同级别的多用户访问权限。

注册一个贝宝账号后，该地址将是用户的用户名，可以通过它进行转账、支付和收款。贝宝海外在线支付目前已经与中国 14 家银行进行了整合，可以支持 24 种中国银行卡，因此可以通过银行卡方便地往贝宝账户上充值，也可以把贝宝账户里的钱转到任意一张银行卡上，在此过程中，不需要向贝宝提供用户的银行账户信息。有了贝宝，付款和收款都是即时的，无疑提高了买卖双方的交易效率。

3. 贝宝使得付款变得轻松容易

贝宝支付流程如下图所示。

贝宝除了给网上的买家、卖家带来了安全、方便、快捷的支付体验外，一些时尚的年轻人甚至在网上交易之余，把"贝宝"当作了自己网络生存的"理财工具"。

与以前常用的几种支付方式相比，贝宝给网络交易带来方便。以前经常使用传统的邮局汇款、银行汇款、网上银行等，为了付款和收款，依然需要到邮局、银行排队等候，还不得不在网上透露自己的银行账(卡)号，事实上并没有做到真正的"足不出户"。同时，安全上也存在着隐患。贝宝给网络交易带来了安全、方便、快捷的支付。

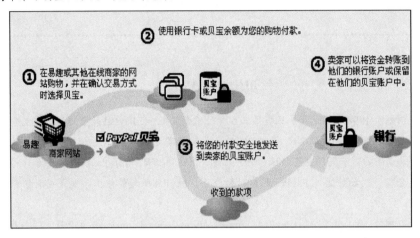

7.1 电子支付安全技术基础

网上支付专用网络的软件系统是特殊设计的，其应用单位是银行与银行(或非银行金融机构)、银行与商家之间。它具有专用系统和软件的高度安全性。使用专用网络系统进行电子货币支付在安全上有严格要求，其发送资金信息的报文是专门设计的，还必须在用户认证、安全传输、数据验证等方面进行控制。

7.1.1 电子支付网络与密码系统

随着经济的发展，支付已经成为日常商业活动中使用最为普遍和最为常用的一种支付手段和结算工具。但是，随着电子支付使用的日益广泛和普及，银行的手工处理支付的工作已逐渐被电子支付所替代，提高了工作效率和结算速度，还有利于通存通兑，增强防伪功能。

1. 电子支付密码原理及业务流程

电子支付密码又称电子印鉴，是一种先进的防伪及身份识别技术，目前已广泛应用于银行支票防伪、同城实时清算等系统中。

电子支付密码器外形如电子计算器，是一种小巧、便于携带的小型设备。当用户要开具票据时，只要在电子支付密码器上输入票据的号码、日期、金额等要素，电子支付密码器就会计算出一串数字并且显示出来，用户将这串数字抄写在票据上交给银行，银行将票据上同样的要素输入计算机，并且根据用户账号找到相对应的用户预留密钥，然后执行与电子支付密码器相同的加密计算，将计算出的结果与票据上的数字串进行比较就可知票据的真伪。

(1) 支付密码系统实现的基本原理。

电子支付是一种通信频次大、数据量小、实时性要求高、分布面很广的通信行为，因此电子支付的网络平台应是交互型的、安全保密的、可靠的通信平台，必须面向全社会，对所有公众开放。电子支付的网络平台有 PSTN(Public Switched Telephone Network，公共交换电话网)、公用/专用数据网、Internet、EDI 等。最早的网络平台是 PSTN、X.25 和 X.400 网络，后来出现了 X.435、X.500 等，这些网络的普及面明显跟不上业务发展的需要。当前电子支付的网络平台主要是互联网，现代化大容量的电子支付需要数字化、安全、可靠、快捷的网络平台来支撑。

支付密码系统实现的基本原理是银行在支付密码器中设置了与银行校验机数据库中一致的加密算法和密钥。用户在日常开具兑付票据时，将票据上的票据种类、票据号码、账号、签发日期、金额诸要素输入支付密码器中计算出一组数字密码即支付密码，并抄录或打印在票据上表明签发人的身份。

(2) 支付密码系统的业务流程。

收款行在收到一张客户签发的结算票据时，不管该票据的付款行是否与收款行在同一系统、同一行处、系统都能通过计算机网络系统使该票据的合法性和真伪得到付款行认证，使得票据实现实时抵用。显然，为实现上述目标，建立一个可靠的计算机网络系统是必不可少的；另一个重要问题是解决当付款行在没有票据实物的情况下如何验证其真伪。

① 客户签发结算票据的支付流程，如图 7.1 所示。

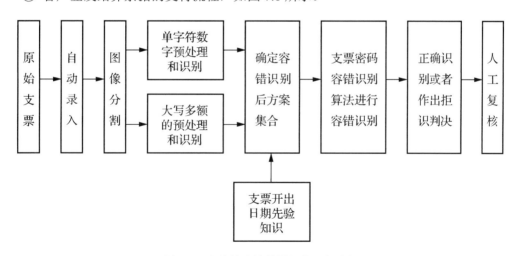

图 7.1 客户签发结算票据的支付流程

② 客户申请使用支付密码器。将票据的诸要素输入支付密码器，由支付密码器计算出该票据的支付密码，将支付密码填写在结算票据的特定位置。某银行向客户提供电子支付密码器的过程如图 7.2 所示。

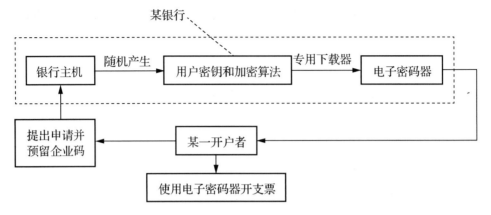

图 7.2　银行向客户提供电子支付密码器的流程

③ 支付密码的认证和自动容错流程。银行受理该结算票据后，将票据的诸要素及支付密码输入计算机，通过自动容错处理后，计算机将所有输入要素送交该结算票据的开户行票据校验机，进行票据的真伪核验，并返回票据的核验结果，如图 7.3 所示。

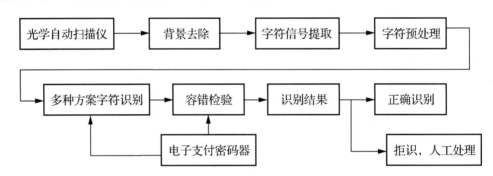

图 7.3　基于电子支付密码的自动容错识别系统处理流程

2. 电子支付密码系统的模式

在使用电子支付密码系统方面，各银行针对自身的实际情况，建立了不同的应用模式，主要有下列几种。

(1) 密码签模式。由银行按照支票号码、用户账号等参数进行一次加密计算得到一组支付密码，并将其打印出来交给用户。在使用时，用户将这些支付密码抄写到支票上即可。其优点是简单，成本低。缺点是防伪能力差。

(2) 单一的支付密码器。这种模式已经具备了典型的电子支付密码器应用的各种要素。用户使用电子支付密码器，输入支票号码、金额、日期等要素，将电子支付密码器计算出的结果抄写到支票上，然后由银行执行同样的运算以验证真伪。用户的预留密钥及加密算法均存放于电子支付密码器中。

(3) 使用 IC 卡的支付密码器。IC 卡也称智能卡，在一张名片大小的卡片内安装了一小片集成电路，这片电路能够存储数据，进行复杂的数学计算，其功能相当于一台超小型的计算机。具备运算能力的 IC 卡也称为 CPU 卡。

在使用 IC 卡的电子支付密码器模式中，采用了双重加密手段。由于 IC 卡具有强大的加密计算能力和堡垒式的防止非授权访问能力，人们使用 IC 卡的加密运算功能对由支付密码器计算出的结果进行第二次加密计算。即使支付密码器的用户密钥及银行加密算法被攻破，犯罪分子仍然无法获得所有的核心机密数据，也无法实现伪造支票数据的目的。

3. 数据加密简介

网络用户之间进行通信时，为了保护信息不被第三方窃取，必须采用各种方法对数据进行加密。最常用的技术就是私有密钥加密技术和公开密钥加密技术。

(1) 私有密钥加密技术。

私有密钥加密技术的原理是信息发送方用一个密钥对要发送的数据进行加密，信息的接收方能用同样的密钥解密，而且只能用这一密钥解密。由于这对密钥不能被第三方知道，所以叫作私有密钥加密方法。由于双方所用加密和解密的密钥相同，所以又叫作对称密钥加密法。最常用的对称密钥加密法叫作 DES(Data Encryption Standard)算法。

例如，甲乙两公司之间进行通信，每个公司都持有共同的密钥，甲公司要向乙公司订购钢材，用此共用的密钥加密，发给乙公司，乙公司收到后，同样用这一共用密钥解密，就可以得到这一份订购单，加密示意图如图 7.4 所示。

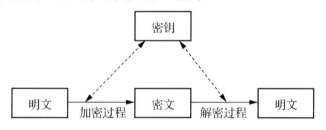

图 7.4　私有密钥加密示意图

由于对称密钥加密法需要在通信双方之间约定密钥，一方生成密钥后，要通过独立的安全的通道送给另一方，然后才能开始进行通信。这种加密方法在专用网络中使用效果较好，并且速度快。因为通信各方相对固定，可预先约定好密钥。

在电子商务网络支付应用中，作为银行内部专用网络传送数据一般采用 DES 算法加密，比如传送某网络支付方式用的密码。军事指挥网络上一般也常用这种密钥加密法。

但是它也有缺点，与多人通信时，需要太多的密钥，有时不可能给每一对用户配置一把密钥，所以电子商务只靠这种加密方式是不行的，这就必须采用公开密钥加密法。

(2) 公开密钥加密技术。

公开密钥加密法的加密和解密所用的密钥不同，所以也叫非对称密钥加密技术。其原理是共用两个密钥，在数学上相关，称作密钥对。用密钥对中任何一个密钥加密，可以用另一个密钥解密，而且只能用此密钥对其中的另一个密钥解密。

商家采用某种算法(密钥生成程序)生成了这两个密钥后，将其中一个保存好，叫作私人密钥，将另一个密钥公开散发出去，叫作公开密钥。任何一个收到公开密钥的客户，都可以用此公开密钥加密信息，发送给这个商家，这些信息只能被这个商家的私人密钥解密。只要商家没有将私人密钥泄漏给别人，就能保证发送的信息只能被这位商家收到。

公开密钥加密技术(图7.5)的算法原理是完全公开的,加密的关键是密钥,用户只要保存好自己的私人密钥,就不怕泄密。著名的公开密钥加密法是 RSA 算法[RSA 是这个算法3个发明人(Rivest,Shamir 和 Adleman)姓名首字母]。

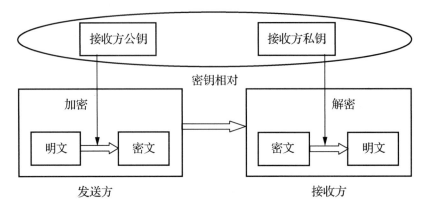

图 7.5　公开密钥加密技术示意图

非对称密钥加密法是后面要讲的数字签名手段的技术基础之一,在电子商务(如网络支付结算)中起到"防抵赖""认证支付行为"等作用。

(3) 数字信封。

对称密钥加密技术和非对称密钥加密技术的特性,见表 7-1。

表 7-1　对称密钥加密技术和非对称密钥加密技术的特性

特　　性	对　　称	非　对　称
密钥的数目	单一密钥	密钥是成对的
密钥种类	密钥是秘密的	一个私有、一个公开
密钥管理	简单、不好管理	需要数字证书及可靠第三者
相对速度	非常快	慢
用　　途	用来做大量资料的加密	用来做加密小文件或对信息签字等不太严格保密的应用

非对称(公开)密钥的强大的加密功能使它具有比对称密钥更大的优越性。但是,由于非对称密钥加密比对称密钥加密速度慢得多,在加密数据量大的信息时,要花费很长时间。而对称密钥在加密速度方面具有很大优势。所以,在网络交易中,对信息的加密往往同时采用两种加密方式,将两者结合起来使用,这就是数字信封技术。

数字信封(Digital Envelope)的原理是对需传送的信息(如电子合同、支付指令)的加密采用对称密钥加密法;但密钥不先由双方约定,而是在加密前由发送方随机产生;用此随机产生的对称密钥对信息进行加密,然后将此对称密钥用接收方的公开密钥加密,准备定点加密发送给接收方。这就好比用"信封"封装起来,所以称作数字信封(封装的是里面的对称密钥),如图 7.6 所示。

第 7 章 网络支付与安全

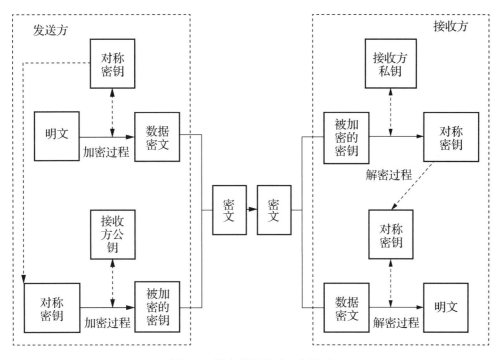

图 7.6 数字信封技术工作原理

接收方收到信息后,用自己的私人密钥解密,打开数字信封,取出随机产生的对称密钥,用此对称密钥再对所收到的密文解密,得到原来的信息。因为数字信封是用消息接收方的公开密钥加密的,只能用接收方的私人密钥解密打开,别人无法得到信封中的对称密钥。

在使用对称密钥加密时,密钥的传递及密钥的更换都是问题。采用数字信封的方式,对称密钥通过接受方的公开密钥加密后传给对方,可以保证密钥传递的安全。而且此对称密钥每次由发送方随机生成,每次都在更换,更增强了安全性。一些重要的短小信息,比如银行账号、密码等都可以采取数字信封传送。

4. 数字摘要与数字签名简述

(1) 数字摘要技术。

数字摘要(Digital Digest)技术也称作安全 HASH 编码法(Secure Hash Algorithm,SHA)。数字摘要技术用于对所要传输的数据进行运算生成信息摘要,它并不是一种加密机制,但却能产生信息的数字"指纹",它的目的是确保数据没有被修改或变化,保证信息的完整性不被破坏。数字摘要主要采用的方法是用某种算法对被传送的数据生成一个完整性值,将此完整性值与原始数据一起传送给接收者,接收者用此完整性值来检验消息在传送过程中有没有发生改变。这个值由原始数据通过某一加密算法产生的一个特殊的数字信息串,比原始数据短小,能代表原始数据,所以称作数字摘要,如图 7.7 所示。

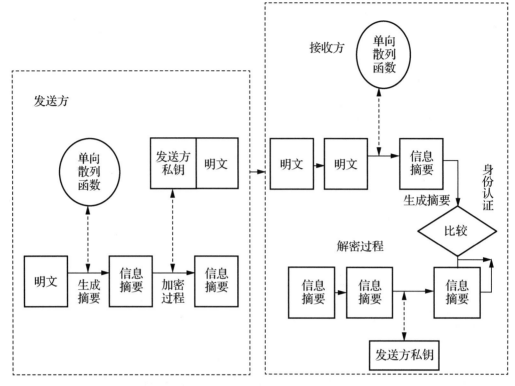

图 7.7　数字摘要技术工作原理

由于每个信息数据都有自己特定的数字摘要，就像每个人的指纹一样，所以，数字摘要又称作数字指纹或数字手印(Thumbprint)。就像可以通过指纹来确定是某人一样，可以通过数字指纹来确定所代表的数据。

数字摘要技术主要特点有：它能处理任意大小的信息，并对其生成固定大小的数据摘要，数据摘要的内容不可预见；对于相同的数据信息进行 HASH 后，总是能得到同样的摘要；如果数据信息被修改，进行 HASH 后，其摘要必定与先前不同；HASH 函数是不可逆的，无法通过生成的数据摘要恢复出源数据。

(2) 数字签名技术。

数字签名(Digital Signature)是用来保证信息传输过程中完整性、提供信息发送者的身份认证和不可抵赖性。公开密钥算法是实现数字签名的主要技术。

使用公开密钥算法，当你用自己的私钥加密了一个信息，并将其发送给一个朋友时，如果你的朋友能够使用你的公钥来解密出信息，他就能确定信息必定是从你那里发来的，这实际上就是数字签名的原理。在电子商务中，为了保证电子商务安全网络支付中的不可否认性，必须具有数字签名技术，如电子支票上的签名认证。

数字签名就是指利用数字加密技术实现在网络传送信息文件时，附加个人标记，完成传统上手书签名或印章的作用，以表示确认、负责、经手、真实等；或数字签名就是在要发送的消息上附加一小段只有消息发送者才能产生而别人无法伪造的特殊数据(个人标记)，而且这段数据是原消息数据加密转换生成的，用来证明消息是由发送者发来的。在网络支付SET机制中是用发送方的私人密钥对用HASH算法处理原始消息后生成的数字摘要加密，附加在原始消息上，生成数字签名。数字签名=信件发送者私人密钥加密HASH(信件)。数字签名可以解决下述网络支付中的安全鉴别问题。

① 接收方伪造。接收方伪造一份文件，并声称这是发送方发送的付款单据等。
② 发送者或接收者否认。发送者或接收者事后不承认自己曾经发送或接收过支付单据。
③ 第三方冒充。网上的第三方用户冒充发送或接收消息，如信用卡密码。
④ 接收方篡改。接收方对收到的文件，如支付金额进行改动。

数字签名与手书签名的区别在于手写签名(包括盖章)是模拟的，因人而异，即使同一个人也有细微差别，比较容易伪造，要区别是否是伪造，往往需要特殊专家。而数字签名是0和1的数字串，极难伪造，要区别是否为伪造，不需专家。对不同的信息数字指纹，即使是同一人，其数字签名也是不同的。这样就实现了文件与签名的最紧密的"捆绑"。

(3) 双重签名技术。

在网络支付过程中，客户需要发送订购信息给商户，发送支付信息给银行。这两条信息是相互关联的，以保证该支付仅为该订单付款。为了保护客户的隐私，商家不需要知道客户的银行卡号码，银行也不需要知道客户的订单细节。这时，仅靠发送方对整个信息的一次数字签名显然是不够的，需要双重签名技术来实现。双重签名(Dual Signature，DS)是SET协议引入的重要创新。

7.1.2 网络支付安全交易

认证机构的功能是向各方发放证书。某些接收行也可能有自己的注册机构，由注册机构向商家发放证书，商家通过向客户出示证书向客户说明商家是合法的。认证机构和注册机构的工作应是协调的。

1. 电子支付安全交易控制

SWIFT是专用金融服务系统，负责处理电子票据(支票等)的安全传输。SWIFT从3个方面进行安全控制，由此可保证电子文档的可靠、完整和安全传输：一是用户身份与操作合法性验证，通过逻辑读写控制进行用户登录的用户、密码验证；二是数据完整性控制，对传输的数据进行验证，主要有对自然突发性错误进行验证后反馈校验，对蓄意篡改性错误进行宏观检查校验；三是数据安全性控制，进行数据加密处理，防止网络传输中的"窃听"。SWIFT主要应用于SWIFT网络中的传输控制，在一定条件下也应用于用户与SWIFT网络之间的传输控制。

2. 安全电子交易(SET)协议

SET协议是VISA国际组织、MasterCard国际组织创建安全电子交易的一个国际标准。其主要目的是解决信用卡电子付款的安全保障性问题，保证信息的机密性，保证信息安全传输，不能被窃听，只有收件人才能得到并解密信息；保证支付信息的完整性，保证传输数据完整地接收，在中途不被篡改；认证商家和客户，验证公共网络上进行交易活动的商家、持卡人及交易活动的合法性；广泛的互操作性，保证采用的通信协议、信息格式和标准具有公共适应性,从而可在公共互联网上集成不同厂商的产品。SET 安全交易系统的主要措施有加密技术、数字签名、电子认证、数字信封、数字现金的安全交易等几个方面。

7.2 网络支付安全协议

电子商务发展的核心问题是交易的安全性问题,电子商务的安全问题是一个系统性问题,它包括信息安全、身份认证和信用管理 3 个方面,需要从技术上、管理上和法律上来综合建设和完善安全保障体系。

7.2.1 网络支付的安全问题

在电子商务过程中,买卖双方是通过网络来联系的,而且彼此远隔千山万水,因此建立交易双方的安全和信任关系相当困难。

1. 电子商务交易带来的安全威胁

(1) 销售者面临的安全威胁。

对销售者而言,其面临的安全威胁主要有以下几方面。

① 中央系统安全性被破坏。入侵者假冒成合法用户来改变用户数据(如商品送达地址)、解除用户订单或生成虚假订单。

② 竞争者检索商品递送状况。恶意竞争者以他人的名义来订购商品,从而了解有关商品的递送状况和货物的库存情况。

③ 客户资料被竞争者获悉。

④ 被他人假冒而损害公司的信誉。诈骗人建立与销售者服务器名字相同的另一个服务器来假冒销售者。

⑤ 消费者提交订单后不付款。

⑥ 虚假订单。

⑦ 获取他人的机密数据。例如,某人想要了解另一人在销售商处的信誉时,他以另一人的名字向销售商订购昂贵的商品,然后观察销售商的行动。假如销售商认可该订单,则说明被观察者的信誉高;否则,说明被观察者的信誉不高。

(2) 购买者面临的安全威胁。

对购买者而言,其面临的安全威胁主要有下述 4 点。

① 虚假订单。一个假冒者可能会以客户的名义来订购商品,而且有可能收到商品,而此时客户却被要求付款或返还商品。

② 付款后没有收到商品。在要求客户付款后,销售商中的内部人员未将订单和钱款转发给执行部门,因而使客户没有收到商品。

③ 机密性丧失。客户有可能将秘密的个人数据或自己的身份数据(如账号、口令等)发送给冒充销售商的机构,这些信息也可能会在传递过程中被窃取。

④ 拒绝服务。攻击者可能向销售商的服务器发送大量的虚假订单来穷竭它的资源，从而使合法用户不能得到正常的服务。

2. 电子商务的安全风险来源

(1) 信息传输风险。

信息传输风险是指进行网上交易时，因传输的信息失真或者信息被非法窃取、篡改和丢失，而导致网上交易的不必要损失。

① 冒名偷窃。如黑客为了获取重要的商业秘密、资源和信息，常常采用源 IP 地址欺骗攻击。

② 篡改数据。攻击者未经授权进入网络交易系统，使用非法手段，删除、修改、重发某些重要信息，破坏数据的完整性，损害他人的经济利益或干扰对方的正确决策。

③ 信息丢失。交易信息的丢失，可能有 3 种情况：一是线路问题造成信息丢失；二是安全措施不当而丢失信息；三是在不同的操作平台上转换操作不当而丢失信息。

④ 信息传递过程中的破坏。信息在网络上传递时，要经过多个环节和渠道。由于计算机技术发展迅速，原有的病毒防范技术、加密技术、防火墙技术等始终存在着被新技术攻击的可能性。计算机病毒的侵袭、黑客非法侵入、线路窃听等很容易使重要数据在传递过程中泄露，威胁电子商务交易的安全。

⑤ 虚假信息。用户以合法身份进入系统后，买卖双方都可能在网上发布虚假的供求信息，或以过期的信息冒充现在的信息，以骗取对方的钱款或货物，现在还没有很好的解决信息鉴别的办法。

(2) 信用风险。

信用风险主要来自如下 3 个方面。

① 来自买方的信用风险。对于个人消费者来说，可能有在网络上使用信用卡进行支付时恶意透支，或使用伪造的信用卡骗取卖方的货物行为；对于集团购买者来说，存在拖延货款的可能，卖方需要为此承担风险。

② 来自卖方的信用风险。卖方不能按质、按量、按时寄送消费者购买的货物，或者不能完全履行与集团购买者签订的合同，造成买方的风险。

③ 买卖双方都存在抵赖的情况。网上交易时，物流与资金流在空间上和时间上是分离的，因此如果没有信用保证网上交易是很难进行的。

(3) 管理方面的风险。

① 交易流程管理风险。客户进入交易中心，买卖双方签订合同，交易中心不仅要监督买方按时付款，还要监督卖方按时提供符合合同要求的货物。

② 人员管理风险。人员管理常常是网上交易安全管理上的最薄弱的环节，其原因主要是工作人员职业道德修养不高，安全教育和管理松懈。一些竞争对手还利用企业招募新人的方式潜入该企业，或利用不正当的方式收买企业网络交易管理人员，窃取企业的用户识别码、密码、传递方式及相关的机密文件资料。

③ 网络交易技术管理的漏洞也带来较大的交易风险。有些操作系统中的某些用户是无

口令的，如匿名 FTP，利用远程登录(Telnet)命令登录这些无口令用户，允许被信任用户不需要口令就可以进入系统，然后把自己升级为超级用户。

(4) 法律方面的风险。

在目前的法律上还找不到现成的条文保护网络交易中的交易方式，因此还存在法律方面的风险。一方面，在网上交易可能会承担由于法律滞后而无法保证合法交易的权益所造成的风险，如通过网络达成交易合同，可能因为法律条文还没有承认数字化合同的法律效力而面临失去法律保护的危险。另一方面，在网上交易可能承担由于法律的滞后完善所带来的风险，即在原来法律条文没有明确规定下而进行的网上交易，在后来颁布新的法律条文下属于违法经营所造成的损失。例如，一些电子商务服务公司在开通网上证券交易服务一段时间后，国家颁布新的法律条文规定只有证券公司才可以从事证券交易服务，从而剥夺了电子商务服务公司提供网上证券交易服务的资格，给这些电子商务中间商的经营造成巨大损失。

3. 电子商务的安全管理

网上交易安全管理，应当跳出单纯从技术角度寻求解决办法的圈子，采用综合防范的思路，从技术、管理、法律等方面去思考。建立一个完整的网络交易安全体系，至少从 3 个方面考虑，并且三者缺一不可。

(1) 技术方面的考虑。例如，防火墙技术、网络防毒、信息加密存储通信、身份认证、授权等。但只有技术措施并不能完全保证网上交易的安全。

(2) 必须加强监管。建立各种有关的合理制度，并加强监督，如建立交易的安全制度、交易安全的实时监控、提供实时改变安全策略的能力，对现有的安全系统漏洞的检查及安全教育等。在这方面，要充分发挥政府有关部门、企业的主要领导、信息服务商的作用。

(3) 社会的法律政策与法律保障。通过健全法律制度和完善法律体系，来保证合法网上交易者的权益，同时对破坏合法网上交易权益的行为进行立法严惩，如尽快出台符合新一代的网络交易的法律法规。这方面，主要发挥立法部门和执法部门的作用。

7.2.2 SSL 协议

就目前而言，虽然电子支付的安全问题还没有形成一个公认成熟的解决办法，但人们还是不断通过各种途径进行大量的探索，SSL 协议和 SET 协议就是这种探索的两项重要成果，它们已经在国际的电子支付中广泛使用。

1. SSL 协议主要提供的服务

(1) SSL 协议的基本概念。

SSL 协议是由美国网景(Netscape)公司推出的一种安全通信协议，它能够对信用卡和个人信息提供较强的保护。SSL 协议是对计算机之间整个会话进行加密的协议。在 SSL 协议中，采用了公开密钥和私有密钥两种加密方法，主要用于提高应用程序之间数据的安全系数。SSL 协议的整个要领可以被总结为，一个保证任何安装了安全套接层的客户和服务器间事务安全的协议，它涉及所有 TCP/IP 应用程序。

(2) SSL 协议主要提供 3 方面的服务。

① 认证用户和服务器，使得它们能够确信数据将被发送到正确的客户机和服务器上。

② 加密数据以隐藏被传送的数据。

③ 维护数据的完整性，确保数据在传输过程中不被改变。

2. SSL 协议的运行

(1) SSL 整体结构。

SSL 是一个介于 HTTP 协议与 TCP 协议之间的一个可选层，其位置大致如下。

```
 ———————
| HTTP |
 ———————
| SSL  |
 ———————
| TCP  |
 ———————
|  IP  |
 ———————
```

如果利用 SSL 协议来访问网页，其步骤如下。

用户在浏览器的地址栏里输入 http://www.sslserver.com。

HTTP 层：将用户需求翻译成 HTTP 请求，如 GET/index.htmHTTP/1.1。

SSL 层：借助下层协议的信道安全协商出一份加密密钥，并用此密钥来加密 HTTP 请求。

TCP 层：与 WebServer 的 443 端口建立连接，传递 SSL 处理后的数据，接收端与此过程相反。

SSL 在 TCP 之上建立了一个加密通道，通过这一层的数据经过了加密，因此达到保密的效果。上述过程通过以下 3 个协议来完成。

① 握手协议。握手协议负责协商被用于客户机和服务器之间会话的加密参数。当一个 SSL 客户机和服务器第一次开始通信时，它们在一个协议版本上达成一致，选择加密算法，选择相互认证，并使用公钥技术来生成共享密钥。也就是说，用来协商密钥，协议的大部分内容就是通信双方如何利用它来安全地协商出一份密钥。

② 记录协议。记录协议定义了传输的格式，用于交换应用层数据。应用程序消息被分割成可管理的数据块，还可以压缩，并应用一个 MAC(消息认证代码)；然后结果被加密并传输。接收方接收数据并对它解密，校验 MAC，解压缩并重新组合它，并把结果提交给应用程序协议。

③ 警告协议。警告协议用于指示在什么时候发生了错误或两个主机之间的会话在什么时候终止。

(2) SSL 协议的运行步骤。

① 建立一个虚拟的通信信道。SSL 客户机连接到 SSL 服务器，并要求服务器验证它自身的身份。

② 密码交换阶段，服务器通过发送它的数字证书证明其身份。这个交换还可以包括整个证书链，直到某个根证书权威机构(CA)。通过检查有效日期并确认证书包含有可信任 CA 的数字签名，来验证证书。

③ 身份验证。服务器发出一个请求，对客户端的证书进行验证。但是，因为缺乏公钥体系结构，当今的大多数服务器不进行客户端认证。

④ 协商用于加密的消息。加密算法和用于完整性检查的 HASH 函数，通常由客户机提供它支持的所有算法列表，然后由服务器选择最强健的加密算法。

⑤ 确定会话密钥。客户机和服务器通过下列步骤生成会话密钥。

A．客户机生成一个随机数，并使用服务器的公钥(从服务器的证书中获得)对它加密，发送到服务器上。

B．服务器用更为随机的数据(客户机的密钥可用时，则使用客户机密钥；否则以明文方式发送数据)响应。

C．使用 HASH 函数，从随机数据生成密钥。

当上述步骤完成之后，两者间的资料传送就会加上密码，等到另外一端收到资料后，再将编码后的资料还原。即使盗窃者在网络上取得编码后的资料，如果没有原来编制的密码算法，也不能获得可读的有用资料。

在电子商务交易过程中，由于有银行参与，按照 SSL 协议，客户购买的信息首先发往商家，商家再将信息转发到银行，银行验证客户信息的合法性后，通知商家付款成功，商家再通知客户购买成功，将商品寄送给客户。

3．SSL 协议的应用

在电子商务的开始阶段，商家也是担心客户购买后不付款，或使用过期作废的信用卡，因而希望银行给予认证。SSL 协议正是在这种背景下应用于电子商务的。

(1) 银行卡非 SET 电子商务支付系统(SSL)。

使用 SSL 协议、RSA 加密算法、数字签名和防火墙等保证交易的安全，支付时使用的是银行发行的储值卡(借记卡)、信用卡。该系统的主体有持卡人、商家、支付网关和发卡银行。其流程如下所述。

① 持卡人登录商品发布站点，验证商家身份。

② 持卡人决定购买，向商家发出购买请求。

③ 商家返回同意支付等信息。

④ 持卡人验证支付网关的身份。

⑤ 商家用支付网关的公开密钥加密支付信息。

⑥ 支付网关解密商家传来的信息。

⑦ 支付网关用它的私有密钥加密结果，把结果返回给商家。

⑧ 商家用支付网关的公开密钥解密后返回信息给持卡人，送货，交易结束。

(2) 支付系统的特点。

① 有银行的参与，支付网关必须得到银行的授权。

② 商家及支付网关使用证书，支付网关为自签名的 Root CA。

③ 持卡者支付时使用的微型电子钱包是一个 Applet 应用程序，放在支付网关的服务器上，并经过支付网关的签名认证。

④ 商家与持卡者通信用 SSL 协议，商家与支付网关通信使用 RSA 算法加密。

⑤ 持卡者必须与支付网关签约，成为其会员。

⑥ 支付网关与发卡行的通信可通过 POS 机拨号上银行的前置机(业务量不大时用)，或走专线，用 ISO 8583(通信协议)等协议上银行的前置机。

(3) 银行直接参与的非 SET 电子商务支付系统。

该系统支付信息不经过商家，直接到银行站点支付，即银行直接接收处理用户的支付信息，该系统风险较小。该系统的主体有持卡者、商家和发卡银行，其支付流程如下所述。

① 持卡者登录商品发布站点。

② 持卡者决定购买，向商家发出购买请求，并跳转到发卡行支付站点。

③ 持卡者验证发卡行支付站点身份，通过 SSL 向发卡行传送支付信息。

④ 银行处理用户的支付信息，划账。

⑤ 商家定期到发卡行站点查询成交商品，送货，交易完成。

(4) SSL 协议的基本属性。

SSL 协议的优点是它提供了连接安全，具有下述 3 个基本属性。

① 连接是私有的。在初始握手定义了一个密钥之后，将使用加密算法。

② 可以使用非对称加密或公钥加密(如 RSA 和 DSS)来验证对等实体的身份。

③ 连接是可靠的。消息传输使用一个密钥的 MAC，包括了消息完整性检查。其中使用了安全哈希(HASH)函数(例如 SHA 和 MD5)来进行 MAC 计算。

在电子商务的开始阶段，商家也是担心客户购买后不付款，或使用过期作废的信用卡，因而希望银行给予认证。SSL 协议正是在这种背景下应用于电子商务的。

SSL 协议运行的基点是商家对客户信息保密的承诺。例如，亚马逊在它的购买说明中明确表示："当你在亚马逊公司购书时，受到'亚马逊公司安全购买保证'保护，所以，你永远不用为你的信用卡安全担心"。但是，由上述流程可知，SSL 协议有利于商家而不利于客户。客户的信息首先传到商家，但整个过程中缺少了客户对商家的认证。电子商务发展的初期阶段，由于参与电子商务的大都是一些大公司，信誉度较高，这个问题没有引起人们的重视。随着参与电子商务的企业越来越多，对企业的认证问题越来越突出，SSL 协议的缺点完全暴露出来。SSL 协议逐渐被新的 SET 协议所取代。

7.2.3 SET 协议

SET 协议是美国 VISA 和 MasterCard 两大信用卡组织等联合推出的用于电子商务的行业规范，其实质是一种应用在 Internet 上、以信用卡为基础的电子付款系统规范，目的是保证网络交易的安全。SET 协议已获得 IETF 标准的认可，是电子商务的发展方向。

1. SET 支付系统的组成

SET 支付系统主要由持卡人(Card Holder)、商家(Merchant)、发卡行(Issuing Bank)、收单行(Acquiring Bank)、支付网关(Payment Gateway)、认证中心(Certificate Authority)6 个部分组成。相应的，基于 SET 协议的网上购物系统至少包括电子钱包软件、商家软件、支付网关软件和签发证书软件。

基于 SET 协议的电子商务支付系统由以下 6 个部分组成。

(1) 持卡人，指由发卡行所发行的支付卡的授权持有者。

(2) 商家，指出售商品或服务的个人或机构。商家必须与收单行建立业务联系，以接受支付卡这种付款方式。

(3) 发卡行，指向持卡人提供支付卡的金融机构。

(4) 收单行，指与商家建立业务联系的金融机构。

(5) 支付网关，实现对支付信息从互联网到银行内部网络的转换，并对商家和持卡人进行认证。

(6) 认证中心，在基于 SET 协议的电子商务体系中起着重要作用。可以为持卡人、商家和支付网关签发 X.509V3 数字证书,让持卡人、商家和支付网关通过数字证书进行认证。认证中心同时要对证书进行管理。

2. SET 协议的工作流程

(1) 消费者利用自己的计算机通过互联网选定所要购买的物品，并在计算机上输入订货单，订货单上需包括在线商店、购买物品名称及数量、交货时间及地点等相关信息。

(2) 通过电子商务服务器与有关在线商店联系，在线商店做出应答，告诉消费者所填订货单的货物单价、应付款数、交货方式等信息是否准确，是否有变化。

(3) 消费者选择付款方式，确认订单签发付款指令。此时 SET 协议开始介入。

(4) 在 SET 协议中，消费者必须对订单和付款指令进行数字签名，同时利用双重签名技术保证商家看不到消费者的账号信息。

(5) 在线商店接受订单后，向消费者所在银行请求支付认可。信息通过支付网关到收单银行，再到电子货币发行公司确认。批准交易后，返回确认信息给在线商店。

(6) 在线商店发送订单确认信息给消费者。消费者端软件可记录交易日志，以备将来查询。

(7) 在线商店发送货物或提供服务并通知收单行将钱从消费者的账号转移到商店账号，或通知发卡行请求支付。在认证操作和支付操作中间一般会有一个时间间隔，例如，在每天的下班前请求银行结一天的账。

步骤(1)(2)与 SET 协议无关，从步骤(3)开始 SET 协议起作用，一直到步骤(6)，在处理过程中通信协议、请求信息的格式、数据类型的定义等 SET 协议都有明确的规定。在操作的每一步，消费者、在线商店、支付网关都通过认证中心来验证通信主体的身份，以确保通信的对方不是冒名顶替。所以，也可以简单地认为 SET 协议充分发挥了认证中心的作用，以维护在任何开放网络上的电子商务参与者所提供信息的真实性和保密性。

第 7 章 网络支付与安全

3. SET 协议运行的目标

安全电子交易 SET 协议是一个通过开放网络进行安全资金支付的技术标准，这对于需要支付货币的交易来讲是至关重要的。SET 协议用以支持 B to C 这种类型的电子商务模式，即消费者持卡在网上购物与交易的模式。

SET 协议要达到的目标主要有下述 5 点。

(1) 保证信息在互联网上安全传输，防止数据被黑客或被内部人员窃取。

(2) 保证电子商务参与者信息的相互隔离。客户的资料加密或打包后通过商家到达银行，但是商家不能看到客户的账户和密码信息。

(3) 解决网上认证问题。不仅要对消费者的信用卡认证，还要对在线商店的信誉程度认证，同时还有消费者、在线商店与银行间的认证。

(4) 保证网上交易的实时性，使所有的支付过程都是在线的。

(5) 效仿 EDI 贸易的形式，规范协议和消息格式，促使不同厂家开发的软件具有兼容性和互操作功能，并且可以运行在不同的硬件和操作系统平台上。

4. SET 协议的工作原理

图 7.8 所示为 SET 协议的工作原理图，其工作可分为以下 6 个步骤。

(1) 接通阶段。客户通过网络向服务商打招呼，服务商回应。

(2) 密码交换阶段。客户与服务商之间交换认可的密码。一般选用 RSA 密码算法，也有的选用 Diffie-Hellman 和 Fortezza-KEA 密码算法。

(3) 会谈密码阶段。客户与服务商间产生彼此交谈的会谈密码。

(4) 检验阶段。检验服务商取得的密码。

(5) 客户认证阶段。验证客户的可信度。

(6) 结束阶段。客户与服务商之间的相互交换结束的信息。

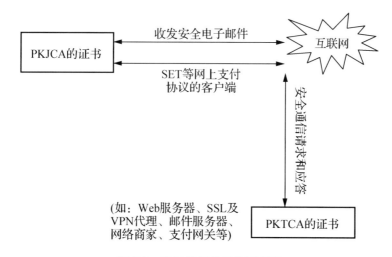

图 7.8 SET 协议的工作原理图

217

当上述步骤完成之后，两者间的资料传送就会加以密码，等到另外一端收到资料后，再将编码后的资料还原。即使盗窃者在网络上取得编码后的资料，如果没有原先编制的密码算法，也不能获得可读的有用资料。

在电子商务交易过程中，由于有银行参与，按照 SSL 协议，客户购买的信息首先发往商家，商家再将信息转发银行，银行验证客户信息的合法性后，通知商家付款成功，商家再通知客户购买成功，将商品寄送客户。

5. SET 协议涉及的对象

SET 协议所涉及的对象有如下几类。

(1) 消费者，包括个人消费者和团体消费者，按照在线商店的要求填写订货单，通过发卡银行选择信用卡进行付款。

(2) 在线商店，提供商品或服务，具备相应电子货币使用的条件。

(3) 收单银行，通过支付网关处理消费者和在线商店之间的交易付款问题。

(4) 电子货币，如智能卡、电子现金、电子钱包的发行公司，以及某些兼有电子货币发行的银行。负责处理智能卡的审核和支付工作。

(5) 认证中心，负责对交易双方的身份确认，对厂商信誉度和消费者的支付手段进行认证，认证中心的作用如图 7.9 所示。

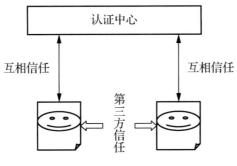

图 7.9　认证中心的作用

7.2.4　其他协议

近年来，IT 业界与金融行业一起，推出不少更有效的安全交易标准。主要有以下几种。

1. 安全外壳协议

安全外壳协议(Secure Shell，SSH)是一种在不安全网络上用于安全远程登录和其他安全网络服务的协议。它提供了对安全远程登录、安全文件传输和安全 TCP/IP 和 X-Windows 系统通信量进行转发的支持。它可以自动加密、认证并压缩所传输的数据。正在进行的定义 SSH 协议的工作确保 SSH 协议很安全，防止密码分析和协议攻击，并可在没有全球密钥管理或证书基础设施的情况下，把工作完成得非常好，还可以使用自己已有的证书基础设施(如 DNS－SEC 和 X.509)。SSH 协议由下面 3 个主要组件组成。

(1) 传输层协议。传输层协议提供服务器认证、保密性和完整性功能，并具有完美的转发保密性功能。有时，它还能提供压缩功能。

(2) 用户认证协议。用户认证协议负责从服务器对客户机的身份认证。

(3) 连接协议。连接协议把加密通道多路复用组成几个逻辑通道。

SSH 传输层协议是一种安全的低层传输协议。它提供了强大的加密、加密主机认证和完整性保护功能。SSH 协议中的认证是基于主机的，这种协议不执行用户认证。可以在 SSH 协议的上层为用户认证设计一种高级协议。

SSH 协议被设计得相当简单而灵活，以允许参数协商并最小化来回传输的次数。密钥交互方法、公钥算法、对称加密算法、消息认证算法及哈希算法等都需要协商。

数据完整性是通过在每个数据包中包含一个消息认证代码(MAC)来保护的，这个 MAC 是根据一个共享密钥、数据包序列号和数据包的内容计算得到的。

在 UNIX、Windows 和 Macintosh 系统上都可以通过 SSH 协议实现。它是一种广为接受的协议，使用众所周知的建立良好的加密、完整性和公钥算法。

2. 套接字安全协议

套接字安全协议(Socket Security，SOCKS)是一种基于传输层的网络代理协议，它是一个应用层的用于穿越 IP 网络防火墙的协议。它的安全性是高度依赖于正规的认证和正规执行方法提供的有效封装，以及在 SOCKS 客户端和 SOCKS 服务端所选择的安全性，还有管理员对认证方法选项所做的小心周密的考虑。它设计用于在 TCP 和 UDP 领域为客户机/服务器应用程序提供一个框架，以方便并且安全地使用网络防火墙的服务。

SOCKS 最初是由 David 和 Michelle Koblas 开发的，其代码在互联网上可以免费得到。此后经历了几次主要的修改，但该软件目前仍然是免费的。

SOCKS(版本 4)为基于 TCP 的客户机/服务器应用程序(包括 Telnet、FTP 及流行的信息发现协议，如 HTTP、WAIS 和 Gopher)提供了不安全的防火墙传输。

3. 安全超文本传输协议

安全超文本传输协议(Secure Hypertext Transfer Protocol，SHTTP)是一种面向安全信息通信的协议，它可以和 HTTP 结合起来使用。SHTTP 协议为 HTTP 客户机和服务器提供了多种安全机制，这些安全服务选项是适用于万维网上各类用户的。SHTTP 协议还为客户机和服务器提供了对称能力(及时处理请求和恢复，以及两者的参数选择)，同时维持 HTTP 的通信模型和实施特征。

SHTTP 客户机和服务器是与某些加密消息格式标准相结合的。SHTTP 支持多种兼容方案并且与 HTTP 相兼容。有 SHTTP 性能的客户机能够与没有 SHTTP 的服务器连接，但是这样的通信明显地不会利用 SHTTP 安全特征。

SHTTP 能与 HTTP 信息模型共存并易于与 HTTP 应用程序相整合。SHTTP 依靠密钥对的加密，保障 Web 站点间的交易信息传输的安全性。但金融界的支付系统，一般不采用这种协议模式。

7.3 结算认证系统

结算认证系统作为现代支付体系的核心,在银行业具有十分重要的地位。计算机技术、网络技术和通信技术在支付体系中的广泛应用,便出现了各种各样的电子支付结算系统。

7.3.1 证书简介

电子商务认证中心(Certificate Authority,CA)是负责发放和管理数字证书的权威机构。CA 系统遵循 PKI 安全体系,能够创建、签发、查询、吊销数字证书,为企业级的证书应用提供完整、灵活的解决方案。

1. 客户认证

客户认证(Client Authentication,CA)是基于用户的客户端主机 IP 地址的一种认证机制,它允许系统管理员为具有某一特定 IP 地址的授权用户定制访问权限。CA 与 IP 地址相关,对访问的协议不做直接的限制。服务器和客户端无需增加、修改任何软件。系统管理员可以决定对每个用户的授权、允许访问的服务器资源、应用程序、访问时间及允许建立的会话次数等。因此,在这些情况下,信息认证将处于首要的地位。

客户认证技术是保证网上交易安全的一项重要技术。客户认证主要包括身份认证和信息认证。

(1) 身份认证。

身份认证就是在交易过程中判明和确认贸易双方的真实身份,这是目前网上交易过程中最薄弱的环节。某些非法用户常采用窃取口令、修改或伪造、阻断服务等方式对网上交易系统进行攻击,阻止系统资源的合法管理和使用。因此,要求认证机构或信息服务商应当提供如下认证的功能。

① 可信性。信息的来源是可信的,即信息接收者能够确认所获得的信息不是由冒充者研发出的。

② 完整性。要求信息在传输过程中保证其完整性,即信息接收者能够确认所获得的信息在传输过程中没有被修改、延迟和替换。

③ 不可抵赖性。要求信息的发送方不能否认自己发出的信息。同样,信息的接收方不能否认已收到了信息。

④ 访问控制。拒绝非法用户访问系统资源,合法用户只能访问系统授权和指定的资源。

一般来说,用户身份认证可通过下面 3 种基本方式或其组合方式来实现。

① 用户所知道的某个秘密信息,如用户知道自己的口令。

② 用户所持有的某个秘密信息(硬件),即用户必须持有合法的随身携带的物理介质,如智能卡中存储用户的个人化参数,以及访问系统资源时必须要有的智能卡。

③ 用户所具有的某些生物学特征,如指纹、声音、DNA 图案、视网膜扫描等,这些认证方法一般造价较高,多半适用于保密程度很高的场合。

(2) 信息认证。

随着网络技术的发展，通过网络进行购物交易等商业活动日益增多。这些商业活动往往通过公开网络进行数据传输，这对网络传输过程中信息的保密性提出了更高的要求。因此，认证机构或信息服务商应提供以下几方面的认证功能。

① 对敏感的文件进行加密，这样即使别人截获文件也无法得到其内容。
② 保证数据的完整性，防止截获人在文件中加入其他信息。
③ 对数据和信息的来源进行验证，以确保发信人的身份。

通常采用秘密密钥加密系统、公开密钥加密系统或者两者相结合的方式，以保证信息的安全认证。对于加密后的文件，即使他人截取信息，由于得到的是加密后的信息，因此无法知道信息的原始含义；同时加密后，他人也无法加入或删除信息，因为加密后信息被改变后就无法得到原始信息。为保证信息来源的确定性，可以采用加密的数字签名方式来实现，因为数字签名是唯一的而且是安全的。

2. 安全认证技术

安全认证技术主要有数字摘要、数字信封、数字签名、数字时间戳、数字证书等。

3. 数字证书的分类

数字证书通常分为 3 种类型，即个人数字证书(Personal Digital ID)、企业证书(Server ID)、软件证书(Deve ID)。

(1) 个人数字证书。

个人数字证书是为某一个用户提供数字证书，以帮助个人在网上进行安全的电子交易操作。个人数字证书通常是安装在客户端的浏览器内，并通过安全的电子邮件进行交易操作。

个人数字证书是通过浏览器来申请获得的，认证中心对申请者的电子邮件地址、个人身份及信用卡号等进行核实后，就开始发放个人数字证书，并将数字证书安置在用户所用的浏览器或电子邮件的应用系统中，同时也给申请者发一个通知。个人数字证书的使用方法是集成在用户的浏览器的相关功能中，用户其实只要做出相应的选择就行了。

个人数字证书有四个级别：第一级别是最简单的，只提供个人电子邮件地址的认证，它仅与电子邮件地址有关，并不对个人信息进行认证，是最初级的认证；第二级别提供个人姓名、个人身份(如驾照、社会保险号、出生年月等)等信息的认证；第三级别是在第二级别之上加上了充当信用支票的功能；第四级别包括证书所有人的职位、所属组织等，但这一级别还没有最后定型。

(2) 企业证书。

企业证书，也就是服务器证书，它是对网上的服务器提供一个证书，拥有 Web 服务器的企业就可以用具有证书的网站来进行安全电子交易。

拥有数字证书的服务器可以自动与客户进行加密通信，有证书的 Web 服务器会自动地将其与客户端 Web 浏览器通信的信息加密。服务器的拥有者(相关的企业或组织)，有了证书，就可以进行安全电子交易。服务器证书的发放较为复杂。因为服务器证书是一个企业在网络上的形象，是企业在网络空间信任度的体现。

(3) 软件证书。

通常是为网上下载的软件提供证书，应用并不广泛。软件(开发者)证书通常为在网上下载的软件提供证书，该证书用于和微软公司 Authenticode 技术结合的软件，以使用户在下载软件时能获得所需的信息。

上述三类证书中前两类是常用的证书，第三类则用于较特殊的场合，大部分认证中心提供前两类证书，能完全提供各类证书的认证中心不多。

数字证书的管理非常重要。它包括两方面的内容：一是颁发数字证书，二是撤销数字证书。在一些情况下，如密钥丢失、被窃，或者某个服务器变更，就需要一种方法来验证数字证书的有效性，要建立一份证书取消清单并公之于众，这份清单是可伸缩的。

7.3.2 证书的发放

对于 SET 的用户，发放证书的形式有多种：可以发放给最终用户签名或加密的证书，向持卡人只能发放签名的证书，向商户和支付网关可以发放签名并加密的证书。

1. 注册机构

在电子交易过程中，无论是数字时间戳服务还是数字证书的发放，都不是靠交易双方自己完成的，而需要有一个具有权威性和公正性的第三方(认证中心)来完成。认证中心的结构如图 7.10 所示。

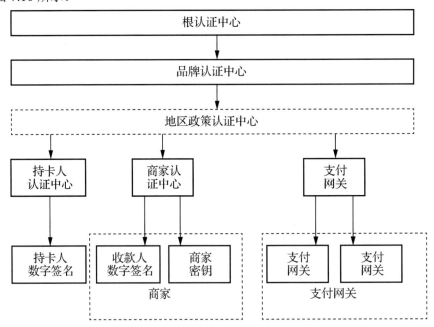

图 7.10 认证中心的结构示意图

认证是采用层级式的架构，而无论是付款人、收款人或收单银行都需要经过认证才能参与交易。如果甲想和乙通信，他首先必须从数据库中取得乙的证书，然后对它进行验证。如果他们使用相同的 CA，事情就很简单，甲只需验证乙证书上 CA 的签名；如果他们使用不同的 CA，问题就复杂了，甲必须从 CA 的树形结构底部开始，从底层 CA 往上层 CA 查询，一直追踪到同一个 CA 为止，找出共同的信任 CA。

图 7.10 中的地区政策认证中心并不一定存在，品牌认证中心可能直接认证付款人、收款人及金融机构。

(1) 认证中心功能的实现。

① 证书发放。通过注册中心的初始身份认证后，注册中心将用户申请提交给认证中心，认证中心根据证书操作管理规范定义的颁发规则在证书中插入附加信息并设置字段，并采取不同的方法将证书返回给用户(如用电子邮件形式)。

② 证书更新。证书更新包含两个方面内容：一是用户证书已经过期或者与证书相关的密钥到了它有效生命终点，或者证书中一些属性已经改变，这都需要更新用户的证书。二是 CA 本身的证书也存在以上的问题，所以 CA 根证书也是需要更新的。

③ 证书注销。在某种情况下，证书的有效性要求在证书结束日期之前终止或者要求用户与私钥分离时，证书要被撤销。例如，签署者状态发生改变，证书中信息可能已经修改，与用户相关的私钥可能以某种方式泄露。大多数情况下，CA 用来公布已更改的证书状态机制是一个证书撤销列表(CRL)。CRL 包括已被撤销证书的序列号和撤销日期，还有标志撤销原因的状态。

④ 证书验证。它包括如下内容：一是证书是否包含一个有效的数字签名，以此证明证书内容没被修改；二是颁发者的公开密钥是否可以验证证书上的数字签名，以确认数据是否来源于真正的数据发送方；三是当前使用的证书是否在证书的有效期内；四是证书是否用于最初分发给它的目的；五是检查证书撤销列表 CRL，验证证书是否被撤销。

(2) 选择认证中心时应考虑的问题。

① 在提供证书对受托申请进行管理方面的运营服务经验。

② 灵活性。系统能够支持多种证书类型或算法。

③ 选择性。能为用户提供引进的认证中心服务或认证中心产品许可证，并在今后由服务转向产品。

④ 实用性。根据用户需求进行设计，使产品能够满足用户的特殊需求。

⑤ 可靠性。认证中心的提供商对敏感的文件进行加密，保证数据的完整性，对数据和信息的来源进行验证。通常采用秘密密钥加密系统、公开密钥加密系统或者两者相结合的方式，以保证信息安全认证的可靠性。

⑥ 认证中心提供商的财务稳定性。认证中心能够生成并维持业务，对各类型的用户做出承诺。

⑦ 可调节性。在不做大的修改和重新设计的情况下，确保认证中心能够满足迅速增长的需求。

⑧ 认证中心提供的保证程度。由认证中心提供的保护措施，用于降低在系统运行中的损害和风险。

⑨ 咨询范围。技术人员和商业人员可以随时为用户使用证书提供帮助，以便实现其商业目标。

⑩ 认证中心还应能够为由一个认证中心解决方案支持的不同社区提供多种服务。最典型的例子应该是银行。在银行里，雇员在一个区域里进行操作，而账单持有人在一个完全不同的区域里操作。

2. 申请

认证中心的两个功能实际上是由两个机构实现的，认证中心和注册审批机构(Registration Authority，RA)。这两个功能可以都分配给认证中心，也可以由不同机构提供。将这两个功能分开使其中一个机构做出重要管理决定，另一个机构提供证书有效期限及系统安全的管理技术。注册机构负责做出诸如谁有权获得证书、何时吊销证书等决定，而认证中心，可以负责管理证书的有效期限。注册机构可以是一家使用雇员访问证书的公司，也可以是使用证书为其账单持有人进行电子银行业务的银行。

(1) 注册机构的功能。

① 主体注册证书的个人认证。
② 确认主体所提供的信息的有效性。
③ 对被请求证书属性确定主体的权利。
④ 确认主体确实拥有注册的私钥。
⑤ 在需要撤销时报告密钥泄露或终止事件。
⑥ 为识别身份的目的分配名字。
⑦ 在注册初始化和证书获得阶段产生共享秘密。
⑧ 产生公/私密钥对。
⑨ 认证机构代表最终实施开始注册过程。
⑩ 私钥的归档。
⑪ 开始密钥恢复处理。
⑫ 包含私钥的物理环网(例如智能卡)的分发。

(2) 证书的申请操作流程。

证书的申请操作流程如下。

① 用户带相关证明到证书业务受理中心申请证书。
② 用户填写证书申请表格和证书申请协议书。
③ 证书业务受理中心录入人员将数据录入并提交给 RA 中心。
④ 业务受理点的审核员通过离线方式审核申请者的身份、能力和信誉等。
⑤ 审核通过后，RA 中心向 CA 中心转发证书的申请请求。
⑥ CA 中心响应 RA 中心的证书请求，为该用户签发证书并返回给 RA 中心。
⑦ RA 中心将签发的证书返回到地、市级业务受理中心。
⑧ 如果证书介质是 IC 卡方式，则由印卡操作员对相应的 IC 卡进行印刷操作。
⑨ 证书业务受理中心的制作人员打印相应证书的密码信封，并将该用户的证书灌制到证书介质中后通知用户领取。

⑩ 用户根据用户应用指南使用相关的证书业务。

3. 证书发放

(1) 持卡人证书。

持卡人证书是支付卡的电子化表示,是金融机构以数字化形式签发的,不能被第三方改变。持卡人证书并不包括账号和终止日期,而是用单向哈希算法(one-way hashing algorithm),根据账号、截止日期和密码值即可导出这个码值,反之则不行。在 SET 协议中,持卡人需向支付网关提供他的账户信息和密码值。持卡人向发卡行申请证书时,用自己的软件生成一对公用密钥和私有密钥,将账户信息和公用密钥交给发卡行保存,私有密钥自己保存。当持卡人的发卡行批准后,就能获得持卡人证书,持卡人还需保存认证授权的公用密钥,用于验证商户证书和支付网关证书。当持卡人想通过电子方式购物时,该证书将与购买要求和加密的支付指令一起发往商户,当商户收到持卡人证书时,它至少能确认该账户信息曾被发卡行证实过。

(2) 商户证书。

商户证书就像是贴在收款台小窗上的付款卡贴面,以表示可以用什么卡来支付,它是由金融机构签发的,不能被第三方改变。在 SET 协议中,一个商户至少应有一对证书,与一个收单银行打交道。一个商户可以有多对证书,表示它能接受多种付款卡。

(3) 支付网关证书。

它可以被收单行获取,用于处理授权和购买信息,持卡人从该证书获得网关的加密密钥,授权该密钥用户保护持卡人的账户信息。支付网关证书由付款卡机构发给收单行。

(4) 收单行证书。

收单行必须拥有证书以便作为认证来接收和处理来自商户的证书申请,收单行证书由付款卡机构颁发。

(5) 发卡行证书。

发卡行必须拥有证书以便作为认证授权来接收和处理来自持卡人的证书申请,发卡行证书由付款卡机构颁发。

如果收单行和发卡行选择付款卡机构来处理证书申请,就不需要收单行证书和发卡行证书,因为这样它们就不需要处理 SET 信息了。

4. 证书的更新

数字证书网上更新流程如图 7.11 所示。

第一步,插入需要更新的电子令牌,并打开证书管理工具。单击"开始提交更新申请"按钮。第二步,申请提交成功后出现页面,按照提示,单击"下一步"按钮,继续进行更新。(注意:一旦申请提交成功,不得返回再次提交申请,以免造成证书更新失败而无法使用证书。)中途若有对话框弹出,请全部选择"是"选项。第三步,选择证书类型,单击"下一步"按钮,在弹出的对话框中输入用户的电子令牌的密码。

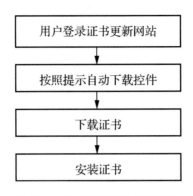

图 7.11 数字证书网上更新流程

5. 证书撤销

证书的撤销可以有许多理由，如私有密钥被泄密、身份信息的更新或终止使用等。

7.3.3 案例：中国电信 CA 认证系统(CTCA)

目前，中国已有近 40 家 CA 认证中心，既有行业性认证中心，如中国人民银行认证中心(CFCA)、中国邮政认证中心等；也有地域性 CA 认证中心，如上海 CA 认证中心、广东 CA 认证中心等。下面以中国电信 CA 认证系统为例进行介绍。

1. 中国电信 CA 认证系统的定位

中国电信 CA 认证系统目的是在 163/169 网上建立安全保障体系，为中国电信的网络用户提供端到端的安全服务。如果将 163/169 比喻成中国电信修的马路，中国电信 CA 认证系统就是马路上的安全警察。中国电信 CA 认证系统如图 7.12 所示。

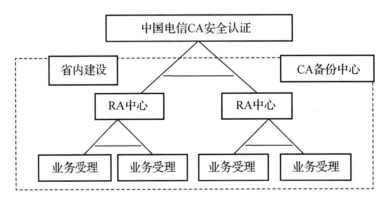

图 7.12 中国电信 CA 认证系统

2. 中国电信 CA 认证系统的发展历程

1998 年上半年，中国电信开始进行 CA 认证系统的研究和开发，1998 年 8 月在湖南省进行试点，建立了中国电信 CA 认证中心。

1999年8月3日，通过国家密码委员会和信息产业部联合鉴定，并获得国家信息产品安全认证中心颁发的认证证书，成为首家允许在公网上运营的CA认证系统。

1999年年底，按全国CA认证中心、省RA审核中心、业务受理点三级结构在全国范围内进行大规模推广。

目前，中国电信CA认证系统已经为各类用户发放10多万张数字证书(2006年统计数)，基于中国电信CA认证系统开发的电子商务应用项目有15类。中国电信CA认证系统是目前国内覆盖最广、用户最多的、应用项目最多的CA认证系统。

3. 中国电信CA认证系统的技术特点

中国电信CA认证系统遵循国际PKCS、PKIX系列标准，签发证书符合ITU-T、X.509V3标准，全部采用通过国家密码办规定的加密设备和加密算法。根据不同应用，中国电信CA认证系统可签发通用数字证书、SSL证书、S/MIME证书，可与标准浏览器、Web服务器实现互通。

根据安全强度不同，中国电信CA认证系统支持512位和1024位公钥证书的签发。根据业务系统实时性的不同要求，中国电信CA认证系统具备两种黑名单查询方式，即实时证书状态查询(OCSP)和定期证书黑名单列表(CRL)。

4. 加快建立完善的电子商务CA认证系统

中国电信建立完善的运行维护体系，提供7(天)×24(小时)不间断服务；建立全国CA技术支持中心、区域CA技术支持中心两级技术支撑体系；建立完善的数字证书业务营销体系，鼓励与社会合作，建立证书代理机制。

5. 中国电信CA认证系统与其他CA相比的优势

中国电信拥有丰富的运行维护经验，拥有资金、极大的无形资产优势，拥有IT人才优势，具有极强的技术支持力量，非常适合充当第三方公正的角色。

本 章 小 结

本章简要介绍了电子商务对安全性的要求，重点阐述了安全通信协议SSL和SET，分析了其优缺点，分析了其他的安全协议的内容和应用规则。同时也详细介绍了客户认证中的身份认证、信息认证及相关认证技术。重点总结了数字证书的分类，认证机构，证书的申请、发放、撤销等内容。

关键术语和概念

SSL　SET　握手协议　记录协议　警告协议　网上支付协议会议(NIST)　公钥加密算法　私钥加密算法　安全外壳协议　SOCKS协议　安全超文本传输协议　客户认证CA　身份认证　信息认证　数字摘要　数字信封　数字签名　数字时间戳　数字证书

综合练习题

一、单项选择题

1. ( )是由 VisaCard 和 MasterCard 合作开发完成的，在互联网上实现安全电子交易的协议标准。
   A．SSL   B．SET   C．DES   D．RSA

2. EDI 软件具有将用户数据库系统中的信息译成( )的标准格式以供传输交换的能力。
   A．EDI   B．文本文件   C．图形   D．脉冲电流

3. 1996 年 2 月 VisaCard 与 MasterCard 两大信用卡国际组织发起制订保障在互联网上进行安全电子交易的( )协议。
   A．SSL   B．IPSEC   C．SET   D．数字签名

4. SET 采用优良的密钥体制，把( )与非对称密钥体制的有效性结合在一起。
   A．不对称密钥的有效性   B．对称密钥的低成本而快速
   C．非对称密钥的低成本而快速   D．对称密钥的有效性

5. SET 协议工作在 TCP/IP 的( )层次？
   A．网络层   B．数据层   C．应用层   D．会话层

6. SET 协议涉及的对象不包括( )。
   A．消费者   B．离线商店   C．收单银行   D．认证中心

7. SET 协议通过( )技术保证数据的一致性和完整性。
   A．公共密钥   B．数字信封   C．数字签名   D．对称密钥

8. SET 协议主要保障( )的安全。
   A．网站数据
   B．网站之间通信信道
   C．客户、商家和银行之间通过信用卡支付
   D．电子邮件

9. SSL 安全协议的主要功能不包括( )。
   A．维护数据的完整性，确保数据在传输过程中不被更改
   B．能绝对安全地传递数据
   C．加密数据以隐藏被传递的数据
   D．认证用户和服务器

10. SSL 协议层包括两个协议子层：记录协议和( )。
    A．握手协议   B．牵手协议   C．拍手协议   D．拉手协议

11. 采用数字签名进行远程授权的支付方式是( )。
    A．银行卡在线刷卡记账   B．银行卡从 ATM 机提款再支付
    C．银行卡 POS 结账   D．银行卡网上支付

二、多项选择题

1. 关于数字证书的原理说法错误的是(　　)。
   A．数字证书采用公钥体制，即利用一对互相匹配的密钥进行加密、解密
   B．每个用户自己设定一把公有密钥，用它进行解密和签名
   C．当发送一份保密文件时，发送方使用接收方的私钥对数据加密，而接收方则使用自己的私钥解密
   D．设定一把公共密钥为一组用户所共享，用于加密和验证签名
2. 互联网电子商务交易中网络安全要素应包括(　　)等方面。
   A．信息传输的保密性　　　　B．数据交换的完整性
   C．交易场所的安全性　　　　D．交易者身份的确定性
3. 顾客不能进行网上支付，往往因为(　　)。
   A．网上商店的硬件系统有故障　　B．银行的支付系统有故障
   C．银行的通信网络有故障　　　　D．顾客自己不熟悉支付流程
4. SSL 协议可用来对(　　)协议进行加密。
   A．FTP 协议　　B．Telnet 协议　　C．HTTP 协议　　D．IP 协议
5. SSL 协议能确保两个应用程序之间通信内容的保密性和数据的完整性，以下对 SSL 协议的解释错误的是(　　)。
   A．SSL 协议属于网络应用层的标准协议
   B．SSL 记录协议基本特点：连接是专用的、连接是可靠的
   C．SSL 握手协议基本特点：连接是专用的、连接是可靠的
   D．SSL 可用于加密任何基于 IPX/SPX 的应用

三、简述题

1. 简述电子支付协议的种类。
2. 简述与电子支付相关的协议。
3. 简述电子支付系统的要求。
4. 简述电子支付的标准。
5. 简述电子支付系统的特点。

四、论述题

1. 分析电子支付系统的功能。
2. 分析中国电子商务支付体系的结构及实现原则。

第8章 网络数据安全技术

学习目标

通过对本章内容的学习，了解防火墙技术的特点与类型，了解数字加密技术的特点与方法，了解数字加密技术，熟悉身份认证技术分析的方法与应用，掌握金融认证中心的设计特征与实现的条件，重点掌握相关基本概念和基本知识点等内容。

教学要求

知识要点	能力要求	相关知识
网络信息安全常用技术	(1) 了解防火墙技术的特点与类型 (2) 了解数字加密技术的特点与方法 (3) 熟悉身份认证技术分析的方法与应用	(1) 网络信息安全相关知识 (2) 静态数据与动态信息 (3) 防火墙动态维护
网络安全机制的功能	(1) 了解数字加密技术 (2) 熟悉数字签名	(1) 身份识别，审计追踪 (2) 防火墙系统设计
金融认证中心的设计	(1) 掌握金融认证中心的设计特征与实现的条件 (2) 准确识记相关的基本概念，掌握基本知识点	(1) 数据加密算法 (2) 公钥的加密算法

第8章 网络数据安全技术

章前导读

网络信息安全一般注重软硬件方面的安全,很容易遗忘人才是这个网络信息安全中的脆弱点,而病毒与黑客攻击则是这种脆弱点的击破方法。

本章简要介绍了网络信息安全的基本知识,这一章中针对网络信息安全技术进行了进一步的加工深化并展开了论述,使其内容更翔实,应用性更高,更适用于网络技术、信息管理、电子商务等专业的专业课程学习,其他的专业亦可作为资料参考。

引例

FBI绕过苹果公司破解iPhone

2016年,苹果公司与FBI(美国联邦调查局)围绕破解iPhone密码的争议告一段落,FBI称找到了不需要苹果公司帮助而破解iPhone密码的方式。此消息一出,不仅科技圈炸了营,普通的iPhone用户也担心自己的手机密码变得形同虚设。究竟FBI是通过什么方式破解了iPhone密码?会不会对我们的手机安全带来威胁呢?

2016年12月,美国的圣贝纳迪诺枪击案引发了苹果公司和FBI之间的巨大争议。在当时的枪击案中,凶手法鲁克及其妻子杀死14人,并致22人受伤。FBI在调查中获得了他的一部iPhone 5c,但由于这部手机设置了密码,FBI的调查人员无法获得这部手机内的信息。

之后,美国司法部获得了法庭令,试图强迫苹果公司配合调查,开发能绕开这一安全功能的软件。不过,苹果公司以保护用户隐私为由拒绝了这一要求。双方为此展开了数轮激烈交锋。

此前有技术专家表示,应该另有途径能将手机解锁,但FBI调查人员始终坚持只有苹果公司能绕过安全程序,要求苹果公司开发一个能绕开加密程序的软件。

FBI宣布在第三方的协助下,法鲁克的iPhone被成功解锁,苹果公司并未出手相助。对此,苹果公司发表声明称本案根本就不该出现:"从一开始我们就拒绝FBI的要求,拒绝为iPhone开后门,因为我们认为这是错误的。"

虽然这一事件看似告一段落了,实际上更多的担心才刚刚开始。很多iPhone用户觉得,原来自己为手机设定的密码并不可靠,一旦这种破解iPhone密码的方法被传播开,手机上的密码保护将形同虚设。

随着互联网应用的日益深入,安全问题已成为关乎政府、企业乃至个人信息安全的关键。虽然上述安全大事件多发生在北美地区,实际上我国在网络安全领域面临的问题亦相当严峻,如不断曝出的精准电信诈骗,国内部分政企网站存在Ramnit恶意代码攻击,以及某电商曝出千万级用户数据泄露等。可见在2016年的一年里,意想不到的安全大事件在全球各地不断上演着,其中有新的安全隐患出现,也有旧的漏洞被持续利用。然而不论怎样,如何让正义的力量持续在网络世界中壮大与发展,制约与消除恶意攻击的规模和影响,才是安全产业中亘古不变的话题。

8.1 网络信息安全概述

网络信息安全是一门涉及计算机科学、网络技术、通信技术、密码技术、信息安全技术、应用数学、数论、信息论等多种学科的综合性学科。

8.1.1 网络信息安全的简介

网络信息安全主要是指网络系统的硬件、软件及其系统中的数据受到保护，不受偶然的或者恶意的原因而遭到破坏、更改、泄露，系统连续可靠正常地运行，网络服务不中断。

网络信息安全一般是指网络信息的完整性(Integrity)、保密性(Confidentiality)、可用性(Availability)、真实性(Authenticity)及可控性(Controllability)。网络信息的机密性是指网络信息的内容不会被未授权的第三者所知。

1. 网络信息安全的主要特征

(1) 完整性，指信息在传输、交换、存储和处理过程保持非修改、非破坏和非丢失的特性，即保持信息原样性，使信息能正确生成、存储、传输，这是网络信息安全最基本的特征。

(2) 保密性，指信息按给定要求不泄漏给非授权的个人、实体或过程，或提供其利用的特性，即杜绝将有用信息泄漏给非授权个人或实体，强调有用信息只被授权对象使用的特征。

(3) 可用性，指网络信息可被授权实体正确访问，并按要求能正常使用或在非正常情况下能恢复使用的特征，即在系统运行时能正确存取所需信息，当系统遭受攻击或破坏时，能迅速恢复并能投入使用。可用性是衡量网络信息系统面向用户的一种安全性能。

(4) 真实性，指通信双方在信息交互过程中，确信参与者本身，以及参与者所提供的信息的真实同一性，即所有参与者都不可能否认或抵赖本人的真实身份，以及提供信息的原样性和完成的操作与承诺。

(5) 可控性，指对流通在网络系统中的信息传播及具体内容能够实现有效控制的特性，即网络系统中的任何信息要在一定传输范围和存放空间内可控。除了采用常规的传播站点和传播内容监控这种形式外，最典型的如密码的托管政策，当加密算法交由第三方管理时，必须严格按规定可控执行。

2. 网络安全模型框架

通信双方在网络上传输信息，需要先在发收之间建立一条逻辑通道。这就要先确定从发送端到接收端的路由，再选择该路由上使用的通信协议，如 TCP/IP 协议。

一个安全的网络通信必须考虑的内容有：①实现与安全相关的信息转换的规则或算法；②用于信息转换算法的密码信息(如密钥)；③秘密信息的分发和共享；④使用信息转换算法和秘密信息获取安全服务所需的协议。

网络信息安全可看成是多个安全单元的集合。其中，每个单元都是一个整体，包含了多个特性。一般来说，人们从 3 个主要特性——安全特性、安全层次和系统单元去理解网络信息安全。

(1) 安全特性。

安全特性指的是该安全单元可以解决什么安全威胁。信息安全特性包括保密性、完整性、可用性和认证安全性。

① 保密性主要是指保护信息在存储和传输过程中不被未授权的实体识别。例如，网上传输的信用卡账号和密码不被识破。

② 完整性是指信息在存储和传输过程中不被未授权的实体插入、删除、篡改和重发等，信息的内容不被改变。例如，用户发给别人的电子邮件，保证到接收端的内容没有改变。

③ 可用性是指不能由于系统受到攻击而使用户无法正常去访问他本来有权正常访问的资源。例如，保护邮件服务器安全不因其遭到 DDOS(Distribution Denial of Service Attack，分布式拒绝服务攻击)攻击而无法正常工作，使用户能正常收发电子邮件。

④ 认证安全性就是通过某些验证措施和技术，防止无权访问某些资源的实体通过某种特殊手段进入网络而进行访问。

(2) 安全层次。

鉴于对计算机网络信息技术存在的安全问题，如：病毒的严重威胁、人为的网络攻击和网络自身的漏洞，提出了 4 个层次的安全防范措施。

① 主机加固，提高计算机的安全系数。

② 重要数据进行加密，确保计算机防御系统安全。

③ 做好病毒防范工作，远离病毒的感染和传播。

④ 加强有效入侵检测，做到及时地更新监测系统。

(3) 系统单元。

系统单元是指操作系统，包含该特性的安全单元可以解决端系统或中间系统的操作系统包含的安全问题，一般是指数据和资源在存储时的安全问题。系统单元包括以下 4 类。

① 物理单元是指硬件设备、网络设备等，包含该特性的安全单元可以解决物理环境安全问题。

② 网络单元是指网络传输，包含该特性的安全单元可以解决网络协议造成的网络传输安全问题。

③ 应用单元是指应用程序，包含该特性的安全单元可以解决应用程序所包含的安全问题。

④ 管理单元是指网络安全管理环境，网络管理系统对网络资源进行安全管理。

3. 网络信息的完整性

网络信息的完整性是指信息在存储或传输时不被修改、破坏，不出现信息包的丢失、乱序等，即不能为未授权的第三者修改。信息的完整性是信息安全的基本要求，破坏信息的完整性是影响信息安全的常用手段。当前，运行于互联网上的协议(如 TCP/IP)等，能够确保信息在数据包级别的完整性,即,做到了传输过程中不丢信息包,不重复接收信息包,但却无法制止未授权第三者对信息包内部的修改。

8.1.2 攻击互联网络的类型

对互联网络的攻击包括对静态数据的攻击和对动态数据的攻击两种形式。

1. 对静态数据的攻击

对静态数据的攻击主要有以下几种。

(1) 口令猜测。通过穷举方式搜索口令空间,逐一测试,得到口令,进而非法入侵系统。

(2) IP 地址欺骗。攻击者伪装成源自一台内部主机的一个外部地点传送信息包,这些信息包中包含有内部系统的源 IP 地址,冒名他人,窃取信息。

(3) 指定路由。发送方指定信息包到达目的站点的路由,而这条路由是经过精心设计的、绕过设有安全控制的路由。

2. 对动态数据的攻击

根据对动态数据的攻击形式不同,可以将攻击分为被动攻击和主动攻击两种形式。

(1) 被动攻击是指攻击者监听网络上传递的信息流,从而获取信息的内容,或仅希望得到信息流的长度、传输频率等数据,称为流量分析(traffic analysis)。

(2) 主动攻击是指攻击者通过有选择地修改、删除、延迟、乱序、复制、插入数据流或数据流的一部分以达到其非法目的。主动攻击可以归纳为中断、篡改、伪造三种。中断是指阻断由发送方到接收方的信息流,使接收方无法得到该信息,这是针对信息可用性的攻击。篡改是指攻击者修改、破坏由发送方到接收方的信息流,使接收方得到错误的信息,从而破坏信息的完整性。伪造是针对信息的真实性的攻击,攻击者或者是首先记录一段发送方与接收方之间的信息流,然后在适当时间向接收方或发送方重放这段信息,或者是完全伪造一段信息流,冒充接收方可信任的第三方,向接收方发送。

8.1.3 网络安全机制的功能

网络信息安全阶段的主要特征是被动防御,采取各种措施(如防火墙、入侵检测等)来防范各种可能的入侵。进入 21 世纪后,各国对信息安全的重要性与作用有了更高认识,美国首先提出了信息保障的概念,提出了防护、检测、信息安全保密的 PDRR(Protection,Detection,Reaction,Recovery)模型,使信息安全进入主动防御阶段。

1. 网络安全系统的功能

(1) 身份识别。身份识别是安全系统应具备的最基本功能,这是验证通信双方身份的有效手段。用户向其系统请求服务时,要出示自己的身份证明,例如输入 User ID 和 Password。而系统应具备查验用户的身份证明的能力,对于用户的输入,能够明确判别该输入是否来自合法用户。

(2) 存取权限控制。其基本任务是防止非法用户进入系统及防止合法用户对系统资源的非法使用。在开放系统中，网上资源的使用应制订一些规定：一是定义哪些用户可以访问哪些资源，二是定义可以访问的用户各自具备的读、写、操作等权限。

(3) 数字签名。即，通过一定的机制如 RSA 公钥加密算法等，使信息接收方能够做出"该信息是来自某一数据源且只可能来自该数据源"的判断。

(4) 保护数据完整性。即，通过一定的机制，如加入消息摘要等，以发现信息是否被非法修改，避免用户或主机被伪信息欺骗。

(5) 审计追踪。即，通过记录日志、对一些有关信息统计等手段，使系统在出现安全问题时能够追查原因。

(6) 密钥管理。信息加密是保障信息安全的重要途径，以密文方式在相对安全的信道上传递信息，可以让用户比较放心地使用网络，如果密钥泄露或居心不良者通过积累大量密文而增加密文的破译机会，都会对通信安全造成威胁。因此，对密钥的产生、存储、传递和定期更换进行有效地控制而引入密钥管理机制，对增加网络的安全性和抗攻击性也是非常重要的。

(7) 管理系统。网络信息安全管理系统(Network Information Control System，NICS)，是一款专为企事业单位管理者设计的计算机及网络环境安全的解决方案。它汇集了众多网络管理员多年的网络管理经验、结合了广大企事业单位管理者的需求、集成了大量的网络知识、引用了先进的计算机网络信息控制技术，以帮助企事业单位保护计算机信息安全、规范计算机使用行为、打造网络和谐环境为目的，通过事前控制和强大的日志功能以及对计算机桌面的实时巡视，让管理者省钱、省时、省心地进行计算机和网络的控制及管理。

2. 产品功能

(1) 硬件控制功能。允许/禁止使用 USB 移动存储设备(如 U 盘、移动硬盘、MP3、MP4、数码相机、DV、手机等)、光盘驱动器(如 CD、DVD、刻录机、雕刻机等)、打印机(如 LPT、USB、IEEE1394、共享、虚拟打印机等)、软盘驱动器拷贝计算机信息文件；允许/禁止使用计算机声卡。

(2) 软件控制功能。允许/禁止运行计算机里已经安装的应用程序，有效控制聊天(QQ、微信等)、玩游戏、看电影、听音乐、下载网上文件、炒股及运行一切与工作无关的应用程序。

(3) 网络控制功能。允许/禁止上网，或只允许/禁止访问指定网站，设置信任站点；允许/禁止通过 Outlook、Foxmail 等收发电子邮件，允许/禁止通过网站收发邮件，只允许/禁止指定邮件地址进行收发电子邮件；允许/禁止基于 HTTP 或 FTP 协议的上传下载；允许/禁止通过 QQ 等聊天工具传输文件、允许/禁止收看网上视频等。

(4) 日志记录功能。准确记录聊天工具(如 QQ、微信等)的聊天内容、网站访问日志、基于 HTTP 协议的文件上传下载日志、FTP 连接访问日志、基于 FTP 协议的文件上传下载日志、邮件收发日志(包括邮件正文及附件)、应用程序运行日志、应用程序网络连接日志、消息会话日志、被控端连接日志等。

(5) 实时监控功能。实时跟踪被控端计算机桌面动态(最多可同时跟踪 16 个被控端计算机桌面)、控制端与被控端之间相互消息会话(类似QQ聊天工具)、锁定被控端计算机、随时发布警告通知、异地跟踪被控端计算机桌面、对被控端计算机进行远程关机、注销、重启。

(6) 软防火墙功能。对可疑端口或 IP 进行封堵、禁止可疑程序连接网络、限制访问非法网站,有效防范网络攻击、净化网络环境。

(7) 网络信息安全图册。启动操作、被控端进程管理、被控端软硬件资源、被控端网络流量及会话分析等内容。

8.1.4 网络信息安全常用技术

为了满足电子商务的安全要求,电子商务系统必须利用安全技术为电子商务活动参与者提供可靠的安全服务,主要包括鉴别服务、访问控制服务、机密性服务、不可否认服务等。各种电子商务安全服务都是通过安全技术来实现的,电子商务使用的主要安全技术包括加密、数字签名、电子证书、电子信封和双重签名等。

1. 加密

加密是电子商务采取的基本安全措施,贸易方可根据需要在信息交换的阶段使用。加密分为两类,即对称加密和非对称加密。

(1) 对称加密。在对称加密方法中,采用相同的加密算法并只交换共享的专用密钥(加密和解密都使用相同的密钥)。如果进行通信的贸易方能够确保专用密钥在密钥交换阶段未曾泄露,那么机密性和报文完整性就可以通过这种加密方法加密机密信息和通过随报文一起发送报文摘要或报文散列值来实现。因此,对称加密技术存在着在通信的贸易方之间确保密钥安全交换的问题。此外,对称加密方式无法鉴别贸易发起方或贸易最终方。数据加密标准(DES)由美国国家标准局提出,是目前广泛采用的对称加密算法,主要应用于银行业中的 EFT 领域。DES 的密钥长度为 56 位。

(2) 非对称加密。在非对称加密体系中,密钥被分解为一对,即公开密钥或专用密钥。公开密钥(加密密钥)通过非保密方式向他人公开,而用专用密钥(解密密钥)加以保存。公开密钥用于对机密性的加密,专用密钥则用于对加密信息的解密。专用密钥只能由生成密钥对的贸易方掌握,公开密钥可广泛发布,但它只对应于生成该密钥的贸易方。例如,贸易甲方生成一对密钥,公布公开密钥;贸易乙方得到该公开密钥,使用该密钥对机密信息进行加密,然后发送给贸易甲方;贸易甲方再用自己保存的专用密钥对加密后的信息进行解密。贸易乙方只能用其专用密钥解密由其公开密钥加密后的任何信息。RSA 算法是非对称加密领域内最为著名的算法。

2. 数字签名

数字签名是非对称加密技术的一类应用。它的主要方式是:报文发送方从报文文本中生成一个 128 位的散列值(或报文摘要),并用自己的专用密钥对这个散列值进行加密,形成发送方的数字签名;然后,这个数字签名将作为报文的附件和报文一起发送给报文的接收方;报文接收方首先从接收到的原始报文中计算出 128 位的散列值(或报文摘要),接着再用发送方的公开密钥来对报文附加的数字签名进行解密。如果两个散列值相同,那么接收方就能确认该数字签名是发送方的。通过数字签名能够实现对原始报文的鉴别和不可否认性。

ISO/IEC JTC1 已经起草有关的国际标准规范。该标准的题目是"信息技术.安全技术.带附件的数字签名",它由概述和基于身份的机制两部分构成。

3. 电子证书

数字签名是基于非对称加密技术的,存在两个明显的问题:第一,如何保证公开密钥的持有者是真实的;第二,大规模网络环境下公开密钥的产生、分发和管理。由此,认证中心(Certificate Authority,CA)应运而生,它是提供身份验证的第三方机构,由一个或多个用户信任的组织实体构成。CA 核实某个用户的真实身份以后,签发一份报文给该用户,以此作为网上证明身份的依据。这个报文称为电子证书,包括唯一标识证书所有者(即贸易方)的名称、唯一标识证书签发者的名称、证书所有者的公开密钥、证书签发者的数字签名、证书的有效期及证书的序列号等。电子证书能够起到标识贸易方的作用,是目前电子商务广泛采用的技术之一。常用的证书有持卡人证书、商家证书、支付网关证书、银行证书和发卡机构证书等。微软公司的 Internet Explorer 和网景公司的 Navigator 都提供了电子证书作为身份鉴别的手段。

4. 电子信封

电子信封是为了解决传送更换密钥问题而产生的技术,它结合了对称加密和非对称加密技术的各自优点。发送者使用随机产生的对称密钥加密数据,然后将生成的密文和密钥本身一起用接收者的公开密钥加密(称为电子信封)并发送;接收者先用自己的专用密钥解密电子信封,得到对称密钥,然后使用对称密钥解密数据。这样,保证每次传送数据都可由发送方选定不同的对称密钥。

5. 双重签名

在实际商务活动中经常出现这种情形,即持卡人给商家发送订购信息和自己的付款账户信息,但不愿让商家看到自己的付款账户信息,也不愿让处理商家付款信息的第三方看到订货信息。在电子商务中要能做到这点,需使用双重签名技术。持卡人将发给商家的信息(报文 1)和发给第三方的信息(报文 2)分别生成报文摘要 1 和报文摘要 2,合在一起生成报文摘要 3,并签名;然后,将报文 1、报文摘要 2 和报文摘要 3 发送给商家,将报文 2、报文摘要 1 和报文摘要 3 发送给第三方;接收者根据收到的报文生成报文摘要,再与收到的报文摘要合在一起,比较结合后的报文摘要和收到的报文摘要 3,确定持卡人的身份和信息是否被修改过。双重签名解决了三方参加电子贸易过程中的安全通信问题。

8.1.5 网络信息安全的管理

互联网已经越来越深入人们日常的工作生活中,但是,随之而来的网络安全问题也显得日渐突出,信息安全已经成为网络世界无法回避的发展障碍性因素,针对这一问题进行论述。

1. 人员安全与日常操作管理

安全方案的实现离不开管理,人员是管理的核心。人员管理除了技术层次的要求(如学历、个人技能、工作经验等),还应有安全性要求,保证从事网络信息工作的人员都应有良好的品质和可靠的工作动机,不能有任何犯罪记录和不良嗜好。对工作人员要有一套完整的管理措施,它包括人员筛选录用政策、上网和离职控制、安全教育、安全检查等一系列制度。安全教育和培训的目的,在于使所有工作人员了解安全责任,熟悉工作环境的操作过程,使其有能力来正确地执行安全的策略,减少人为的因素或操作不当而给系统带来不必要的损失或风险。

2. 系统连续性管理

系统备份、恢复策略的存在,是为了满足系统业务连续不间断的要求,避免由于自然灾难、事故、设备的损坏和恶意的破坏行为使系统丧失不停顿服务功能。

3. 按程序操作

内部网络的不安全主要体现在对网络的违规使用,如越权使用某些业务,查看、修改机密文件或数据库等,同时也包括一些对计算机系统或网络的恶意攻击。

8.2 防火墙技术

防火墙技术主要是为了保护与互联网相连的企业内部网络或单独节点。在逻辑上防火墙是一个限制器,也是一个分析器,防火墙的工作如图 8.2 所示。防火墙能有效地监控内部网和互联网之间的活动,保证内部网络的安全。

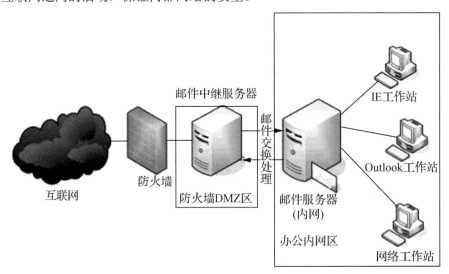

图 8.1 防火墙工作示意图

8.2.1 防火墙技术概述

防火墙技术是通过有机结合各类用于安全管理与筛选的软件和硬件设备，帮助计算机网络在其内、外网之间构建一道相对隔绝的保护屏障，以保护用户资料与信息安全性的一种技术。

1. 系统设计

防火墙系统的总体结构模型由以下 5 大模块组成。

(1) NAT(Network Address Translation，网络地址转换)模块依据一定的规则，对所有出入的数据包进行源与目的地址识别，并将由内向外的数据包中源地址替换成一个真实地址，而将由外向内的数据包中的目的地址替换成相应的虚拟地址。

(2) 集中访问控制模块负责响应所有指定的由外向内的服务访问，并实施安全的鉴别，为合法用户建立相应的连接，并将这一连接的相关信息传递给 NAT 模块，保证在后续的报文传输时直接转发而无需控制模块干预。

(3) 临时访问端口表及连接控制(TLTC)模块通过监视外向型连接的端口数据动态维护一张临时端口表，记录所有由内向外连接的源与目的端口信息，根据此表及预先配置好的协议集由连接控制模块决定哪些连接是允许的而哪些是不允许的，即根据所制定的规则(安全策略)禁止相应的由外向内发起的连接，以防止攻击者利用网关允许的由内向外的访问协议类型做反向的连接访问。由于本模块所实现的功能实际上仍属于 IP 包过滤的范畴，因此，它有可能与 NAT 模块所设定的过滤规则相冲突。基于这一原因，在系统总体设计中，本模块属于可选部分，将在实际操作时根据需要来安装或激活。

(4) Interior DNS 和 Exterior DNS 分别为 NAT 模块机能所需的 Split－DNS 系统中的内部域名服务器和外部域名服务器(DNS)，是 NAT 网关不可缺少的辅助部分。

(5) Split DNS 系统的主要目的在于解决由于 NAT 模块对内外部网的地址屏蔽所造成的内外部域名解析不一致的问题。内部网的域名解析由 Interior DNS 负责，外部网针对内部网的域名解析由 Exterior DNS 负责，两者间的数据同步通过内部通信机制完成。

2. 模块功能

(1) NAT 模块。NAT 模块是本系统的核心部分，而且只有本模块与网络层有关，因此，这一部分应和 Unix 系统本身的网络层处理部分紧密结合在一起，或对其直接进行修改。本模块进一步可细分为包交换子模块、数据包头替换子模块、规则处理子模块、连接记录子模块与真实地址分配子模块及传输层过滤子模块。

(2) CAC 模块。集中访问控制模块可进一步细分为用户鉴别子模块和连接中继子模块及用户数据库。用户鉴别子模块主要负责与客户通过一种可信的安全机制交换各种身份鉴别信息，根据内部的用户数据库，识别出合法的用户，并根据用户预先被赋予的权限决定后续的连接形式。

(3) Split DNS 系统。内部 DNS 模块和外部 DNS 模块可以利用现有的 DNS 服务程序，如 BIND (Berkley Internet Name Domain)软件包，通过与 NAT 模块不断交互，维持域名与地址对应关系的同步，维护两个动态的内部 DNS 数据库和外部 DNS 数据库来实现，既达到了总体的设计目标，又保持了对其他服务的透明性。

8.2.2 防火墙的意义与特征

防火墙是目前最重要的一种网络防护设备。从专业角度讲，防火墙是位于两个(或多个)网络间，实施网络之间访问控制的一组组件集合。

1. 防火墙的意义

防火墙的本义是指古代构筑和使用木结构房屋的时候，为防止火灾的发生和蔓延，人们将坚固的石块堆砌在房屋周围作为屏障，这种防护构筑物就被称为防火墙。其实与防火墙一起起作用的就是"门"。如果没有门，各房间的人如何沟通呢？这些房间的人又如何进去呢？当火灾发生时，这些人又如何逃离现场呢？这个门就相当于我们这里所讲的防火墙的"安全策略"，所以，在此我们所说的防火墙实际并不是一堵实心墙，而是带有一些小孔的墙。这些小孔就是用来留给那些允许进行的通信，在这些小孔中安装了过滤机制，也就是上面所介绍的"单向导通性"。

我们通常所说的网络防火墙是借鉴了古代真正用于防火的防火墙的喻义，它指的是隔离在本地网络与外界网络之间的一道防御系统。防火可以使企业内部 LAN 网络与互联网之间或者与其他外部网络互相隔离、限制网络互访用来保护内部网络。

2. 防火墙的特征

典型的防火墙具有以下基本特性。
(1) 数据必经之地。

内部网络和外部网络之间的所有网络数据流都必须经过防火墙。这是防火墙所处网络位置特性，同时也是一个前提。因为只有当防火墙是内部、外部网络之间通信的唯一通道，才可以全面、有效地保护企业内部网络不受侵害。根据美国制订的《信息保障技术框架》，防火墙适用于用户网络系统的边界，属于用户网络边界的安全保护设备。所谓网络边界是采用不同安全策略的两个网络连接处，如用户网络和互联网之间的连接、用户和其他业务往来单位的网络连接、用户内部网络不同部门之间的连接等。防火墙的目的就是在网络连接之间建立一个安全控制点，通过允许、拒绝或重新定向经过防火墙的数据流，实现对进、出内部网络的服务和访问的审计和控制。

典型的防火墙体系网络结构一端连接企事业单位内部的局域网，而另一端则连接着互联网。所有的内部、外部网络之间的通信都要经过防火墙，只有符合安全策略的数据流才能通过防火墙。

(2) 网络流量的合法性。

防火墙最基本的功能是确保网络流量的合法性，并在此前提下将网络的流量快速从一条链路转发到另外的链路上去。从最早的防火墙模型开始谈起，原始的防火墙是一台"双穴主机"，即具备两个网络接口，同时拥有两个网络层地址。防火墙将网络上的流量通过相应的网络接口接收上来，按照 OSI 协议栈的七层结构顺序上传，在适当的协议层进行访问规则和安全审查，然后将符合通过条件的报文从相应的网络接口送出，而对于那些不符合通过条件的报文则予以阻断。因此，从这个角度上来说，防火墙是一个类似于桥接或路由器的、多端口的(网络接口≥2)转发设备，它跨接于多个分离的物理网段之间，并在报文转发过程中完成对报文的审查工作。

(3) 抗攻击免疫力。

防火墙自身应具有非常强的抗攻击免疫力，这是防火墙之所以能担当企业内部网络安全防护重任的先决条件。防火墙处于网络边缘，它就像一个边界卫士一样，每时每刻都要面对黑客的入侵，这样就要求防火墙自身要具有非常强的抗击入侵本领。它之所以具有这么强的本领，防火墙操作系统本身是关键，只有自身具有完整信任关系的操作系统才可以谈论系统的安全性。另外，就是防火墙自身具有非常低的服务功能，除了专门的防火墙嵌入系统外，再没有其他应用程序在防火墙上运行。

8.2.3 防火墙的安全性

防火墙对网络的安全起到了一定的保护作用，但并非万无一失。通过对防火墙的基本原理和实现方式进行分析和研究，我们对防火墙的安全性有如下几点认识。

1. 正确选用、合理配置防火墙非常不容易

防火墙作为网络安全的一种防护手段，有多种实现方式。建立合理的防护系统，配置有效的防火墙应遵循 4 个基本步骤：风险分析、需求分析、确立安全政策、选择准确的防护手段，并使之与安全政策保持一致。

然而，多数防火墙的设立没有或很少进行充分的风险分析和需求分析，而只是根据不很完备的安全政策选择了一种似乎能"满足"需要的防火墙，这样的防火墙能否"防火"还是个问题。

2. 需要正确评估防火墙的失效状态

评价防火墙性能如何及能否起到安全防护作用，不仅要看它工作是否正常，能否阻挡或捕捉到恶意攻击和非法访问的蛛丝马迹，还要看到一旦防火墙被攻破，它的状态如何？按级别来分，它应有这样 4 种状态：未受伤害能够继续正常工作；关闭并重新启动，同时恢复到正常工作状态；关闭并禁止所有的数据通行；关闭并允许所有的数据通行。

前两种状态比较理想，而第四种最不安全。但是，许多防火墙由于没有条件进行失效状态测试和验证，无法确定其失效状态等级，因此网络必然存在安全隐患。

3. 防火墙必须进行动态维护

防火墙安装和投入使用后,并非万事大吉。要想充分发挥它的安全防护作用,必须对它进行跟踪和维护,要与客户保持密切的联系,时刻注视客户的动态。因为客户一旦发现其产品存在安全漏洞,就会要求尽快发布补救产品,此时应尽快确认安全隐患,并对防火墙软件进行更新。

4. 对防火墙进行测试验证

防火墙能否起到防护作用,最根本、最有效的证明方法是对其进行测试,甚至站在黑客的角度采用各种手段对防火墙进行攻击,但是具体执行时难度较大。

第一,防火墙性能测试目前还是一种很新的技术,尚无正式出版刊物,可用的工具和软件更是寥寥无几。

第二,防火墙测试技术尚不先进,与防火墙设计并非完全吻合,使得测试工作难以达到既定的效果。

第三,选择"谁"进行公正的测试也是一个问题。

可见,防火墙的性能测试不是一件简单的事情,但这种测试又相当必要,进而提出这样一个问题:不进行测试,何以证明防火墙安全?

8.2.4 防火墙的基本类型

我们常见的防火墙一般分为网络层防火墙、应用层防火墙和数据库防火墙。

从结构上来分,防火墙可分为两类:即代理主机结构和路由器+过滤器结构,后一种结构是内部网络过滤器(Filter)路由器(Router)Internet。

从原理上来分,防火墙可分为四类:特殊设计的硬件防火墙、数据包过滤型、电路层网关和应用级网关。安全性能高的防火墙系统都是组合运用多种类型防火墙,构筑多道防火墙"防御工事"。

从实现原理上分,防火墙可分为四类:网络级防火墙(也叫包过滤型防火墙)、应用级网关、电路级网关和规则检查防火墙。它们各有所长,具体使用哪一种或是否混合使用,要看具体需要。

1. 网络级防火墙

网络级防火墙简洁、速度快、费用低,并且对用户透明,如图 8.2 所示,但是它对网络的保护很有限,因为它只检查地址和端口,对网络更高协议层的信息无理解能力。

2. 应用级网关

应用级网关能够检查进出的数据包,通过网关复制传递数据,防止在受信任服务器和客户机与不受信任的主机间直接建立联系。应用级网关能够理解应用层上的协议,能够做复杂一些的访问控制,并做精细的注册和稽核。但每一种协议需要相应的代理软件,使用时工作量大,效率不如网络级防火墙。

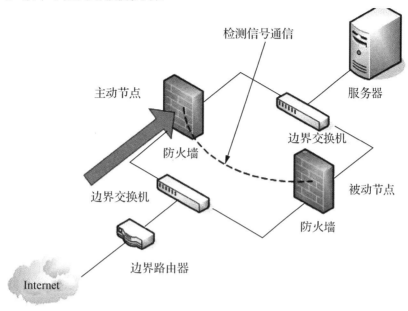

图 8.2 网络级防火墙

3. 电路级网关

电路级网关用来监控受信任的客户或服务器与不受信任的主机间的 TCP 握手信息,这样来决定该会话(Session)是否合法,电路级网关是在 OSI 模型中会话层上来过滤数据包,这样比包过滤防火墙要高两层,如图 8.3 所示。

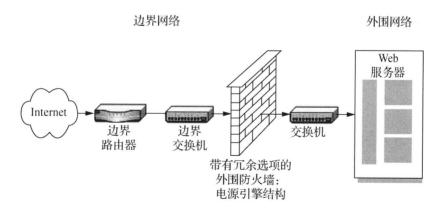

图 8.3 电路级网关

4. 规则检查防火墙

规则检查防火墙虽然集成前三者的特点,但是不同于一个应用级网关的是,它并不打破客户机/服务机模式来分析应用层的数据,它允许受信任的客户机和不受信任的主机建立直接连接。规则检查防火墙不依靠与应用层有关的代理，而是依靠某种算法来识别进出的应用层数据，这些算法通过已知合法数据包的模式来比较进出数据包，这样从理论上就能比应用级代理在过滤数据包上更有效。

8.2.5 防火墙的配置与使用

1. 防火墙的配置

防火墙配置有3种：Dual-homed方式、Screened-host方式和Screened-subnet方式。

(1) Dual-homed方式最简单。Dual-homed Gateway(双宿主机网关)放置在两个网络之间，这个Dual-homed Gateway又称为Bastion host(堡垒主机)。这种结构成本低，但是它有单点失败的问题。这种结构没有增加网络安全的自我防卫能力，而它往往是受"黑客"攻击的首选目标，它自己一旦被攻破，整个网络也就暴露了。

(2) Screened-host方式中的Screening router(筛选路由器)为保护Bastion host的安全建立了一道屏障。它将所有进入的信息先送往Bastion host，并且只接收来自Bastion host的数据作为出去的数据。这种结构依赖Screening router和Bastion host，只要有一个失败，整个网络就暴露了。

(3) Screened-subnet方式包含两个Screening router和两个Bastion host。在公共网络和私有网络之间构成的隔离网，我们称之为"停火区"(DMZ，即Demilitarized Zone)，Bastion host放置在"停火区"内。这种结构安全性好，只有当两个安全单元被破坏后，网络才会暴露，但是成本也很昂贵。

2. 防火墙的使用

防火墙具有很好的保护作用，入侵者必须首先穿越防火墙的安全防线，才能接触目标计算机。因此，可以将防火墙配置成许多不同保护级别。高级别的保护可能会禁止一些服务，如视频流等，但至少这是自己的保护选择。

在具体应用防火墙技术时，还要考虑到以下两个方面：一是防火墙是不能防病毒的，尽管有不少的防火墙产品声称其具有这个功能；二是防火墙技术的另外一个弱点在于数据在防火墙之间的更新是一个难题，如果延迟太大将无法支持实时服务请求。并且，防火墙采用滤波技术，滤波通常使网络的性能降低50%以上，如果为了改善网络性能而购置高速路由器，则会大大提高预算。

总之，防火墙是企业网安全问题的流行方案，即把公共数据和服务置于防火墙外，使其对防火墙内部资源的访问受到限制。作为一种网络安全技术，防火墙具有简单实用的特点，并且透明度高，可以在不修改原有网络应用系统的情况下达到一定的安全要求。

8.2.6 防火墙的安全措施

防火墙是在两个网络通信时执行的一种访问控制尺度，它能允许用户"同意"的人和数据进入用户的网络，同时将用户"不同意"的人和数据拒之门外，最大限度地阻止网络中的黑客来访问用户的网络。各种防火墙的安全性能不尽相同，这里仅介绍一些一般防火墙的常用安全措施。

1. 防电子欺骗术

防电子欺骗术功能是保证数据包的 IP 地址与网关接口相符，防止通过修改 IP 地址的方法进行非授权访问。另外，还应对可疑信息进行鉴别，并向网络管理员报警。

2. 网络地址转移

地址转移是对互联网隐藏内部地址，防止内部地址公开。这一功能可以克服 IP 寻址方式的诸多限制，完善内部寻址模式。把未注册 IP 地址映射成合法地址，就可以对互联网进行访问。

3. 开放式结构设计

开放式结构设计使得防火墙与相关应用程序和外部用户数据库的连接相当容易，典型的应用程序连接有财务软件包、病毒扫描、登录分析等。

4. 邮件技术

外部网络向防火墙保护的内部网络发送邮件，由于只知道防火墙的 IP 地址和域名，就只能发送到防火墙上，这时防火墙对邮件进行检查，只有当发送邮件的源主机是被允许通过的，防火墙才对邮件的目的地址进行转换，送到内部的邮件服务器，由其进行转发。

防火墙技术的致命弱点在于数据在防火墙之间的更新是一个难题，如果延迟太大将无法支持实时服务请求。额外的管理负担是另外一个弱点。此外，防火墙采用滤波技术，滤波通常使网络的性能降低 50%以上，如果为了改善网络性能而购置高速路由器，则会大大提高经济预算。只装有滤波器不足以保证安全，尤其无法防止防火墙内部的攻击。因此，防火墙技术往往只作为辅助安全策略。

8.2.7 防火墙的功能

防火墙对流经它的网络通信进行扫描，这样能够过滤掉一些攻击，以免其在目标计算机上被执行。防火墙还可以关闭不使用的端口，禁止特定端口的流出通信，封锁特洛伊木马。最后，它可以禁止来自特殊站点的访问，从而防止来自不明入侵者的所有通信。

1. 网络安全的屏障（图 8.4）

一个防火墙(作为阻塞点、控制点)能极大地提高一个内部网络的安全性，并通过过滤不安全的服务而降低风险。由于只有经过精心选择的应用协议才能通过防火墙，所以网络环境变得更安全。例如，防火墙可以禁止不安全的 NFS(Network File System，网络文件系统)协议进出受保护网络，这样外部的攻击者就不可能利用这些脆弱的协议来攻击内部网络。防火墙同时可以保护网络免受基于路由的攻击，如 IP 选项中的源路由攻击和 ICMP(Internet Control Message Protocol，Internet 控制报文协议)重定向中的重定向路径。防火墙应该可以拒绝所有以上类型攻击的报文并通知防火墙管理员。

图 8.4 网络安全的屏障示意图

2. 强化网络安全策略

通过以防火墙为中心的安全方案配置，能将所有安全软件(如口令、加密、身份认证、审计等)配置在防火墙上。与将网络安全问题分散到各个主机上相比，防火墙的集中安全管理更经济。例如，在网络访问时，一次一密的口令系统和其他的身份认证系统不需要分散在各个主机上，可集中在防火墙上。

3. 监控审计

如果所有的访问都经过防火墙，那么，防火墙就能将所有访问记录在日志上，同时也能提供网络使用情况的统计数据。当发生可疑情况时，防火墙能适时报警，并提供网络是否受到监测和攻击的详细信息。另外，收集网络的使用和误用情况也是非常重要的，可以了解防火墙能否抵挡攻击者的探测和攻击，还可以了解防火墙的控制是否得当。

4. 防止内部信息的外泄

通过利用防火墙对内部网络的划分，可实现内部网络重点网段的隔离，从而限制了局部重点或敏感网络安全问题对全局网络造成的影响。再者，隐私是内部网络非常关心的问题，一个内部网络中不引人注意的细节可能包含有关安全的线索而引起外部攻击者的兴趣，甚至因此而暴露了内部网络的某些安全漏洞。使用防火墙可以隐蔽那些透漏内部细节(如 Finger，DNS 等)的服务。Finger 显示主机的所有用户的注册名、真名，最后登录时间和使用 shell 类型等。攻击者非常容易获悉 Finger 所显示的信息，攻击者可以知道一个系统使用的频繁程度，这个系统是否有用户正在连线上网，这个系统是否在被攻击时会发出警报等。防火墙还可以屏蔽内部网络中的 DNS 信息，这样主机的域名和 IP 地址就不会被外界了解。除了安全作用，防火墙还支持具有 Internet 服务特性的企业内部网络技术体系 VPN。

5. 数据包过滤

网络上的数据都是以包为单位进行传输的，每一个数据包中都会包含一些特定的信息，如数据的源地址、目标地址、源端口号和目标端口号等。防火墙通过读取数据包中的地址信息来判断这些包是否来自可信任的网络，并与预先设定的访问控制规则进行比较，进而确定是否需对数据包进行处理和操作。数据包过滤可以防止外部不合法用户对内部网络的访问，但由于不能检测数据包的具体内容，所以不能识别具有非法内容的数据包，无法实施对应用层协议的安全处理。

6. 网络 IP 地址转换

网络 IP 地址转换是一种将私有 IP 地址转化为公网 IP 地址的技术，它被广泛应用于各种类型的网络和互联网的接入中。网络 IP 地址转换一方面可隐藏内部网络的真实 IP 地址，使内部网络免受黑客的直接攻击，另一方面由于内部网络使用了私有 IP 地址，从而有效解决了公网 IP 地址不足的问题。

7. 虚拟专用网络

虚拟专用网络将分布在不同地域上的局域网或计算机通过加密通信，虚拟出专用的传输通道，从而将它们从逻辑上连成一个整体，不仅省去了建设专用通信线路的费用，还有效地保证了网络通信的安全。

8. 日志记录与事件通知

进出网络的数据都必须经过防火墙，防火墙通过日志对其进行记录，能提供网络使用的详细统计信息。当发生可疑事件时，防火墙可根据机制进行报警和通知，提供网络是否受到威胁的信息。

8.3 数字加密技术

数字签名(又称公钥数字签名、电子签章)是一种类似写在纸上的普通物理签名，但是使用了公钥加密领域的技术实现，用于鉴别数字信息的方法。一套数字签名通常定义两种互补的运算，一个用于签名，另一个用于验证。数字签名，就是只有信息的发送者才能产生的别人无法伪造的一段数字串，这段数字串同时也是对信息的发送者发送信息真实性的一个有效证明，数字签名是非对称密钥加密技术与数字摘要技术的应用。

8.3.1 数字签名技术与应用

在计算机网络中传送的报文则是由数字签名来证明其真实性。数字签名的特点有：第一，接收者能够核实发送者对报文的签名；第二，发送者事后不能抵赖对报文的签名；第三,接收者不能伪造对报文的签名;第四,一般采用公开密钥算法实现数字签名。

文件的数字签字过程实际上是通过一个哈希函数来实现的。哈希函数将需要传送的文件转化为一组具有固定长度(128位或160位)的单向哈希值,形成报文摘要。

发送方用自己的私有密钥对报文摘要进行加密,然后将其与原始的报文附加在一起,即为数字签名。

1. 数字签名的原理

数字签名的文件的完整性是很容易验证的(不需要骑缝章、骑缝签名,也不需要笔迹专家),而且数字签名具有不可抵赖性(不需要笔迹专家来验证)。

简单地说,所谓数字签名就是附加在数据单元上的一些数据,或是对数据单元所做的密码变换。这种数据或变换允许数据单元的接收者用以确认数据单元的来源和数据单元的完整性并保护数据,防止被人(如接收者)进行伪造。它是对电子形式的消息进行签名的一种方法,一个签名消息能在一个通信网络中传输。基于公钥密码体制和私钥密码体制都可以获得数字签名,主要是基于公钥密码体制的数字签名(包括普通数字签名和特殊数字签名)。普通数字签名算法有 RSA、ElGamal、Fiat-Shamir、Guillou-Quisquarter、Schnorr、Ong-Schnorr-Shamir 数字签名算法、Des/DSA、椭圆曲线数字签名算法和有限自动机数字签名算法等。特殊数字签名有盲签名、代理签名、群签名、不可否认签名、公平盲签名、门限签名、具有消息恢复功能的签名等,它与具体应用环境密切相关。

2. 数字签名的主要功能

数字签名的主要功能是保证信息传输的完整性、发送者的身份认证、防止交易中的抵赖发生。

数字签名技术是将摘要信息用发送者的私钥加密,与原文一起传送给接收者。接收者只有用发送者的公钥才能解密被加密的摘要信息,然后用哈希函数对收到的原文产生一个摘要信息,与解密的摘要信息对比。如果相同,则说明收到的信息是完整的,在传输过程中没有被修改,否则说明信息被修改过,因此数字签名能够验证信息的完整性。

数字签名是一个加密的过程,数字签名验证是一个解密的过程。

3. 签名过程

发送报文时,发送方用一个哈希函数从报文文本中生成报文摘要,然后用自己的私人密钥对这个摘要进行加密,这个加密后的摘要将作为报文的数字签名和报文一起发送给接收方,接收方首先用与发送方一样的哈希函数从接收到的原始报文中计算出报文摘要,接着再用发送方的公用密钥来对报文附加的数字签名进行解密,如果这两个摘要相同,那么接收方就能确认该数字签名是发送方的。

① 数字签名有两种功效:一是能确定消息确实是由发送方签名并发出来的,因为别人

假冒不了发送方的签名；二是数字签名能确定消息的完整性。因为数字签名的特点是它代表了文件的特征，文件如果发生改变，数字摘要的值也将发生变化。不同的文件将得到不同的数字摘要。一次数字签名涉及一个哈希函数、发送者的公钥、发送者的私钥。

② 数字签名。发送方用自己的密钥对报文 X 进行 Encrypt(编码)运算，生成不可读取的密文 Dsk，然后将 Dsk 传送给接收方，接收方为了核实签名，用发送方的公用密钥进行 Decrypt(解码)运算，还原报文。

4．个人安全邮件证书

具有数字签名功能的个人安全邮件证书是用户证书的一种，是指单位用户收发电子邮件时采用证书机制保证安全所必须具备的证书。个人安全电子邮件证书是符合 x.509 标准的数字安全证书，结合数字证书和 S/MIME 技术对普通电子邮件做加密和数字签名处理，确保电子邮件内容的安全性、机密性、发件人身份确认性和不可抵赖性。具有数字签名功能的个人安全邮件证书中包含证书持有人的电子邮件地址、证书持有人的公钥、颁发者(CA)及颁发者对该证书的签名。个人安全邮件证书功能的实现取决于用户使用的邮件系统是否支持相应功能。MS Outlook、Outlook Express、Foxmail 及 CA 安全电子邮件系统均支持相应功能。使用个人安全邮件证书可以收发加密和数字签名邮件，保证电子邮件传输中的机密性、完整性和不可否认性，确保电子邮件通信各方身份的真实性。

5．识别病毒

区分数字签名攻击有以下两个方法。

(1) 点击"详细信息"按钮查看数字签名的详细信息。

我们会发现正常 EXE 和感染(或捆绑木马)后的 EXE 数字签名的区别：正常 EXE 的数字签名详细信息；被篡改后的 EXE 数字签名信息无效。

(2) 使用数字签名验证程序 sigcheck.exe (可以在搜索引擎里找这个工具，它是系统工具包 Sysinternals Suite 的组件之一)。

数字签名异常的结果为

```
C:\Documents and Settings\litiejun\？？\modify.exe:
Verified: Unsigned
File date: 15:46 2008-5-23
Publisher: n/a
Description: n/a
Product: n/a
Version: n/a
File version: n/a
```

数字签名正常的结果为

```
C:\Documents and Settings\litiejun\？？\che.exe:
Verified: Signed
Signing date: 16:28 2008-4-29
```

```
Publisher: n/a
Description: n/a
Product: n/a
Version: n/a
File version: n/a
```

6. 原因分析

(1) 精心设计的感染。当 EXE 被感染时，是很容易破坏文件的数字签名信息的，如果攻击者感染或破坏文件时，有意不去破坏 EXE 中有关数字签名的部分，就可能出现感染后数字签名看上去正常的情况。但认真查看文件属性或校验文件的哈希值，你会发现该 EXE 程序已经不是最原始的版本了。

(2) 软件发行商的数字签名文件被盗，攻击者可以把捆绑木马或感染病毒后的 EXE 程序，也打包上数字签名，这种情况比较严重。企业如果申请了数字签名证书，一定要妥善保管，否则后患无穷。

7. 使用方法

在我国，数字签名是具法律效力的。2000 年，《中华人民共和国合同法》(现并入《中华人民共和国民法典》)首次确认了电子合同、电子签名的法律效力。2005 年 4 月 1 日起，《中华人民共和国电子签名法》正式实施。

每个人都有一对"钥匙"(数字身份)，其中一个只有她/他本人知道(密钥)，另一个公开的(公钥)。签名的时候用密钥，验证签名的时候用公钥。另外，任何人都可以落款声称她/他就是用户本人，因此公钥必须由接收者信任的人(身份认证机构)来注册。注册后身份认证机构给用户发数字证书。对文件签名后，你把此数字证书连同文件及签名一起发给接收者，接收者向身份认证机构求证是否真的是用你的密钥签发的文件。

8.3.2 数据加密技术的应用

公开密钥框架(PKI，Public Key Infrastructure)是一种网络基础设施，其目标是向网络用户和应用程序提供公开密钥的管理服务。

1. 公开密钥框架

为了使用户在不可靠的网络环境中获得真实的公开密钥，PKI 引入公认可信的第三方；同时避免在线查询集中存放的公开密钥产生的性能瓶颈，PKI 引入电子证书。可信的第三方是 PKI 的核心部件，正是由于它的中继，系统中任意两个实体才能建立安全联系。

用户甲拥有两个对应的密钥，用其中一个加密，只有另一个能够解密，两者一一对应，用户甲将其中一个私下保存(私钥)，另一个公开发布(公钥)。

如果乙想发送秘密信息给甲，乙获得甲的公钥，乙使用该公钥加密信息发送给甲，甲使用自己的私钥解密信息。

2. 公钥加密的问题

(1) 公钥加解密对速度敏感：大数幂运算，因此非常慢；软件，公钥算法比对称密钥算法慢 100 多倍(硬件可能慢 1 000 倍)。

(2) 公钥加密长信息非常慢，而对称密钥算法非常快。

(3) 结合公钥算法和对称密钥算法，使用对称密钥与公开密钥的优点：对称密钥快速而强健，公开密钥易于密钥交换。

3. 数据加密算法

数据加密算法(Data Encryption Algorithm，DEA)是一种对称加密算法，是使用最广泛的密钥系统，特别是在保护金融数据的安全时，最初开发的 DEA 是嵌入硬件中的。通常情况下，ATM 机都使用 DEA。

在所有的加密算法中最简单的就是"置换表"算法，这种算法也能很好达到加密的需要。每一个数据段(总是一个字节)对应着"置换表"中的一个偏移量，偏移量所对应的值就输出成为加密后的文件。加密程序和解密程序都需要一个这样的"置换表"。对这种"置换表"方式的一个改进就是使用 2 个或者更多的"置换表"，这些表都是基于数据流中字节的位置的，或者基于数据流本身。这时，破译变得更加困难，因为黑客必须正确地做几次变换。通过使用更多的"置换表"，并且按伪随机的方式使用每个表，这种改进的加密方法已经很难被破译。

(1) 数据加密标准。

数据加密标准(DES，Data Encryption Standard)的原始思路是参照第二次世界大战德国的恩尼格玛机。传统的密码加密都是由古代的循环移位思想而来的，恩尼格玛机在这个基础之上进行了扩散模糊，但是本质原理都是一样的。现在的 DES 在二进制级别做着同样的事：替代模糊，增加分析的难度。

密码算法是加密算法和解密算法的统称，它是密码体制的核心。密码算法可以看成一些交换的组合。当输入为明文时，经过这些变换，输出就为密文。这是加密交换的过程，此时密码算法称为加密算法，如图 8.5 所示。反之，当输入为密文时，经过密码变换，输出为明文。这是解密交换的过程，此时密码算法称为解密算法。常用加密算法有 AES、RSA/ECC、iffie-hellman、SHA-1/SHA-256。

(2) 加密原理。

将明文分割成许多 64 位大小的块，每个块用 64 位密钥进行加密，实际上，密钥由 56 位数据位和 8 位奇偶校验位组成，因此只有 56 个可能的密码而不是 64 个。每块先用初始置换方法进行加密，再连续进行 16 次复杂的替换，最后再对其施用初始置换的逆置换。第 i 步的替换并不是直接利用原始的密钥 K，而是由 K 与 i 计算出的密钥 Ki。

DES 具有这样的特性：其解密算法与加密算法相同，除了密钥 Ki 的施加顺序相反以外。

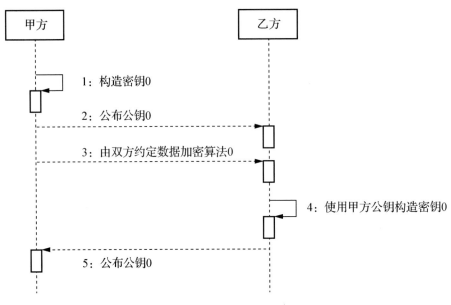

图 8.5 数据加密算法示意图

(3) 三重 DES。

DES 的常见变体是三重 DES(3DES)，使用 168(56×3)位的密钥对资料进行三次加密(3 次使用 DES)的一种机制，它通常(但非始终)提供极其强大的安全性。如果三个 56 位的子元素都相同，则三重 DES 向后兼容 DES。

(4) 破解方法。

攻击 DES 的主要形式被称为蛮力的或穷举，即重复尝试各种密钥直到有一个符合为止。如果 DES 使用 56 位的密钥，则可能的密钥数量是 2^{56} 个。随着计算机系统能力的不断发展，DES 的安全性比它刚出现时会弱得多，然而从非关键性质的实际出发，仍可以认为它是足够的。不过，DES 现在仅用于旧系统的鉴定，而更多地选择新的加密标准——高级加密标准(Advanced Encryption Standard，AES)。新的分析方法有差分分析法和线性分析法两种。

4. 基于公钥的加密算法

一个好的加密算法应具有这种能力：可以指定一个密码或密钥，并用它来加密明文，不同的密码或密钥产生不同的密文。加密算法可分为两种方式：对称密钥算法和非对称密钥算法。所谓对称密钥算法就是加密解密都使用相同的密钥，非对称密钥算法就是加密解密使用不同的密钥。非常著名的 PGP 公钥加密算法及 RSA 加密算法都是非对称加密算法。加密密钥(公钥)，与解密密钥(私钥)，是非常不同的。从数学理论上讲，几乎没有真正不可逆的算法存在。RSA 加密算法使用了两个非常大的素数来产生公钥和私钥。

一直以来，就有很多人认为 DES 并不安全。事实上，随着快速、高度并行的处理器的出现，强制破解 DES 也是可能的。公开密钥加密算法使得 DES 及类似的传统加密技术过时了。公开密钥加密算法中，加密算法和加密密钥都是公开的，任何人都可将明文转换成密文。但是相应的解密密钥是保密的(公开密钥方法包括两个密钥，分别用于加密和解密)，而且无法从加密密钥推导出，因此，即使是加密者若未被授权也无法执行相应的解密。

公开密钥加密算法最初是由 Diffie 和 Hellman 提出的，最终由 Rivest、Shamir 及 Adleman 三个完善，因此此算法又叫 RSA(三人名字的算字母)算法，该方法基于以下两个事实：①已有确定一个数是不是质数的快速算法；②尚未找到确定一个合数的质因子的快速算法。

RSA 算法的工作原理如下。

(1) 任意选取两个不同的大质数 p 和 q，计算乘积 $r=p \times q$。

(2) 任意选取一个大整数 e，e 与 $(p-1) \times (q-1)$ 互质，整数 e 用作加密密钥。

注意：e 的选取是很容易的，如所有大于 p 和 q 的质数都可用。

(3) 确定解密密钥 d：

$$(d \times e) \bmod (p-1) \times (q-1) = 1$$

根据 e、p 和 q 可以容易地计算出 d。

(4) 公开整数 r 和 e，但是不公开 d。

(5) 将明文 P(假设 P 是一个小于 r 的整数)加密为密文 C，计算方法为

$$C = P^e \bmod r$$

(6) 将密文 C 解密为明文 P，计算方法为：

$$P = C^d \bmod r$$

然而只根据 r 和 e(不是 p 和 q)要计算出 d 是不可能的。因此，任何人都可对明文进行加密，但只有授权用户(知道 d)才可对密文解密。

下面举一个简单的例子对上述过程进行说明。

例：选取 $p=3$，$q=5$，则 $r=15$，$(p-1) \times (q-1)=8$。选取 $e=11$(大于 p 和 q 的质数)，通过 $(d \times 11) \bmod (8) = 1$。

计算出 $d=3$。

假定明文为整数 13。则密文 C 为

$C = P^e \bmod r$

　$= 13^{11} \bmod 15$

　$= 1,792,160,394,037 \bmod 15$

　$= 7$

复原明文 P 为：

$P = C^d \bmod r$

　$= 7^3 \bmod 15$

　$= 343 \bmod 15$

　$= 13$

因为 e 和 d 互逆，公开密钥加密算法也允许采用这样的方式对加密信息进行"签名"，将透明数据加密，以便接收方能确定签名不是伪造的。假设 A 和 B 希望通过公开密钥加密

方法进行数据传输，A和B分别公开加密算法和相应的密钥，但不公开解密算法和相应的密钥。A和B的加密算法分别是ECA和ECB，解密算法分别是DCA和DCB，ECA和DCA互逆，ECB和DCB互逆。若A要向B发送明文P，不是简单地发送ECB(P)，而是先对P施以其解密算法DCA，再用加密算法ECB对结果加密后发送出去。

密文C为

C = ECB(DCA(P))

B收到C后，先后施以其解密算法DCB和加密算法ECA，得到明文P为

ECA(DCB(C))= ECA(DCB(ECB(DCA(P))))

= ECA(DCA(P)) /*DCB 和 ECB 相互抵消*/

= P /*DCB 和 ECB 相互抵消*/

这样B就确定报文确实是从A发出的，因为只有当加密过程利用了DCA算法，用ECA才能获得P，只有A才知道DCA算法，即使是B也不能伪造A的签名。

即使从一个公钥中通过因数分解可以得到私钥，但这个运算所包含的计算量是非常巨大的，在现实中无法实现。加密算法本身速度较慢，这使得使用RSA算法加密大量的数据无法实现。实际中使用的加密算法大都基于RSA加密算法。PGP算法(以及大多数基于RSA算法的加密方法)使用公钥来加密一个对称加密算法的密钥，然后利用一个快速的对称加密算法来加密数据。这个对称算法的密钥是随机产生的，是保密的，因此，得到这个密钥的唯一方法就是使用私钥来解密。

5. 一个崭新的多步加密算法

使用一系列的数字(如128位密钥)，来产生一个可重复但高度随机化的伪随机的数字的序列。一次使用256个表项，使用随机数序列来产生密码转表：把256个随机数放在一个矩阵中，然后对他们进行排序，使用这样一种方式(我们要记住最初的位置)使用最初的位置来产生一个表，随意排序的表，表中的数字在0～255。下面提供了一些原码让我们明白是如何来做的。

例如，产生了一个具体的256字节的表，让这个随机数产生器接着来产生这个表中的其余的数，以至于每个表是不同的。然后，使用"shotgun technique"技术来产生解码表。基本上说，如果a映射到b，那么b一定可以映射到a，所以$b[a[n]]=n$.(n是一个在0～255的数)。在一个循环中赋值，使用一个256字节的解码表它对应于我们刚才在上一步产生的256字节的加密表。

8.3.3 中国金融IC卡的密钥管理

1. 密钥的类型

根据密钥级别的不同，在密钥管理系统中的密钥可分为三大类：公共密钥、分行专有密钥、管理密钥。

(1) 公共密钥是指由中国人民银行总行生成的全国消费主密钥和各商业银行总行生成的行内公共密钥，安全存放在各总行的母卡中。全国消费主密钥是由中国人民银行总行生

成和维护的公共密钥，简称为 GPK。中国人民银行总行通过其一级密钥管理系统向各二级密钥管理系统分散，用于金融 IC 卡的消费/取现交易。

(2) 分行专有密钥由商业银行地区分行生成和维护，安全存放在分行的母卡中。分行生成其他交易使用的主密钥，包括部分 IC 卡片的维护密钥。

在金融 IC 卡应用中，分行专有的普通密钥有 7 种，分别用于圈存、圈提、修改密码和 PIN 维护等操作。例如，圈存主密钥 MLK、圈提主密钥 MULK、修改主密钥 MUK、签名主密钥 MTK、重装 PIN 主密钥 MRPK、解锁 PIN 主密钥 MPUK、应用维护主密钥 MAMK。分行还可以选择生成其他应用的主密钥。

(3) 管理密钥分为认证密钥和保护密钥。认证密钥用于对卡片做外部认证，出厂密钥、洗卡密钥、认证密钥是位于卡片密钥文件的同一位置的卡片不同阶段的密钥，一般记为 ADMK。认证密钥还包括出厂认证密钥 PRDK、密钥卡管理主密钥、分行密钥卡认证密钥、PSAM 卡认证密钥等。保护密钥(传输密钥)是用来对主密钥进行加密保护，输入卡片或输出到另一张卡片。保护密钥分导入密钥和导出密钥两种。

导入密钥保存在金融 IC 卡标准应用下的导入密钥文件，导出密钥保存在金融 IC 卡标准应用下的导出密钥文件。所有保护密钥都用外层的认证密钥加密保护进入卡片中，保护密钥也称传输密钥。传输密钥被传递给下一级机构或安全设备，下一级机构利用该密钥进行主密钥的导出，传递密钥可以通过卡片也可以通过信封传递，如分行发卡传递密钥 TK1。三级密钥系统中有些密钥是由一级、二级密钥系统产生、传递而来。在传递过程中必须经过一定的运算，这个过程称为密钥的分散。

2. 密钥的分散

中国人民银行总行生成的主密钥是消费/取现主密钥，称为根密钥，标志为 GPK。分行生成和使用的密钥称为主密钥或称为分行专有密钥，标志为 MPK。用户卡使用的经过主密钥分散的密钥称为用户卡密钥，标志为 DPK。用户卡交易过程中使用的过程密钥标志为 SPK。由 GPK 到 MPK、DPK 的过程就是密钥的分散过程。

(1) 公共密钥的分散。

中国人民银行总行将消费/取现根密钥(GPK)根据各商业银行特征号和中国人民银行中心支行地区号进行分散，传递给二级密钥机构。各商业银行总行的二级密钥机构根据地区分行号、中国人民银行二级密钥机构根据各商业银行特征号进行分散，生成三级密钥系统的分行消费/取现主密钥(MPK)。分散过程标志为 MPK=DIVERSIFY(GPK，IPI)。各商业银行分行的其他专有密钥由分行独立生成。

① 中国人民银行总行将消费/取现根密钥(GPK)根据各商业银行特征号进行分散。

② 中国人民银行总行将消费/取现根密钥(GPK)根据中国人民银行中心支行地区号进行分散。

③ 各商业银行总行的二级密钥机构根据地区分行号进行分散。

④ 中国人民银行二级密钥机构根据各商业银行特征号进行分散。

(2) 用户卡密钥的分散。

用户卡的消费/取现密钥(DPK)用分行的消费/取现主密钥(MPK)根据卡片应用序列号(ASN)分散生成,即 DPK=DIVERSIFY(MPK,ASN)。用户卡的其他密钥 DLK、DTK、DULK、DUK、DRPK、DPUK、DAMK 用相应的分行专有密钥 MLK、MTK、MULK、MUK、MRPK、MPUK、MAMK 分散生成。消费/取现过程密钥(SPK)由用户卡中的消费/取现密钥生成,标志为 SPK=SESSION(DPK,DATA)。

(3) 密钥的传递。

在不同级别的密钥管理系统中,密钥用密钥卡来承载。密钥卡保证密钥在总行密钥管理系统内、总行和分行、分行和用户卡之间进行安全传递。

密钥的传递过程就是密钥卡密钥的导入和导出过程。

导入密钥文件里存放着导入密钥,导入密钥是用来对输入的主密钥密文进行解密的,导出密钥文件里存放着导出密钥,导出密钥是用来对输出的主密钥进行加密的。进入导入密钥文件的导入密钥和进入导出密钥文件的导出密钥必须用管理密钥文件的管理密钥加密。

主密钥进入主密钥文件必须用导入密钥加密,导出主密钥时,卡片会用导出密钥对该主密钥加密。为了保证主密钥正确无误地写入,密文需要附加签名段,签名的算法根据金融 IC 卡规范中定义的安全报文格式。

卡片中预设有计数器,限制主密钥的导出次数,同时卡片受 PIN 保护。

3. 密钥卡的生成

密钥管理系统用于生成各种主密钥,制作各种密钥卡。下面以三级密钥系统为基础,介绍密钥卡的生成和控制。

(1) 生成分行专有密钥。密钥生成系统由密钥生成卡来实现其算法,主密钥生成卡相当于一个密钥生成器,由主管人员输入种子 A 和种子 B,主密钥生成卡便会产生一些"强度较高"的主密钥作为分行专有的主密钥。同样的种子对不同的主密钥生成卡产生的主密钥是不一样的,主密钥生成卡、种子 A 和种子 B 应该分开安全保存。

密钥系统在生成银行主密钥的时候,每个主密钥会生成多个版本和多个索引。以用户卡的使用期为 10 年计,若每个版本的使用期为 2 年,则密钥系统会生成 5 个版本的主密钥在母卡 A 和母卡 B 中。某一个版本密钥的使用周期为 2 年。在发卡母卡、用户卡中只有其中一个版本的密钥,是当前使用周期内的密钥版本,每 2 年更新一次。总控卡的主密钥由分行母卡 A 和分行母卡 B 导入,它含有分行的全部密钥。总控卡用于生成系统其他控制卡,由总控员掌握,该主密钥有输出次数控制。

(2) 导入二级密钥机构。将密钥导入二级密钥机构提供的发卡母卡中,合并消费/取现根密钥 MPK,形成分行发卡母卡。分行发卡母卡是由二级密钥管理中心发行的,一般不能导出。只能由总控卡和操作员卡一起,将本行生成的其他专有密钥的某一个版本注入发卡母卡。发卡员利用分行发卡母卡和分行发卡控制卡来发行用户卡。

用户卡的密钥由发卡系统导入,其密钥由发卡母卡上的主密钥分散而成。

(3) 生成 PSAM 卡和 HSAM 密钥传递卡。总控卡和操作员卡一起,导出 HSAM 控制卡和 PSAM 控制卡。HSAM 控制卡、PSAM 控制卡是总控卡的子卡。总控员持有 HSAM 控制卡,将密钥导入加密机,HSAM 控制卡的主密钥只能导出一次;操作员持有 PSAM 控制卡,将分行的 MK 导入 PSAM 卡,PSAM 控制卡的主密钥导出次数和 PSAM 卡数有关。

加密机和 PSAM 卡中则存在多个版本的密钥,这样它可以对不同版本的用户卡进行交易密钥效验。

4. 密钥的更换

在实际运行的过程中,IC 卡密钥的安全相当重要。为保证密钥的可靠性,发卡母卡的密钥每 2 年更换一个版本,同时用户卡每隔 2 年必须做展期交易,已验证用户卡的密钥版本是否在有限期内。

为保证银行密钥的安全,在 IC 卡交易系统中,密码的校验都通过加密机来进行。密码是存放在加密机中的,如果因意外因素导致密钥泄露,必须更换已泄露的交易主密钥。为保证已经发出的用户卡在更换交易主密钥后能继续使用,密钥管理系统采用了交易密钥多个索引的办法。对于每一个版本的某一个密钥,其实也有多组,由多个索引值来区分。对某一版本的一个用户卡,每一个交易密钥有多个索引。正常时使用第一索引的密钥,异常情况下(如密钥泄露)启用下一个索引。此机制保证在异常情况下更换密钥时,不需收回已发出的用户卡,而只需将应用系统(包括 PSAM)中的密钥更新为新的索引。

密钥管理系统是金融 IC 卡管理的核心部分。随着中国人民银行总行在北京、上海、长沙等地金融 IC 卡试点工作的开展,各地的三级密钥系统将逐渐建立,IC 卡密钥的安全体系也会更加完善。

8.4 身份认证技术分析

身份认证技术是在计算机网络中确认操作者身份的有效方法。网络世界中一切信息包括用户的身份信息都是用一组特定的数据来表示的,计算机只能识别用户的数字身份,所有对用户的授权也是针对用户数字身份的授权。

8.4.1 身份认证的方法

根据被认证方赖以证明身份的方式不同,身份认证可以分为两大类:基于秘密信息的身份认证方法和基于物理安全性的身份认证方法。

1. 基于秘密信息的身份认证方法

(1) 口令核对。鉴别用户身份最常见也是最简单的方法就是口令核对法:系统为每一个合法用户建立一个用户名/口令对,当用户登录系统或使用某项功能时,提示用户输入自己的用户名和口令，系统通过核对用户输入的用户名、口令与系统内已有的合法用户的用户名/口令对(这些用户名/口令对在系统内是加密存储的)是否匹配，如与某一项用户名/口令对匹配，则该用户的身份得到了认证。

(2) 单向认证。如果通信的双方只需要一方被另一方鉴别身份，这样的认证过程就是一种单向认证，前面提到的口令核对法实际也可以算是一种单向认证，只是这种简单的单向认证还没有与密钥分发相结合。

与密钥分发相结合的单向认证主要有两类方案：一类采用对称密钥加密体制，需要一个可信赖的第三方——通常称为 KDC(密钥分发中心)或 AS(认证服务器)，由这个第三方来实现通信双方的身份认证和密钥分发；另一类采用非对称密钥加密体制，不需要第三方参与。

(3) 双向认证。在双向认证过程中，通信双方需要互相认证鉴别各自的身份，然后交换会话密钥，双向认证的典型方案是 Needham/Schroeder 协议。

(4) 身份的零知识证明。零知识证明是这样一种技术，即被认证方 P 掌握某些秘密信息，P 想设法让认证方 V 相信他确实掌握那些信息，但又不想让 V 也知道那些信息(如果连 V 都不知道那些秘密信息，第三者想盗取那些信息当然就更难了)。

2. 基于物理安全性的身份认证方法

基于生物学信息的方案包括基于指纹识别的身份认证、基于声音识别的身份认证，以及近来流行的基于虹膜识别的身份认证等。

基于智能卡的身份认证机制在认证时认证方要求一个硬件——智能卡(智能卡中存有秘密信息，通常是一个随机数)，只有持卡人才能被认证。这样可以有效地防止口令猜测，但又引入一个严重的缺陷：系统只认卡不认人，而智能卡可能丢失，拾到或窃得智能卡的人将很容易假冒原持卡人的身份。

为解决丢卡的问题，可以综合前面提到的两类方法，即认证方要求用户输入一个口令，又要求智能卡。这样，既不担心卡的丢失(只要口令没有泄漏)，又不担心口令的泄漏(只要卡没有丢)。

8.4.2 身份认证的应用

如何保证以数字身份进行操作的操作者就是这个数字身份合法拥有者，也就是说保证操作者的物理身份与数字身份相对应，身份认证技术就是为了解决这个问题，作为防护网络资产的第一道关口，身份认证有着举足轻重的作用。

1. Kerberos 认证服务

Kerberos 是一种受托的第三方认证服务(Trusted Third-party Authentication Service)，它是建立在前面提到的 Needham 和 Schroeder 提出的模型基础上的，Kerberos 要求信任第三方——即 Kerberos 认证服务器。Kerberos 把网络划分成安全域，称为区域(Realms)，每个区域有自己的认证服务器并实现自己的安全策略。在每个区域内的认证过程是这样的：Kerberos 为客户和服务提供证明自己身份的票(Ticket)以及双方安全通信的会话密钥(Session Key)。除客户第一次获得的初始票(Initial Ticket)是由 Kerberos 认证服务器签发外，其他票是由发票服务器(Ticket-granting Server，TGS)签发的，一个票可以使用多次直至过期。

2. HTTP 中的身份认证

HTTP 1.0 中提供了一个基于口令的基本认证方法，目前，所有的 Web 服务器都可以通过"基本身份认证"支持访问控制。当用户请求某个页面或运行某个 CGI 程序时，被访问对象所在目录下有访问控制文件(如 NCSA 用.haaccess 文件)规定那些用户可以访问该目录，Web 服务器读取该访问控制文件，从中获得访问控制信息并要求客户方提交用户名/口令组合，浏览器将用户输入的用户名和口令对经过一定的编码(一般是 Base64 方式)，传给服务方，检验了用户身份和口令后，服务方才发送回所请求的页面或执行 CGI 程序。可见，HTTP1.0 采用的是明文传输的口令核对方式(传输过程中尽管进行了编码，但并没有加密)，这当然是很不安全的。

为增加安全性，用户可以选择使用 SSL 建立加密信道后再采用基本身份认证方式进行身份认证，也可使用 SSL 的身份认证机制。

HTTP 1.1 在身份认证上，针对基本认证方式以明文传输口令这一最大弱点，补充了摘要认证方法，不再传递口令的明文，而是将口令经过散列函数变换以后传输它的摘要。使用摘要认证后，攻击者再也不能截获口令，最多只能进行重放攻击，而且被限定在很短时间内，并只能用于同样的访问请求。尽管如此，摘要认证仍然不够安全，与基本认证一样，容易受到中间者攻击，如一个恶意的或被破坏的代理可能将服务方的摘要认证回答换成基本认证回答，从而窃得口令。

为 HTTP 提供更安全的认证方式需要与 Kerberos 服务相结合，如 CMU 的 Minotaur 方案是结合特别的 MIME 类型和 Plugin 程序实现的。

3. IP 协议中的身份认证

IP 协议由于在网络层，无法理解更高层的信息，所以 IP 协议中的身份认证实际不可能是基于用户的身份认证，而是基于 IP 地址的身份认证。

8.4.3 安全柜员管理系统

安全柜员管理系统是柜员和客户间采用信息技术和安全传递装置，完成银行业务交易的一套综合安全设施。

1. 业务需求

根据计算机安全必需的品质(如完整性、私密性、不可窃取、不可伪造、不可抵赖、实用等)，众多分散在网络中的末端设备和操作员对于计算机安全带来了新的挑战，网络主机将面临诸多严重威胁。

2. 设计方案

IC 卡密码签名认证安全柜员管理系统由安全柜员信息管理和发卡系统、安全柜员终端验证和联机系统两大部分组成。

(1) 安全柜员信息管理和发卡系统。

安全柜员信息管理和发卡系统主要完成对柜员和复核员登录、发卡、安全审计等管理。

① 功能。安全柜员信息管理包括柜员信息的录入、增加、删除、修改、密码管理,柜员卡管理包括发卡、挂失、解挂、回收、改密、解锁、PIN 初始化等。复核员卡管理包括发卡、挂失、解挂、回收、改密、PIN 初始化等。密钥管理 PIN 密钥和 MAC 密钥的录入、修改。安全审计包括柜员卡数据装载、查询(按姓名、柜员号、卡号、时间)和统计。系统管理指系统操作员管理(增、删、改)。

② 卡片设计。柜员卡(选用带 CPU 的 2～4KB 的 IC 卡)可储存基本信息(卡号、柜员号、柜员密码、内部认证码)、安全密钥(PIN、MAC)、流水(进入时间、退出时间)。复核员卡(磁卡)可存储卡号、密码(加密)、内部认证码。

IC 卡密码签名认证安全柜员管理系统是由安全柜员信息管理及发卡系统、安全柜员终端验证和联机系统两大部分组成。

(2) 安全柜员终端验证和联机处理系统。

① 验证设计。终端离线验证:柜员卡对柜员的认证(验证柜员号和 PIN)。终端联机验证:储蓄所主机(前置机)对柜员和柜员卡的验证(验证柜员号、密码内部验证码)。联机通信加密处理:终端读取 PIN、MAC 等参与主机通讯加密的运算,并对主机数据库进行相应的设计。

② 终端及一体化键盘兼容性设计。其兼容实达、新大陆、WYSE 的终端一体化键盘。

③ 一体化键盘和终端操作指令包括:IC 卡上电、IC 卡读写、IC 卡下电命令(用终端 ESC 命令),磁卡读写命令,终端上锁和解锁命令。

(3) 安全特性设计和分析。

① 操作员的密码、内部认证码只存放在 IC 卡中及主机数据库,并以加密方式存储。

② 内部认证码是唯一的、不公开的,只有卡和人都在时才能启动金融服务系统的功能。

③ IC 卡内部文件系统和操作系统具有不可伪造性,采用《中国金融集成电路(IC)卡规范》,数据可保存 10 年以上。

④ 对密码、内部认证码的加密采用双重 DES 算法,密钥的处理,16 次有密钥参与的运算。

⑤ 操作员和主机之间内部认证码的用户认证机制。

第8章 网络数据安全技术

本 章 小 结

本章较详细地叙述了防火墙技术的特点与类型,以数字加密技术的特点与方法,论述了数字加密技术、身份认证技术分析的方法与应用,以及网络金融对安全性的要求,重点阐述了安全通信协议与金融认证中心的设计特征与实现的条件,以实例分析了数字签名的优缺点。

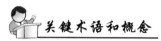

关键术语和概念

防火墙　数字加密技术　身份认证技术　金融认证中心　静态数据　动态信息　被动攻击　主动攻击　审计追踪　密钥管理　对称加密　非对称加密　双重签名　防火墙配置

综合练习题

一、单项选择题

1. 下列加密协议属于非对称加密的是(　　)。
   A．RSA　　　　B．DES　　　　C．3DES　　　　D．AES
2. 3DES 加密协议密钥是(　　)位。
   A．128　　　　B．56　　　　C．64　　　　D．1024
3. 下列不是身份认证的是(　　)。
   A．访问控制　　B．智能卡　　C．数学证书　　D．口令
4. 计算机病毒的危害性表现在(　　)。
   A．能造成计算机部分配置永久性失效
   B．影响程序的执行或破坏用户数据与程序
   C．不影响计算机的运行速度
   D．不影响计算机的运算结果
5. 非法接收者在截获密文后试图从中分析出明文的过程称为(　　)。
   A．破译　　　　B．解密　　　　C．加密　　　　D．攻击
6. 以下认证方式中最为安全的是(　　)。
   A．用户名+密码　B．卡+密钥　　C．用户名+密码+验证码　D．卡+指纹
7. 当计算机上发现病毒时最彻底的清除方法为 (　　)。
   A．格式化硬盘　　　　　　　B．用防病毒软件清除病毒
   C．删除感染病毒的文件　　　D．删除磁盘上所有的文件
8. 木马与病毒的最大区别是(　　)。
   A．木马不破坏文件而病毒会破坏文件
   B．木马无法自我复制而病毒能够自我复制

C．木马无法使数据丢失而病毒会使数据丢失
D．木马不具有潜伏性而病毒具有潜伏性

9．经常与黑客软件配合使用的是(　　)。
　　A．病毒　　　　B．蠕虫　　　　C．木马　　　　D．间谍软件
10．在理论上不可解密(可实现无条件的安全性)的算法体制是(　　)。
　　A．置换密码　　B．代换密码　　C．一次一密　　D．分组密码

二、论述题

1．谈谈你对网络信息安全的基本认识。
2．谈谈你对防火墙技术的特点与类型的基本认识。
3．谈谈你对身份认证技术分析的方法与应用的基本认识。
4．谈谈你对金融认证中心的设计特征与实现条件的基本认识。
5．谈谈你对数字加密技术的特点与方法的基本认识。

第9章 网络证券与网络保险的应用

学习目标

通过对本章内容的学习,要了解网络证券的一般内容,熟悉网上证券交易模式和网上证券交易程序;了解网络保险的一般内容,熟悉网络保险优势及其营销决策;了解网上财险产品服务和网上寿险产品服务。

教学要求

知识要点	能力要求	相关知识
网络证券与交易	(1) 理解网络证券的基本概念、特点和创新性 (2) 掌握网络证券的一般内容 (3) 熟悉网络证券交易程序	(1) 中国网络证券的特色 (2) 网络证券的营销管理
网络保险与应用	(1) 理解网络保险的基本概念、特点和创新性 (2) 掌握网络保险的一般内容 (3) 熟悉网络保险交易程序	(1) 网上直销保单业务 (2) 网上保险的商业模式

章前导读

网络证券是指在互联网上进行各种证券发行与交易的服务活动的总称。目前国内外网络证券业务发展很快。在我国,网上证券交易经营有"华夏模式""赢时通模式"和"飞虎证券模式"。网络证券包括三大部分,即网上证券发行服务、网上证券交易服务和网上客户理财服务。网络证券的特征和影响,挑战了传统证券交易的主流地位,促使传统证券交易所和证券公司重新进行战略性定位和改革。

网络保险是指以信息技术为基础、以互联网为载体开展保险业务活动的总称。保险网站的建立,是网上保险应用的基础平台。国外网上保险发展很快,网上保险产品与服务进入新阶段。在我国,网络保险市场正处于培育与发展的阶段,与国外网络保险业务发展存在一定差距。从保险公司经营的角度看,我国网络保险可以分为3种类型和5种不同模式。网络保险业务的优势在于自主性、高效性和虚拟性。网络保险营销的特点正是它适应市场需求和业务不断发展扩大的关键。

引例

1. 韩国大宇证券网上交易

1997年,韩国大宇证券(以下简称大宇证券)开始网上交易,营业部人员在接下来的四年时间里减少了70%,营业部经营面积减少61%。大宇证券目前80%的交易来自网上,因为网上交易手续费仅为传统方式的1/5~1/3。根据韩国大宇证券数据库的统计数据,当一个传统股民转换到网上进行交易时,下单频度会增加3倍。对网上交易客户的交易情况进行调查表明:网上交易客户交易的频率远远高于传统交易客户,资金周转率平均高出传统交易客户4倍。然而,大宇的佣金收入并没有因为手续费率的降低而下降,仅用3~4年便完成了自身业务模式的改造和转型。同样,佣金自由化后,日本也出现了类似的增长情况。

2. 中国人民财产保险股份有限公司(以下简称人保财险)推出第二代e系列网上专用保险产品

人保财险在网站开通两周年之际隆重推出了第二代e系列保险产品。

此次人保财险推出的第二代e系列自助式组合保险产品,包括"e-神州逍遥行""e-神州商务行""e-四海逍遥行""e-四海商务行""e-自驾逍遥行"5个产品,保险责任包括境内(外)旅行意外伤害及医疗、家庭财产、境外救援等多项保障内容,为境内(外)旅游、商务出行及自驾车出行人士提供了全方位的保障。

第二代e系列自助式组合保险产品在设计上充分考虑了客户自主性,消费者可按照自己的实际需求对产品的各项保障内容和保障期限进行自助选择、组合,真正实现了"我的保险我组合"。同时,该产品还免费为客户提供了价值2.5万元的未成年人意外伤害保障和1 000元旅行证件损失保障。另外,客户现阶段购买该产品还能够参加"e-PICC相伴生活每一天"网上有奖销售活动,有机会赢取高级数码相机等精美礼品。

> 第二代 e 系列自助式组合保险产品是人保财险本着"以市场为导向，以客户为中心"的经营理念，利用自身的产品优势、网络优势为客户设计和推出的新一代网上保险产品，实现了国内网上保险产品的一次创新。今后，人保财险还将推出更多更好的产品，以满足客户多样化的保险需求，为客户提供更多的方便和实惠。

9.1 网络证券概述

网络证券是电子商务条件下的证券业务的创新，是证券业以互联网等信息网络为媒介，为客户提供的一种全新商业服务。网络证券包括有偿证券投资资讯(国内外经济信息、政府政策、证券行情)、网络证券投资顾问，股票网上发行、买卖与推广等多种投资理财服务。

9.1.1 网络证券的一般内容

网络证券是以互联网为业务平台，运用信息网络技术对证券公司业务流程、证券发行与交易进行重组，为客户提供全方位证券投资服务的一种经营模式。

1. 网络证券涉及的概念

从信息网络技术应用的层面来看，网络证券包括三大部分：网络证券发行服务、网络证券交易服务和网上客户理财服务，其内容具体为网上路演、网上信息披露、网络证券咨询、网络证券行情、网络证券交易、网上基金投资与网上理财等。与传统证券市场相比，网络证券更具有效率和潜力，已成为证券市场信息化的主流。

网络证券在网络金融应用中涉及的对象一般包括以下几类。

(1) 证券公司指专门从事证券发行、承销、自营和经纪的金融机构，又称券商，它们是实现网络证券交易和网络证券发行的主导者和实施者。网络证券业务的核心要素是证券公司确保网络证券交易活动的安全性、稳定性和准确性；受客户欢迎的关键是给客户提供丰富的网络证券信息、手续费减让和优质服务。

(2) 客户和上市公司指证券市场上证券公司提供证券交易经纪或证券发行服务的对象，它们是网络证券交易、发行的主体，包括个人和企业客户(一般是指上市公司)。个人客户一般指股东或证券投资者。证券公司提供证券交易经纪服务，提供即时网上信息并降低交易费用，是吸引客户积极参与网络证券的关键。证券公司与上市公司的关系，在于利用证券公司网站开展网络证券发行和网上路演等，包括发布招股说明书、披露财务信息、传递重大信息等。

(3) 网络产业服务商指专为网络证券提供网络空间和软硬件设备的公司。它们分为两大类：一类是网络服务提供商(ISP)。它们向客户提供互联网接入服务，同时为证券公司的行情服务器提供场地和维护服务。证券公司选择 ISP 应考虑其现有的客户群和未来的发展前景。另一类是设备、软件供应和维护商。它们提供并维护有关的网络、服务器和客户终端,提供并维护网上交易的系统软件和应用软件。

(4) 商业银行指为证券市场上证券结算提供服务的银行。它们为个人和企业客户提供转账汇款、交易结算和网上支付,以及开户服务。选择银行时应重点关注其客户群体、网点布局和业务的电子化程度。

2. 国外网络证券发展概述

网络证券发展的时间不长,美国是最早开展网络证券交易的国家。20 世纪 90 年代,美国一些证券公司开始利用专用计算机网络下达证券交易指令。1995 年,互联网用户首次可以通过互联网完成交易委托。此后仅几年的时间,美国就已出现了数百家网上券商,大部分的散户交易是通过互联网交易完成的。目前,美国网络证券交易账户已超过 3 000 万,涉及资产近万亿美元。

3. 我国网络证券发展概述

我国最早的网络证券交易是闽发证券和中国华融信托投资公司于 1997 年推出的网上交易系统。其中,福建闽发证券深圳营业部在 4 个月内的网上交易开户数达到 1 000 多个,而中国华融信托投资公司湛江营业部 1998 年年末的网上交易账户开户数达到 7 000 多个,网上交易占该营业部交易的 20%。此后,君安证券、华泰证券、国通证券等公司相继推出网上交易。

我国网络证券发展很快,目前上市公司已达 4000 多家,国内所有证券公司都已开展了网络证券交易委托业务。上市公司、证券公司等利用信息网络技术,开展证券发行信息披露、发布招股说明书和配股说明书、上市公司财务信息、业绩推介、增发新股、基金发行等网上路演,提供网上证券发行服务。

9.1.2 网络证券交易模式

目前,世界上多数国家已利用互联网开展证券业务,既形成了各国相对独立的网络证券交易系统,也初步形成了全世界不同形式的证券交易系统。

1. 国外网络证券交易系统

(1) 独立电子交易系统。

独立电子交易系统是有别于证券交易所和柜台的"另类交易系统"。根据美国证券投资委员会(SEC)的定义,独立电子交易系统是指除证券交易所或证券商协会以外,不经过 SEC 注册登记,却能自动集中、显示、撮合或交叉执行证券投资的电子系统。

证券投资者在独立电子交易系统内可自行报价、下单并执行交易。其中有些系统的结构与证券投资相同,但与传统的集中证券投资有所不同。1995 年 9 月在伦敦建立的 TDP 交易系统就属于此类型。据统计,独立电子交易系统交易额在美国纳斯达克市场上的份额已经达到了 22%。

第9章　网络证券与网络保险的应用

(2) 网络虚拟证券交易所。网络虚拟证券交易所是网络证券交易的一种形式。虚拟交易是指投资者不通过证券公司和证券交易所而直接在互联网上买卖股票，有点像模拟证券交易。网络虚拟证券交易所没有固定的场所，也没有营业机构，只有一些供投资者选择的互联网站或网上自动撮合系统。网络虚拟交易所交易很像是早期咖啡屋的证券投资，投资者和经纪商通过一对一、一对多或多对多的直面方式完成交易。

网络虚拟证券交易所有两种交易方式：一是公告牌的方式，即证券投资者在网络虚拟交易所或其他站点上挂出公告牌，显示出自己的买卖意向，这是较低层次的网络交易，类似于早期一对一或一对多的证券投资谈判。例如，某证券公司的网站已获得证券市场监管机构的许可，可以在网络上开办公告牌，为投资者提供互相交易的场所。二是提供自动撮合系统的方式，网络证券投资者可以直接把订单输入网络虚拟交易所的撮合系统。

2. 我国网络证券的经营形式

国外网络证券交易服务系统基本分为两类：一是传统证券经营机构在互联网上设立网站，提供网络证券服务；二是设立网络虚拟证券交易系统，如独立电子交易系统和网络虚拟证券交易所，直接为客户提供服务。在中国，网络证券业务基本采取第一种形式，许多大型证券公司在互联网上设立网站，为投资者、股东、上市公司提供证券发行和交易的业务及服务。

(1) 由于资金和技术等原因，从合作伙伴的角度看，我国证券公司网络证券交易的经营有3种方式。

① 证券公司独立进行。

证券公司自行开发或向软件供应商购置网上交易及后台控制软件，自行安装配置，自行宣传和开发网上客户。这种方法的好处是掌握网上交易的所有控制权，不足之处是投入使用的周期较长，行情信息更新较慢，开户网点少，必须单独宣传，难以利用其他资源的优势。

② 证券公司和ISP合作。

证券公司将行情服务器(由证券公司提供或租用ISP的)放在互联网主干机房或ISP的机房，保证行情和信息有足够高的传输速度，提高用户的访问速度。这种方式的优点是可借助网络产业服务接入商的主页，用户访问速度快，并具有宣传和推广优势。缺点是ISP可能会要价较高，证券公司的业务信息有被其截获的可能。

③ 证券公司和ISP及银行合作。

证券公司与银行之间建立专线连接，并将转账服务器(或由银行自购)放在银行主机房，用于网上交易的查询、冻结，以及银行账户和保证金之间的即时划转。这种方式可充分利用银行的营业网点拓宽客户群，并给客户带来凭银行活期账户即可进行证券交易的便利。

由于资金和技术等原因，从证券公司经营的角度看，我国证券公司开展网络证券交易的业务有3种模式。

① 华夏模式。

传统证券公司通过建立自己的网站为所有的营业部客户提供网上下单通道，满足那些使用网上证券交易的用户的需要。华夏、银河、平安、国通、青海、中信、光大等各大证券公司，都纷纷出巨资创办起自己的网站，开展网络交易，在自己的网站上提供网上交易、股票行情、财经新闻、投资分析等网络证券交易服务。

② 赢时通模式。

该模式为有证券公司背景又具有财经网站背景的网络金融的经营模式。在我国，一些财经类网站本身不是证券公司，没有合法经营网上证券交易的资格，只有通过与证券公司的营业部建立联系，为其提供网上交易的网页。例如，一些门户类网站，证券之星、和讯、盛润、道博资讯、康熙证券、赢时通、易富、乾通证券等。

③ 飞虎证券模式。

该模式定位于"交易类证券网站"的网络证券服务商的经营模式，飞虎证券网是其代表。此网站给我国的网络证券交易业务形式引入一种不同于传统的财经资讯类网站的全新商业模式，可以称为在前两类商业模式中延伸出来的第三种模式。该模式使网络证券交易更加简单、快捷、安全、可靠。目前，该模式业已得到认同，青海证券、湘财证券等都不同程度地采用了此种经营方式。

3. 网络证券用户接入

目前，我国网络证券用户主要有 6 种上网方式：一是使用 Modem 或 ISDN 通过拨号接入高速互联网的上网方式；二是 ADSL 上网方式；三是利用数字传输通道和数字交叉复用节点组成的数字数据传输网的专线上网；四是无需布线，只需将无线网卡插入电脑，再安装其配备的软件，用户即可实现无线上网的方式；五是有线宽带，通过闭路电视线接入，是广播电视系统普遍采用的接入方式，也叫有线电视网络接入上网；六是 FTTP，利用数字宽带技术，光纤直接到小区里，再通过双绞线到各个用户的小区宽带上网的方式。

4. 网络证券交易系统

传统证券综合业务系统是在业务变化不大的条件下，以证券营业部柜台交易系统为核心建立的，形成了"交易所+证券公司总部+证券公司营业部"的市场组织模式和信息系统体系。随着证券市场竞争日益加剧和网络证券交易的发展，证券公司需要重新找到自身的市场定位，确定新的商业模式，多层次、针对不同客户群体、提供多种综合服务的新型市场框架，要求支撑证券业务的基础信息系统，形成集中型的证券综合业务系统的应用模式和业务环境。网络证券交易系统具体包括以下几个方面。

(1) 网络证券综合业务系统。

整个系统由集中交易、业务管理系统、行情系统三大子系统及多个小系统构成。三大子系统都连接在相同的数据总线上，通过"订阅-发布"技术实现系统之间的数据交换，同时也实现数据推送服务。例如，行情系统将实时行情播报给交易系统，交易系统则将交易过程中的重大事件播报给业务管理系统。

(2) 网络电子交易基础平台系统。

该系统为大规模、大容量网络电子交易系统提供基础性平台，基于 Java 技术自主开发。基础平台通过网络集中监控和配置技术，可以将所有的服务器通过一台集中监控和配置服务器统一管理起来。系统管理员通过集中监控和配置服务器就可以监控所有服务器的运行状态，并进行配置修改、业务模块发布等操作，集中监控和配置服务器提供了信息自动报警、手机短信息发送等功能。

(3) 证券公司业务管理系统。

该系统是一个集服务、信息、生产、营销、管理于一体的公司级的业务管理系统，包括综合理财、综合信息、网上交易、客户服务、产品研究、营销管理、决策支持、内部交流、知识库管理、风险管理及绩效考核等业务功能。综合业务管理系统是"大"客户的概念，包括公司客户、公司员工、兼职经纪人、管理机构等。综合业务管理系统是证券行业CRM与ERP系统的集合，其设计目标是实现管理自动化与科学化。

(4) 多市场、多品种集中型交易系统。

该系统是专门针对证券行业未来交易业务集中管理，以及多市场、多品种的交易趋势而设计的交易系统。由于各证券公司的证券交易业务规则是相同的，因此集中交易系统的设计重点在于提高系统的处理性能、安全可靠性和可扩展性。

(5) 多市场、多品种行情发布系统。

行情发布系统是证券传统业务和网络证券都不可缺少的重要部分。成功的行情发布系统应该能够通过多种手段，以方便用户使用为出发点，将行情信息高速、准确、稳定、可靠地传送给用户。针对未来投资者多市场、多品种组合投资的需要，开发最新的支持多市场、多品种行情的发布系统。

(6) 证券客户服务中心系统。

在证券公司成功应用客户服务中心系统基础上，通过进一步技术改造完成了i-CCENTER架构，并实现了IVR、ACD子系统及客户端、IVR业务网关的原型，基本实现个性化与自动化的客户服务。

9.1.3 网络证券的特征与影响

网络证券的发展前景，就在于自身的优势和特征，适应了社会信息化与互联网发展的需求。

1. 网络证券的特征

网络证券不同于传统证券的交易与服务，它的特征包括以下几点。

(1) 信息充分流动，可以提高证券市场资源配置的效率。

在市场经济运行中，每个竞争主体都会因信息不对称导致决策失误，从而失去发展的良机，并直接影响交易的数量和质量。证券交易中的信息不对称助长了证券交易中的投机成分，尽管有关法规业已出台，但仍然不能从根本上消除这一缺陷。开展证券网上交易，提供快速方便的信息服务，能大大提高证券市场信息的流通速度，从而使证券投资者之间获得信息的时间差大为缩短，又可以有效地增强证券市场的定价功能和资源配置功能。

(2) 网络证券市场的特性，可以促使证券投资者群体不断扩大。

网络证券交易市场是无形的交易空间，它利用互联网冲破时空界限，将各地的投资者聚集在这个无形的市场中。通过互联网进行网络证券交易，不仅使那些有资金又有投资欲望，却无暇进行交易的投资者和机构进行投资成为可能，还可以吸引大量银行活期存款客户进行交易。网络证券交易的投资者也是上网爱好者，他们具备一定的计算机专业技术和网络技术知识，通过上网不断从网上获取投资信息，随时可介入网上交易市场，由此实现网民与股民的交叉和同步发展，从总体上扩大证券投资者的队伍。

(3) 网络证券的优势，可以促进证券市场的有序竞争。

网络证券的优势主要体现在以下3个方面。

① 对于证券公司而言，网络证券有助于其降低经营成本、扩展业务、开拓市场、扩大市场份额，有助于提高服务质量。网络证券委托交易的实时性和互动性，有利于证券公司为客户提供更加及时、个性和全面的服务，深化和加强券商的服务意识。

② 对于投资者而言，网络证券可以得到更加优质快速的证券行情信息和交易服务，可以减少因行情延迟、信息时差或交易不及时等引起的交易损失；可以突破地域限制，在任何一个能够上网的地方参与证券交易，给所有投资者一个公平的交易平台和较平等的信息咨询服务。

③ 对于证券交易所而言，可以通过互联网的应用提供政策信息咨询和服务，进行证券市场的管理。同时，支持和发展网络证券既有利于国内证券市场的发展和有序竞争，也有利于将来与国际证券交易市场的接轨。

(4) 证券业务的重新整合，加剧了证券市场波动。

网络证券的发展，往往会影响到各国证券市场的稳定。从美国的网络证券交易看，使用网络的投资者买卖次数较频繁，他们会紧跟共同基金的表现频频买入或赎回个别的基金。研究显示，美国中小证券投资者的行为会加大市场变动幅度。牛市时，他们纷纷大举买入股票基金，从而进一步推高股价；熊市时，他们又匆匆卖出套现，从而进一步压低股价。证券交易的频繁和换手率过高，会加剧投机因素扩大并带来证券市场的波动。

(5) 网络证券的发展，推动了证券公司等中介机构的联合。

据估计，未来的世界资本市场，将可能会出现真正受全球欢迎的证券网站，迫使证券公司之间联系得更加紧密，共同合作以求发展。

2. 网络证券的影响

(1) 网络证券的产生与发展，挑战了传统证券交易的主流地位。一方面，网络交易的发展，特别是独立交易系统和网络虚拟证券交易所的诞生，对传统证券交易所的市场垄断地位提出了挑战。网络证券交易迅速扩大市场份额，给传统的证券交易所带来日益巨大的竞争压力。另一方面，证券交易所还在法律地位上受到独立证券投资系统的挑战。其未来对传统交易所提出的挑战也许是致命的，甚至可能会导致有形交易场所的逐步消亡。

(2) 网络证券的发展，将促使传统证券交易所重新进行战略性定位和改革网络证券及其交易的迅猛发展，可能会降低传统证券交易所作为交易场所而提供的增值价值，但对其他方面的作用还不能取而代之。网络证券的发展，可以促使传统的证券交易所改革交易模式，提升证券交易技术，转变监管理念，因而也有助于证券交易所不断创新。

9.2 网络证券交易

由于资金和技术等原因，中国证券公司网络证券交易的经营合作有 3 种方式：证券公司独立进行、证券公司和网络接入服务商合作、证券公司和网络接入服务商及银行合作。从证券公司经营的角度看，网络证券交易也有前面提到的 3 种模式，实际上，中国利用互联网技术开展网络证券交易服务的模式很多，网站类型也不相同，各有特色。

9.2.1 网上证券交易网站

从网站业务内容划分，可以将各类证券网站划分为金融证券综合类、证券公司类和证券信息服务类等，通过搜索引擎就可以找到相关网址。

(1) 金融证券综合类网站。

中国金融证券综合类网站主要有上海证券之星、和讯、巨灵财经、神光财经、深圳热线财经频道、财智网、中证网、中国上市公司网、中国保险网、新浪财经等。

(2) 证券公司网站。

中国的证券公司网站主要有长江证券、国泰君安、广发证券、汕头证券、兴业证券、光大证券、国信证券、广东证券、平安证券等。

(3) 证券信息服务类网站。

中国的证券信息服务类网站主要有中华网-财经、中国金融在线、证券之星、和讯网、新浪财经、搜狐财经、网易财经等。

9.2.2 网络证券交易程序

网络证券交易服务与传统的证券交易服务相比，其程序是一样的，都包括开户、委托、成交、交割等几个步骤，只不过实现交易的手段不同而已。原来需要投资者在交易所办理的手续，现在大部分或全部都可以通过证券公司的网站进行。网络证券交易包括登记开户、委托交易、交易撮合和清算交割 4 个步骤。

(1) 登记开户。我国的证券商已能支持客户在网上开户，投资者只需准备身份证、银行卡、智能手机，下载 App 后按操作流程操作即可完成开户。

(2) 委托交易。需开通网络证券交易的交易者首先要下载和安装网络证券交易系统软件，与证券公司签订网络证券委托交易合同。证券投资者在进行网络委托交易之前，首先必须安装网络证券交易系统。以中信证券为例，投资者登录中信证券网站后，下载网上委托交易系统软件，然后按照提示即可完成安装。证券投资者进入网上委托交易系统，如需委托，单击"交易"指令，输入证书密码，即可连接主站。选择营业部，输入资金账号或股东账号，输入交易密码，投资者即可进行证券委托。

(3) 交易撮合。上海与深圳证券交易所均采用计算机撮合交易方式。在该方式下，交易所计算机主机与证券商的计算机联网,证券部本部及其分支营业机构通过终端机将买卖指令输入计算机。证券商经纪人在集中市场交易终端上,接到其营业处传来的买卖指令后,需确认无误,再输入交易所的计算机主机。买卖指令经交易所计算机主机接受后,按证券价格、时间排列,自开市开始时按"价格优先、时间优先"原则撮合成交。

(4) 清算交割。在证券买卖成交后,买方需支付一定的款项获得所购证券,卖方需支付一定的证券获得相应价款。清算是交割的基础和保证,交割是清算的后续与完成。清算交割主要在证券登记结算机构与证券经营机构进行,证券经营机构与投资者之间,往往只进行资金清算。证券登记结算机构与证券经营机构之间的清算交割通过计算机网络进行。各类证券按券种分别计算应收应付轧抵后的结果进行交割,价款则以统一的货币单位计算应收应付轧抵净额后交割。投资者的证券往往由证券经营机构集中保管,投资者的证券交割由证券经营机构自动划转。证券经营机构与投资者之间的资金清算,一般通过证券营业部的计算机系统或与该营业部联网的结算银行计算机中心进行处理。当客户证券卖出成交返回后,计算机系统即时将资金增加到用户的账户上。当客户证券买入成交后,则即时将所需资金从用户的账户中划去。

9.2.3 网络证券交易应用

我国网络证券交易应用,不同网站有不同的操作程序,现以国信证券的鑫网和中国工商银行的网站为例来说明。

1. 国信证券网络证券交易

国信证券为我国大型综合类证券公司,是中国证券市场主承销商之一,它的网站主要服务栏目有"我们的业务、网上营业厅、软件下载、投教基地、关于国信"等。在其首页中,包括滚动式的证券市场即时新闻、鑫网股评家的最新观点、证券市场操作技巧基本分析、每日必读的证券市场新闻和网上投资报告会的主题调查。

国信证券的网上交易内容占有很大比例。进入网上营业厅,从"网上交易演示"路径入手,可以看到证券公司提供两大服务:一是提供实时交易委托、查询和开放式基金交易服务;二是提供手机短信服务、个股资料、国信鑫网服务等。从"网上预约开户"路径,用户可以预约开立股东代码卡和开设资金账户。随后,资金存取、交易账户设置、交易与行情、办理增值业务、修改资料等服务项目也按照规范可以进行操作。在网上营业厅,可以找到国信证券遍布全国的营业网点及"银证通"开户的网点。从"网上交易软件下载"路径,用户可以下载最新版本的网上交易软件——"国信通达信网上交易软件(最新版本)",并进行安装。在相关业务程序全部完成后,从"网上下单"路径,用户可以进行网络证券交易。在用户登录栏目中,用户输入投资者的账号代码、交易密码及附加码,进入网上交易操作程序,根据需要进行股票或基金的交易买卖。

2. 中国工商银行网络证券交易

中国工商银行网站是以银行业务为主要内容,兼有网络证券、网络保险、网络商城等业务的专业性金融网站，网络银行业务栏目有个人金融服务、企业金融服务、电子银行服务、银行卡服务和金融信息等；网络金融业务栏目有网络银行、网络汇市、网络证券、网络保险和网络商城等。从网络证券的页面可看出，该网站提供证券信息、业务介绍、主要功能等金融服务，为用户提供全面的证券信息和便捷的交易平台。

网络证券业务的具体操作程序分为申请和操作两大部分。

(1) 网络证券业务申请。

网络证券业务申请必须到证券公司开通网上交易，同时在用户的计算机里安装交易软件，再连上互联网后，方可开始进行交易。在交易前，要对申请过程有充分的了解。网络证券业务申请包括以下业务。

① 银证通。此功能即为拥有银行和证券公司账户的投资者提供证券交易开户服务。互联网用户需要通过"金融@家"进行网上证券交易，可以到当地中国工商银行营业网点办理开通银证通功能，并注册为工商银行"金融@家"客户，才能在网上银行进行股票买卖业务。

② 银证转账。此功能即为拥有银行和证券公司账户的投资者提供证券交易中资金流动服务。互联网用户使用银证转账功能也必须在柜台开通银证转账功能，并注册为中国工商银行"金融@家"用户。目前银证转账只支持证券市场中的 A 股交易。

③ 网上基金。此功能即为基金投资者提供网上交易服务。互联网用户在工商银行"金融@家"办理基金业务前，需在中国工商银行开立灵通卡和理财金卡，在柜台完成基金账户开户、基金交易账户开户、TA 基金账号登记等相关手续，并通过营业网点注册或在网上自助注册为"金融@家"用户。

④ 网上国债。此功能即为国债投资者提供网上交易服务。互联网用户通过"金融@家"进行国债买卖，需在银行营业网点开立二级债券托管账户，指定一个本人的活期存折户作为国债买卖的资金账户，并将该债券托管账户挂到灵通卡或理财金卡上，同时注册成为"金融@家"的用户。

(2) 银证通业务操作程序。

工商银行网络证券交易操作分为网上股票、网上基金和网上国债 3 个部分，网上股票分为银证通和银证转账。

① 银证通操作程序。客户要进行银证通交易，必须首先凭股东代码和密码登录银证通功能模块，才能选择相关的交易功能。选择进行交易的市场，如深 A、深 B、沪 A、沪 B，用户选择后，所进行的交易均是该市场交易，客户可随时重新选择市场。买入委托申报，客户可直接买入股票、认购配股、申购新股。卖出委托申报，客户指定委托价格进行股票卖出委托申报。委托撤单，客户可撤销当日已委托成功但尚未成交的委托合同。

② 银证转账业务操作程序。在网络证券交易中，客户必须开通银证转账功能，并注册为中国工商银行网上银行的客户。该功能的服务时间与证券公司的营业时间保持一致。服务内容包括资金账户向保证金账户转账，如客户通过网上银行将银行账户中的资金转入其指定的证券公司的资金保证金账户的处理。保证金账户向资金账户转账，如客户通过网上银行将其指定的证券公司保证金账户中的资金转入银行资金账户的处理。

(3) 网上基金业务操作程序。

网上基金业务操作程序，分为两大部分：一是网上基金认购流程，二是网上基金申购流程。

① 网上基金认购流程包括初始认购金额应为个人最低认购金额的整数倍。追加认购金额应为追加认购基数的整数倍，大于最小追加认购金额；认购金额要大于 0，并且必须大于对公最低认购金额，小于对公最高认购金额；不同的基金有不同的认购金额要求，如果输入的金额不符合认购该基金的金额规定，将提示错误的具体信息，用户需重新填写。基金发行期间，只有认购业务；已认购的基金单位在发行期间不得卖出；网上进行基金认购，交易的确认需要到基金发行期结束时，因此当日认购确认无法查询到有关信息，只能查询当日交易明细。

② 网上基金申购流程包括基金申购限于基金存续期间。基金申购时，申购价格未知，申购以金额为单位；基金申购金额应该是最低申购金额的整数倍；在网上进行基金申购，交易的确认至少需要一日，因此当日申购确认无法查询到有关信息，只能查询当日交易明细。

(4) 网上国债业务操作程序。

目前，个人网上国债买卖仅限于记账式国债买卖；申购债券总面值(元)必须是 100 的整数倍；债券的申购交易需在指定交易日(一般为每周的周一至周五)的指定交易时间(一般为上午 9:00～11:30，下午 13:00～15:00)。

国债申购交易的流程为：登录中国工商银行网上个人银行，进入网上国债业务，填写申购交易时间，选择债券代码和债券卡号，返回债券代码、名称、发行价、面值和年利率，买入债券总面值，确认交易，国债交易成功。

国债二次买卖交易流程为，登录网上个人银行，进入网上国债业务，填写二次买入或卖出交易时间，返回债券名称、发行价、面值、年利率、净价和全价，买入债券总面值，确认交易，国债二次交易成功。

(5) 网上期货业务操作程序。

① 开户。开户时要进行客户类型的选择，如自然人客户或法人客户。之后要选择开户时间和地点，也就选择某地的某期货经纪公司。签署合同后由该期货经纪公司提供两份空白的开户合同，请仔细阅读，无异议后在开户合同上签字，并连同开户人、指令下达人及资金调拨人的身份证复印件一同带到期货公司。核实无误后，期货公司盖章并把其中的一份开户合同返还给客户，同时向交易所申请编码。

② 开户金额。开户金额不能低于 5 万元。

③ 开户所需提供资料。如果是个人，客户本人的身份证复印件、指定下单人的身份证复印件、资金调拨人的身份证复印件。如果是法人，则要提供营业执照复印件、税务登记证复印件、法定代表人授权文件、法定代表人身份证复印件、指定下单人的身份证复印件、资金调拨人的身份证复印件，开户后，客户获得在期货公司的资金账户。

④ 入金。入金可通过银期转账系统。若该期货公司的合作伙伴是中国工商银行，必须办理中国工商银行的牡丹灵通卡方可进行转账。通过银行划转到期货公司账户，资金到位后视作入金成功。

⑤ 申请编码。客户获得在期货公司的资金账户后，由期货公司为客户办理在各个交易所的交易编码，编码获得批复后即可进行交易。

⑥ 交易。期货公司全面开通电子化交易，客户入金后，公司将同时请客户签收网上交易登录密码，客户签收后，在第一时间按照初始密码登录系统并更改密码，所有委托均可以通过计算机直接进入交易所场内。

网上客户通过互联网，使用期货公司提供的专用交易软件收看、分析行情、自助委托网上交易客户在网络出现问题时，客户可电话委托期货公司下单，下单时需报上交易账号和交易编码。若期货公司的通信出现故障时，系统会自动转为人工委托下单，客户仍可通过网上自助交易，但下单与回报速度会降低(建议网络出现问题时暂时不要操作，待系统正常后操作)，具体步骤如下所述。

① 登录下单系统。登录期货公司的网上交易系统并填写登录信息。客户登录成功后，根据公司的设置，客户需要对系统弹出的账单内容进行确认。

② 进入行情看盘系统(免费)。自选合约可以进行分组设置，这里同时可以单击标签页，进行各个页面之间的切换，根据自选合约组名显示指定的自选合约页。

③ 进入委托(下单输入区)。此时，会出现界面说明如下。

合约：同时支持键盘输入、鼠标选择、快捷键输入，在信息提示栏提供快捷键提示。

交易编码：输入合约之后，自动显示该客户对应此交易所的交易编码；如果有多个交易编码，默认显示最后一个。

买卖：支持快捷键输入，在信息提示栏提供快捷键提示。

开平：支持快捷键输入，在信息提示栏提供快捷键提示。

手数：支持合约参数的默认下单手数；如果设置了默认手数，输入的时候自动带入下单手数。

价格：根据合约买卖方向，自动显示合约价格，如果设置委托参数，则根据设置的默认价格类型显示对应的价格(最新价、买入价、卖出价或指定价)。

下单：单击此按钮，发出普通委托单。

预埋：单击此按钮，预埋委托单。

取消：单击此按钮，可以清空已经输入的委托信息。

委托方式：系统提供了多种委托信息的输入方式，可以手工输入，也可以从行情带入部分信息；同时支持键盘和鼠标操作。

④ 查询(查询区)。查询有"查委托""查资金""查成交""查预埋""查合约""查持仓"6种，都是分页显示，用鼠标单击标签页(标签页显示的数字)可以进行各个页面之间的切换，单击"查询"按钮，查询相应内容。查询的结果可以按"全部""可撤""不可撤"对结果集进行分类。

⑤ 出入金。选择菜单栏"查询"→"出入金"，可以查询一段时间内的出金、入金或全部，查询条件包括：开始日期、结束日期、出入金类型。

⑥ 结算。期货公司的电子化系统进行实时动态结算，客户于交易中即可查阅账户上的情况。每日闭市后，由期货公司结算部进行盘终结算，客户可以选择书面、传真、电子邮件、网上查询等方式收看结算结果。

⑦ 撤户。客户在办理完期货公司规定的撤户手续后，双方签署终止协议结束代理关系(指客户与期货公司)。

⑧ 出金。客户出金可以通过银期转账系统，将资金转入客户的牡丹灵通卡内(可由期货公司工作人员代为办理)。

9.2.4 网上证券实务

随着全球电子商务发展迅猛，其应用形式和应用领域日益广泛，投资者也开始利用互联网网络资源，获取证券的即时报价，分析市场行情，并通过互联网委托下单，实现实时交易，就产生了网上证券交易。

1. 证券之星

(1) 证券之星简介。

证券之星是在网络技术方面有一定优势的证券网站，创建于1996年，它由上海美宁计算机软件有限公司投资经营，主要股东有中国电信(上海)、上海联创投资基金等。它是中国最早的理财服务专业网站，是专业的投资理财服务平台，是中国最大的财经资讯网站与移动财经服务提供商，同时也是中国领先的互联网媒体。2000年，证券之星成为中国第一家通过ISO 9001国际质量体系认证的互联网企业，在中国互联网络发展状况的历次各项权威调查与评比中，证券之星多次获得第一，连续5年蝉联权威机构评选的"中国最优秀证券网站"榜首，注册用户超过750万，是国内注册用户最多、访问量最大的证券财经站点。它以客观、理性、务实的作风，在国内开创证券资讯行业之先河，首次提出个人投资理财产品概念，是中国最领先的互联网媒体及电信增值服务运营商。

证券之星以金融理财产品为核心，通过网站、短信、WAP、IVR、行情分析软件等渠道，依托中国领先的理财产品研究分析专家团队，以及国内最具实力的理财技术创新开发团队，为中国理财用户提供专业、及时、丰富的财经资讯，无线智能移动理财产品，个人理财应用与咨询等多方位专业理财信息服务。

证券之星金融证券产品包括行情分析软件、手机信息服务、股票、WAP、丰帆理财等系列产品，将金融证券信息服务产品全方位地渗透到国内外具有投资理财要求的大众用户，作为证券之星的系列产品的基础和枢纽，证券之星金融证券新产品是一个传统证券与财经媒体联合打造的主流服务平台，向大众化用户提供海量信息，资料查询及综合信息分析。并且通过该平台，证券之星向广大用户提供了证券之星行情分析软件，该软件提供了基于标准行情上的适度理性信息服务。

(2) 证券之星分析软件。

证券之星分析软件是由证券之星推出的金融分析工具，该软件集多年市场经验和听取近百万股民的炒股心得，汇总多位专家的日常操作手法，建立一套以操作股票流程为线索的符合逻辑的股市操作系统。该软件具有提供行情、外汇、证星魔棒、飓风轨迹、新闻提示、信息红旗、智慧 F10、财务选股、特色指标、在线面对面、持仓管理等功能。证券之星分析软件具有以下几个优点。

① 符合投资者的看盘习惯。尤其对使用过钱龙、胜龙的用户,其界面特别友好。

② 使用高手指标。例如,结合股市民间预测师殷保华的全套指标,可使用江恩3号、4号、9号……可用线上阴线买入、线下阳线卖出进行验证。

③ 自动完成历史数据的添加。利用网络技术,不需要做收盘作业,也无需转换周线、月线。

④ 证券之星独特的真实指数。为用户还原股市的真实走势。

⑤ 证券之星精确复权功能。不仅还原送配股前的真实股价,还能还原送红利之前的微小变化。

⑥ 公告提示。将股市 10 年间的数十万条公告标注于 K 线上,方便用户参考基本面与技术面的关联。

⑦ 汇市行情。24 小时不间断的汇市行情,让用户在休息时也能进行投资。

⑧ 多汇同列将同屏。让用户了解多个币种的实时走势,不让机会在换屏时溜走。

证券之星的主界面如图 9.1 所示。

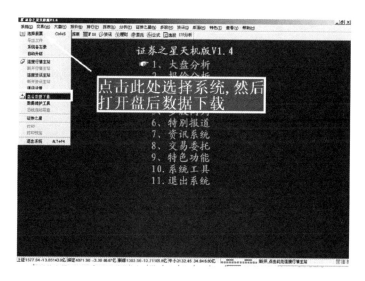

图 9.1 证券之星的主界面

2. 华泰证券

(1) 华泰证券的背景。

华泰证券有限责任公司前身为江苏省证券公司,1990年经中国人民银行批准设立,1991年5月26日在南京正式开业,注册资本1000万元,经过5次增资扩股目前华泰证券注册资本为22亿元。1999年,公司更名为华泰证券股份有限公司,是中国证券监督管理委员会(以下简称证监会)首批批准的综合类券商之一。2005年3月,经中国证券业协会从事相关创新活动证券公司评审委员会第四次会议评审通过,华泰证券获得创新试点资格。

华泰证券目前在全国拥有243家营业部，28家分公司有沪、深A股、B股、债券、基金、代办股份转让等交易品种。可为投资者提供电话委托、磁卡委托、小键盘委托、钱龙自助委托、可视电话委托、网上委托(含页面委托)、STK卡手机炒股、GPRS手机炒股、固定电话"家家 E"证券短消息炒股等交易手段。目前，华泰证券与中国银行、中国工商银行和中国建设银行等银行开通了银证通业务，证券投资更加方便快捷。华泰证券网站主页如图9.2所示。

图9.2　华泰证券网站主页

(2) 华泰证券网站功能。

华泰证券网共有7个一级栏目及众多的底层内容栏目和功能操作栏目。可以通过首页的网站导航进入所需要的具体栏目。一级栏目包括首页、走进华泰、我们的服务、华泰观点、投资者关系、工作在华泰、在线服务。

① 全面完善的服务体系。华泰证券网站栏目分类清晰，功能齐全，便于访问和使用。财经资讯内容丰富，并注重自主资讯和研究内容的开发。在线交易方面也很有特色，项目多。除"投资者教育基地"栏目已成为网站的品牌栏目外，还设有"培训交流区"，可根据需要随时开设热点话题进行交流，可随时解答用户在网上交易方面遇到的各种技术问题，方便了网上交易的用户。

② 网上交易业务。投资者通过华泰证券网进行网上证券交易。首先，投资者应该持本人有效证件、证券账户卡到开户营业部柜台填写网上交易开户申请书、网上交易委托协议书，申请经营业部交易员确认并输入计算机，立即可以网上交易。也可以在华泰证券网上进行开户预约，用户只需要输入真实姓名、身份证号、在营业部下拉菜单中选择对用户方便的营业部、输入电话、手机号任一种，并确定上门时间和上门服务地址，发送信息后，用户即可在24小时内得到华泰证券公司的开户预约服务，及时为用户办理网上证券交易所

需的各种相关手续。华泰证券网上交易操作流程如图 9.3 所示，交易系统 FLASH 行情如图 9.4 所示。

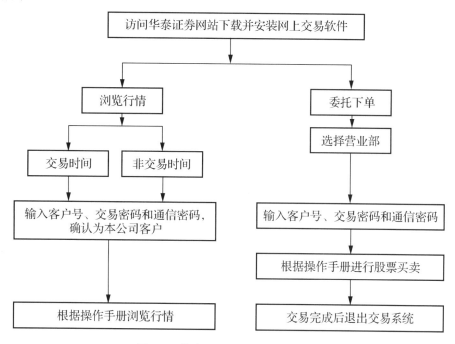

图 9.3　华泰证券网上交易操作流程

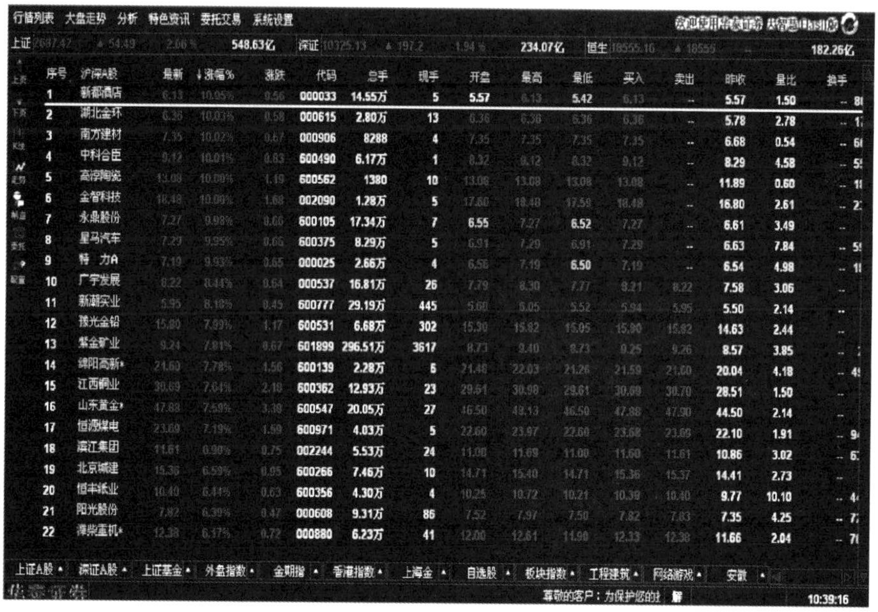

图 9.4　交易系统 FLASH 行情

(3) 华泰银证通业务。

为了适应证券市场的发展，近年来，华泰证券依托网上交易委托系统、手机炒股、全国统一委托电话等电子商务优势，分别与中国工商银行、中国银行、中国建设银行、中国农业银行、交通银行、中国邮政储蓄银行等金融机构进行了电子商务方面的业务合作，并签订了"银证通"合作协议。

华泰证券"银证通"业务是指银行储蓄系统和华泰证券保证金系统进行联网，在银证转账基础上推出的更高层次的银证合作产品，它为投资者提供了"券商+银行+互联网"的新型证券电子商务模式，同时提供了"电话炒股、网上交易、手机证券短信息炒股"三位一体的炒股新方式。"银证通"的证券买卖功能，是指客户的资金由银行办理，证券交易由证券公司处理，并且实现客户银证账户间的自动资金划转。客户在合作银行开通"银证通"业务的任何一个营业网点办理"银证通"开户后，不需人工办理保证金转账手续，即可进行证券交易和查询。

与传统的证券理财工具相比，"银证通"业务具有三个方面的优点：一是炒股自动转账。即买入股票时资金自动从活期储蓄账户转出，卖出股票时资金自动转入活期储蓄账户，客户无须再进行银证转账操作，资金自动划转，安全方便；二是存取款自由方便，由于投资者买卖股票的资金直接存放在银行的活期储蓄账户上，借助 ATM，投资者可实现 24 小时随时取款；三是提供优质的全方位服务，在遍布城乡的众多的银行网点即可办理证券开户等手续，将证券投资理财与银行理财有机结合起来，实现资金的增值最大化。

银证通与银证转账的主要区别如下。

① 银证通是自动转账，无需办理保证金转账，银证转账必须进行电话转账后才能进行证券交易。

② 银证通在合作银行开通"银证通"业务的营业网点均可办理，银证转账的开户须在证券营业部办理。

③ 银证通在银行直接开户，而银证转账开户是先到银行办理活期存折开户，再到证券公司办理银证转账开户。

④ 银证通业务还从技术上保护了投资者资金的安全。中国证监会专门出台了有关规定，严禁证券公司挪用客户保证金。银证通采用银行管资金、券商管股票的新分工模式，使投资者的资金安全性大大提高，避免了被挪作他用的可能。

(4) 银证通业务特色。所有证券业务通过银行便可完成，充分利用了银行网点多、信誉度高、服务面广的优势；资金全部由银行保管，存取款更方便，也更安全；券商、银行提供多种快捷委托方式，炒股弹指一挥间便可完成；券商、银行提供多样化服务方式，在家中享受专业化服务不再是梦想；多种优惠措施，炒股成本更低廉；可同时进行主板、开放式基金、三板交易。

(5) 银证通业务功能。股东账户开户与挂失；银证通开户；银证通销户；上海 A 股账户指定交易；深圳股票转托管；证券交易密码、资金密码预设与重置；选择交易委托方式(电话委托、网上交易、手机证券短信息与电话银行等)；资金存取；开户资料修改；查询和打印交易明细；银证通客户转非银证通客户；新股配售；红利领取；证券买卖委托、撤单，银证通操作流程如图 9.5 所示。

第 9 章 网络证券与网络保险的应用

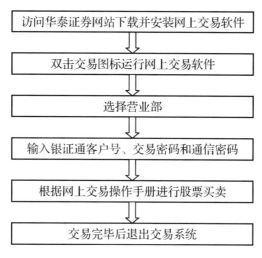

图 9.5 银证通操作流程

9.3 网络保险概述

随着信息技术和互联网的高速发展,全球保险业的营销模式日新月异,一种全新概念的保险——网络保险应运而生。网络保险是指保险企业以信息技术为基础,以互联网为主要渠道来支持企业一切活动的经济行为。其核心内容是指保险企业建立网络化的经营管理体系,并通过互联网与客户交流信息,利用网络进行保险产品的宣传、营销和提供服务,其最终目标是通过网络实现投保、核保、理赔、给付等一系列保险经营活动。中国的网络保险主要有网上经纪人和全程网上交易两种业务模式。

9.3.1 网络保险及其网站

网络金融应用的扩大,将对保险业产生包括"改善保险双方信息不对称、价格竞争转为技术服务竞争、保险公司的组织与管理和保险业的监管工作"4 个方面的影响。网上保险的应用分为网上直接投保、网上财险产品服务、网上寿险产品服务 3 个方面。

1. 网络保险的概念

网络保险是指保险公司和保险中介机构以信息技术为基础,以互联网为载体来支持保险业务开展的活动总称。它包括两个层次的内容:一是保险人利用互联网进行内部管理,即利用互联网对公司员工和代理人进行培训,利用互联网与公司股东、代理人、被保险人进行信息交流和开展网络营销活动;二是指保险公司通过互联网开展网上保险,即利用互联网与客户交流信息,提供保险产品咨询和网上保险服务,其中,网上投保和网上理赔是两项主要的特色内容。

网络保险是随着互联网信息技术发展而产生的,是网络金融应用的主要内容之一。尽管它与网上银行、网上证券业务发展同步,但网络保险产品的服务与网上银行、网上证券业务还存在差距,尤其是在新兴工业化国家和发展中国家。

2. 网络保险网站的构架

网络保险网站,是开展网络保险业务的平台。保险网站的建立,在逻辑上可分为6个层次:Web 网页结构设计、网上保险业务、安全的客户通信机制、Web 局部设施、防火墙与网络安全、硬件设备及安全的操作系统。

网络保险网站的主要设计内容包括以下几个方面。

(1) 申请国际、国内域名,在互联网上进行企业形象宣传。互联网是跨地域、跨行业的共享网络。保险公司在互联网上申请国际、国内域名后,就多一个发展的空间。在网站上对保险公司自身的组织结构及业务经营状况进行介绍,可以加强宣传力度、扩大宣传范围。

(2) 为客户提供查询业务。保险公司将面向大多数客户公开销售的产品或险种放到网站上,供客户查询比较。客户信息的收集或反馈意见,通过相关路径传递到相关部门。整理收集这些信息和客户投保意向,要尽量方便客户。

(3) 保险公司对客户意向和业务的确认。保险业务的投保,可以通过一组表格来实现,这些表格的设计可以建立在大多数普通保户需求的共同特征之上,采用多条件选择的方式引导客户按自身的需求进行选择。网络软件系统比较分析后,再从后台险种数据库中选择条件相近的险种提交客户选择。投保确认的主要功能是,如果客户想购买建议中一些简单的、投保条件较为宽松的险种,保险公司可以在网上提供电子保单,客户填写后通过在线支付或网下支付手段交付保费,保险公司通过电子邮件或信函与用户确认。

(4) 投保业务管理系统,即典型案例及营销业务员管理。保险公司将一些典型的人情理赔、异地理赔、骗保理赔、营销诈骗理赔等案例放在网上,供客户和业务员参考。

9.3.2 网络保险的一般内容

中国保险市场业务开展的主体有几大类。从业务内容划分,有人寿保险和财产保险。人寿保险公司有中国人寿保险股份有限公司、中国平安保险(集团)股份有限公司、新华人寿保险股份有限公司、泰康人寿保险股份有限公司、中国太平洋人寿保险(集团)股份有限公司、友邦保险控股有限公司、中英人寿保险有限公司等以经营人身保险业务为主的保险公司;财产保险公司有人民保险、太平洋财险、华安财险、平安财险、美亚财险和瑞士丰泰财险等经营财产保险业务的保险公司。从所有制形式划分,有股份制、外国独资、合资、兼有国有经济和混合经济的保险公司。保险中介机构包括上海东大保险经纪公司、深圳富安达保险代理等保险经纪公司。另外,世界上许多著名保险公司在我国都设立了办事处和代表处,中国保险同业协会和地方同业协会也在担负起应有的职责。

1. 保险公司网上经营模式

从保险公司经营的角度,我国网络保险主要可以分为两种类型。

(1) 自行开发保险网站。

自行开发保险网站是经营传统保险业务的保险公司与互联网嫁接,自己开发的网站。这类网站最有代表性的是平安保险、中国人寿、人保财险、泰康在线、新华人寿等。他们主要侧重于改进保险公司的服务内容和管理,大力推广自家公司的险种产品和服务,开拓网络营销的新方式。在这里,互联网作为媒介的特点更为明显。它的主要特点有:一是提升保险服务水平,二是扩大服务功能,三是推介保险产品,四是开拓保险市场。因此,要求保险公司必须对内部资源和管理系统进行调整,合理设计网上保险产品,建立一种以客户为核心的服务体系和经营理念。

(2) 综合门户保险网站。

综合门户保险网站是保险公司与专业财经网站或综合门户网站合作开通的网上保险栏目,其目的在于利用一些网站的客户资源和信息资源,满足客户群中网络保险消费者的市场需求。例如和讯网、中国货币网、中国工商银行网和上海热线等网站的保险栏目。这些保险栏目,多为人身保险,而尤其以人寿保险为多。这些网络保险业务的开展,在网站内容中占有一定的比例,但最大的问题是身份问题。由于我国实行金融业分业经营,它们所从事的只能是保险经纪服务的内容,只能收取保险网站平台的使用与服务费用,而不能收取佣金费用。

2. 网络保险的网站模式

在我国,由于网络保险正处于探索发展的初期阶段,有公司网页模式、产品网站模式、综合网站模式、信息平台模式、网络保险经纪人模式等。

(1) 公司网页模式。

公司网页模式是最初级的网络保险业务模式。目前,随着信息技术的发展,网络金融应用范围逐渐扩大,几乎所有的保险公司都拥有一个网页,其目的在于宣传自己的公司,推介保险产品和服务,发布保险业信息。许多保险公司的网页还开通了网上投保、网上理赔和网上保险服务等。例如,太平洋保险公司湖南分公司的网页中有新品速递(律师责任险、校园方责任险、商场责任险、医疗责任险)、险种介绍(安居综合险、个人住房保险、机动车辆保险、企业责任险、企业财产保险和货物运输保险)、投保指南(网上保险的作用、网上保险合同如何签订)、案例分析(意外事故、汽车被盗再保险和理赔等)等栏目。

(2) 产品网站模式。

产品网站模式是扩大专业网络保险业务的模式。与简单设立一个网页不同,保险公司投资建立产品网站的目的,在于推介保险产品和扩大保险营销。除了强化网页模式的一般功能外,产品网站设立在线投保、在线理赔等网上营销的功能。一些保险公司针对自身的经营特点,比较详细地介绍了保险产品,以产品带动市场,以市场扩大营销力度,逐步拥有和扩大市场份额。例如，泰康在线网站(http://www.taikang.com)推出亿顺旅行保险计划，包含吉顺、常顺、康顺、至顺4个子系列。同时，在网站专门介绍亿顺旅行保险计划与其他旅行险相比的三个鲜明特点：一是意外全部保险，涵盖保险期间内的所有风险；二是选择康顺或至顺，即可获得24小时紧急救援保险；三是家庭优惠，一家三口出行，孩子可以免费获得境外紧急救援保险。对于在旅途中发生意外事故导致身故或残疾，保险公司按保险金额给付意外身故保险金和残疾保险金。

(3) 综合网站模式。

综合网站模式是资本实力雄厚和业务市场份额大的保险公司开展网上保险的商业模式。这类网站的服务和产品不限于网上保险业务，还包括提供网上银行、网上证券、网上期货等金融产品和服务。

例如，中国平安保险(集团)股份有限公司(以下简称平安保险集团)是国内综合性的股份制保险公司，该集团控股设立平安人寿、平安财产保险、平安保险海外(控股)公司、平安证券(参股)等。由于平安保险集团形成了以保险为主，融证券、信托、投资和海外业务为一体的紧密、高效、多元的集团控股经营架构，其网站业务内容也体现了这一综合经营的特色。

此类网站的优点是，金融产品丰富和服务功能齐全，以保险产品与服务为先导，客户可接受全方位的网上金融服务。但此类网站模式将不可能使网上专业产品与服务实现最优化，一时还不能扩大市场份额，拥有更多的客户群。

(4) 信息平台模式。

信息平台模式是为开展保险业务提供信息政策宣传、交流、沟通的经营模式。在中国，受金融业分业经营政策的约束，信息平台模式一般是由一些非保险公司类的机构设立的。这些机构一般具有保险业的背景或信息优势的背景。例如，中国保险业协会和中国保险监督委员会共同设立的中国保险网(http://www.china-insurance.com)，是我国保险业最大的信息政策平台。网站上专门设立栏目，为保险业务的保险人、投保人、经纪人提供信息交流的平台；专门设立保险代理人从业资格考试的信息平台，专门讲述我国重大保险实务中热点、理赔、诈骗案例并推出保险业信息汇编等。

此类网站的优点是信息量即时、丰富，政策性强，是从事保险业人们关注的焦点。缺点是商业性和市场化运作的程度低。

(5) 网络保险经纪人模式。

网络保险经纪人模式是保险业中介机构设立的网站或网页，保险业市场份额的扩大和保险业务的逐步推进，取决于保险经纪人的市场营销。与信息政策平台不同的是，创办这类网站的机构一般是保险经纪人公司，或者非保险类网站，如财经、金融类网站。网络保险经纪人模式的网站提供众多保险公司的产品及服务价格，使客户可以在不同保险公司的同一保险品种中进行比较；同时可以利用自身的人才营销优势，为客户设计合适的保险方案、保险规划，制订最佳的风险管理计划，协助客户在线咨询、在线投保和在线理赔等。

9.4 网络保险的应用

网络保险使公司经营与服务的核心转向客户，其全时段、宽地域及信息交互性等特点，将带来保险各方经济利益的提高，并提高市场运行效率。首先，网络的利用使"保险运行"整体提速，使保险的搜寻、谈判、销售、签单等方面的费用减少，有利于提高保险公司的经营效益；其次，网上投保公正透明，在很大程度上可以减少中间环节由于利益驱动给保险机构带来的不可避免的承保风险；再次，由于网络对时空的突破，以及对潜在需求的深层把握，有利于创新险种、拓展业务提高经营效益；最后，网上保险有利于公司的发展规划。

9.4.1 网上直接投保

过去，传统的保险展业主要通过报纸、电视、咨询等方式进行，收集反馈信息也主要通过问卷、书面投诉等形式，工作量大、耗时长、费用高、准确性差。现在保险公司通过网络可以把险种和个性化服务全部介绍给保户，瞬时覆盖全国。

1. 中国平安集团网络保险

网络保险的应用，以中国平安集团的网站为例。用户选择这个网站的网上交易与服务，有下述几个方面的因素。

(1) 安全保障高。中国平安集团网站采用世界先进的防火墙技术和高强度数据加密，两级密码操作方式，加强网站的安全审计功能，最大限度确保客户的信息安全，客户可以放心地进行网上交易。

(2) 3A 委托快捷便利，多种渠道进行交易。3A(Anytime，Anywhere，Anyway)，即任何时候、任何地方、任何方式，网上交易不受地域、时间的限制。无论客户身在全球何方，只要客户办理了网上交易手续，均可通过互联网实现客户的投资意愿，满足客户的需求和习惯。

(3) 开户方便简单，网上填表，上门服务。中国平安集团网站与平安证券、平安保险等各营业部合作，专门为客户提供柜台服务，并可根据客户的需要上门开户，无论是平安证券的新客户还是老客户，甚至是没有办理股东代码卡的新股民，都可以很快地实现网上保险的投资意愿。

(4) 保证金存取方便。中国平安集团网站提供多家银行的银证转账功能，只要客户在所选的营业部办理了指定银行的银证转账手续，客户就可以在网上划转资金，安全便利。

2. 网上直接投保内容

目前，在中国平安集团网站上网上直接投保的产品不多，以交通旅行险为例。该网站设计了一年乘坐飞机时的"航空平安"、外出旅游时的"旅行平安"、乘坐公共交通工具时的"路路畅通"和乘坐私家车的"一路平安"等产品。客户在线填写网上投保意向书后，可以看到在线投保须知和网上支付方式的说明，内容主要包括以下几个方面。

(1) 投保规定。本系列险种只接受投保人以自己为被保险人投保，并只能指定被保险人的父母、配偶及子女为保险金受益人。

(2) 保额限制。网上投保"航空平安"险，每一被保险人的累计保险金额不能超过100万元；网上投保"路路畅通"、"一路平安"与"旅行平安"险，每一被保险人的累计保险金额之和不能超过50万元。

(3) 支付方式。该类险种既可以通过购买自助保险卡进行投保，也可以用网上支付方式直接投保。在该网站进行投保时，可采用网上支付卡支付、网下现金支付两种方式支付保费，用户还可进行网上转账支付。

(4) 告知义务。依据《中华人民共和国保险法》的规定，投保人、被保险人应如实告知，否则保险人有权依法解除保险合同，并对于保险合同解除前发生的保险事故不负任何责任。

(5) 保险人承保。保险合同自投保人交纳首期保险费并且保险公司审核同意承保方可成立。平安旅行意外保险的保单生效日自投保人指定的保险期限起始日零时起。

9.4.2 网络财产保险业务

在中国开展网络财产保险业务的公司主要有：中国人民保险集团股份有限公司(人保财险)，中国太平洋财产保险股份有限公司，华安财产保险股份有限公司，中国平安财产保险股份有限公司，美国国际集团丰泰保险(亚洲)有限公司等。

以人保财险为例，客户可登录人保财险网站，进入主页后，有"关于人保""新闻中心""产品服务""投资者关系"等栏目，从"产品服务"的路径进入，可以看到我国财产保险产品的全部业务。

(1) 机动车辆保险。为了适应保险市场的变化，人保财险2003年启用的机动车辆保险条款，体现了细分市场需求、细分客户群体、细分风险特性，量体裁衣，实行个性化产品、差别化费率的方案。设计开发了8个主险条款和配套的11个附加险条款，以满足客户的多样化选择。

(2) 家庭财产保险。家庭财产保险产品有"金锁"家庭、普通家庭综合保险，个人贷款抵押房屋综合保险，金牛投资保障性保险等。"金锁"家庭财产综合保险包括"金锁"组合型保险和"金锁"自助型保险两种。"金锁"组合型保险是由综合险和附加险相互搭配组合而成的，包括家安保险、家顺保险、家康保险、家泰保险4种款式。

(3) 企业财产保险。企业财产保险主要有财产保险综合险、财产一切险、财产基本险和计算机保险等。财产保险综合险是人保财险专为企事业单位提供保障的一个险种。任何属于被保险人所有或与他人共有而由被保险人负责的财产、由被保险人经营管理或替他人保管的财产、其他具有法律上承认的与被保险人有经济利害关系的财产都可在保险标的范围内。投保金银珠宝等珍贵物品需事先与人保财险进行特别约定，但有价证券等不在本保险范围内。

(4) 船舶保险。船舶保险是为其船壳、救生艇、机器、设备、仪器、索具、燃料和物料提供的保险保障，分为船舶全部损失保险和包括船舶全损、部分损失、责任和费用在内的一切险。

(5) 货物运输保险。在我国，进出口货物运输最常用的保险条款是 CIC 中国保险条款，该条款是由中国人民财产保险股份有限公司制订，中国人民银行及中国保险监督委员会审批颁布的。CIC 按运输方式分为海洋、陆上、航空和邮包运输保险条款四大类；对某些特殊商品，还配备有海运冷藏货物，陆运冷藏货物，海运散装桐油，及活牲畜、家禽的海陆空运输保险条款。以上 8 种条款，投保人可按需选择投保。

国内水路、陆路货物运输保险适用于国内水路、铁路、公路或联运方式，保险货物在遭受保险责任范围内的自然灾害或意外事故时可以得到经济补偿的保险。保险责任开始于签发保险凭证，且保险货物运离起运地发货人的最后一个仓库或储存处所；终止于货物运到保险凭证上注明的目的地的收货人在当地的第一个仓库或储存处所。被保险人需一次性交纳保险费。当货物发生损失时，收货人应在货物运抵目的地的 10 天内向当地保险机构申请检验。

(6) 责任保险。责任保险有十几种产品，以产品责任险为例。产品责任险分为涉外和国内两种情况。产品责任险承保被保险人(生产厂家和经销商)所生产、出售的产品或商品，在承保区域内发生事故，造成使用、消费或操作该产品或商品的人或其他任何人的人身伤害、疾病、死亡或财产损失，依法应由被保险人承担责任时，中国人民财产保险股份有限公司在约定的赔偿限额内负责赔偿。出口商品通常根据国际惯例要求必须投保产品责任险，以满足进口商的要求。

9.4.3 网络寿险产品服务与实务

以泰康人寿为例，泰康人寿的网站除了有"健康财富规划师 HWP""爱家之约""客户服务""网销专区"等，还专门针对保险购买方式划分为：代理人保险、银行保险、电销保险、经代保险等方式。

以下，从业务流程、业务类型和营销决策这几方面进行介绍。

1. 网络保险的业务流程与业务类型

(1) 保险公司的基本业务流程。

传统保险公司实施网络保险经营管理模式战略转移的关键点在于转变经营观念，充分利用信息技术，重新设计业务流程，调整组织结构，实现"以客户为中心"的市场拉动型的营销管理战略，才能真正发挥互联网络的信息平台优势，展现网上保险的市场潜力。

通常，代理商给承保人提供的服务有收集名单、引导客户对保险的需求、提供个性化的服务、收集信息并处理申请单、评估索赔等。代理商能够为客户提供的附加价值有下述几个方面。

① 为客户保险需求提供一站式服务。

② 为客户以合适的价格选择满足个人需求的、合适的产品和服务。
③ 能够实现数据录入和档案存储的一站式服务。
④ 能有效地处理申请单和购买活动。

因此，无论是开展网上保险还是传统保险，最关键的都是基本的业务流程。保险公司的基本业务流程如图9.6所示。

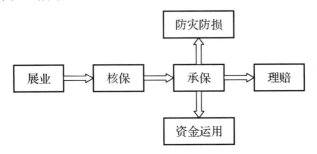

图9.6　保险公司的基本业务流程

(2) 网络保险的业务类型。

目前，网络保险的基本业务内容可以大致分为以下几种类型。
① 信息咨询业务。
② 网络直销保单业务。
③ 在线投保业务。以泰康在线投保为例，网络投保流程如图9.7所示。

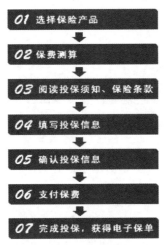

图9.7　泰康在线投保流程

(3) 网络保险的业务处理。

需要说明的是，目前网络保险并不能改变保险公司的展业、承保、核保、理赔等基本业务流程，由于信息技术的有力支持，所改变的只是这些基本业务流程的处理方式。

从信息技术的层面来看，保险公司的一个完整的网络保险系统是保险公司网站和其Intranet的集成，如图9.8所示，它们发挥着保险公司业务流程的传导载体的作用。

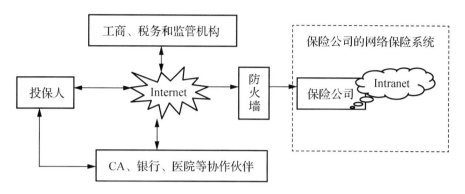

图 9.8 完整的网络保险系统结构图

我国第一份通过国际互联网促成的保单

1997年11月28日,中国第一份通过国际互联网促成的保单在新华人寿保险公司(以下简称新华人寿)诞生。该保单的投保人是北京商学院的医生张女士,她一直想给自己在对外经济贸易大学上学的儿子买保险。28日下午,张女士的儿子在同学的计算机上浏览时,偶然发现了新华人寿的网址。看完险种介绍,他觉得条款不错,便与母亲取得联系,并给新华人寿发了一份电子邮件,表达了自己的投保意向。下午4点18分,新华人寿员工在检查自己的主页时收到这份电子邮件。根据电子邮件留下的联系电话,公司指派寿险代理人立刻前去客户家拜访。

下午5点多,寿险代理人赶到了张女士家,向她转达了公司的谢意,并为其详细介绍了条款的内容,张女士爽快地填写了投保单。这份特殊的保单在新华人寿备受重视,晚上8点多钟顺利出单,投保拿到了保单。

这份保单的诞生标志着互联网已经进入中国保险业。

中国第一份电子保单

对于泰康人寿保险股份有限公司(以下简称泰康人寿)及我国的保险行业而言,2000年9月22日是一个历史性的日子。在这一天,中国的第一份通过网上交易实现投保的保险单诞生了。

2000年9月22日,泰康人寿的客户刘巍女士通过泰康人寿的网上平台,在网上完成了购买旅游险保险单的全过程交易。这一交易已经由泰康人寿确认成功。也许,刘巍女士在购买这份保单的时候并没有意识到,她将以这份"中国在线投保第一单"的购买者身份,而永远地载入我国的保险发展史册。

继完成国内第一笔网上投保交易后,泰康在线又于9月23日率先实现了保单的网上变更,向客户发出了国内第一张电子批单。

泰康在线是由泰康人寿运营，以实现在线投保、网上保户服务和代理人展业支持等功能为核心，金融保险知识普及、保险信息传播、保险法律咨询等服务为一体的大型保险电子商务网站。由于泰康在线所提供的网上平台十分便捷，目前客户访问量很大，而且在线投保、网上变更等网上交易十分活跃。

对于泰康在线提供的这种新型服务方式，广大用户普遍表示欢迎，认为这将推动我国保险业迈入新的发展阶段，为保险业全面进入 e 时代做好准备。

2. 网络保险的营销决策

(1) 保险市场的特质。

保险市场的状况和保险产品自身的特点，使其天生适合在网上进行经营。保险作为一种特殊商品，与一般意义上物化的商品有着显著的不同。

① 保险是一种承诺，属于诺成性合同，同时也是一种格式合同。保险商品的表现形式为契约。

② 保险是一种无形产品。它不存在实物形式，唯一的有形物可能只是一纸合同，而且合同不一定要打印出来。

③ 保险是一种服务商品。保险服务是保险企业为顾客提供的从承保到理赔的全部过程，主要是一种咨询性的服务。

保险产品本身的这一特质，在一定程度上使它适合于在网上经营。首先，在网上发布保险条款内容，并做出详细的、互动的解释，将避免因为极少数代理人销售时的夸大保险责任导致的理赔纠纷，有利于维护良好的行业形象。其次，保险服务内容主要是一些无形服务，所以也使保险适合在网上进行。互联网的优势与保险业这些特征的结合，使网络保险发展成为具有竞争优势的新生力量。

(2) 网络保险营销决策支持系统。

保险产品不同于一般的有形产品，也有别于其他一些金融产品，具有无形性、契约性等特征。正因为如此，保险营销基本上是一个由保险公司发动的推销过程，对保险公司的营销管理提出了很高的要求。网络保险的营销策略必须重视客户需求，利用网络信息的传播特性，吸引大量潜在客户，并与优质客户建立长期稳定的关系。而网络保险系统利用在线客户关系管理系统，将网络保险前台业务和后台业务处理系统管理集成，其技术核心就是利用数据挖掘技术和数据仓库技术，从而实现销售自动化。保险营销决策支持系统的逻辑结构如图 9.9 所示。

(3) 网络保险营销的基本步骤。

开展网络保险营销电子商务活动，目前大致要经历以下 4 个具体步骤。

① 市场定位和保险营销主页的制作。互联网营销主页制作前，市场定位要明确网络营销想做些什么、怎样做及对象是谁。

② 搭建互联网服务器。互联网服务器是保险营销主页的驻留地。目前，搭建互联网服务器有两种方法：第一种是自建，这种方式投资大并且需要专线连接和专门人员维护，运行成本较高；第二种是托管，即通常所说的虚拟主机，这种方式非常经济，适合于大多数公司。

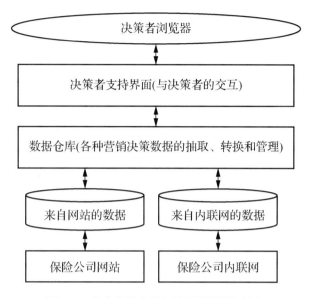

图 9.9 保险营销决策支持系统的逻辑结构

③ 宣传互联网保险营销主页。宣传主页的主要方法有两种：一种是利用公众媒体推荐(如当地的日报、晚报、杂志等)；另一种是在国内外的著名搜索引擎上注册(如 Google、百度等)。

④ 网络营销和客户服务紧密地结合。保险公司还应组织专门的人力、物力配合网络营销活动，及时对网络客户的访问和咨询做出反馈，做好营销服务工作。

(4) 网络保险商业运作趋势。

① 营销模式网络化。网络时代的保险公司将是智能化、重创新的，不仅使传统意义上的保险公司与保户的关系发生改变，还会改变保险服务的传递方式、产品的推销方式和交易处理等一系列营销方式。

② 运作模式扁平化。网络时代的保险公司运作更趋向于虚拟化、智能化。一方面，不需要在各地区设置分支机构等实体机构，而只需一个互联网接口即可将业务伸到世界任何一个角落。另一方面，网上保险公司不再主要借助传统的物质资本、人力资本向客户提供服务，而是主要借助网络智能资本，依靠少数的智力劳动者。

③ 服务模式人性化。网络时代的保险公司业已突破了传统的经营和服务模式，变成以客户为中心的全功能的、个性化、网络化、超越时空的 3A 式服务。

关键术语和概念

网络证券　华夏模式　赢时通模式　发行路演　业绩路演　网络保险　网上投保　网络保险市场　产品网站模式　综合网站模式　人保财险

本 章 小 结

本章介绍了网络证券的三大部分,网络证券发行服务、网络证券交易服务和网络客户理财服务,其内容具体为网络路演、网络信息披露、网络证券咨询、网络证券行情、网络证券交易、网络基金投资与网上理财等,以及网络证券交易模式、程序与应用。详细阐述了网络保险的发展、内容和营销模式。通过阐述网络保险的应用,分别叙述了网络直接投保、网络财险产品服务、网络寿险产品服务和网络保险的应用。

综合练习题

一、单项选择题

1. 网络保险是电子商务环境中保险业(   )的产物。
   A. 衍生　　　　B. 创新　　　　C. 改革　　　　D. 竞争
2. 保险电子商务的最终目标是实现(   ),即通过网络实现投保、核保、理赔、给付。
   A. 电子交易　　B. 实现投保　　C. 实现理赔　　D. 实现支付
3. 网络保险的最终目标是实现(   ),即通过网络实现投保、核保、给付、理赔等业务工作。
   A. 快捷方便　　　　　　　　　B. 保险安全交易
   C. 利益最大化　　　　　　　　D. 保险电子交易
4. 长期以来,(   )在基金销售市场上占据着绝对主导位置。
   A. 基金公司　　　　　　　　　B. 保险公司
   C. 证券公司　　　　　　　　　D. 银行
5. 国内第一家金融证券网站,同时又是我国最大的金融互联网基础设施提供商的是(   )
   A. 和讯网　　　　　　　　　　B. 证券之星
   C. 盛润证券　　　　　　　　　D. 中国证券网
6. 银证合作成为银行和证券业之间建立了桥梁,下列关于其意义的说法中,不正确的是(   )
   A. 为投资者进行证券交易提供了方便
   B. 银证双方优势互补、利益共享
   C. 增加银行合作中间业务收入
   D. 使银行业务和证券业务合并
7. 证券发行市场是指发行的股票、国债、公司债等证券的(   )市场。
   A. 间接交易　　B. 初次交易　　3. 二次交易　　4. 融资交易

二、多项选择题

1. 网络支付系统涉及(　　)，网络支付系统把银行的柜台延伸到客户端，因此，网络支付是传统支付系统的创新和发展。

   A．付款人　　　　B．收款人　　　　C．银行　　　　D．客户

2. 网络支付方式主要有(　　)等。

   A．信用卡支付　　B．电子支票　　　C．电子现金　　D．电子钱包

3. 网络证券交易系统一般提供即时行情、金融资讯、下单、查询成交回报、资金划转等一体化服务。整个系统必须由(　　)协作完成。

   A．电信　　　　　B．券商　　　　　C．银行　　　　D．投资者

4. 互联网信托相关业务有(　　)

   A．信托产品销售　　　　　　　　　B．获得信托产品收益权的转让
   C．信托产品收益权的质押　　　　　D．吸收存款

三、判断题

1. 利用电子商务，保险公司不仅可以通过网络直接接触成千上万的新客户，还随时可以为老客户提供详尽周到的服务，与各行各业开展广泛的交流与合作，精简业务环节，降低运营成本，提高企业的效益与效率。　　　　　　　　　　　　　　　　　　(　　)
2. 信息技术的迅速发展进一步加剧了全球范围内的企业竞争，减少了合作。　(　　)
3. 电子支票的支付是在商户与银行相连的网络上以密文的方式传递的。　　(　　)

四、简述题

1. 网络证券的运营平台主要有哪几种？
2. 简述证券经纪业务电子化应用方案。
3. 简述网上开展保险业务的主要模式。
4. 简述网络保险市场的特点。
5. 简述网络保险的营运模式。

五、论述题

1. 分析网络证券交易的模式选择。
2. 分析发展网络保险业的现实意义。

第 10 章 互联网金融

学习目标

通过本章学习,了解互联网金融的发展历史及国内外研究的现状,掌握互联网金融管理的相关理论和不同发展阶段的特点,研究中国互联网金融的特色,掌握互联网金融与支付一般性的技术要点,更好地发挥互联网金融在经济发展和社会进步中的作用。

教学要求

知识要点	能力要求	相关知识
互联网金融的发展与实践	(1) 了解互联网金融的相关概念 (2) 熟悉互联网金融平台的基本概念、特点和新定律 (3) 掌握网络经济与传统经济的区别与联系 (4) 了解网络营销与传统营销的区别与联系	(1) 互联网金融经济的特色 (2) 国内外互联网金融的历史发展阶段、特点及未来的发展趋势
移动信息技术的金融模式	(1) 熟悉移动支付平台方案设计的基本体系与功能 (2) 了解虚拟信用卡支付平台与互联网金融、电子商务的关系,掌握基本知识点	(1) 互联网金融的相关内容 (2) 互联网金融与电子支付相关知识

第10章　互联网金融

章前导读

互联网金融是基于互联网为代表的现代信息科技,特别是移动支付、云计算、社交网络和大数据挖掘等相关技术主导金融的行业。简而言之,互联网金融是以现代信息科技主导金融的行业。

互联网金融是传统金融行业与互联网和云计算等现代信息技术相融合的新兴事物。其主要有传统金融业务网络化、互联网企业切入新金融领域等模式,两者共同追求满足多样和复杂化的金融新需求,而这必然激发对于支付模式革新突破的持续要求。

随着各种新型互联网技术出现,用户的互联网化和以利率市场化为代表的国内金融环境转变,商业银行凭借"水泥+鼠标"的经营思路和网上银行先发优势打造起的互联网金融王国尽管在业务、功能等方面有所改善,但始终未能走出"替代柜台"的定位,服务和产品差异化逐渐丧失,商业银行服务模式的"创新革命"势在必行。作为一个无论产品还是服务数字化程度都极高的行业,金融业互联网化趋势十分明显,网上企业银行的跨越式发展就是这一趋势的具体表现。

4G+WLAN+RFID/NFC 能够使商业银行的客户在不同的环境中,享受更灵活、更便利的金融服务。4G、5G网络提供更快速的传输速度,突破了移动网络传输速度的瓶颈。终端短距离传输技术的突破,如RF-SIM和NFC技术,让用户以手机作为近距离支付的主要手段成为可能,这大大提升了用户的便利性。

引例

阿里金融

国内互联网金融发展最为典型的案例即为阿里巴巴的小额信贷业务,即阿里金融。与传统的信贷模式不同,阿里金融通过互联网数据化运营模式,为阿里巴巴、淘宝网、天猫等电子商务平台上的小微企业、个人创业者提供可持续性的、普惠制的电子商务金融服务。其所开发的新型微贷技术的核心是数据和互联网。

阿里金融利用阿里巴巴B to B、淘宝、支付宝等电子商务平台上客户积累的信用数据及行为数据,引入网络数据模型和在线视频资信调查模式,通过交叉检验技术辅以第三方验证确认客户信息的真实性,将客户在电子商务网络平台上的行为数据映射为企业和个人的信用评价,向这些通常无法在传统金融渠道获得贷款的弱势群体批量发放"金额小、期限短、随借随还"的小额贷款。同时,阿里金融微贷技术也极为重视网络。其中,小微企业大量数据的运算即依赖互联网的云计算技术,不仅保证其安全、效率,也降低阿里金融的运营成本;另外,对于网络的利用,也简化了小微企业融资的环节,更能向小微企业提供365×24的全天候金融服务,并使得同时向大批量的小微企业提供金融服务成为现实。这也符合国内小微企业数量庞大,且融资需求旺盛的特点。阿里金融已经开发出订单贷款、信用贷款等微贷产品。从其微贷产品的运作方式看,带有强烈的互联网特征。类似淘宝信用贷款,客户从申请贷款到贷款审批、获贷、支用及还贷,整个环节完全在线上完成,零人工参与。

10.1 互联网金融概述

本书前面几章所涉及的电子支付,有些是不属于金融支付的(也不能称之为互联网金融),属于非金融机构支付;非金融支付行业是从两个领域分别发展起来的:一个领域是互联网支付,另一个领域是跨行业预付卡。所谓互联网金融是指支付机构在银行卡收单业务上全面运行了互联网接入,收单后台在完成与多种支付渠道的集成整合后又再与商户 ERP 系统无缝集成(如图 10.1 所示的快钱集成支付),便形成了金融支付系统,亦属互联网金融的范畴。

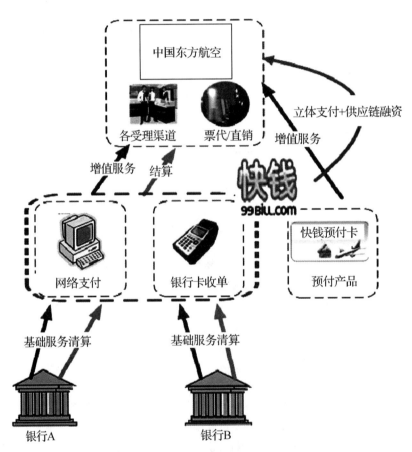

图 10.1 快钱集成支付-东方航空

资料来源:http://wenku.baidu.com/link？url=wnp7K8jjv,2022-7-15.

10.1.1 互联网金融的相关概念

互联网金融是传统金融行业与互联网精神相结合的新兴领域。互联网"开放、平等、协作、分享"的精神往传统金融业态渗透,对人类金融模式产生根本影响。

1. 互联网金融的界定

互联网金融是指以依托于支付、云计算、社交网络及搜索引擎等互联网工具，实现资金融通、支付和信息中介等业务的一种新兴金融。互联网金融不是互联网和金融业的简单结合，而是在安全、移动等水平时，被用户熟悉接受后(尤其是对电子商务的接受)，自然而然为适应新的需求而产生的新模式及新业务。理论上，任何涉及广义金融的互联网应用，都应该是互联网金融，包括但是不限于为第三方支付、在线理财产品的销售、信用评价审核、金融中介、金融电子商务等模式。互联网金融的发展已经历了网络银行、第三方支付、个人贷款、企业融资等多阶段，并在融通资金、资金供需双方的匹配等方面更加深入传统金融业务的核心。

2. 互联网金融的定义

互联网金融是传统金融行业与互联网精神相结合的新兴领域。互联网开放、平等、协作、分享的精神往传统金融业态渗透，对人类金融模式产生根本影响，从广义上讲，具备互联网精神的金融业态统称为互联网金融。

理论上任何涉及广义金融的互联网应用，都应该是互联网金融，包括但是不限于为第三方支付、在线理财产品的销售、信用评价审核、金融中介、金融电子商务等模式。从狭义的金融角度来看，互联网金融则应该定义在跟货币的信用化流通相关层面，也就是资金融通依托互联网来实现的方式方法都可以称为互联网金融。

3. 互联网金融的特点

互联网金融是数据产生、数据挖掘、数据安全和搜索引擎技术，是互联网金融的有力支撑。社交网络、电子商务、第三方支付、搜索引擎等形成了庞大的数据量。云计算和行为分析理论使大数据挖掘成为可能。数据安全技术使隐私保护和交易支付顺利进行，而搜索引擎使个体更加容易获取信息。这些技术的发展极大减小了金融交易的成本和风险，扩大了金融服务的边界。其中，技术实现所需的数据，几乎成为互联网金融的代名词。

互联网金融与传统金融的区别不仅在于金融业务所采用的媒介不同，更重要的在于金融参与者深谙互联网"开放、平等、协作、分享"的精髓，通过互联网、移动互联网等工具，使传统金融业务具备透明度更强、参与度更高、协作性更好、中间成本更低、操作上更便捷等一系列特征。互联网金融的特点归纳为5个：低成本、人人组织、外部性、平台效应和大数据。

通过互联网技术手段，最终使金融机构失去资金融通过程中曾经的主导型地位，因为互联网的分享，公开、透明等的理念让资金在各个主体之间的游走，会非常的直接、自由，而且违约率低，金融中介的作用会不断地弱化，从而使得金融机构日益沦落为从属的服务性中介的地位，不再是金融资源调配的核心主导定位。也就是说，互联网金融模式是一种努力尝试摆脱金融中介的行为。

4. 优势与劣势

互联网金融的优势在于：一是接触客户更广；二是节省客户时间；三是销售成本低；四是可销售多行业产品。

但劣势也很明显：一是复杂产品卖不了；二是品牌信任度较低；三是客户习惯还需时间培养；四是未来或将受监管限制。

10.1.2 互联网金融的发展

近年来，以第三方支付、网络信贷机构等为代表的互联网金融模式越发引起人们的高度关注，互联网金融以其独特的经营模式和价值创造方式，对商业银行传统业务形成直接冲击甚至具有替代作用的趋势。

1. 国外互联网金融发展状况

20世纪90年代美国互联网发展迅速，当时美国经济增长的1/4以上归功于信息技术，其中计算机和电信业的发展速度是美国经济增长速度的两倍，美国国内生产总值的增长量中，1/3是由与信息工业相关的产业做出的贡献；美国互联网金融典型企业，如亚马逊、eBay、雅虎和Google等均是在20世纪90年代兴起并蓬勃发展的。随之，互联网业务涉足金融系统，形成了网络金融的雏形，如图10.2所示。

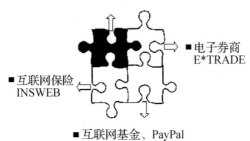

图 10.2　美国互联网金融典型企业

互联网金融的出现与发展，美国依然是领跑者。1998年，PayPal公司成立，并于次年就设立了账户余额的货币市场基金，基金通过PayPal网站向在线投资者开放，前提是投资者须成为PayPal用户。初始及追加投资的最小额均为0.01美元，最高账户余额为10万美元。该货币基金在2000年曾创下5.56%的年收益率。

Lending Club成立于2006年，2014年Lending Club通过IPO获得大量资金，并于当年在纽交所挂牌交易。

Lending Club通过网络平台接受借款客户的借款请求，并在得到用户授权后从

Experian、Trans Union 和 Equifax 三大征信局获取用户的信用分数,将高于某个分数线的借款人的借款请求放置于平台上进行筹资。

Lending Club 的利润主要来自对借款人收取的手续费及对投资人收取的管理手续费,前者会因为贷款者个人信用条件和贷款额度等因素的不同而有所变化,一般情况下是贷款总额的 1.1%～5%;后者则是统一收取 1%的投资者手续管理费。

亚马逊 2012 年才推出基于亚马逊平台的供应链融资项目 Amazon Lending,由亚马逊旗下资本服务公司(Amazon Capital Services)处理贷款业务,PayPal 也发布消息,称在英国测试推出针对 eBay 等平台商家的融资服务。而这两家的共同竞争对手则是跨平台的在线商家融资服务的创业公司 Kabbage。Kabbage 通过向获贷款的商家收取费用来创收,具体费用视贷款期限(最长 6 个月)和偿还风险而定,费率从 2%～7%不等。Kabbage 目前支持来自 eBay、亚马逊、雅虎、Etsy、Shopify、Magento 等平台的网上商家,同亚马逊、Paypal 不同的是,Kabbage 的商家信用数据并不单纯来源于交易平台,而是企业 Facebook 上的客户互动数据、地理信息分享数据、物流数据,或者是通过 eBay、Amazon、Esty 得到的转化数据。

2. 国内互联网金融的发展

互联网金融在国内的火热程度如日中天,各种模式更是层出不穷。尽管中国的商业经营讲究"中国特色",中国互联网的商业模式,却一直没有能打破海外模式汉化版的惯例。支付宝的余额宝、P2P(Peer to Peer,人人贷)、宜信、陆金所、阿里和苏宁小贷,第三方支付(易宝支付、快钱等)供应链融资等。

互联网改造传统金融的趋势不可逆转,而中国的制度红利给了市场更大的想象空间,开创性的、成熟的互联网金融模式,能不能在互联网金融这次"大浪"中,"淘沙而现",可以拭目以待。

我国互联网金融行业现状、中国金融业的改革是全球瞩目的大事,尤其是利率市场化、汇率市场化和金融管制的放松。而全球主要经济体每一次重要的体制变革,往往伴随着重大的金融创新。中国的金融改革,正值互联网金融潮流兴起,在传统金融部门和互联网金融的推动下,中国的金融效率、交易结构,甚至整体金融架构都将发生深刻变革。

3. 互联网金融的发展趋势

目前,在全球范围内互联网金融产业链已经逐渐形成(图 10.3),并且出现了 3 个重要的发展趋势。

(1) 移动支付替代传统支付业务。随着移动通信设备的渗透率超过正规金融机构的网点或自助设备,以及移动通信、互联网和金融的结合。例如在肯尼亚,手机支付系统 m-Pesa 的汇款业务已超过其国内所有金融机构的总和,而且延伸到存贷款等基本金融服务,而且不是由商业银行运营。

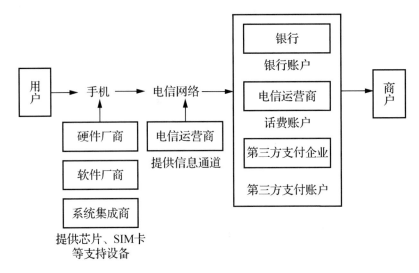

图 10.3　互联网金融产业链示意图

(2) 人人贷替代传统存贷款业务。其发展背景是正规金融机构一直未能有效解决中小企业融资难问题，而现代信息技术大幅降低了信息不对称和交易成本，使人人贷在商业上成为可行。

(3) 众筹融资替代传统证券业务。所谓众筹，就是集中大家的资金、能力和渠道，为小企业或个人进行某项活动等提供必要的资金援助，它是最近几年国外最热的创业方向之一。以 Kickstarter 为例，虽然它不是最早以众筹概念出现的网站，但却是最先做成的一家，曾被时代周刊评为最佳发明和最佳网站，进而成为"众筹"模式的代名词。2012 年 4 月，美国通过 JOBS(Jumpstart Our Business Startups Act，促进创业企业融资法案)法案，允许小企业通过众筹融资获得股权资本，这使得众筹融资替代部分传统证券业务成为可能。

4. 互联网金融在我国的主要经营模式

我国的互联网金融的主要经营模式有以下几种。

(1) 传统的金融借助互联网渠道为用户提供服务，这是我们熟悉的网银，互联网在其中发挥的应该是渠道的作用。

(2) 阿里金融由于有电商的平台，为它提供信贷服务创造了优于其他放贷人的条件，互联网在此发挥的是信用作用。

(3) 人们经常谈到的人人贷模式、P2P，这种模式更多是提供中介服务，把资金出借方与需求方结合在一起。

在互联网金融模式下，因为有搜索引擎、大数据、社交网络和云计算，市场信息不对称程度非常低，交易双方在资金期限匹配、风险分担的成本非常低，银行、券商和交易所等中介都不起作用；贷款、股票、债券等的发行和交易，以及券款支付直接在网上进行，这个市场充分有效，接近一般均衡定理描述的无金融中介状态。

在这种金融模式下，支付便捷，搜索引擎和社交网络降低信息处理成本，资金供需双方直接交易，可达到与资本市场直接融资和银行间接融资一样的资源配置效率，并在促进经济增长的同时，大幅减少交易成本。

10.1.3 互联网金融平台

当前国内主要互联网金融平台模式除了大家熟悉的网银和电商的平台外，P2P 模式更多地提供了中介服务，这种方式把资金出借方和需求方结合在一起。发展至今，由 P2P 的概念已经衍生出了很多模式。中国网络借贷平台有 2000 多家，平台的模式各有不同，归纳起来主要有以下几类。

1. 担保机构担保交易模式

担保机构担保交易模式是相对安全的 P2P 模式。此类平台作为中介，不吸储、不放贷，只提供金融信息服务，由合作的小贷公司和担保机构提供双重担保。此类平台的交易模式多为"1 对多"，即一笔借款需求由多个投资人投资。此种模式的优势是可以保证投资人的资金安全，国内大型担保机构联合担保。

2. P2P 平台下的债权合同转让模式

P2P 平台下的债权合同转让模式可以称为"多对多"模式，借款需求和投资都是打散组合的，甚至有由机构负责人自己作为最大债权人将资金出借给借款人，然后获取债权对其分割，通过债权转让形式将债权转移给其他投资人，获得借贷资金。因其特殊的借贷模式，制定了"双向散打"风险控制，通过个人发放贷款的形式，获得一年期的债权，公司将这笔债权进行金额及期限的同时拆分，这样一来，公司利用资金和期限的交错配比，不断吸引资金，一边发放贷款获取债权，一边不断将金额与期限进行错配，不断进行拆分转让。

这种模式的特点是可复制性强，发展快。其构架体系可以看作左边对接资产，右边对接债权，其平衡系数是对外放贷金额必须大于或等于转让债权。如果放贷金额实际小于转让债权，就等于转让不存在的债权，根据《关于进一步打击非法集资等活动的通知》，属于非法集资范畴。

3. 大型金融集团推出的互联网服务平台

大型金融集团推出的互联网服务平台有大集团的背景，且由传统金融行业向互联网布局，因此在业务模式上金融色彩更浓。以风险控制来说，这类 P2P 业务依然采用线下的借款人审核，并与担保公司合作进行业务担保，有些公司甚至还从境外挖了专业团队来做风险控制。线下审核、全额担保虽然是最靠谱的手段，但成本并非所有的网贷平台都能负担，无法作为行业标配进行推广。值得一提的是其所采用的"1 对 1"模式，即 1 笔借款只有 1 个投资人，需要投资人自行在网上操作投资，而且投资期限一般为 1~3 年。

4. O2O 平台

以交易参数为基点，结合 O2O(Online to Offline，线上到线下)的综合交易模式。例如，阿里小额贷款为电商加入授信审核体系，对贷款信息进行整合处理。这种小贷模式创建的

P2P(Peer to Peer lending，互联网金融点对点借贷平台)小额贷款业务凭借其客户资源、电商交易数据及产品结构占得优势，其线下成立的两家小额贷款公司对其平台客户进行服务。线下商务的机会与互联网结合在一起，让互联网成为线下交易的前台。O2O的详细内容在后面会详细论述。

5. 微金融平台

互联网金融服务平台很适合有短期小额融资需求的小微企业，快捷高效，利率也不算很高。该领域以"爱投资"为主，是国内首个 P to C 互联网小微金融服务平台，对申请融资的企业进行资质审核、实地考察，筛选出具有投资价值的优质项目在网站上向投资者公开；并提供在线投资的交易平台，实时为投资者生成具有法律效力的借贷合同；监督企业的项目经营，管理风险保障金，确保投资者资金安全。

微金融信息服务是金融领域内，对贷款、投资、理财规模较小，时间较短的金融行为的统称，是相对于大型金融机构、大规模的资金转移运作来说的。通常情况下，指的是为中小微企业、创业者、个体工商户、小额投资者等提供的金融服务。随着微金融信息服务体系的不断壮大，微金融信息服务的概念也在扩大，现在其最为准确的定义是：专门向小型和微型企业及中低收入阶层提供的，小额度的、时间短的、可持续循环的微金融产品和服务的活动。

微金融信息服务的特点有两点：一是以中小微型企业及贫困或中低收入群体为特定目标客户；二是由于客户有特殊性，它会有适合这样一些特定目标阶层客户的金融产品和服务。

6. App 平台

(1) App(Application)移动服务。App 是应用程序的简称；App 移动服务，就是针对手机这种移动连接到互联网的业务或者无线网卡业务而开发的应用程序服务。App 取代企业 WAP 网站成为手机主流移动应用，这已经是有目共睹的事实，在经历了一个时代的更替后得出这个结论："只要手机风靡全球，移动互联网发展达到高峰，推动了 App 应用行业，企业 App 营销是 WAP 营销的新时代。"

(2) 移动支票支付服务。例如，Zipmark 公司发布了 App 开发商平台，这种支付方式相当于支票，只是并非纸质，也不用去银行，为用户支票转账提供简单便捷的服务，不论是收款还是汇款，公司都会为用户提供一种无缝体验。手续费非常低，每笔交易收 1%手续费，若金额较大，无论多少都 5 美金封顶。

商家或 App 开发商即可同时利用 Zipmark 公司在线或移动交易支付系统实现交易，管理收款。Zipmark 公司还会发布一个面向消费者的 iPhone 应用，让用户直接扫描 QR 码(二维码)进行支付。

使用时用户真实支票账户连到 Zipmark App 开发商平台，随后就能实现转账支付，由于 Zipmark 公司的服务基于已有的支票操作设施，当交易被认证时，Zipmark 公司无需使用长期留存资金应急。商家可以将形式发票上的 QR 码扫描到 Zipmark 在线支付系统，方便客户扫描支付。公司还用 Check21 数字支票，保障交易安全性，公司的目标就是实现支票本的现代化。

伴随着移动互联网的不断发展，越来越多的开发者开始认识到移动互联网蕴含的巨大商机，纷纷加大 App 的开发力度。手机 App 也乘着这股东风，较之前有了极大的发展。

事实上，移动支付还不完善，开发者更应该着眼于优化商品信息的搜索、对比等功能，以及信息显示、操作方式等方面，减少对商品推荐、支付购买等方面的比重，而对创业者来说，这类进行数据搜集和处理的应用，其实比做购物平台的门槛要低一些，与已经成熟的各大电商平台竞争风险也较低，只不过抓取网页数据还需要和电商网站进行协商，才能避免发生纠纷。

10.2 移动互联网的商业应用

由于移动互联网大多离不开移动支付，我们在这里将详细地介绍移动互联网的主要商业模式和盈利模式，摆正移动互联网在互联网金融中的地位，以期更翔实地论述移动金融支付相关理论。

10.2.1 移动互联网的主要商业模式

移动互联网有广义和狭义之分，广义的移动互联网是指用户能够通过手机、PDA 或其他手持终端以无线的方式通过各种网络(WLAN、WiMAX、GSM、CDMA、WCDMA 等)接入互联网，狭义的移动互联网是指用户通过手机、PDA 或其他手持终端通过无线通信网络接入互联网。这里所指为狭义移动互联网。

目前，移动互联网上网方式主要有 WAP 和 WWW 两种，其中 WAP 是主流。WAP 站点主要包括两类网站：一类是由运营商建立的官方网站，如中国移动建立的移动梦网；另一类是非官方的独立 WAP 网站，建立在移动运营商的无线网络之上，但独立于移动运营商。

关于商业模式的含义，理论界还没有形成统一的权威解释。我们认为商业模式是包括了产品模式、用户模式、市场模式、营销模式和盈利模式在内的一个不断变化的、有机的商业运作系统。其中，盈利模式是商业模式体系中最为核心的子模式，其他几个子模式最终的目标都是实现盈利模式。

随着移动互联网产业价值链的逐渐形成，其商业模式就成为时下业界的焦点话题。移动互联网主要有以下 3 种商业模式。

1. 内容类商业模式

内容类商业模式是指内容提供商通过对用户收取信息、音频、游戏、视频等内容费用盈利，如付费信息类、手机流媒体、UGC 类应用。

内容类商业模式（图 10.4）的提供商可分为两种：官方内容提供商和独立内容提供商。官方内容提供商通过运营商建立的官方网站为用户提供信息内容，并由运营商代为收费，运营商提取一定比例的利益分成。其计费的方式包括包月收费和按次收费两种，后者又可分为按照联网的时间、登录的次数和发给用户信息的数量等方式。独立内容提供商则通过自己独立的 WAP 网站为用户提供信息内容，通过第三方进行结算，并支付一定的佣金。

该模式下内容的形式是多种多样的，在所有内容目录下的内容服务都可以收费。用户愿意支付费用的项目包括视频下载、游戏下载、音乐下载、电子杂志订阅等，每个收费的网站都会提供一部分免费的内容或免费的时段，这有助于用户试用后再决定是否对此服务付费。此种模式为目前移动互联网最主要的盈利模式，其中官方网站又占据着绝大部分份额。

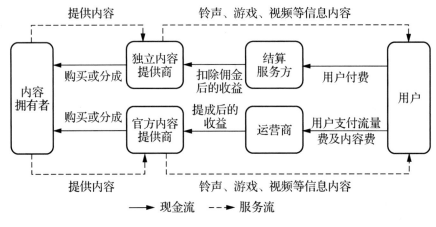

图 10.4　内容类商业模式

2. 服务类商业模式

服务类商业模式是指基本信息和内容免费，用户为相关增值服务付费的盈利方式(如图 10.5 所示)，移动 IM、手机网游、移动导航和移动电子商务均属于此类。

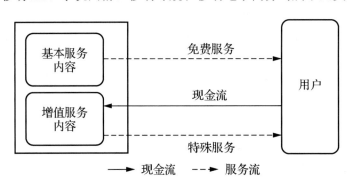

图 10.5　服务类商业模式

移动 IM 最主要的运营模式是 IM 服务提供商和移动运营商合作，IM 服务提供商开发 IM 业务平台和软件，并负责系统的运行维护；移动运营商则提供接入和计费服务。目前，一般采用按使用计费的模式：①短信方式，接收消息免费，发送消息收费；②WAP 方式，一般按流量计费。对于服务提供商而言，以移动 QQ 为例，其基础业务基本不收费，但通过特定头像下载、会员服务等增值业务实现营收。

手机网游通过手机终端实现随时随地的游戏与娱乐,大部分的服务提供商采取免费注册的方式吸引游戏玩家。其收入主要来自增值服务,包括销售道具、合作分成、比赛赞助、周边产品销售等。另外,对于游戏平台内的免费用户,推出游戏与广告相互融合的形式——广告游戏,游戏玩家为了提高游戏技能而重复玩广告游戏,提高了广告的投放效果,并获得后向收费。

3. 广告类商业模式

广告类商业模式是指免费向用户提供各种信息和服务,如图 10.6 所示。其盈利则是通过收取广告费来实现,如门户网站和移动搜索。由于移动运营商对广告的限制政策,本模式更多的是由非官方网站采用。

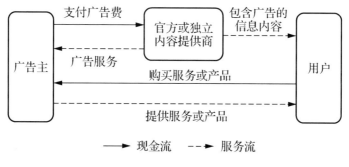

图 10.6　广告类商业模式

和传统互联网一样,WAP 门户网站和广告主之间通过 Page View 和点击率来构建双方的合作模式。相比于传统互联网,移动互联网在广告方面有很多的限制因素。其中最大的限制是手机的屏幕尺寸,过小的尺寸和较慢的传输速度无法向用户展示有吸引力的图片,同时用户支付流量费来阅读广告也并不符合商业常理。这就要求手机广告的内容一定要对用户有吸引力,同时通过手机用户深度参与讨论,直接促进广告产品的营销。

10.2.2　移动互联网的主要业务与盈利模式

目前,业务发展已成为影响和拉动移动通信行业最主要的市场导向,总结和挖掘市场,未来移动互联网业务前景看好。目前,移动互联网有十大业务及盈利模式。

1. 主要业务

(1) 移动社交。移动社交将成为数字化生存的平台,在移动网络虚拟世界里面,服务社区化将成为焦点。社区可以延伸出不同的用户体验,提高用户对企业的黏性。宽带的增加将促使移动互联网的服务创新,用户的许多需求将在手机上得到满足。而手机具有随时随地沟通的特点,从而使 SNS 在移动领域发展具有一定的先天优势。以个人空间(相册/日记)、多元化沟通平台、群组及关系为核心的移动 SNS 手机社交将发展迅猛。

(2) 移动广告。移动广告成为移动互联网繁荣发展的动力因素。在 Mobile Web2.0 浪潮的推动下，互联网业务正在向移动互联网过渡，而作为互联网繁荣的根本盈利模式，广告无疑将掀起移动互联网商业模式的全新变革，带领移动互联网业务走向繁荣。

(3) 手机游戏。PC游戏带动个人计算机的热卖，网络游戏可以说拯救了中国的互联网产业，手机游戏将引爆下一场移动互联网的商战。随着产业技术的进步，移动设备终端上会发生一些革命性的质变。可以预见，手机游戏作为移动互联网的杀手级盈利模式，无疑将掀起移动互联网商业模式的全新变革。

(4) 手机电视。手机电视用户主要集中在积极尝试新事物、个性化需求较高的年轻群体，这样的群体在未来将逐渐扩大。随着手机电视业务进一步规模化，广告主也将积极参与到其中。市场的进一步细分将刺激和满足不同年龄层次的用户需求，有效促进手机电视产业的发展。

(5) 移动电子阅读。因为手机功能扩展、屏幕更大更清晰、容量提升、用户身份易于确认、付款方便等诸多优势，移动电子阅读正在成为一种流行迅速传播开来。内容数字化使电子阅读内容丰富，结合手机多媒体的互动优势，不但增加了音乐、动画、视频等新的阅读感受，还可将这种感受随时带在身边，移动电子阅读市场的繁荣是可以预见的。

(6) 移动定位服务。随着随身电子产品日益普及，人们的移动性在日益增强，对位置信息的需求也日益高涨，市场对移动定位服务需求将快速增加。随着社会网络渗入现实世界，未来移动定位功能将更加注重个性化信息服务。手机可提醒用户附近有哪些朋友，来自亲朋好友甚至陌生人的消息会与物理位置联系起来。父母能够利用相同的技术追踪他们的孩子。随着移动定位市场认知、内容开发、终端支持、产业合作、隐私保护等方面的加强，移动定位业务存在着巨大的商机，只要把握住市场的方向，将获得很高的回报。

(7) 手机搜索。手机搜索引擎整合搜索概念、智能搜索、语义互联网等概念，综合了多种搜索方法，可以提供范围更宽广的垂直和水平搜索体验，更加注重提升用户的使用体验。

手机搜索给用户提供方便快捷的移动内容搜索，搜索结果更具相关性，用户可以定制自己的搜索引擎和确定的互联网内容，这给用户相当程度的自由和灵活性，让用户对条理清晰的手机搜索服务沉迷不已。对运营商来说，加大对搜索领域的投入与积极参与，加速手机搜索引擎和移动增值业务的融合，帮助搜索引擎向信息化产品集成平台转变。

(8) 手机内容共享服务。手机图片、音频、视频共享被认为是3G、4G手机业务的重要应用。在未来，网上需要数字化内容进行存储、加工等，允许用户对图片、音频、视频剪辑与朋友分享的服务将快速增长。随着终端、内容、网络等制约因素的解决，手机共享服务将快速发展，用户利用这种新服务可以上传自己的图片、视频至博客空间，还可以用它备份文件、与好友共享文件，或者公开发布。开发共享服务，可以把移动互联网的互动性发挥到极致，内容是聚揽人气，吸引客户的基础。

(9) 移动支付。支付手段的电子化和移动化是不可避免的必然趋势，移动支付业务发展预示着移动行业与金融行业融合的深入。目前，消费者已经可以使用具有支付、认证功能的手机来购买车票和电影票、打开大门、借书、充当会员卡，可以实现移动通信与金融服务的结合以及有线通信和无线通信的结合,让消费者能够享受到方便安全的金融生活服务。

支付工具的创新将带来新的商业模式和渠道创新,移动支付业务具有垄断竞争性质,先入者能够获得明显的先发优势、筑起较高的竞争壁垒,从而确保自身的长期获益。

(10) 移动电子商务。移动电子商务可以为用户随时随地提供所需的服务、应用、信息和娱乐,利用手机终端方便便捷地选择及购买商品和服务。移动电子商务处在信息、个性化与商务的交汇点,是传统商务信息化的结果,承载于信息服务又为信息服务提供商务动力。

未来,移动电子商务与手机搜索的融合,跨平台、跨业务的服务商之间的合作,电子商务企业规模的扩大,企业自建的电子商务平台爆发式增长将带动移动电子商务的成熟。

2. 移动互联网盈利模式

移动互联网产业链已经形成,商业模式也已经建立,市场环境正在日趋规范和完善。从苹果、奇虎360、阿里巴巴、百度等众多互联网企业盈利模式来看,移动互联网盈利模式方向基本是清晰的,概括起来,移动互联网的盈利模式主要包括以下几个方面。

(1) 内容付费。只要使用者持续使用,随着时间流逝就要定期付出费用。这种模式的变形也许不一定是时间,而是使用量。而订阅内容也会是可以运用此模式的方式,如图10.7所示。

(2) 前向/后向收费。前向收费,即面向信息使用者或浏览者收费。这里指的是除了主程序之外,还持续推出可以额外付费下载的附属功能,例如游戏的新场景或是拍照软件的新滤镜效果等,让收入可以持续增长(图10.8)。

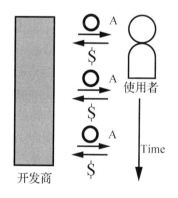

图10.7 内容付费模式

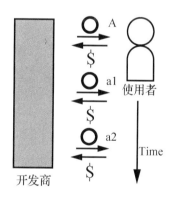

图10.8 前向收费模式

后向收费,主要通过对企业单位或信息提供者收取费用,包括广告发布费、竞价排名费、冠名赞助费、会员费等费用,如图10.9所示。

(3) 平台分成模式。例如,百度云战略有一种盈利模式就是平台分成。内容与信息不一定要由开发者自己产生或者只能使用开放的内容,也可以以取得授权的方式与其他企业合作(图10.10)。

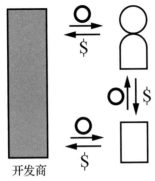

图 10.9　后向收费模式

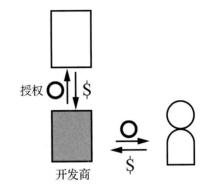

图 10.10　授权模式

(4) 广告模式。广告模式获利主要靠广告，因此要尽可能冲高 App 下载量，所以如果可以结合使用者有需要的服务(如信息或情报)，一来需求已经存在，二来广告媒介效果也会更明显(图 10.11)。

(5) 单纯出售模式。单纯出售模式是最单纯的模式——开发者制作 App，通过应用商店销售给使用者(图 10.12)。

(6) 代开发模式。代开发模式是相当单纯的模式，就是帮有需要的企业代为开发 App，固然营收有限，但是不失为"练功"或是维持组织固定营收的方式(图 10.13)。

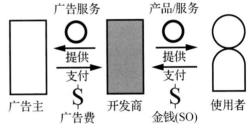

图 10.11　广告模式

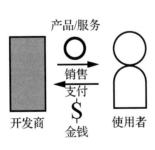

图 10.12　单纯出售模式

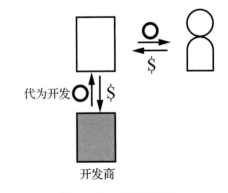

图 10.13　代开发模式

(7) 出售商品收费模式。如京东商城的 App 移动商务采用的就是出售商品收费模式。

10.2.3　移动支付与电子支付的区别

目前，移动支付的业务模式其实是多种多样的。按照用户办理支付业务的方式可以分为短信模式、移动网银模式、移动 POS 模式和电子钱包。

1. 移动支付的现状与特点

根据运营主体可以分为移动通信运营商、商业银行、非银行支付服务。按照结算方式划分可以分为银行结算账户、虚拟账户及手机话费结算 3 种模式。如果按照支付指令的传输渠道划分可以分为移动通信网络传输和专用交易网络传输两种模式。

移动支付，也称为手机支付，就是交易双方为了某种货物或者业务，通过移动设备进行商业交易。移动支付所使用的移动终端可以是手机、掌上电脑、笔记本电脑等。整个移动支付价值链包括移动运营商、支付服务商(银行、银联等)、应用提供商(公交、校园、公共事业等)、设备提供商(终端厂商、卡供应商、芯片提供商等)、系统集成商、商家和终端用户。

移动支付主要分为近场支付和远程支付两种，所谓近场支付，就是用手机刷卡的方式坐车、买东西等。远程支付，是指通过发送支付指令(如网银、电话银行、手机支付等)或借助支付工具(如通过邮寄、汇款)进行的支付方式，如掌中付推出的掌中电商，掌中充值，掌中视频等属于远程支付。虽然移动支付标准的制定工作已经持续了数年，但目前支付标准不统一，给相关的推广工作造成了很多困惑。

移动支付的主要特点如下所述。

(1) 支付灵活便捷。用户只要申请了移动支付功能，便可足不出户完成整个支付与结算过程。

(2) 交易时间成本低，可以减少往返银行的交通时间和支付处理时间。

(3) 利于调整价值链，优化产业资源布局。移动支付不仅可以为移动运营商带来增值收益，也可以为金融系统带来中间业务收入。

移动支付流程如图 10.14 所示。

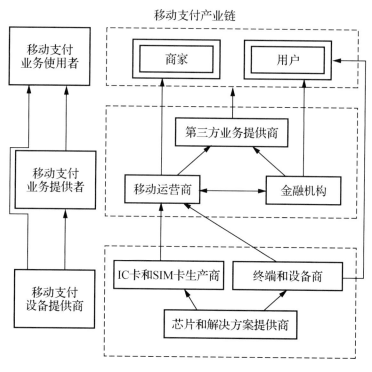

图 10.14 移动支付流程图

2. 电子支付的发展阶段与特点

电子支付是指从事电子商务交易的当事人，包括消费者、厂商和金融机构，通过信息网络，使用安全的信息传输手段，采用数字化方式进行的货币支付或资金流转。

电子支付使用的是最先进的通信手段，如互联网、外联网；而传统支付使用的则是传统的通信媒介。电子支付对软、硬件设施的要求很高，一般要求有联网的计算机、相关的软件及其他一些配套设施；而传统支付则没有这么高的要求。电子支付是采用先进的技术通过数字流转来完成信息传输的，其各种支付方式都是采用数字化的方式进行款项支付的；而传统的支付方式则是通过现金的流转、票据的转让及银行的汇兑等。

(1) 电子支付的发展与现状。

电子支付经历了五个发展阶段：第一阶段是银行利用计算机处理银行之间的业务，办理结算；第二阶段是银行计算机与其他机构计算机之间资金的结算，如代发工资等业务；第三阶段是利用网络终端向客户提供各项银行服务，如自助银行；第四阶段是利用银行销售终端向客户提供自动的扣款服务；第五阶段是最新阶段也就是现阶段，它是基于互联网的电子支付，它将第四阶段的电子支付系统与互联网整合，实现随时随地通过互联网进行直接转账结算，形成电子商务交易支付平台。

(2) 电子支付的特点。与传统的支付方式相比，电子支付具有以下特点：①采用先进信息技术完成信息传输(其他支付方式都是数字化方式)；②工作环境基于一个开放的系统平台；③采用先进的通信手段，如互联网、外联网；④方便、快捷、高效。

电子支付流程如图 10.15 所示。

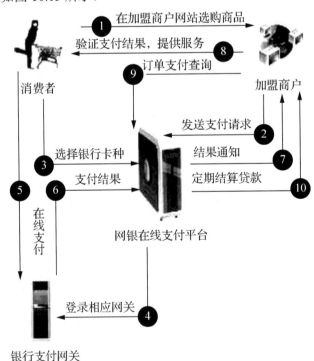

图 10.15　电子支付流程

电子支付的工作环境是基于一个开放的系统平台(互联网)之中,而传统支付则是在较为封闭的系统中运作。

电子支付具有方便、快捷、高效、经济的优势。用户只要拥有一台上网的计算机,便可足不出户,在很短的时间内完成整个支付过程。支付费用仅相当于传统支付的几十分之一,甚至几百分之一。

3. 移动支付与电子支付的区别

移动支付可随时随地进行,而电子支付对时间和地点有一定的限制;但是电子支付安全性高,终端稳定,出现错误概率很小,而移动支付在没有网络保证的情况下可能在支付过程中出现连接网络失败。

从两者的发展来看,电子支付或者移动支付的模式还需要深入更多的行业,普及这种支付模式的方便与快捷,从而为移动支付赢得广泛的用户基础和行业基础。

10.3 移动金融

当前,移动信息技术发展的主线是移动通信网络从 2G 到 3G、4G,再到 5G 的演进。与此同时,WLAN、WiMAX 等无线宽带技术和 RFID、Zig-Bee 等短距离无线技术相继涌现,并不断扩大应用范围。移动信息技术出现多样化的新格局。随着移动信息技术的不断发展和网络的演进,5G 与各种宽带无线接入技术及短距离无线技术不断融合,将为金融创新提供了广阔的空间。

10.3.1 移动信息技术的金融模式

当前,金融行业的信息化应用方兴未艾,消费者对金融服务的便利性、安全性的要求越来越高。随着移动信息技术的发展,移动商务(如移动银行、移动支付、移动证券、移动保险等)在现代金融行业的应用,有效促进了金融服务质量的提升,在为人们带来便利的同时,也提升了金融行业的良好形象。

1. 移动银行

移动银行也称为手机银行,是利用移动通信网络及终端办理银行业务的服务。这种业务由手机、GSM 短信中心和银行系统构成,主要为用户提供查缴费、购物、理财等服务。手机银行不仅可以使人们在任何时间、任何地点处理多种金融业务,而且使银行能以便利、高效并且较为安全的方式为客户提供创新服务。一般来说,手机银行业务以小额支付为主,加上移动终端的贴身特性,使其成为继 ATM、POS 之后,银行拓展业务的又一有力工具。

2. 移动支付

现在的移动支付业务普遍以微支付和小额支付为主。目前,使用手机进行无线支付已经在很多领域实现,由于无线支付有使用方便、支付即时、手机终端私人性强等优势,因此也具有广阔的应用和发展空间。

3. 移动证券

移动证券是利用移动通信网的数据传输功能来实现用手机进行信息查询和处理的无线应用炒股系统。开市时,移动证券用户可以随时随地进行交易,不受空间限制,克服了传统的网上交易受空间局限的缺点,并且系统数据可以在专用的内部网络上传输,互联网上的各种不安全因素无法侵入系统。另外,移动证券还具有操作界面简洁等特点。由于手机具有下单速度快、可靠性高等特点,所以,除了柜台、电话委托和网上炒股这三种方式外,手机已成为受股民欢迎的炒股方式。

4. 移动保险

移动保险是信息化软件开发商、运营商等厂商,根据保险行业的移动应用需求,专门推出的以手机、平板电脑等设备为移动终端,适用于无线网络的移动应用产品和解决方案。移动保险业务能够有效地提高保险企业移动任务型人员和管理层的办公效率,尤其是出差途中的办公效率,从而提高保险企业的业务水平和综合竞争力。与此同时,保险企业客户也将从中受益,客户通过手机轻松接收来自保险企业的短信通知,掌握最新的险种、保费缴纳情况等重要信息。如今,移动保险业务中使用最多的是短信通知,对象包括企业员工和企业客户两类。针对企业员工的短信通知,其内容主要包括开会通知、紧急公告、企业邮件等;针对保险客户的通知,其内容则包括续保提示、保费催缴、保险推广、保户关怀等信息。移动保险业务使保险公司、业务人员及保险客户可在第一时间把握市场变化,全面提升行业和企业的竞争力,在方便客户的同时,也创造了新颖快捷的保险营销新方式。

10.3.2 移动信息技术对商业银行金融服务的影响

移动信息技术的应用,对商业银行金融服务的提供手段产生了重大影响,在便利性、灵活性、安全性等方面使商业银行金融服务方式产生了革命性变革。移动信息技术的发展,使金融服务具备了移动性的特征,从而打破了金融业固化站点模式,有效地突破了地域、时间的限制,能够为身处各地的用户提供24小时的全方位金融服务。移动信息技术对商业银行金融服务的影响归结为以下3个方面。

1. 提升了便利性

从传统的柜台站点服务,到ATM自助服务,再到通过互联网的网上银行服务,商业银行在不断地尝试打破地域、时间的限制,向用户提供更紧密、更便捷的接入服务。而如今,越来越多的用户使用手机访问互联网,进一步加快了移动信息技术与金融服务的融合。移动设备具备了较高的灵活性,并拥有高普及率和低成本的优势,无论对用户还是银行机构来说,以移动设备作为交易服务媒介,都能够有效地提高服务的灵活性和机动性。对银行机构来说,将移动金融服务融入自身业务体系中,有利于利用提高传统服务业务的灵活性,并引入新的金融服务模式，从而拓展业务领域和客户范围。对于用户来说，这种融合使获取服务的方式变得更加方便和灵活。

2. 提高安全性

手机银行通过融合了个人安全属性的安全卡、PIN 卡等控制方式，为用户提供了更多的个性化的安全保护，从而提高交易的安全性。手机终端的私密性最好，通过手机终端进行缴款、转账等操作，有利于客户数据的保密，减少账号泄密的情况发生。

3. 提供近距离通信消费的功能

传统的金融服务在近距离支付方面存在很大的不足，通常需要消费者手持银行卡在终端 POS 机上刷卡，数据传回银行后台服务器进行处理。消费者往往需要携带多张银行卡和消费卡，便利性较低。移动设备不仅能够提供远距离的在线交易管理服务，还能够通过近距离与终端设备交互，实现认证、消费和管理功能，从而大大地提高近距离消费操作的简便性，并能够支持大量的基于位置的服务类型。

随着移动信息技术的不断发展，这种打破了地域、时间限制的生活形态迅速地改变着人们日常生活的各个方面。不可避免地，金融行业也面临着这一快速发展领域的冲击和影响。如何有效地应用移动信息技术，更好地提供金融服务，加强业务管理，是商业银行在从固化物理站点到有线互联网服务，再到当前无线移动化金融服务发展转变过程中所需研究的关键问题。

我国主要商业银行移动金融发展虽然起步较晚，但在提供的产品功能上并不弱于国外的商业银行，安全防范措施也做得较好。但是，我国商业银行在移动金融综合运营能力方面与国外同业还有一定的差距。国外的先进银行在移动金融与传统金融服务的协同、联动方面做得较好，形成了紧密互补的关系。因此，我国商业银行发展移动金融的关键在于通过全面创新，推动移动金融经营水平的提升。

10.4　互联网金融支付平台

微软公司创始人比尔·盖茨曾预言，传统商业银行如同远古时代的恐龙，终将消失。事实上，有关互联网金融的话题，早在 20 世纪末，便开始出现在金融界中。

10.4.1　金融支付概述

1995 年，世界第一家虚拟网络银行——安全第一网络银行(SFNB)成立，从而开启了人类互联网金融之路。此后，互联网金融开始在世界各地发展起来，并带动了在线证券、在线保险、在线期货、在线支付和结算产业发展。

其中，移动支付被称为互联网金融的鼻祖。移动支付也称为手机支付，就是允许用户使用其移动终端(通常是手机)对所消费的商品或服务进行账务支付的一种服务方式。单位或个人通过移动设备、互联网或者近距离传感直接或间接向银行金融机构发送支付指令产生货币支付与资金转移行为,从而实现移动支付功能。移动支付将终端设备、互联网、应用提供商及金融机构相融合,为用户提供货币支付、缴费等金融业务。

目前,国内外互联网支付方式可大致分为以下几种:近场支付、远程支付、短信支付、QR 码(二维码)支付、NFC 支付、应用内或者移动网页内的支付(Payments Within Apps Or Mobile Websites)、虚拟预付卡(Virtual Prepaid Cards)、移动信用卡读卡器(Mobile Credit Card Readers)。

下面列举三种值得关注的支付方式,它们将承载互联网金融的末端支付环节。

1. NFC 支付

NFC(Near Field Communication)支付是指消费者在购买商品或服务时,即时采用 NFC 技术通过手机等手持设备完成支付,是新兴的一种移动支付方式。支付的处理在现场进行,并且在线下进行,不需要使用移动网络,而是使用 NFC 射频通道实现与 POS 机或自动售货机等设备的本地通信。NFC 是近场支付的主流技术,是一种短距离的高频无线通信技术,允许电子设备之间进行非接触式点对点数据传输交换数据。该技术由 RFID 演变而来,并兼容 RFID 技术。

2. 二维码支付

二维码支付是一种基于账户体系搭起来的新一代无线支付方案。在该支付方案下,商家可把账号、商品价格等交易信息汇编成一个二维码,并通过一定载体发布。用户通过手机客户端扫描二维码,便可实现与商家的支付结算。最后,商家根据支付交易信息中的用户收货、联系资料,就可以进行商品配送,完成交易。

3. 虚拟预付卡

虚拟预付卡或者礼品卡实际上是应用软件内提供的"数字支付卡"。目前,全球的预付卡市场正在超过信用卡,成为新的非现金结算方式的霸主。

在国内,虚拟预付卡的使用往往建立在与线下实体的结合上,如财付通与新世界百货推出了"微乐付",集成了会员卡、积分卡、预付卡 3 个功能。而星巴克也已在全球的各家分店内上线了虚拟预付功能,其可完成支付、兑换等多种交易。

10.4.2 电子商务平台支付系统

电子商务通常是指在全球各地广泛的商业贸易活动中,在开放的网络环境下,基于浏览器/服务器应用方式,买卖双方不谋面地进行各种商贸活动,实现消费者的网上购物、商户之间的网上交易和在线电子支付及各种商务活动、交易活动、金融活动和相关的综合服务活动的一种新型的商业运营模式。

电子商务系统是保证以电子商务为基础的网上交易实现的体系。市场交易是由参与交易双方在平等、自由、互利的基础上进行的基于价值的交换。网上交易同样遵循上述原则。作为交易中两个有机组成部分:一是交易双方信息沟通,二是双方进行等价交换。在网上交易，其信息沟通是通过数字化的信息沟通渠道而实现的，一个首要条件是交易双方必须拥有相应信息技术工具，才有可能利用基于信息技术的沟通渠道进行沟通。同时要保证能通过互联网进行交易，必须要求企业、组织和消费者连接到互联网，否则无法利用互联网进行交易。

1. 电子商务平台简介

电子商务平台分为两层，即支撑层和业务层，支撑层为电子商务业务的开展提供了支撑功能，包括认证系统、支付系统、计费结算系统和移动终端安全系统；业务层包括各种具体的电子商务业务及各种提供公共服务功能的业务平台。电子商务平台的体系结构如图 10.16 所示。

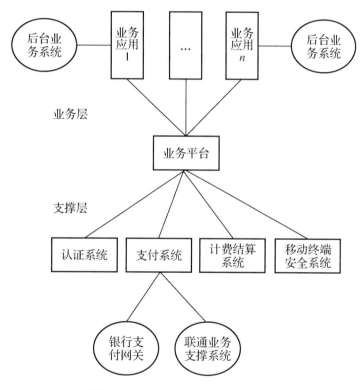

图 10.16 电子商务平台的体系结构

(1) 支撑层。支撑层包括认证系统、支付系统、计费结算系统和移动终端安全系统。认证系统采用集中建设方式，在总部建设 CA 中心，在部分省建设 RA 中心，利用电信公司现有营业厅和营业终端建设业务受理点。没有 RA 中心的省如果需要开展证书申请业务，可以建设业务受理点并连接到试点省的 RA 中心。

支付系统采用全国中心和省中心两级结构，全国中心负责全国性的商家接入、跨省的异地支付，并负责省际结算；省中心负责本省内的支付和与本省商家的结算。

计费结算系统为所有电子商务业务提供计费和结算功能，各种业务系统之间负责原始话单采集和计费结算参数的维护。

移动终端安全系统为各种基于移动终端的电子商务业务提供安全保证，包括终端身份的确认、从终端到应用系统之间的数据加密等。

(2) 业务层。业务层负责各种电子商务的开展，为便于新业务的开展，降低以后新系统的开发量，将各种业务所需的公共功能作为业务平台建设，各种电子商务业务也依托业务平台开发。

业务平台包括用户接入认证、交易处理、支付和认证接口、计费和结算接口等功能。

2. 电子商务平台支付系统支付方式

电子商务平台支付系统支持以下支付方式。

(1) 基于计算机终端和电信企业业务资源的支付，用户通过计算机终端和浏览器使用电信企业话费等业务资源进行网上支付。

(2) 基于移动终端和电信企业业务资源的支持，用户通过电信企业手机以 WAP、短信、Java、BREW 等方式使用电信企业业务资源进行支付。

(3) 基于计算机终端和银行账号的支付，这也是目前比较常见的支付方式，需要支持 B2B 和 B2C 业务，同时支持 SET 和非 SET 支付方式。

(4) 基于移动终端和银行账号的支付，用户通过电信企业手机以 WAP、短信、Java、BREW 等方式使用银行账号进行支付，修改方式或者提供可靠的安全措施保证只有银行可以获取用户账号、密码等信息，或者由银行对用户账号进行特殊处理，设置专门的电子商务支付账户并进行支付金额的限制。

3. 平台支付系统层次结构

根据电信企业的支付系统的软件功能需求、电子商务平台结构，以及电信企业的业务特点，可以将支付系统软件分为三层：支付接口层、业务逻辑层和业务接口层。

(1) 支付接口层：接收电子商务应用系统的支付请求并转发到业务逻辑层，本层应支持与应用系统的身份认证和数据加解密。

(2) 业务逻辑层：处理支付业务数据，完成主要业务功能、系统管理功能，如支付、日志记录、冲正、退款、对账、计费、结算等，具体见支付系统软件功能部分。

(3) 业务接口层：支付业务数据经过处理后，将支付数据转发银行或电信公司业务支撑系统，完成支付处理，与银行或业务支撑系统的接口需要根据银行或业务支撑系统的要求，提供相应的安全功能。

4. 平台支付系统功能

电子商务平台支付系统有如下几个功能。

(1) 提供支付接口。支付接口负责受理用户和商家发送的支付请求，对请求进行处理后转换为标准格式发送到支付处理模块。

支付系统对外提供多种接口方式，对于计算机终端用户提供浏览器重定向方式和支付网关方式的接口模块，商家通过接口模块将用户支付请求转发到支付系统并发送支付参数(订单信息等)完成支付；对于移动终端用户提供 WAP 方式的浏览器重定向支付接口或直接提供应用层接口，商家可以将用户手机号码、支付金额等信息直接发送到支付系统，也可以由支付系统提供 WAP 页面，用户在页面中输入手机号码、密码等信息。

(2) 完成支付处理。支付处理功能完成具体的支付业务处理，包括转账、退款、冲正、日志记录等，支付处理根据用户的支付种类进行相应的处理，并完成与财务管理相关的各种账户功能。

(3) 与其他系统接口。支付系统处理银行账号支付和电信公司业务资源支付时分别需要连接银行支付网关和电信公司综合账务系统，因此需要与上述系统的接口，银行接口用户支付请求的转发，需要支持 B2B 和 B2C 方式；电信公司综合账户接口用于扣费请求和确认。上述接口应遵循银行及综合账务系统现有接口标准。

(4) 结算功能。由于支付系统向连接本系统的商家收取支付手续费，因此需要提供与商家的结算功能，由于电子商务平台将建设统一的计费结算系统，因此支付系统负责采集原始话单，将原始话单和结算规则发到结算系统中处理，另外还需要提供与商家的对账功能。

(5) 系统管理功能。系统管理功能包括：①商家管理，在支付平台中注册和管理不同类型的商家资料，商家可以在支付平台查询自己的历史交易记录；②网络管理，采用 SNMP、OCMP 等协议对支付设备进行管理，且提供专用的接口，对系统软件和应用软件进行实时监控；③统计分析，对支付系统的业务记录进行汇总和分析，提供各种统计分析报表；④操作员管理，对支付平台的操作员进行管理。

10.4.3　移动支付平台方案设计

电信公司与银联合作提供给用户的支付类型包括两种：移动终端和网上支付，考虑到电信公司的优势在于大量的移动客户资源，应首先开展基于移动终端的电子商务，包括代收费和手机银行等，在此基础上再开展网上支付。

1. 支付类型

移动终端用户可以通过手机使用短信、WAP、BREW、语音等接入方式完成基于银联卡的支付业务，并首先开展基于电信公司业务的支付服务(缴费、购卡)，然后扩展到社会上其他商家的支付(购买彩票、购物等)。

随着电子商务平台后续工程将开展网上银行、网上购物等商务活动，支付系统将与银联网上银行支付网关相连，完成网上支付功能。

2. 业务模式

电子商务平台上开展的移动支付业务，应遵循以下业务模式运作。
(1) 用户通过银联 ATM/POS 网络建立银行卡号与手机号码绑定关系。
(2) 手机支付系统负责用户接入、商家接入、业务逻辑处理等功能，银联为手机支付系统提供支付功能。
(3) 支付交易过程中以手机号作为交易身份验证标识、不涉及银行账户及密码等敏感信息。

(4) 手机支付系统为银联及商家提供管理服务。

(5) 充分利用银行卡号和手机号码的唯一性，为普通 SIM 卡用户提供手机支付功能。

3. 业务类别

电子商务平台移动支付系统上开展的业务类别主要包括以下 3 类。

(1) 开展电信公司自身业务，如移动话费缴费、电信公司的 IP 卡业务等。资金流是用户根据电信公司业务服务价格转账至电信公司开户行账户。

(2) 为 SP 服务商提供手机支付运行平台，如买彩票、游戏卡类等。资金流程是用户根据商家商品或服务价格转账至商家开户行账户。

(3) 通过移动支付系统开展多项业务，如手机缴费业务、银行账户查询、手机购买移动虚拟卡业务、手机购买游戏卡业务、彩票投注业务等。通过电信公司移动支付系统远程开展业务，如交通违章缴款、手机水电费缴费、手机捐款、银行业务、手机购买保险、电子票务、传统票务、网上购物、商场购物等。

4. 逻辑架构

按照支付系统的软件功能需求，电子商务平台结构及电信的业务特点，支付系统软件分为三层：支付接口层、业务逻辑层和业务接口层。支付接口层负责对外提供统一的支付接口；业务逻辑层完成具体的业务处理和各种管理功能；业务接口层完成具体的业务处理和各种管理功能；业务接口层实现与电信公司综合营账系统以及银行系统的接口转换。支付系统的层次结构如图 10.17 所示。

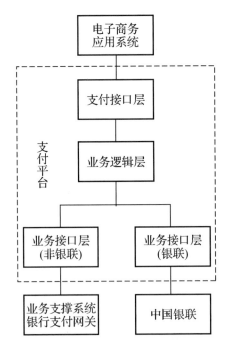

图 10.17 支付系统的层次结构

银联业务接口层是在支付业务数据经过处理后,通过银联业务接口层将支付数据转发银联,完成支付处理。另外,基于银行卡支付方式的特殊性,银行业务接口层还需要承担支付系统业务逻辑层不能完成的功能。

5. 体系结构

按照支付系统的层次结构,与银联的接口模块属于支付系统的接口层,该模块负责完成银联支付接口协议与电信公司支付系统内部协议的转换,在本系统中将配置一台专用的银联支付接口机完成上述功能。目前,电信公司支付系统采用集中建设(全国中心加虚拟省中心)的方式,银联支付接口由全国中心统一完成,各省支付请求全部转发到全国中心完成;以后各省建设独立的支付省中心后,将由各省完成到当地银联的接口。

6. 用户注册

移动终端用户在开展银联支付方式之前,用户必须先在银联的 ATM、POS、IVR 等完成移动终端用户手机号码之间的绑定关系。另外,银联应该把移动终端用户在银联方建立的手机号码与银联卡号之间的绑定关系实时传送给用户。同时,以银联的用户绑定关系资料为准,电信公司电子商务平台用户资料同步更新。

7. 对应关系

通过银联(各银行)的 ATM、POS 等银行接口设备,建立移动终端用户手机卡号与银行账户之间的一一对应关系如图 10.18 所示。为方便用户使用,在建立两种的对应关系中,允许多个移动用户手机号码对应一个银行卡号,但一个银行卡号只能对应一个手机号码。

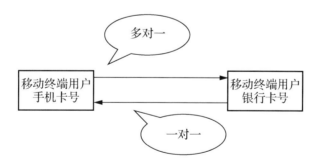

图 10.18 手机卡与银行卡对应关系图

8. 密码管理

电信公司电子商务平台收到银联发送的用户绑定信息后,系统自动为该移动终端年用户产生一个手机支付交易密码,并以短信的方式把该密码发送给用户。以后,移动终端用户通过银行卡进行支付时,电信公司电子商务平台根据该密码对用户进行鉴权认证。其次,用户通过通信等方式查询、修改该交易密码。

对于安全要求比较高的用户也可以采用动态口令的方式,以防止密码被截获。

9. 系统结算

电信公司电子商务平台将建设统一的结算系统,完成与银行和商家的结算。

10. 安全管理

(1) 移动终端安全。电信公司对于移动终端的各种不同接入方式将提供相应的安全手段,除基本的密码方式外,对于短消息方式,不用 STK 时,采用封闭网络保证安全,使用 STK 时,在应用层对消息进行加密;对于 WAP1.2,通过 TLS+SSL\TLS 保证两端传输安全;对于 WAP2.0,通过端到端的 TLS 保证安全;对于 BREW 方式有应用层与移动终端动态口令系统共同保证安全。

(2) 银联传输安全。为保证电信公司电子商务平台与银联之间的数据安全,对于交易双方在网络上传输的数据必须进行安全处理,通常情况下采用证书认证系统来进行身份确认和数据加密。与银联进行交易过程中,对于敏感交易信息,可以采用电信公司提供的证书和银行提供的证书进行数字签名和数据加密。

(3) 业务安全管理。手机用户在银联建立手机号码与银行账号的对应关系;支付平台不保留用户账号关键信息,在交易过程中只将手机号码、交易金额等内容发送到银联,并不涉及用户账号及密码,因此避免了支付安全问题。

10.4.4 移动支付业务功能流程

通过移动终端开展的电子商务业务活动,电信企业电子商务平台支持移动终端用户的多种使用方式如短信、BREW、WAP、IVR 等方式,以下为短信方式的银联支付业务流程。

1. 建立绑定关系流程

为方便移动终端用户使用电信公司电子商务平台业务,同时保证移动终端用户交易的安全,在移动终端用户使用银行账号进行支付之前,通过电信公司电子商务平台和银联为移动终端用户建立移动终端用户卡号与该用户的银行卡号之间的绑定关系,确保用户交易安全。移动终端用户在开展基于银行账户支付方式之前,用户需要通过银行 POS、ATM 或银行 IVR 等建立移动终端用户卡号与该用户的银行卡号之间的绑定关系,该关系保存在银联和电子商务两个平台中,如图 10.19 所示。

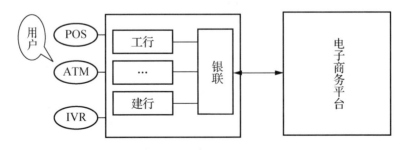

图 10.19　移动终端用户卡号与银行卡号之间的绑定关系

在具体的操作过程中，银行或银联修改POS、ATM等设备的功能菜单，增加移动终端手机号码与银行卡建立对应关系栏，用户通过POS、ATM鉴权后，就可以建立手机号码与银行卡号的对应关系。

图10.20是移动终端用户通过银联系统建立银行卡号与移动终端手机号码绑定关系的流程图。

(1) 银联/银行POS机上根据菜单提示手机号码与银行账号绑定关系请求。

(2) 银联/银行根据用户请求将用户手机号码发送到电信公司电子商务平台进行用户鉴权。

(3) 电信公司电子商务平台将手机号验证请求发送到BOSS(Business & Operation Support System，业务运营支撑系统)进行用户鉴权。

(4) BOSS检测用户手机号码是否合法，然后将结果返回给电信公司电子商务平台。电信公司电子商务平台收到BOSS返回结果后，将结果返回给银行；同时，如BOSS返回结果为合法时，则在电信公司电子商务平台建设用户账户辅助管理信息(如BOSS和银联/银行对用户绑定关系进行辅助管理)，并将绑定关系成功的短信息发送给用户。

(5) 电信公司电子商务平台收到BOSS反馈的结果后，提示用户相应信息，如用户手机合法，则银行建立手机号码与银行账户的对应关系。

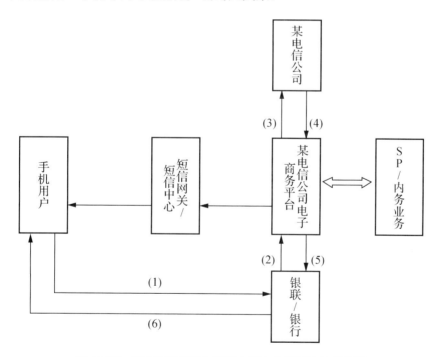

图10.20 建立手机号码与银行卡绑定关系系统处理流程

2. 取消绑定关系流程

(1) 通过银联/银行POS机或电话银行提出手机号码与银行账号取消绑定关系请求。

(2) 银联/银行根据用户请求将用户手机号码发送到电信公司电子商务平台。

(3) 电信公司电子商务平台将请求进行记载，并修改用户资料状态。然后返回信息给银联/银行。同时按照图 10.20 中的步骤(5)、(6)给用户发送短信息通知绑定关系已被取消。

(4) 银联/银行给用户返回取消绑定关系的结果。

3. 银行账户查询流程

(1) 用户发送账户查询消息到电信公司电子商务平台，查询请求送到接入系统(短信网关/短信中心)。

(2) 接入系统(短信网关/短信中心)把消息发送到电信公司电子商务平台。

(3) 电信公司电子商务平台将查询请求转发到银联/银行。

(4) 银联/银行将查询结果回应给电信公司电子商务平台。

(5) 电信公司电子商务平台将查询结果转发到短信中心/短信网关。

(6) 短信中心/短信网关将查询结果转发到用户手机。

4. 支付流程

手机支付业务系统支付流程如图 10.21 所示。

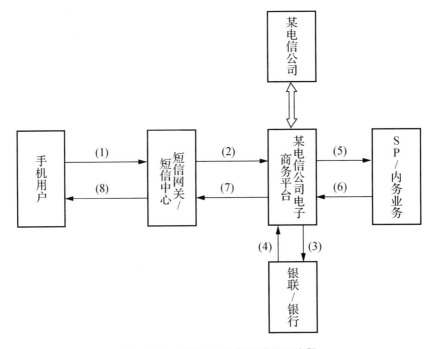

图 10.21　手机支付业务系统处理流程

(1) 用户发送账户支付消息到电信公司电子商务平台，支付请求送到接入系统(短信网关/短信中心)。

(2) 接入系统(短信网关/短信中心)把消息发送到电信公司电子商务平台。

(3) 电信公司电子商务平台将消费请求转发到银联/银行。

(4) 银联/银行验证用户,查询到用户对应的银行账号,扣除费用,将扣款请求处理结果回应给电信公司电子商务平台。

(5) 电信公司电子商务平台将业务处理请求转发到 SP。

(6) SP 回应业务处理结果。

(7) 电信公司电子商务平台将支付处理结果转发到短信中心/短信网关。

(8) 短信中心/短信网关将支付处理结果转发到用户手机。

5. 撤销流程

手机支付业务系统撤销业务流程如图 10.22 所示。

(1) 电子商务平台向 SP 发送业务撤销请求。

(2) SP 系统进行业务撤销处理,并返回结果。

(3) 电信公司电子商务平台向银联发起消费撤销请求。

(4) 银联返回消费撤销处理结果。

(5) 电信公司电子商务平台将交易撤销结果信息发送到短信网关。

(6) 短信网关将交易撤销结果信息转发到手机。

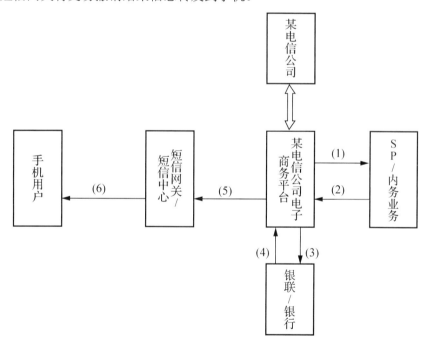

图 10.22 手机支付业务系统撤销业务流程

6. 交易对账流程

在对账处理流程中,电信公司电子商务平台先与银联对账,以银联的交易记录为准;平账后,再与 SP 系统对账。

(1) 电信公司电子商务平台按商户号及终端号发起对账请求。

(2) 银联响应对账请求,并生产该批次明细文件。

(3) 若需要核对交易明细,电信公司电子商务平台发起取明细通知,银联将明细文件以 FTP 的方式传送到电信公司电子商务平台。

(4) 银联完成对账明细文件传输后,发送应答消息,电信公司电子商务平台验证明细文件,若不合法,则重新发起取对账明细文件通知。然后电信公司电子商务平台负责与银联交易的平账处理。

(5) 电信公司电子商务平台与银联对账平后,将交易明细生产文件以 FTP 方式传输到 SP 系统,并发送与 SP 系统的对账请求。

(6) SP 系统返回对账结果到电信公司电子商务平台。

7. 用户资料核对流程

(1) 电信公司电子商务平台向银联发起取用户资料通知,银联将用户资料以 FTP 的方式传送到电信公司电子商务平台。

(2) 银联完成用户资料文件传输后,发送应答消息,电信公司电子商务平台验证用户资料文件,若不合法,则重新发起取用户资料文件通知。电信公司电子商务平台负责与银联用户资料同步。

10.4.5 O2O 平台

O2O 即 Online to Offline,即将线下商务与互联网结合在一起,让互联网成为线下交易的前台。线下商务就可以在互联网上吸引消费者,消费者可以在线筛选,成交后可以在线结算。

1. O2O 对接方式

O2O 首先要解决的是:线上订购的商品或者服务,如何到线下领取或享受?这是 O2O 实现的一个核心问题。现在比较普遍的方式是电子凭证,即线上订购后,购买者可以收到一条包含二维码的彩信,购买者可以凭借这条彩信到服务网点经专业设备验证通过后,即可享受对应的服务。这一模式很好地解决了线上到线下的验证问题,安全可靠,且可以在后台统计服务的使用情况,在方便消费者的同时,也方便了商家。

2. O2O 商务模式的关键点

O2O 商务模式的关键点是:在网上寻找消费者,然后将他们带到现实的商店中。它是支付模式和为店主创造客流量的一种结合(对消费者来说,也是一种"发现"机制),实现了线上购买线下消费。这种模式应该说更偏向于线下,更有利于消费者,让消费者感觉消费得较踏实。

O2O 网上商城,其系统功能包括商品管理、会员管理、订单管理、在线支付等数百项大型网上商城的所有线上功能。线上会员和实体店会员体系一体的模式,能够满足消费者的不同需求。

3. 支付效果

随着互联网上本地化电子商务的发展,信息和实物之间、线上和线下之间的联系变得愈加紧密。实际上,O2O 是将线下商务的机会与互联网的技术结合在一起,让互联网成为线下交易的前台,同时起到推广和成交的作用。

10.4.6　P2P 网络借贷平台

网络借贷指的是借贷过程中,资料与资金、合同、手续等全部通过网络实现,它是随着互联网的发展和民间借贷的兴起而发展起来的一种新的金融模式,这也是未来金融服务的发展趋势。

1. P2P 平台的简介

P2P 借贷主要是指个人通过第三方平台在收取一定费用的前提下向其他个人提供小额借贷的金融模式。其客户对象主要有两类:一类是将资金借出的客户,另一类是需要贷款的客户。

随着互联网技术的快速发展和普及,P2P 小额借贷逐渐由单一的线下模式,转变为线下线上并行,随之产生的就是 P2P 网络借贷平台。这使更多人群享受到了 P2P 小额信贷服务。P2P 网络借贷平台发展的另一个重要目的,就是通过这种借贷方式来缓解人们因为在不同年龄段收入不均匀而导致的消费力不平衡问题。

P2P 网络借贷平台在英美等发达国家发展已相对完善,这种新型的理财模式已逐渐被身处网络时代的大众所接受。一方面出借人实现了资产的收益增值,另一方面借款人则可以用这种方便快捷的方式满足自己的资金需求。

2. P2P 网络借贷平台的营销模式

P2P 网络借贷平台通过交互式营销,充分借助互联网手段,把传统营销渠道和网络营销渠道紧密结合;将金融业实现由产品中心主义向客户中心主义的转变;调整金融业与其他金融机构的关系,共建开放共享的互联网金融平台。由于此平台发展时间较短,平台的营销模式各有不同,归纳起来主要有以下三大类。

(1) 专业 P2P 模式。在专业的金融服务人员之间建立信息交换和资源共享的平台,在中间从事信息匹配和精准推荐,促进线上信任的建立和交易的欲望。专业 P2P 模式远非市场上泛滥的 P2P 贷款模式可比,其本质上符合金融监管的规则,符合当前金融机构自身发展的需求,也更符合互联网精神与特质。

(2) 金融混业经营模式。通过互联网平台对所有金融机构开放共享资源,为金融产品销售人员发布各种金融理财产品、项目信息,为客户打造和定制金融理财产品。在金融混业经营中使用的互联网平台则定位于服务 500 万金融机构和非金融机构及客户经理,并将囊括各类销售人员,为他们提供一个开放共享、进行综合开拓交叉销售的平台,悬赏、交易、展示、学习,以及管理和服务自己的客户。

(3) 金融交叉销售模式。打破理财行业的机构壁垒，通过平台上各类理财产品的展卖聚拢投资人资源，促进金融产品的销售。金融产品销售人员可以在平台上进行内部的交流沟通和资源置换，在不同产品领域寻找并组建自己的合作团队，达成利益分享规则后，团队内共享投资人资源，为投资人推介团队内部产品进行资产配置，从而实现金融产品销售人员间的交叉销售合作，取得共赢。

3. P2P 网络借贷平台的规范化发展模式

P2P 网络借贷平台的规范化发展已成为行业的共识，目前主要有以下 3 种模式。

(1) 通过民间借贷服务中心予以规范。比如，一些地区成立了民间借贷登记服务中心，以公司的方式引导 P2P 网络借贷平台入驻，要求将有关交易数据登记备案，对 P2P 网络借贷的业务进行监管，这是一种较规范的方式。

(2) 通过信息服务行业协会进行规范。如何给 P2P 网络借贷平台定性，一直是行业颇具争议性的话题，在目前条件下不能将 P2P 网络借贷平台定性为金融机构，因为中国对金融机构有着严格的审批制度和准入要求，所以把 P2P 网络借贷平台定性为信息服务机构较准确，通过行业协会探索自律规范也是可行的解决办法。

(3) 成立 P2P 网络借贷行业的自律联盟。在中国要成立一个行业协会需要先找到主管部门，然后才能去民政部门审批。问题是 P2P 网络借贷平台没有主管部门，通过审批非常困难。一些 P2P 网络借贷平台有关的组织是没有官方背景的民间组织，没有很强的规范作用，更需要靠企业自律。

10.4.7 虚拟信用卡支付平台

虚拟信用卡又称虚拟 VISA 信用卡、VISA 虚拟信用卡等，是针对没有国际信用卡或者因担心信用卡付款安全的用户需要国外网上购物、激活各类网上账号、充值等情况推出的产品。

1. 虚拟信用卡简介

(1) 客户申请办理虚拟信用卡，没有复杂的程序，不需要长时间的等待，少则几分钟多则十几分钟即可拿到卡。

(2) 使用安全放心，虚拟信用卡属不可透支信用卡，不会有因信用卡信息泄露被恶意透支的风险。同时，客户在使用此卡时，可以有效地避免个人信息泄露。客户可自由使用，没有任何后顾之忧。

(3) 虚拟信用卡是标准 VISA 国际信用卡，包含 16 位卡号、有效日期和 3 位 CSC/CVV2 码。其中姓名、电话、地址等个人信息在使用时可根据客户需要填写。

(4) 激活类虚拟信用卡的有效日期(到期年月)为 1～2 年，很好地保证了激活账号(如 PayPal、EB 等账号)的安全性。(注：众所周知，PayPal 和 EB 系统视添加有效日期低于 6 个月的信用卡账户为"高风险账户"，随时有限制此类"高风险账户"使用的可能。)

(5) 虚拟信用卡属预存款 VISA 国际信用卡，卡中可根据客户需要申请办理 1～500 美元不同额度的美元信用。

(6) 虚拟信用卡全世界通用，客户可以在任何一个国际在线网站上购物支付，如在美国的网站上注册域名、购买空间、购买游戏点卡和购买软件等。因为虚拟信用卡是预存款 VISA 国际信用卡，相对于普通实物信用卡来说，商家会更喜欢此类付款，因为它没有信用安全问题，商家可以 100%收到付款。

(7) 虚拟信用卡可以完美支持激活 PayPal 账号、EB 交易账号、游戏账号等各种任务和其他国际网络账号等，这个账号可以是 PayPal、国际 EB、网络游戏和其他网络账号支持国家中的任何一个，当客户在激活过程中进入需要填信用卡的步骤时，虚拟信用卡能让客户顺利通过，用这种卡激活的账号和客户用普通的国际信用卡激活后的使用效果完全一样。

(8) 虚拟信用卡为加入 VISA 国际组织中的正规银行发行，遵守 VISA 国际组织的规则和章程。

虚拟信用卡提供一个可变的 16 位账号用于网络交易，不会让真正的信用卡信息在网络泄露。

虚拟信用卡的账号有的是一次性使用的，也有的可以充值继续使用，用于人们在网络上的购物或交易行为。由于交易看不到真正的账号，因此即使商户的数据库被黑客攻击，也可以避免账号的泄露。

例如，当用户在零售商网站的结账中心付款时，一个虚拟的信用卡图像就会出现，它会询问用户是打算用一次性数字付款，还是希望自动输入支付信息。

2. 虚拟信用卡第三方支付平台

第三方支付平台的虚拟信用卡，最典型的是 PayPal。PayPal 将虚拟信用卡提供给那些使用 PayPal 支付工具但在不支持 PayPal 的网站上交易的用户，帮助他们快捷、有效地购物。

虚拟信用卡的充值方式因发卡方的不同而有所不同，大致可分为 3 种：现金、非现金、预付费卡。

(1) 现金的话可以用过 WIRE TRANSFER(银行电汇)、WESTERN UNION(西联汇款)、MONEY GRAM(速汇金)等。

(2) 非现金的话可以通过 E-CHECK(电子支票)和 CREDIT CARD(信用卡)。

(3) 还可以使用预付费卡 PAYSAFE CARD，UKASH，CASHU 等。

这种模式最大的缺点就是没有实体卡。当今网络安全措施日益完善，大部分商家要求客户提供信用卡的扫描件并签署信用卡安全协议。虚拟信用卡的使用者显然无法提供，也就面临被商家质疑其可靠性的情况。所以在使用前，需要询问商家是否接受虚拟信用卡，以免造成不便。

10.4.8 手机小额支付平台

随着智能手机的日益普及，用手机为小额货款付费的方式，即小额支付，它具有随时随地、无需找零等优点，能够广泛地应用于各种线上、线下支付环境。

1. 网络构成与计费方式

手机小额支付平台将移动通信网络与ICP(Internet Content Provider,互联网内容服务提供者)相连接,手机用户可通过发送短信或登录网站的方式实现小额支付。如果ICP已经具备SP(移动增值服务提供商)的功能,则可直接通过移动梦网方式实现小额支付。如果ICP尚不具备SP的功能,则必须与移动运营商的小额支付服务器相连接,通过生成小额支付话单的方式实现小额支付。当用户支付了费用之后,ICP则向用户提供相应的商品。投注彩票、各种IP卡/上网卡/网络游戏卡等业务可以通过手机短信或网站的方式将卡号、密码等信息告知用户,购买电影票、购买饮料等业务可以通过自动售货机的方式将商品交给用户,网站购买实物则需要通过邮寄的方式进行。

(1) 移动梦网应用方案。移动梦网是目前已经在广泛使用的技术,手机用户通过登录网站、发送短信、拨打特服电话等方式订阅SP所提供的各类短信服务。SP拥有专用的短信特服号,用户可将申请订阅或退订的短信发往SP的短信特服号,SP通过该特服号向用户发送短信,并向用户收费。SP通过短信网关或MISC(Mobile Information Service Center,移动数据管理平台)与移动运营商的短信中心相连接。短信网关计费方式由SP代为计费,SP通过短信网关将携带计费信息的梦网话单传送给移动运营商,由移动运营商向用户收费并与SP进行结算。MISC计费方式由移动运营商通过MISC平台对整个梦网的业务流程进行监控,纳入MISC平台的SP服务均通过严格审核,并通过MISC平台实现统一计费与向用户收费,再与SP进行结算。

如果ICP已具备SP的功能,可通过移动梦网方式实现小额支付,无需搭建新的网络与设备。手机用户将申请购买商品的短信发送至SP的短信特服号,SP接到短信后对短信内容进行分析,得出用户所需购买的商品与价格。手机用户也可以通过登录SP网站或拨打SP特服电话的方式将手机号码、密码及所需购买的商品告知SP。SP接到手机用户的购买请求后向手机用户发送申请确认的短信。用户向SP发出确认购买的短信或是通过网站、特服电话进行确认后,SP则向用户发出商品已购买的短信回复,至此双方交易成功。如果采用短信网关计费方式,SP在向用户发出商品已购买的短信回复的同时根据商品价格在短信话单中携带计费信息;如果采用MISC计费方式,则由MISC系统根据用户账户余额确认交易的可行性,确认用户有能力支付后再向SP发出确认短信,并根据SP向用户发出的商品已购买的短信回复生成计费话单。

与移动梦网相比,小额支付涉及直接对商品的购买,因而对于SP与用户的诚信要求更高。采用MISC计费方式能使移动运营商有效地对每一笔小额支付进行控制,防止各类对用户的欺诈行为,同时还可以对用户付费能力进行有效的审核,防止各类恶意欠费的行为。

(2) 小额支付服务器实现方案。对于不具备SP功能的ICP而言,可通过与移动运营商的小额支付服务器相连接来提供小额支付业务,小额支付服务器与移动运营商的短信中心相连接。ICP不具有专用的短信特服号,移动运营商可通过小额支付服务器建立一个小额支付的专用特服号供各ICP使用,同时制定统一的短信格式,以区别用户发往不同ICP的短信。手机用户将申请购买商品的短信发至小额支付专用特服号，或是通过移动运营商的小额支付网站、特服电话进行订购，移动运营商则向用户发出申请购买的确认短信。用户通过短信、网站或客服电话进行确认后，移动运营商将申请购买商品的短信发至ICP。ICP接到来自移动运营商的小额支付短信后即向小额支付服务器发送扣款请求，移动运营商扣款后将扣款结果反馈给ICP，ICP最后再向用户发出商品已购买的短信回复。

2. 业务信用控制

(1) 用户信用控制。与移动梦网类似，当用户使用小额支付业务时，用户的账户在移动运营商这边，而用户的消费又在 ICP 那边，账户与消费的分离容易产生高额欠费。当用户账户余额不足被停机甚至被销户时，只要用户仍然记着原先的密码，就仍然可以通过网站、客服电话进行小额支付消费。因此，对小额支付行为进行账户余额控制很有必要。如果采用短信网关计费方式，当用户进行小额支付消费时，移动运营商需要与 ICP 之间进行实时用户账户余额的传递，由于各 ICP 的系统处理能力参差不齐，这一方案不具有可行性。而 MISC 计费方式与小额支付服务器计费方式的消费流程由移动运营商控制，都可以对账户余额进行有效的控制。当收到用户的小额支付消费申请时，小额支付系统向 BOSS(Business&Operation Support System，业务运营支撑系统)发出本次小额支付消费金额及用户账户余额确认申请，由 BOSS 返回消费的可行性。如果用户采用现金缴费或刮卡充值缴费，用户的账户就在 BOSS 中，BOSS 可以迅速做出应答。但如果用户采用银行账户缴费时，用户的账户在银行系统中，BOSS 需与银行进行账户余额确认，可能会影响到业务响应时间，造成用户较长时间的等待。为解决这一问题，也可以建议用户建立一个小额支付专用账户，用现金充值。

(2) ICP 信用控制。在小额支付业务流程中，用户是先付款的一方，ICP 是后交货的一方，ICP 的诚信直接影响到用户的利益。一旦发生用户付款后 ICP 不交货的情况，用户首先投诉的是移动运营商，因为用户的小额支付费用是由移动运营商代收的。因此，对 ICP 的信用控制是移动运营商必须牢牢把关的一项内容。通过 MISC 网关或小额支付网关能够方便地控制整个小额支付流程，将信誉差的 ICP 拒之门外。对于利用短信网关进行小额支付诈骗活动的 SP 可收回其短信特服号。

3. 手机大额支付业务

与手机小额支付业务相对应的是手机大额支付业务。手机大额支付业务并不是让手机来进行大笔金额的支付，而是将手机与银行账号绑定，用户可以通过手机从银行账号中调拨大笔的资金用于购物，一般通过银行转账的方式进行。目前国内的手机用户约 13 亿户，银行卡在用发卡数量约 90 亿张，通过大额支付业务将二者融为一体，将大大拓展手机和银行卡各自的服务功能，并与小额支付业务构成了完整的移动电子商务系统。与小额支付相比，大额支付业务以银行账号为基础，因此在信用控制方面相对简单，移动运营商只需与银行建立链路即可。目前，移动运营商已普遍开展了银行缴费业务，与各大银行之间已有通信链路，因此大额支付业务实施的技术条件已经很成熟。

10.5 互联网金融产品创新

以互联网为代表的现代信息科技,特别是移动支付、云计算、社交网络和搜索引擎等,将对人类金融创新模式产生根本影响。若干年后,可能形成一个既不同于商业银行间接融资、也不同于资本市场直接融资的第三种金融运行机制,可称为互联网直接融资市场或互联网金融模式。关于互联网金融产品的创新,除了本章所涉及的 O2O、P2P 和虚拟信用卡业务外,还有一些互联网金融创新产品如互联网金融相关概念股、互联网基金等不断衍生出来。

以移动增值业务为例,国内手机网民数量的快速增长所带来的巨大市场规模将使移动互联网成为互联网经济最大的增长点,移动互联网的发展将势不可挡。移动增值业务是互联网产业链中最看好的子行业之一,它的发展空间将是无限的。当前,我国的移动增值业务的发展态势非常迅速,在移动业务收入中的占比不断提高,还有巨大的创新潜力有待开发。

1. 短信支付

手机短信业务是移动通信的增值业务,如果用户定制短信包月业务会需要用户进行二次回复确认定制,每个月由移动公司代收包月信息费用。根据运营商等合作伙伴要求,每月将向用户下发一定数量的短信产品信息(注:用户接收到的信息将不再收取任何费用,已含在包月信息费中),成功接收全部信息是为了保障用户能正常使用定制服务。保持手机畅通且能正常接收短信。

手机短信支付是手机支付的最早应用,将用户手机 SIM 卡与用户本人的银行卡账号建立一种一一对应的关系,用户通过发送短信的方式在系统短信指令的引导下完成交易支付请求,操作简单,可以随时随地进行交易。手机短信支付服务强调了移动缴费和消费。

2. 微信支付

微信支付是腾讯集团旗下的第三方支付平台,一直致力于为用户和企业提供安全、便捷、专业的在线支付服务。以"微信支付,不止支付"为核心理念,为个人用户创造了多种便民服务和应用场景。为各类企业及小微商户提供专业的收款能力,运营能力,资金结算解决方案,以及安全保障。企业、商品、门店、用户已经通过微信连在了一起,让智慧生活变成现实。

用户只需在微信中关联一张银行卡,并完成身份认证,即可将装有微信 App 的智能手机变成一个全能钱包,之后即可购买合作商户的商品及服务,用户在支付时只需在自己的智能手机上输入密码,无需任何刷卡步骤即可完成支付,整个过程简便流畅。

微信支付支持所认证银行发卡的借记卡及信用卡,其他银行也在陆续接入中。

(1) 流程。

① 首次使用,需用微信"扫一扫"扫描商品二维码或直接点击微信官方认证公众号的购买链接。

② 点击立即购买,首次使用会有微信安全支付弹层弹出。

③ 点击立即支付,提示添加银行卡。

④ 填写相关信息,验证手机号。

⑤ 两次输入,完成设置支付密码,购买成功。

(2) 应用。

① 线下扫码支付。用户扫描线下静态的二维码,即可生成微信支付交易页面,完成交易流程。

② Web扫码支付。用户扫描PC端二维码跳转至微信支付交易页面,完成交易流程。

③ 公众号支付。用户在微信中关注商户的微信公众号,在商户的微信公众号内完成商品和服务的支付购买。

④ 以QQ充值为例(已完成首次使用微信支付绑卡)。

A. 关注"服务号"QQ充值,点击功能菜单中的"充话费"进入充值页面。

B. 填写手机号并选择充值金额,立即充值。

C. 输入微信支付密码。

D. 支付成功,7秒内收到成功充值确认短信。

(3) 安全。

微信作为一个社交工具,在安全上离金融级别的要求差距还比较大。和QQ一样,很多微信用户都碰到过账号被盗的问题,因此用微信直接绑定支付后,一旦账号被盗,后果不堪设想。因此安全性是微信支付的一大硬伤,媒体和公安系统的官方微博经常对微信的安全性做出预警。不过,在微信支付看来,自己有五大安全保障为用户提供安全防护和客户服务。

① 技术保障。微信支付后台有腾讯的大数据支撑,海量的数据和云计算能够及时判定用户的支付行为是否存在的风险。基于大数据和云计算的全方位的身份保护,最大限度保证用户交易的安全性。同时微信安全支付认证和提醒,从技术上保障交易的每个环节的安全。

② 客户服务。24小时客户服务,加上微信客服,及时为用户排忧解难。同时为微信支付开辟的专属客服通道,以最快的速度响应用户的提出问题并做出处理判断。

③ 业态联盟。基于智能手机的微信支付,将受到多个手机安全应用厂商的保护,如腾讯手机管家等,将与微信支付一道形成安全支付的业态联盟。

④ 安全机制。微信支付从产品体验的各个环节考虑用户心理感受,形成了整套安全机制和手段。这些机制和手段包括:硬件锁、支付密码验证、终端异常判断、交易异常实时监控、交易紧急冻结等。这一整套的机制将对用户形成全方位的安全保护。

⑤ 赔付支持。如果出现账户被盗被骗等情况，经核实确为微信支付的责任后，微信支付将在第一时间进行赔付；对于其他原因造成的被盗被骗，微信支付将配合警方，积极提供相关的证明和必要的技术支持，帮用户追讨损失。

3. 手机 RFID 支付

手机 RFID 支付是指借助手机，通过无线方式所进行的缴费、购物和银行转账等商业交易活动。按照支付距离分类，可分为远程支付和现场支付。其中，远程支付以银行的"手机银行"为代表业务，而现场支付则利用 RFID(射频识别技术)使手机和自动售货机、POS 终端等终端设备之间的本地化通讯成为可能，通过手机完成面对面的现场交易。

对于手机现场支付，RFID 将是其核心技术，所以，主要受益厂商是 RFID 的发射和接收两头的设备制造商。其中，发射设备包括芯片的设计商、供应商和封装商三大部分；而接收设备制造商则主要是 RF-POS 机的制造商。

手机的远程支付主要涉及网络支付平台的问题。通过这一平台，用户可以用移动公司的充值卡直接为手机支付账户充值，另外，也可以用移动充值卡以第三方支付形式为电子商品业务尤其是虚拟商品的交易业务提供服务。该平台将有效助推手机远程支付的快速发展。

关键术语和概念

互联网金融　移动互联网　移动金融　互联网金融支付平台　移动支付平台　虚拟信用卡　O2O　P2P　人人贷　众筹融资　微金融　App　收单与线下业务　手机支付增值业务

本 章 小 结

本章重点介绍了互联网金融的特点、职能和应用现状与趋势，详细论述了互联网金融平台、互联网金融支付平台、移动互联网的商业应用。简单介绍了移动互联网的发展与创新商业模式和移动信息技术的金融模式；详细介绍了电子商务平台支付系统、移动支付平台方案设计、O2O 平台、P2P 平台、虚拟信用卡支付平台等重要技术要点。通过案例和实证分析，将互联网金融理论与应用有机结合在一起。

综合练习题

一、单项选择题

1. 我国第一家互联网保险公司是(　　)。
　　A. 众信保险　　B. 众安保险　　C. 众筹保险　　D. 众销保险

第10章　互联网金融

2. 国内"互联网+"概念首次是由(　　)提出的。
   A．马化腾　　　B．任正非　　　C．马云　　　D．于扬

3. 2015年1月末，银监会进行了成立近12年来的首次组织架构改革，其中，新成立的(　　)广受关注，因为首次明确了P2P行业监管工作将由此部门来执行。
   A．普惠金融部　　B．大众金融部　　C．网贷监管部　　D．互联网监管部

4. 京东推出的支持个人消费贷款的产品是(　　)。
   A．京东白条　　B．京东欠条　　C．京东随心贷　　D．京东随意贷

5. 互联网消费金融是(　　)
   A．互联网贷款业务
   B．消费金融公司的互联网业务
   C．只有消费金融公司可开展
   D．以互联网技术为手段，向各阶层消费者提供消费贷款的金融服务

6. 截至目前国内哪个省市拥有的P2P企业最多(　　)。
   A．广东　　　B．浙江　　　C．上海　　　D．山东

7. P2P模式主要是指由平台开发借款人，通过审核、协定借款利率和借款金额后，将借款信息发布在平台上，然后由投资人投标完成借款，平台收取服务费。其中P2P的含义是(　　)。
   A．Peer to Peer　　　　　　B．Person to Person
   C．People to People　　　　D．Pool to Pool

8. NFC技术，又称近距离无线通信，是一种短距离的高频无线通信技术，允许电子设备之间进行非接触式点对点数据传输(在10厘米内)交换数据。我行哪项产品使用了此技术(　　)。
   A．闪酷卡　　B．定期一本通　　C．灵通卡　　D．电子密码器

9. 余额宝产品对接的基金公司是(　　)
   A．汇添富　　B．华夏　　C．广发基金　　D．天弘基金

二、思考题

1. 试述互联网金融的应用范畴和优势。
2. 简要叙述互联网金融的主要经营模式。
3. 简述电子商务平台支付系统以及支付方式。
4. 利用所掌握的知识，设计出移动支付平台解决方案。

第 11 章 网络金融监管

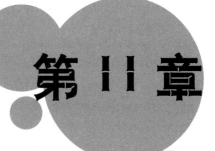

学习目标

通过对本章内容的学习,了解网络金融风险的基本特征和管理方法;了解网络金融的法律、法规现状,网络金融监管的内容与措施,熟悉证监会、银保监会的监管职能,准确识记本章的基本概念,掌握基本知识点。

教学要求

知识要点	能力要求	相关知识
互联网金融风险管理 互联网金融监管 金融机构网络管理	(1) 了解网络金融机构的基本风险 (2) 熟悉网络金融机构的风险管理 (3) 掌握网络金融监管措施的主要内容	(1) 网络金融机构的风险控制 (2) 我国金融机构网络管理
互联网金融监管 互联网金融的法律法规	(1) 了解国内外对网络金融的监管 (2) 熟悉网络金融监管的基本原则 (3) 掌握网络金融监管措施	(1) 网络金融管理的网站 (2) 网络金融非现场监管体系

第 11 章 网络金融监管

章前导读

网络金融应用管理是有关政府、职能部门通过互联网提供金融政策信息咨询和信息服务等主要内容的活动。我国推行金融业分业经营政策,中国人民银行通过证监会、银保监会履行金融业具体的监管职能。与此业务相联系的中国银行、证券、保险同业协会以及深圳和上海证券交易所,都在各自的业务管理范围设立网站,履行职责,对金融业务进行管理。中国人民银行是货币政策的制定者和执行者,是我国金融业监督管理的最高机构。

引例

交通银行天津分行网络管理应用案例

2003 年年底,交通银行天津分行(以下称天津交行)在游龙科技的协助下,成功接入 Site View 网络管理系统。该系统可分层分级表现网络设备及应用拓扑图,集中监测服务器及网络设备运行状况,提供声光、邮件、短信等报警方式,自动生成完备的日志和报表统计等,功能非常完善。

1. 主动管理,构筑高效银行网管模式

近年来,随着金融行业的飞速发展,天津交行的业务得到不断发展,而银行内部网络的普及,也将银行的业务发展推到一个新的高度。与此同时,网络的运用也带来了一系列的隐患。网络不仅要保证银行内部各分支的连接畅通,还要保证与外部的交流沟通,尤其是要为客户提供便利畅通的网上银行服务。在天津交行资金大集中之后,每一笔的数据都需要通过网络传送到数据中心的主机进行处理,因此,网络的可靠性、稳定性都对网络管理人员提出了巨大的挑战。天津交行急需一个成熟、稳定的网络管理保障来确保网络的可靠、安全与稳定。为此,天津交行引进了 Site View 网络管理系统。

2. Site View 网络管理系统的解决方案

在对天津交行网络运行状况进行充分有效的分析之后,Site View 网络管理系统采集了天津交行网络运行的大量基础数据,并对网络系统的可用性、安全性、可靠性进行了评估。通过引进 Site View 网络管理系统,对天津交行网络系统、服务器、网络设备进行 7×24 的全面监控。Site View 网络管理系统以轮询的方式,对天津交行网络中的每一笔数据进行实时监控,以达到全面监测天津交行网络运行情况的目的。

3. Site View 网络管理系统的可行性

Site View 网络管理系统对于天津交行网络的监测,采用了 7×24 轮询的方式。这样就减轻了网络管理人员的压力,其监测的全面性也保证了网络安全。

(1) 全面、系统的监测功能。

(2) 方便、直观的拓扑图。

(3) 直观、便捷的识别错误功能。

(4) 完善的保密性。

(5) 智能化的报警功能。

4. 实施效果

Site View 网络管理系统为天津交行网络系统的正常运行与安全管理提供了有力的支持,无论是在功能设计、技术支持还是性价比上,Site View 网络管理系统都达到了完善、个性化、人性化的服务水准,得到了天津交行的肯定与认可。

(资料来源：该案例经过删改)

11.1 网络金融风险管理概述

金融风险指的是与金融有关的风险,如金融市场风险、金融产品风险、金融机构风险等。一家金融机构发生的风险所带来的后果,往往超过对其自身的影响。金融机构在金融交易活动中出现的风险,有可能对该金融机构的生存构成威胁；一家或几家金融机构因经营不善而出现危机,有可能对整个金融体系的稳健运行构成威胁；一旦发生系统风险,金融体系运转失灵,必然会导致全社会经济秩序的混乱,甚至引发严重的政治危机。

11.1.1 网络金融机构的基本风险

从业务技术角度分析,网络金融机构的基本风险包括两类：基于信息技术投资导致的系统风险和基于虚拟金融服务品种形成的业务风险。虚拟金融服务的生成方式不同,也会形成不同的网络金融机构风险。

1. 风险的基本特征

金融风险的基本特征有以下几个。

(1) 不确定性：影响金融风险的因素很难事前完全把握。

(2) 相关性：金融机构所经营的商品——货币的特殊性决定了金融机构同经济和社会是紧密相关的。

(3) 高杠杆性：金融企业负债率偏高,财务杠杆大,导致负外部性大,另外金融工具创新,衍生金融工具等也伴随高度金融风险。

(4) 传染性：金融机构承担着中介机构的职能,割裂了原始借贷的对应关系。处于这一中介网络的任何一方出现风险,都有可能对其他方面产生影响,甚至发生行业的、区域的金融风险,导致金融危机。

应当说,人们之所以关心系统金融风险问题,原因就在于系统金融风险发展到一定程度就会转化为金融危机,金融危机如果引发社会危机会导致经济发展的停滞或严重倒退。从这个意义说,讨论金融风险的度量标准问题实质上是在解决金融危机的预警问题。

2. 网络金融机构的系统风险

网络金融是在全球电子信息系统基础上运行的金融服务形式，因此，全球电子信息系统安全是网络金融机构最为重要的系统安全。

一个国家国内金融网络的故障，往往会影响到全球金融网络的正常运行。所以，清算系统的国际化，增加了网络金融国际结算的系统风险。网络金融机构的计算机系统停机、磁盘列阵破坏等不确定性因素，会形成网络金融机构的系统风险。网络金融机构的系统风险不仅会给网络金融企业带来直接的经济损失，而且会影响到网络金融企业形象和客户对企业的信任。

网络金融机构容易受到来自系统内部和外部的数字攻击，因此，网络金融机构一般都设计有多层安全系统，以确保网络金融虚拟柜台的正常运行。来自网络金融系统外部的正常客户或非法入侵者在与网络金融机构的业务交往中，可能将各种电脑病毒带入网络金融机构的电脑系统，造成主机或软件的失灵。

网络金融机构的某些职员利用他们的权限，有目的地获取客户的资料，利用客户的账户进行各种风险投资，将交易风险直接转嫁到客户身上；也可能窜改或盗窃电子货币，让客户蒙受损失；或者制造各种假电子货币使网络金融机构蒙受损失。因此，提高安全系统检测能力防范内部风险是网络金融机构控制金融业经营风险的重要内容之一。

网络金融机构要开展金融业务必须选择一种适用的技术解决方案，但是所选择的方案本身在设计上可能会出现缺陷或被错误操作的风险。在与客户的信息传输中，如果网络金融机构使用的系统与客户终端的软件互相不兼容，那么，就存在着传输中断或传输速度降低的可能。

出于对降低网络金融机构运营成本的考虑，网络金融机构往往依赖于外部的服务支持，如聘请外部专家来实现、支持和操作各种网上业务，但是这样也可能使网络金融业务暴露在未知的风险中。可能给网络金融机构带来风险的因素还有外部专家可能不具备网络金融业务所需的技术手段，或者因为外部专家自身的问题而终止服务。

网络技术的快速进步使网络金融机构处于原有信息网络陈旧过时的风险之中。如果及时更新电子货币和网络金融客户的软件，需要做大量的系统和管理上的改进。而且，互联网上向客户提供更新软件的网站经常被黑客侵入，软件被非法修改，存在客户私人信息泄密的可能。网络金融机构及其客户都将承受这种不确定性带来的系统风险。

在网络金融机构的系统风险中，最具代表性的是互联网金融信息技术选择失误的风险。网络金融机构选择哪一种技术解决方案？该方案是否存在系统风险？这些因素有可能导致互联网金融企业面临着巨大的技术机会损失，甚至蒙受巨大的商业机会损失。

3. 网络金融机构的业务风险

(1) 操作风险，指来源于系统重大缺陷而导致的潜在损失的可能性。操作风险可能来自网络金融机构客户的疏忽,也可能来自网络金融机构安全系统和其产品的设计缺陷及操作失误。操作风险主要涉及网络金融机构账户的授权使用、网络金融机构的风险管理系统、网络金融机构与其他金融机构和客户间的信息交流、真假电子货币的识别等。

(2) 信息不对等风险,是指由于信息非对称导致的网络金融机构所面临的不利选择和道德风险引发的业务风险。例如,由于网络金融机构无法在网上鉴别客户的风险水平而处于不利的选择地位,网上客户利用他们的隐蔽信息和隐蔽行动做出对自己有利但损害网络金融机构利益的决策,以及由于不利的公众评价使得网络金融机构丧失客户和资金来源的风险等。

(3) 信誉风险,指网络金融机构提供的虚拟金融服务产品不能满足公众所预期的要求,且在社会上产生广泛的不良影响时,形成的网络金融机构信誉风险。或者,网络金融机构的安全系统曾经遭到破坏,无论这种破坏的原因是来自内部还是来自外部,都会影响社会公众对网络金融机构的商业能力产生怀疑。网络金融机构的信誉风险可能使该金融机构与客户无法建立良好的关系。

信誉风险主要源自网络金融机构自身,以及除网络金融机构和客户以外的第三者。信誉风险可能是网络金融机构的巨额损失,或是网络金融机构支付系统的安全问题,社会公众会因此对网络金融机构失去信心。

(4) 法律风险。网络金融机构的法律风险来源于违反相关法律规定、规章和制度,以及在网上交易中没有遵守有关权利义务的规定。互联网金融业务涉及的商业法律,包括《中华人民共和国消费者权益保护法》、《中华人民共和国网络隐私保护法》、《中华人民共和国知识产权法》,财务披露制度和货币发行制度等。

4. 网络金融的其他风险

(1) 流动性风险,指资产在到期时不能无损失变现的风险。当网络金融机构没有足够的资金满足客户兑现电子货币或结算要求时,就会面临流动性风险。一般情况下,网络金融机构常常会因为流动性风险而陷入信誉风险中。

(2) 利率风险,指网络金融机构因利率变动而蒙受损失的可能性。提供电子货币的网络金融机构因为利率的不利变动,其资产相对于负债可能会发生贬值,网络金融机构因此将承担相当高的利率风险。

(3) 市场风险,指市场价格变动,网络金融机构的资产负债表各项目头寸不一样而蒙受损失的可能,如外汇汇率变动所带来的汇率风险即是市场风险的一种。此外,国际市场主要商品价格的变动,以及主要国际结算货币发行国的经济状况等因素,也构成网络金融机构的市场风险。

11.1.2 网络金融机构的风险管理

金融风险是一定量金融资产在未来时期内预期收入遭受损失的可能性。对于金融经营,风险是一种客观存在,我们要做的,就是学好如何去控制风险,规制金融风险隐患。

1. 风险管理的基本方法

(1) 评估风险。

评估风险是一个不断进行的过程，通常包括三个步骤：第一，通过分析来识别风险，管理人员应该对风险做出合理的、防御性的判断，包括风险对金融企业的影响(包含最大可能的影响)和这类事件发生的可能性；第二，高级管理人员在对特定问题发生时金融企业能够承受的损失进行评估的基础上确定金融企业的风险承受能力；第三，金融企业管理人员可以将银行的风险承受能力与风险大小评估相比较，以确定风险暴露是否在金融企业的承受能力之内。

(2) 管理和控制风险。

在对风险和金融企业的风险承受能力进行评估之后，金融企业管理人员应该采取合理的措施来管理和控制风险。

① 金融企业的安全策略和措施。安全性是用来保护数据和操作过程的完整性、真实性和可靠性的系统、应用和内部控制的组合。恰当的安全性依赖于针对金融企业内部运行及外部通信的安全策略和安全措施。安全策略和措施可以限制对网络金融机构和电子货币系统的外部攻击和内部攻击的风险，以及源自安全性破坏的信誉风险。

② 金融企业的内部交流。如果高级管理人员把网络金融机构和电子货币运作如何支持本金融企业的整体目标告诉关键职员的话，那么操作风险、信誉风险、法律风险和其他风险就能够得以管理和控制。同时，技术人员应该明确地告诉高级管理人员系统是如何设计的，以及系统的强度和弱点。这些过程可以降低由于系统设计不完善而带来的操作风险，由于系统不能如期运作而令客户不满所造成的信誉风险、信用风险及流动性风险。

③ 金融企业的评估和升级。在大范围地推广产品和服务之前，对其进行评估也将有助于减少操作风险和信誉风险。测试是查看设备和系统能否有效地运作，以及是否达到了预期的结果。试点计划或原型将有助于开发新的应用。通过定期地检查现有硬件和软件的状况，也可以减少系统降速或崩溃的风险。

④ 金融企业的外包。金融企业界中的一种发展趋势就是金融企业在战略上注重核心能力，并依赖具有某种专长的外方。尽管这种安排可以带来诸如成本降低和规模经济的效益，但是外包并不能解除金融企业控制风险的最终责任。因此，金融企业应该采取适当的措施以减少由于依赖外部服务提供商而带来的风险。外包安排意味着金融企业与服务提供商共享敏感数据。通过检查服务提供商用来保护敏感数据的策略和程序，金融企业的管理部门应该评估服务提供商保障安全的能力，评估其安全性是否达到了内部运作的安全等级。

⑤ 金融企业的信息披露和客户培训。信息披露和客户培训将有助于金融企业减少法律风险和信誉风险。信息披露和客户培训计划将有助于金融企业遵守消费者保护法和隐私权法。

⑥ 金融企业的应急计划。在提供网络金融和电子货币服务的过程中，金融企业通过制订应急计划来建立对服务中断事件的处理方法，从而可以限制内部处理中断，服务或产品

传送中断的风险。该计划包括数据恢复、替代性的数据处理能力、紧急备用人员和客户服务支持,并且应当定期测试备份系统,以确保其持续有效性。

(3) 监控风险。

监控是风险管理过程的一个重要方面。对于网络金融企业来说,其特点就是可能随着创新的发展而快速变化。监控的两个要素就是系统测试和审计。

(4) 跨国界风险的管理。

金融企业和监管者必须注意对源自跨国界金融企业的操作风险、信誉风险、法律风险和其他风险进行评估、控制和监控。金融企业为不同国家市场中的客户提供服务时需要了解各国的法律要求,要对各国用户对其产品和服务的预期作出评价。

另外,高级管理人员应该确保现行的信贷扩展和流动性管理机制已经考虑到来自跨国活动的潜在困难。金融企业需要评估国家风险,并制订因国外经济或政治气候问题而使服务中断的应急计划。在强制国外服务提供商履行义务方面,金融企业也面临着困难。当金融企业依赖国外的服务提供商时,本国监管部门要逐个评估跨国服务提供商的信息准入问题,并考虑其活动情况。

2. 电子货币风险管理

(1) 电子货币风险。

电子货币是开放网络上的支付工具,它所带来的欺诈风险、运行风险和法律风险与传统的支付工具不同,这些风险给支付系统和金融企业带来了新的不确定性。

① 欺诈风险。欺诈风险是危害电子货币支付系统安全的最突出的风险。电子货币支付命令的发出、接收和资金的传送都是在开放网络上进行的,开放网络的最大特点就是资源共享,即在网络上传递的电子信息除当事人外,其他第三方也可观察或截取。电子货币的欺诈风险指的是不法分子(黑客)非法闯入网络,攻击在网络上传输的支付数据和信息,使得支付数据和信息在中途被拦截、删改、错漏,给使用电子货币进行交易的真实当事人带来经济损失。

电子货币欺诈风险产生的原因有以下三个方面。

第一,电子货币系统网络存在漏洞。

第二,电子货币支付系统的软件开发使用的计算机语言安全性不高,应用系统的安全级别设计不严密,使得"黑客"能闯入系统进行欺诈活动,而且,有的数据库管理系统,"黑客"非法入侵后不留痕迹,无法查证。

第三,缺少严格的安全管理措施,缺乏专职的支付系统管理人员,系统操作人员技术水平低,监控措施不到位,都可能给"黑客"留下可乘之机。

② 运行风险。电子货币是一种特殊的网络产品,必须借助有形的网络设备和无形的计算机运行程序才能实现流通。开放网络的设备和程序极其复杂,任何一个环节的故障都可能对电子货币支付系统造成威胁,如设备受损、程序错误、传输错误等都会引起电子支付命令执行失败或支付信息失效、失误和遗失,这就是电子货币的运行风险。

运行风险产生的原因是多方面的,具体如下所述。

第一,自然灾害和环境因素的影响。

第二,电子货币支付系统设备的选择、安装、使用、维护过程中会出现各种设备质量不稳定、设备老化、性能下降、保养不当、操作失误等引起的故障,造成支付系统整体安全性、可靠性下降。

第三,计算机病毒的攻击。计算机病毒干扰和破坏电子货币支付系统的正常运行功能或数据,有的造成的损失很大,甚至使整个支付系统瘫痪。

第四,在开放网络上,不同品牌的电子支付网络(如 Mondex,Ecash 等)进行信息交换,当两种品牌的网络互不兼容、互不配备时,也将使得电子货币的支付命令运行失败或失效。

③ 制度风险。电子货币的使用引发出法律风险,表现为电子货币支付的法律依据欠缺和不完善。由于电子货币是一种新型的、目前正随网络技术的创新而不断发展的支付工具,所以目前关于电子支付的规范、政策和法规还很欠缺,使电子货币支付的相关方(消费者、商家、支付网络的运行中心、成员银行等)的权利和义务的界定不清晰、不准确。当支付过程中发生问题和争端时,难以运用适用的法律解决问题,而且关于电子支付争端的历史判例较少,即使诉诸法庭,法庭也难寻先例以借鉴,从而增加了判决的难度。

(2) 防范电子货币风险的对策。

防范电子货币风险是一项技术性强、涉及面广的工作,不仅与计算机网络系统有关,还与电子货币应用的环境、人员素质、法治建设等有关。

① 为了保证电子货币支付系统中支付信息的保密性、正确性、完整性和可靠性,需要在网络上建立具有保护功能、检测手段、攻击反应和事故恢复能力的完善的安全保障体系,这里涉及的安全技术包括以下三点。

第一,虚拟专用网。即,指在电子货币的两个支付系统间建立的专用网络,适合于电子数据交换(EDL),只要支付双方达成一致意见还可在网络中使用较复杂的专用加密和认证技术,以提高支付的安全性。

第二,加密技术。即,采用数学方法对原始的支付信息再组织,使得加密后在网络上公开传输的支付信息对于非法接收者来说成为无意义的文字,而对于合法接收者,因为其掌握了正确的密钥,可以通过解密过程得到原始信息,这样可以防止合法接收者之外的人获取系统中机密的支付信息。目前常用的加密系统有对称的密钥加密系统(DES)和非对称的密钥加密系统(RSA)。

第三,认证技术。认证是为了防止非法分子对电子货币支付系统的主动攻击的一种重要技术,在 SET 协议的工作流程中最主要的环节就是认证,现在认证也被引入 SSL 体系之中。

第四,防火墙技术。防火墙是在内部网和外部网之间界面上构造的保护层,并强制所有的连接必须经过此保护层,在此进行检查和连接,只有授权的支付信息才能通过。防火墙技术可以防止非法入侵,并对网络访问进行记录和统计,当发生可疑事项,防火墙还能够报警并提供网络是否受监测和攻击的详细信息。

② 建立严格的安全管理制度,加强内部控制。

第一,系统设备的故障使电子货币产生运行风险。

第二，加强电子支付应用软件系统的安全、可靠性管理。
第三，完善安全防范措施。
第四，建立业务操作管理制度和权限制约原则。
第五，建立健全电子支付安全管理组织制度。

11.2 网络金融监管概述

金融监管当局对网络金融机构的监管，主要体现在对网络金融机构推出的虚拟金融服务的价格进行监管。

11.2.1 网络金融监管内容

政府对网络金融机构的监管可以分为两个层次：一是企业级的监管，即针对金融企业提供的互联网金融服务进行监管；二是行业级的监管，即针对网络金融机构对国家金融安全和其他管理领域形成的影响进行监管。

1. 企业级的监管内容

在实际的操作中，现阶段政府监管当局对网络金融机构的监管，不在网络金融机构提供的虚拟金融服务价格上，而是主要体现在七个带有全局性的具体问题上，包括加密技术及制度、电子签名技术及制度、公共钥匙基础设施(PKI)、税收中立制度、标准化、保护消费者权益，以及隐私及知识产权保护。

金融监管当局对互联网金融业务的监管可以划分为三个层次。一是对网络金融机构安全性能的监管。其包括对公共钥匙基础设施(PKI)、加密技术及制度和电子签名技术以及制度的监管等。二是向企业和各级政府部门提供电子商务和互联网金融的国内及国际标准化框架和税收中立制度。对互联网金融的标准化水平进行监管，以实现全国各金融企业之间电子信息的互联互通。对网上交易采取税收中立政策，免征网上交易税，促进民族电子商务的发展。三是对消费者的权益进行监管。避免网络金融机构利用自身的隐蔽行动优势向消费者推销不合格的服务或低质量高风险的金融产品，损害消费者利益。这主要包括保护消费者的隐私权及维护知识产权在网络中不会受到侵犯，同时，也广泛地保护网上交易的消费者权益。为此，监管部门需要向企业和消费者权益保护组织提供保护网上交易消费者的非强制性商业指导规则。

网络金融机构的网上广告，是金融监管当局的主要监管内容之一，目的是保护互联网金融的消费者不会被网上虚假广告欺骗。

2. 行业级的监管内容

互联网金融的行业级的监管主要包括以下三个方面。

第一，评估与监管网络金融机构对国家金融风险和金融安全，乃至国家经济安全的影响。即，评估网络金融机构风险对国家金融风险形成的影响及其程度，确定金融监管当局对网络金融机构各种虚拟金融服务品种的监管内容。

第二，对网络金融机构系统风险的监管。其包括对产生系统风险的各种环境及技术条件的监管，特别是系统安全性的监管。

第三，对借用互联网金融方式进行非法避税、洗黑钱等行为的监管。保证绝对安全是困扰互联网金融监管当局的一个问题，因为无论是在互联网上还是在私营网络上的网络金融机构，都面临着安全问题。然而，政府管制又涉及避税、洗黑钱等问题。基于这些理由，政府监管部门坚持反对私人采用牢固的电子加密方式保护网站的安全。但是，政府监管当局又不能普遍地向它们认为合法的网站提供安全性高的加密技术援助。

11.2.2 网络金融监管措施

金融监管当局对网络金融机构的监管，主要包括三个方面：完善法律和司法制度，制定相应的行业性激励机制，以及不断形成创造性的、具有替代效应的实施手段。

1. 完善法律和司法制度

完善法律和司法制度有两层含义：一是建立和健全各种相关的网络金融机构法律及管制措施，二是形成确保这些法律及管制措施得以执行的执法系统。

我国的网络金融机构采用的基本是类似会员守则的协议来约束客户的行为。网络金融机构首先向客户说明其权利和义务，以及与银行的关系，协议的签署以客户自愿为原则，这种协议没有真正的法律约束力。我国已经在《中华人民共和国民法典》中确认电子合同与纸张式的书面合同具有同等的法律效力，但是，数字签名的技术问题及相应的制度还没有解决或建立起来。因此，按照现有中国的法律制度，数字签名不具有法律效力，还必须在纸张上签名才具有法律效力。对于网络金融机构的破产、合同执行情况、市场信誉、网络金融机构资产负债情况和反欺诈行为等方面，政府制定的互联网金融法律法规可以起到一定的作用。但是，有效的网络信息市场上的信息披露制度能够将各种可能诉诸法律的事件降到相当低的水平。因此，在政府制定的各种法律及管制措施中，对违规的网络金融机构的惩罚莫过于在互联网上公布其"劣迹"，这将是管制当局对违规网络金融机构的严重惩罚之一。

2. 制定相应的行业性激励机制

网络金融机构形成的虚拟金融服务市场是一个高度的信息非对称市场，网上银行"看"不到其客户，更难以把握客户的风险水平。金融监管当局也同样"看"不到其监管对象的网上活动，不断进步的信息技术更可以使被监管对象与监管当局"玩猫抓老鼠"的游戏，如利用屏蔽技术阻拦监管当局的实时监管等。因此，制定相应的行业性激励机制是保证或鼓励在最低限度上将网络金融机构推上法庭诉诸法律的有效制度。按照信息经济学激励机制设计原理，金融监管当局不是努力去了解网络金融机构做什么，而是通过政策选择努力去诱惑网络金融机构去做什么。在这里，诱惑的基本原理是成本选择。例如，监管当局希望网络金融机构不能在现阶段推出某种金融产品时，在制定的监管政策中就需要包含这样的成本选择结果，即网络金融机构在现阶段推出该金融产品的成本高于它不推出该金融产品的成本。或者说，让网络金融机构在现阶段推出该金融产品的收益，还不如不推出该金融产品的收益。在这种情况下,金融监管当局不用担心网络金融机构会利用它们的隐蔽信息来欺骗监管人员。

3. 不断形成创造性的、具有替代效应的实施手段

以法律制度做保障,以有效的激励机制为基础,可以比较有效地达到金融监管当局的监管目标。如果能够在此措施的基础上,再加上不断形成创造性的具有替代效应的实施手段,将会使金融监管当局对网络金融机构的监管效果更好。

金融监管当局可以创造出多种监管方式,如在网络上采取"制定规则,然后电子警察巡逻抽查"的方式,对网络金融机构的运行状况进行抽查,一旦"抓"到后,则按照规则"重罚"。金融监管当局还可以要求网络金融机构定期通过电子邮件发送"汇报"文件,随机对互联网金融机构的网站进行抽样调查等。无论是哪种监管方式,都需要围绕一个中心问题来设计,那就是针对网络市场上的信息非对称问题来设计。从传统的柜台式金融服务,到电子化的 ATM 和 POS 金融服务,再到互联网上的虚拟金融服务,都需要有相应的信息披露方法来维持有效的信息监管。互联网金融监管的一个基本观念是通过制度使互联网金融机构自觉在监管平台上履约。金融监管当局还可以充分利用经济体系中各个利益集团之间的矛盾创造出多种有效的监管效果。

11.2.3 中国对网络金融机构的监管

在中美达成的《关于中国加入世界贸易组织的双边协议》中,中国承诺美国银行可以在中国加入 WTO 后 5 年内享受完全市场准入。外国银行可以在中国加入 WTO 的 2 年后向中国企业提供当地货币业务服务,加入 5 年后向中国居民提供当地货币业务。同时,外国银行将能够在指定地理范围内享受中资银行的同样权利。在中国加入 WTO 5 年后,将取消外国银行在客户和地理上的限制。

中资银行无论是在境外竞争,还是在境内竞争,都需要考虑两个关键的竞争问题。一是外资银行特别是美资银行不会使用传统的银行分销模式进入中国的市场,而是会大量使用网络银行的方式进入中国市场。在这种情况下,中国现有的近 20 万个银行营业网点不会对外资银行的进入构成实质性的贸易壁垒,反而有可能成为未来竞争的包袱。认为可以利用现有的政策限制外资银行设立分支机构的数量或者进行地理限制的想法,都是不切实际的幻想,互联网金融技术将会使这些幻想破灭。

中资银行只有在互联网金融领域站稳脚跟,才是应对外资银行进入的有效贸易壁垒。而且,一方面,在与外资网络金融机构的竞争中学习外资网络金融机构的竞争策略和分销技巧,才是中资网络金融机构增强竞争力的根本出路。另一方面,中资网络金融机构需要大力开拓个人理财服务,利用互联网金融技术推出个性化的、多样化的客户理财服务品种,提高网络金融机构虚拟金融服务品牌的价值,这也是与外资银行相竞争的重要领域。加入 WTO 后我国政府对网络金融机构的监管,关键是监管什么、如何监管,以及怎样监管才对双方都是有效率的。这些问题都是中国加入 WTO 后的过渡期需要回答并提出可操作的解决方案的问题。

总之,网络金融机构所依赖的网络技术突破了传统的地理边界而实现全球化的信息资

源共享。以这种技术为基础进行的市场拓展可以轻而易举地越过有形的国界,给网络金融机构提供商带来了一系列风险。尽管目前国际银行业务也面临类似的问题,但相比之下基于网络金融机构的电子货币和虚拟金融服务面临的问题更加普遍,也更为严重。对这些问题的研究,正在成为网络金融机构或监管当局的一项重要工作。在这个领域内,国外的研究已经持续了至少15年,而国内也处于初级发展阶段。但可以相信,这方面的研究将会有变得日益深入和具体的可能性。

11.2.4 国外互联网金融的监管

1. 各国政府对互联网金融的监管

各国政府对互联网金融的监管主要分为两个层次:一是企业的监管,即针对金融企业提供的互联网金融服务进行的监管;二是行业级的监管,即针对互联网金融对国家金融安全和其他管理领域形成的影响进行监管。

目前,政府对互联网金融的监管方式主要有市场准入、业务扩展的管制和日常检查与信息报告。大多数国家都对设立互联网金融有明确的要求,需要申报批准。其审批项目主要包括:注册资本或银行规模、技术协议安全审查报告、办公场所与网络设备标准、网络揭示与处置规划、业务范围与计划、交易纪录保存方式与期限、责任界定与处置措施等。

2. 业务扩展的监管

业务扩展的监管主要包括以下两个方面的内容。

一是业务范围,除了基本的支付业务外,是否,以及在多大程度上允许互联网金融经营存贷款、保险、证券、信托投资,非金融业务、联合经营等业务;所采用的竞争方式等。

二是对纯网络银行是否允许其建立分支或代理机构等。监管当局一般都要求互联网金融接受日常检查,除资本充足率、流动性等以外,还包括交易系统的完全性、客户资料的保密与隐私权的保护、电子记录的准确性和完整性等检查,并要求互联网金融建立相关信息资料,独立评估报告备案制度。

3. 互联网金融的监管模式

国外对互联网金融的监管有美国和欧洲两种模式。美国监管当局对互联网金融采取了审慎宽松的政策,基本上通过补充新的法律、法规使原有的监管规则适应网络电子环境。因此,美国在监管政策、执照申请、消费保护等方面,互联网金融与传统金融的要求比较相似。欧洲对互联网金融的监管,采取的办法较先进,其监管目标主要有两点:一是提供一个清晰、透明的法律环境;二是坚持适度审慎和保护消费者的原则。

欧洲中央银行要求其成员采取一致性的监管原则,欧盟各国国内的监管机构负责监管统一标准的实施。它要求成员对互联网金融业务的监管保持一致,承担认可电子交易合同的义务,并将建立在"注册国和业务发生国"基础上的监管规则,替换为"起始国"规则,以达到增强监管合作、提高监管效率和适时监控互联网金融风险的目的。

4. 风险控制软件和模型

发达国家金融监管系统一个最主要的特征就是采用完善的风险评测模型对各类金融风险进行有效的分析、预警和预测，是否具有完善的风险评测模型已经成为衡量一个金融监管系统质量的重要指标之一，也是金融监管系统发展的基本方向。

进入20世纪90年代中期，特别是亚洲金融危机爆发以来，发达国家的金融监管当局十分重视风险评测模型的开发，他们利用金融工程方法和统计分析方法、人工智能技术、神经网络技术等，开发各种风险评测模型，对金融机构的各类风险进行分析、预警和预测，有效地监测到大量潜在的金融风险，提高了金融监管的准确性。所以，我国应在现有基础上更加重视对金融风险评测模型的研究和开发，以提高金融监管的准确性、科学性和有效性。

风险控制软件和模型一般分为：风险价值模型、信用计量法等。金融机构中负责防范金融风险的部门和职责如下所述。

(1) 风险部。这个部门主要负责制定金融机构的整体风险政策、风险控制方案和手段，监控机构及下属各部门的风险状况，协调并解决可能出现的系统风险问题。这个部门是互联网金融风险控制的总阀门。

(2) 合规部。这个部门主要负责保证网络金融机构的业务操作符合现行的各种法律、法规、条例及内部规定，并监督上述法规的贯彻和执行；实时监听业务电话，检查发送的业务电子邮件；监察职员的培训情况并协调制定培训课程；处理和协调客户的投诉；与行业组织和监管机构保持沟通。

(3) 内审部。这个部门的某些职能，如合规审计，与合规部有交叉、重复之处。其重要区别是，内审部负责网络金融机构的全面审计并侧重在财务方面。

(4) 软件程序风险控制。在我国，网络的风险除了内部风险部门实时监控外，电脑操作程序的设计也具有风险控制功能。这种电脑软件程序风险控制系统，在我国国家银行的信用风险控制中发挥了重要作用。

(5) 通过外部信用机构控制风险。在网络银行风险控制过程中，社会资信咨询公司也功不可没。它通过各种渠道收集个人和公司的公开信息资料，对信用历史、消费习惯、地址、评级等进行加工处理，向社会提供服务，并使之成为商业银行控制信用风险的重要工具和手段之一。

(6) 监管机构对风险的控制。网络银行与其他商业银行一样，要定期向监管机构和其他金融自律机构提交金融监管报表，这也就形成了另一道金融风险防范和控制的防线。

11.3 国内外互联网金融的监管

由于互联网金融还处于发展阶段，巴塞尔委员会还没有形成较为系统和完整的互联网银行监管制度。许多国家的监管当局对互联网金融监管都采取了相当谨慎的态度，主要是考虑到本国金融业的创新、竞争力与监管之间的协调问题。

11.3.1 国外对互联网金融的监管

一些国家的监管当局成立了专门工作机构或小组，负责及时跟踪、监测互联网金融业的发展情况，适时提出一些指导性建议，同时制定一些新的监管规则和标准。例如，美国货币监理署(OCC)认为互联网银行是指一系列银行系统，利用这些系统，银行客户通过个人电脑或其他的智能化装置，进入银行账户获得一般银行产品和服务信息。

以对互联网银行的监管为例，各国政府对互联网银行的监管主要分为两个层次：一个是企业级的监管，即针对商业银行提供的互联网银行服务进行监管；另一个是行业级的监管，即针对互联网银行对国家金融安全和其他管理领域形成的影响进行监管。

1. 互联网银行的监管内容

业务扩展的监管主要包括两个方面的内容：一是业务范围，除了基本的支付业务外，是否在多大程度上允许互联网银行经营存贷款、保险、证券、信托投资以及非金融业务、联合经营等业务所采用的竞争方式等；二是对纯互联网银行是否允许其建立分支或代理机构等。

总的来看，互联网银行的监管内容如图 11.1 所示。

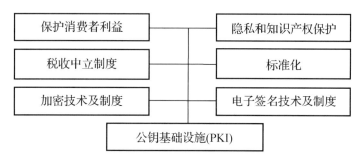

图 11.1 互联网银行的监管内容

(1) 对互联网金融安全性能的监管。如政策允许，可以在国内使用高密度的加密技术，无密钥恢复的强制要求及为企业和消费者提供关于电子记录的数码签名法律框架等。

(2) 标准化和税收中立制度。即，对互联网金融标准化水平进行监管，以及对网上交易采取税收中立政策，免征网上交易税等。

(3) 对消费者的权益进行监管，主要包括保护消费者的隐私权及维护知识产权在网络中不受侵犯等。行业级监管主要包括：互联网金融对国家金融风险和金融安全乃至国家经济安全的影响的评估与监管；对互联网金融系统风险的监管，包括对产生系统风险的各种环境及技术条件的监管，特别是系统安全性的监管，如对病毒的监管等；对借用互联网金融方式进行犯罪活动的监管。

2. 国外对互联网金融的监管模式

国外对互联网金融的监管形成了美国和欧洲两种模式。美国监管当局对互联网金融采取了审慎宽松的政策，基本上通过补充新的法律、法规使原有的监管规则适应网络电子环境。因而，在监管政策、执照申请、消费保护等方面，互联网金融与传统银行的要求比较相似。

欧洲对互联网金融的监管，采取的办法较新，其监管目标主要有两点：一是提供一个清晰、透明的法律环境；二是坚持适度审慎和保护消费者的原则。欧洲中央银行要求其成员采取一致性的监管原则，欧盟各国国内的监管机构负责监管统一标准的实施。它要求成员对互联网金融业务的监管保持一致，承担认可电子交易合同的义务，并将建立在"注册国和业务发生国"基础上的监管规则替换为"起始国"规则，以达到增强监管合作、提高监管效率和适时监控互联网银行风险的目的。

11.3.2 我国对互联网金融的监管

我国的互联网金融同电子商务、商业网站的发展相似，在相关法规几乎空白的情况下，迅速出现并快速发展，带有浓厚的自发性。管理部门面对快速发展的互联网金融，不得不对出台新的管理措施持慎重的态度，这就导致了目前对互联网金融的监管措施仍不足，管理体系也还不明确。而从我国目前的情况来看，对互联网金融进行适当的监管是非常必要的。正如二十大报告中强调的，要"加强和完善现代金融监管，强化金融稳定保障体系，依法将各类金融活动全部纳入监管，守住不发生系统性风险底线。"

1. 我国互联网金融监管的现状

(1) 对互联网金融的监管。

随着互联网向经济领域的不断渗透，发展互联网金融业务已经成为各国金融领域新的经营契机和利润增长点。互联网金融是典型的金融创新，它是互联网与金融有机结合的产物。

总体上，我国的互联网金融受到两个部门的管理：业务主管部门(中国人民银行)和信息主管部门(中华人民共和国工业和信息化部)。对于提供新闻资讯的互联网金融，2000年11月后，还需要接受公安部门和新闻出版署的管理。在这些部门中，中国人民银行是业务主管部门，其他三个部门主要负责信息技术和新闻管理。

当前，我国的互联网金融业务发展尚不均衡，监管体系的构建及互联网金融市场准入机制不健全，金融体系自身的防范风险能力不足，互联网金融缺乏对客户利益的保护等相关问题比较突出。

完善我国互联网金融监管首先应加大互联网金融业务的监管范围，如互联网上小额定购业务交易金额的总量不可小觑，目前很多客户通过网购在线支付完成交易，应尽快制定与之相配套的互联网金融管理办法实施细则。我国已经颁布并实施了《互联网金融监管细则》(以下简称《细则》)，该《细则》作为行业行政法规，原则性较强，但是在实际的操作中，互联网金融的监管需要很多具体的量化标准，实施细则可以将互联网金融监管中的许多具体问题予以规定，将互联网金融监管的具体措施具体标准予以细化。建立和完善相关配套电子金融法现行法律规范对于传统金融发展起到了较好的规范作用，但面对互联网金融新兴业务和互联网金融的发展，难以起到良好的规范作用。

同时，还应建立互联网金融业务的安全保障体系，建立信息披露制度，维护客户合法权益。

(2) 对网络证券的监管。

国际证监会组织(IOSCO)于 1998 年 9 月与 2001 年 6 月两次发布报告，并就与网络证券监管相关的问题提出诸多建议，以供各国证券监管机构参考。IOSCO 的监管建议主要有两个方面：网络讨论区监管、投资者教育，并建议各国证券监管机构利用网络以加强彼此的合作努力，并结合各国证券监管机构对网络上的违法网站进行清查。

网络证券在我国起步较晚，对其的监管也还处于探索阶段，中国证监会是网络证券的主要监管机构。2000 年 11 月 3 日，中国证监会出台了《网上证券委托交易暂行办法》。现阶段，在网络证券的监管与政策问题上，存在着较强的干预的问题，以下两方面表现得较为明显：一是固定手续费佣金制度。网络经济中价格水平的确定应该完全由市场来决定。目前我国的证券交易手续费仍然由政府来确定。而这种以法律形式固定的手续费将在很大程度上抹杀网络证券在交易费用上的优势。二是相关法规滞后以及相关法律的冲突问题。网上证券交易是一种新的交易方式，涉及更复杂的利益关系，必须对参与各方的行为进行规范，这就需要更新原有的法规体系，使其适应证券市场新的需要。

(3) 对电子货币的监管。

我国电子货币出现较晚，但发展较迅速，到目前大多数商业银行都已开办网上转账、网上支付等业务。电子货币是开放网络上的支付工具，它所带来的欺诈风险、运行风险和法律风险与传统的支付工具不同，这些风险使支付系统和金融企业产生了新的不确定性。

防范电子货币风险是一项技术性强、涉及面广的工作，不仅与计算机网络系统有关，还与电子货币应用的环境、人员素质、法治建设等有关。

主要发达国家一般都成立了专门的工作机构，研究、监测和管理电子货币业务。我国目前基本上将这一业务划归各部门的科技机构负责，着重于技术上的管理。

2. 促进互联网金融监管机制更好更快地发展

互联网金融的发展尚处于起步阶段，因此我国对互联网金融业务监管的政策、方针的制定与实施应采取慎重态度，既不能限制它的发展又不能放弃监管，通过适当的金融监管，促进我国互联网金融更快更好地发展。

(1) 完善现行法律，补充适用于互联网金融业务的相关法律条文。首先，要对现有法律不适应的部分进行修订和补充，其次，要对未来发展情况进行预测，分析可能出现的问题，进行先行立法保护。

(2) 结合互联网金融业务的特点，完善现行业务营运监管办法。要从业务经营的合法合规性、资本充足性、资产质量、流动性、盈利能力、管理水平和内部控制等方面根据网络化条件来适时进行调整、补充，构造一个符合网络金融生存、发展的金融监管指标体系和操作系统。

(3) 督促开展互联网金融业务的金融机构强化内部管理，从内控制人手降低金融风险。

(4) 加强金融监管部门的技术力量，提高监管水平。应逐步实现利用先进的电子网络技术对互联网金融进行非现场监管，建立诸如资产负债比例管理、信贷台账管理、预警分析和智能化决策等运作系统，通过网上实时控制，提高监管的现代化管理水平。

(5) 密切与其他国家监管机构联系，提高互联网金融的监管效率。中国人民银行等监管机构应加强同外国金融监管当局合作，定期开展监管情况交流，切磋网上金融监管措施。同时加强与网络金融发展较快的国家之间的人才交流，加大监管人员的培训力度，引进先进的监管理念和技术。

11.3.3　我国金融机构的网络管理

在我国，金融业务管理部分措施是通过有关政府、职能部门网站的政策信息服务和政策信息咨询服务等完成的。我国推行金融业分业经营政策，中国人民银行依法制定和执行货币政策，发行人民币，管理人民币流通，监督管理金融市场，防范和化解系统性金融风险，维护国家金融稳定。

1. 中国人民银行

我国银行业的政策信息咨询和政策信息服务最大的平台是中国人民银行的网站。在网站首页上主要有"信息公开""服务互动"等栏目。这些栏目内容主要体现了金融政策信息、金融政策咨询和金融政策信息服务。在"法律法规"栏目，将相关法律法规按"国家法律""行政法规""部门规章""规范性文件"进行分类，可按需查询。

2. 中国证券监督管理委员会

中国证券监督管理委员会(简称中国证监会)是经全国人民代表大会批准设立的国务院证券业监督管理机构。中国证监会的主要职责是监督管理证券发行、证券交易和维护证券市场的秩序正常运行，制定和执行有关证券市场法律法规。其下设的证券机构监管的主要职责为草拟监管证券经营机构、投资咨询机构的规则、实施细则；审核各类证券经营机构、互联网金融应用投资咨询机构的设立以及从事证券业务的资格，并监管其业务活动；审核证券经营机构、投资咨询机构高级管理人员任职资格，并监管其业务活动；审核境内机构在境外设立从事证券业务的机构；审核境外机构在境内设立从事证券业务的机构，并监管其业务活动。

3. 中国银行保险监督管理委员会

中国银行保险监督管理委员会(简称银保监会)成立于2018年，是国务院直属事业单位，其主要职责是依照法律法规统一监督管理银行业和保险业，维护银行业和保险业合法、稳健运行，防范和化解金融风险，保护金融消费者合法权益，维护金融稳定。银保监会的网站包括机构概况、新闻资讯、政务信息、在线服务、互动交流、统计数据、专题专栏等栏目。

银保监会的主要职责包括以下几方面。

(一) 依法依规对全国银行业和保险业实行统一监督管理,维护银行业和保险业合法、稳健运行,对派出机构实行垂直领导。

(二) 对银行业和保险业改革开放和监管有效性开展系统性研究。参与拟订金融业改革发展战略规划,参与起草银行业和保险业重要法律法规草案以及审慎监管和金融消费者保护基本制度。起草银行业和保险业其他法律法规草案,提出制定和修改建议。

(三) 依据审慎监管和金融消费者保护基本制度,制定银行业和保险业审慎监管与行为监管规则。制定小额贷款公司、融资性担保公司、典当行、融资租赁公司、商业保理公司、地方资产管理公司等其他类型机构的经营规则和监管规则。制定网络借贷信息中介机构业务活动的监管制度。

(四) 依法依规对银行业和保险业机构及其业务范围实行准入管理,审查高级管理人员任职资格。制定银行业和保险业从业人员行为管理规范。

(五) 对银行业和保险业机构的公司治理、风险管理、内部控制、资本充足状况、偿付能力、经营行为和信息披露等实施监管。

(六) 对银行业和保险业机构实行现场检查与非现场监管,开展风险与合规评估,保护金融消费者合法权益,依法查处违法违规行为。

(七) 负责统一编制全国银行业和保险业监管数据报表,按照国家有关规定予以发布,履行金融业综合统计相关工作职责。

(八) 建立银行业和保险业风险监控、评价和预警体系,跟踪分析、监测、预测银行业和保险业运行状况。

(九) 会同有关部门提出存款类金融机构和保险业机构紧急风险处置的意见和建议并组织实施。

(十) 依法依规打击非法金融活动,负责非法集资的认定、查处和取缔以及相关组织协调工作。

(十一) 根据职责分工,负责指导和监督地方金融监管部门相关业务工作。

(十二) 参加银行业和保险业国际组织与国际监管规则制定,开展银行业和保险业的对外交流与国际合作事务。

(十三) 负责国有重点银行业金融机构监事会的日常管理工作。

(十四) 完成党中央、国务院交办的其他任务。

(十五) 职能转变。围绕国家金融工作的指导方针和任务,进一步明确职能定位,强化监管职责,加强微观审慎监管、行为监管与金融消费者保护,守住不发生系统性金融风险的底线。按照简政放权要求,逐步减少并依法规范事前审批,加强事中事后监管,优化金融服务,向派出机构适当转移监管和服务职能,推动银行业和保险业机构业务和服务下沉,更好地发挥金融服务实体经济功能。

依照法律法规统一监督管理银行业和保险业,维护银行业和保险业合法、稳健运行,防范和化解金融风险,保护金融消费者合法权益,维护金融稳定。

11.3.4 互联网金融风险控制

金融的核心竞争力是风险控制，对互联网金融而言尤其如此。未来互联网金融的竞争将是风控能力的竞争。因此，风控架构设计事关互联网金融服务平台的存亡。

互联网金融风控架构是防范风险的重要一环，与法律架构共同组成交易架构的双轮。互联网金融未来的竞争是商业模式的竞争，但归根到底是风险管理能力的竞争。没有好的风控能力，投资方的资金将无法收回，平台失去信誉。经营将无法继续，如同失去信用的银行遭遇挤兑一样顷刻间倒闭。稳健持续的经营，为投资者做好金融资产的风险管理和配置最优化，将是互联网金融的生存之道与立足之本。

风险管控有两种方式：一种是严格的资信调查，对融资方进行科学的准确信用评级，并对不同的信用等级给予不同的融资利率(融资成本，即风险定价)，并与不同风险承受能力和偏好的投资者相匹配，从而防范金融风险；另一种是通过设定担保等增加信用的方式来预防，一旦发生违约事件，则通过实现担保权来收回债权。

目前，国内的 P2P 基本上都采用的是担保风控模式，这种担保模式等于将资金转移的风险完全承担，使得投资者在形式上不承担任何风险，但这种模式与传统银行思维没有多大差别。同时，其淡化了 P2P 平台的信用评价、风险定价及资金配置作用，并未发挥互联网金融真正的创新力，如此发展下去，将不利于互联网金融的健康持续发展。仅有少部分的互联网系 P2P 或网贷利用大数据或掌控的供应链进行信用评级，但是部分产品的背后仍摆脱不了账户资金质押的旧思维。

当然，也存在另外一种"混合风控架构"，即"资信评级+担保增信模式"的综合风控模式。这也是目前部分 P2P 的做法，具有很好的风控效果。

1. 担保增信式风控架构

担保增信式风控架构指的是采用抵押、担保、质押以及隐性担保(背书)等增加信用模式进行防控金融违约风险的架构。担保增信式风控的具体架构如下。

(1) 金融系 P2P 模式风控架构模型。

金融系 P2P 模式风控架构如图 11.2 所示。

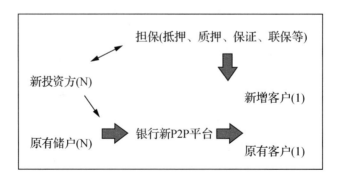

图 11.2 金融系 P2P 模式风控架构

(2) 互联网系 P2P 风控架构。

互联网系 P2P 风控架构如图 11.3 所示。

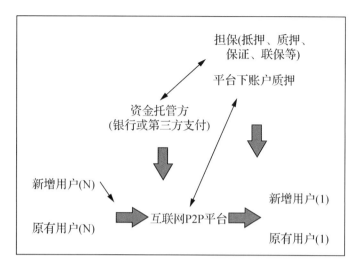

图 11.3　互联网系 P2P 风控架构

(3) 第三方独立 P2P 平台风控架构。

第三方独立 P2P 平台风控架构如图 11.4 所示。

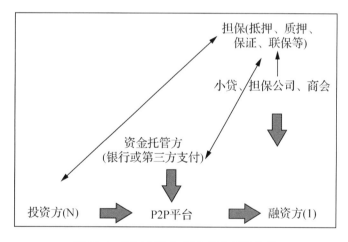

图 11.4　第三方独立 P2P 平台风控架构

2．资信评级风控架构

资信评级风控架构指的是利用互联网技术对融资方进行资信调查，确定信用等级，并据此决定是否交易以及交易模式参数确定的风控架构。随着互联网技术的进一步发展，互联网金融制度的建立和体系的进一步完善，利用大数据、云计算等技术进行风控将代表着互联网金融的发展方向。

该类风控模式的具体架构大致分如下两类。

(1) 金融系 P2P 模式风控架构。

金融系 P2P 模式风控架构如图 11.5 所示。

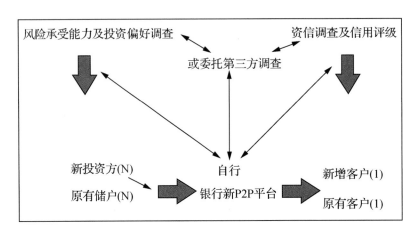

图 11.5　金融系 P2P 模式风控架构

(2) 互联网系 P2P 风控架构。

互联网系 P2P 风控架构如图 11.6 所示。

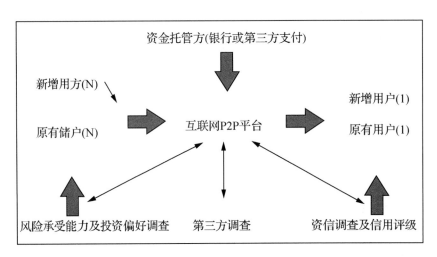

图 11.6　互联网系 P2P 风控架构

3. 第三方独立 P2P 平台风控架构

第三方独立 P2P 平台风控架构如图 11.7 所示。

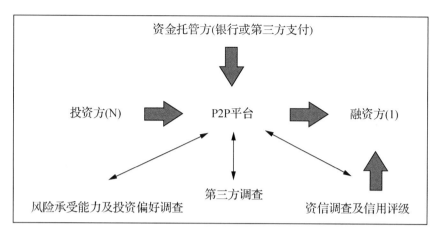

图 11.7　第三方独立 P2P 平台风控架构

4. 网络股权融资(股权众筹)风控架构

股权众筹的风控架构如图 11.8 所示。

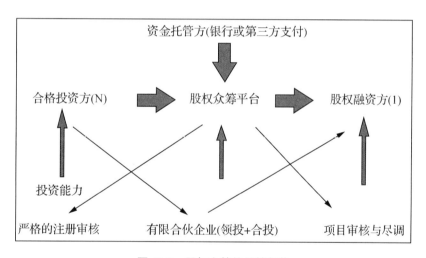

图 11.8　股权众筹的风控架构

5. 网络产品预售+团购融资(产品回报类众筹)的风控架构

产品众筹的风控架构如图 11.9 所示。

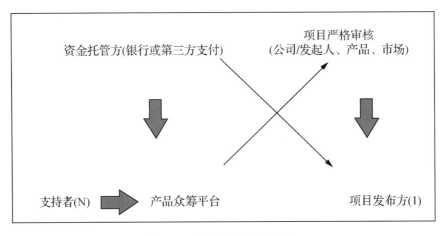

图 11.9　产品众筹的风控架构

11.4　我国互联网金融的法律监管体系

互联网金融属于新金融，其发展往往超前于法律法规的制定，由此造成部分互联网金融业态或模式与现行法律法规存在一定的冲突，而这些冲突将直接导致互联网金融触摸"红线"。因此，法律政策风险将是互联网金融目前面临的最大风险。

11.4.1　互联网金融法律架构的重要性

互联网金融具有创新性，是新金融的代表与核心。纵观世界金融史，金融创新的历史往往伴随着"违法违规"，行走在法律红线的边缘，有的创新甚至付出巨大的法律风险代价。

法律制定的滞后性，使得现行法规往往滞后于现实。从互联网金融这一新型金融业态看，也不例外。P2P 于 2005 年诞生于英国，但英国政府专门针对 P2P 的监管政策直到 2014 年 4 月才正式颁布生效。众筹诞生于美国，经过多年发展后直到 2012 年才有了关于众筹的法案——《乔布斯法案》。英国关于众筹的监管政策在 2014 年 4 月颁布。在国内也存在类似的情况，网络第三方支付诞生于 2005 年，但关于第三方支付的监管法规(颁发牌照)直到 2010 年才颁布，也就是说在正式的监管政策出台前，网络支付已经运行了 5 个年头。而国内的 P2P 出现于 2007 年，众筹出现于 2010 年，在 2013 年互联网金融概念大热之前，国内的 P2P 和众筹并没有引起社会关注，监管层更是置身事外。

自 2013 年以来雨后春笋般出现的 P2P、大街小巷地摊式的理财产品推销及各类众筹项目风起云涌，一边是 P2P 平台关闭跑路(最短命的 P2P 从上线到关闭不到一天时间)，一边是火爆异常的 P2P 及众筹平台建立。而在法律政策层面，一边是金融监管层的鼓励创新与监管并行态度(划出 3 条红线、4 条底线)，一边却是司法部门对互联网金融及理财产品可能涉及的非法集资"重拳出击"。继最高人民法院于 2011 年出台《关于非法集资刑事案件性质认定问题的通知》之后，最高人民法院、最高人民检察院及公安部于 2014 年 3 月再次联合颁布《关于办理非法集资刑事案件适用法律若干问题的意见》，进一步从严打击非法集资。而在互联网金融业内，存在两种不同认识：第一种认识是目前国内没有互联网金融法律法规，所以"法无禁止即可为"；第二种认识是互联网金融就是非法集资、非法发行证券。

实际上这两种认识都是片面的、不准确的。目前，国内确实没有专门针对众筹及P2P的法律法规，但不等于说互联网金融就可以游离于监管之外，《公司法》《证券法》《金融法》及《刑法》的多个法律条款都会直接或间接地影响或涉及众筹或P2P业务，具体将在后面内容中详细解读。

规范运作的众筹和P2P是一种金融创新，与非法集资和非法发行证券具有明显的区别，不能将合法规范经营的众筹及P2P平台"一棍子打死"。

正是在各种不同的认识下，互联网金融各类业态出现，拼的是"高回报和有担保"，而一些非法集资犯罪者披着互联网金融外衣夹杂其中，造成市场乱象丛生。

其实，上述现象不仅发生在互联网金融业，也在其他行业重复上演。如何摆脱"一管就死，不管就乱"怪圈，一直是国内监管部门头疼的问题。一位权威人士曾经告诫："互联网金融风险很大，不像传统互联网可以重新开始，如果不能坚守红线和经营底线，将可能面临灭顶之灾。"如果互联网金融演变为网络版的非法集资，那就离危险不远了。在设计互联网金融商业模式时，应当充分了解相关的法律法规，交易架构设计应当围绕"风控架构与法律架构"双轮来进行，在合法合规的框架下设计好法律架构，避免因违反法律法规带来的"灭顶之灾"。

在设计法律架构时，应当充分理解以下3个基本理念。

第一，再好的互联网金融商业模式、交易架构都必须以合法合规为前提。

如果一个商业模式与现行法律法规冲突，即便从关键资源、业务流程及盈利模式等几个要素堪称完美，但是也会因违法违规而被取缔。因此，合法合规性是评价商业模式、交易架构可行性的前提，基本可以用"一票否决"来概括。

第二，评价互联网商业模式与交易架构是否合法合规应结合现行所有法律法规，而不是去看有无专门的监管法律法规。

目前，国内还没有出台专门针对互联网金融监管的法规，但是如果据此认为，互联网金融没有法律法规可约束那就错了，因为还有大量散见于其他法律、法规中的规定，直接或间接影响着互联网金融的法律架构。

第三，法律架构设计要有一定的预见性。

法律滞后于现实，尤其面对于具有创新精神的互联网金融更是如此。但是，法律法规终归要出台的，在其出台前如果能够做出具有前瞻性的预判，就可能会避免不必要的法律风险。如果不能做出预判而固守老路，一旦与出台的法律法规不符，就不得不面临修改商业模式的被动局面，导致前功尽弃。

11.4.2 互联网金融在中国可能面临的法律风险

在现行法律及金融政策框架下，互联网金融存在巨大的法律风险。如果不能够规范运作，就有可能触碰法律红线。那么，在目前的中国法律政策环境下，互联网金融究竟面临哪些法律风险呢？

1. 刑事法律风险

根据目前国内的各类互联网金融模式与业态，结合国内现行的法律法规，互联网金融可能面临最大的法律风险是刑事法律风险。具体分析如下。

(1) 非法集资类犯罪。

《刑法》对非法集资专门作了规定，将非法集资细分为两大罪名，即非法吸收公众存款罪及集资诈骗罪。分别解析如下。

① 非法吸收公众存款罪。

首先，互联网金融在中国可能面临的第一个刑事法律风险，就是非法吸收公众存款罪。具体如下所述。

非法吸收公众存款是指违反国家金融管理法规非法吸收公众存款或变相吸收公众存款，扰乱金融秩序的行为。

《刑法》第一百七十六条规定："非法吸收公众存款或者变相吸收公众存款，扰乱金融秩序的，处三年以下有期徒刑或者拘役，并处或者单处罚金；数额巨大或者有其他严重情节的，处三年以上十年以下有期徒刑，并处罚金；数额特别巨大或者有其他特别严重情节的，处十年以上有期徒刑，并处罚金。单位犯前款罪的，对单位判处罚金，并对其直接负责的主管人员和其他直接责任人员，依照前款的规定处罚。有前两款行为，在提起公诉前积极退赃退赔，减少损害结果发生的，可以从轻或者减轻处罚。"

根据2022年4月6日发布的《最高人民检察院、公安部关于公安机关管辖的刑事案件立案追诉标准的规定(二)》第二十三条的规定：第二十三条　〔非法吸收公众存款案(刑法第一百七十六条)〕非法吸收公众存款或者变相吸收公众存款，扰乱金融秩序，涉嫌下列情形之一的，应予立案追诉：

(一) 非法吸收或者变相吸收公众存款数额在一百万元以上的；

(二) 非法吸收或者变相吸收公众存款对象一百五十人以上的；

(三) 非法吸收或者变相吸收公众存款，给集资参与人造成直接经济损失数额在五十万元以上的；

非法吸收或者变相吸收公众存款数额在五十万元以上或者给集资参与人造成直接经济损失数额在二十五万元以上，同时涉嫌下列情形之一的，应予立案追诉：

(一) 因非法集资受过刑事追究的；

(二) 二年内因非法集资受过行政处罚的；

(三) 造成恶劣社会影响或者其他严重后果的。

特别提示：互联网金融业态中的众筹、P2P、第三方支付、网络理财等均有可能触犯此类法律条款。

② 集资诈骗罪。

接下来，互联网金融在中国可能面临的第二个刑事法律风险就是集资诈骗罪。该犯罪比非法吸收公众存款罪更严重。例如，在网络上关注度的较高的吴英案，该案与非法吸收公众存款具有相同点，也有所不同，显著的不同点在于行为人虚构了资金用途。对于集资诈骗罪，《刑法》对此有详尽的规定，具体分析如下。

《刑法》第一百九十二条规定："以非法占有为目的，使用诈骗方法非法集资，数额较大的，处三年以上七年以下有期徒刑，并处罚金；数额巨大或者有其他严重情节的，处七年以上有期徒刑或者无期徒刑，并处罚金或者没收财产。单位犯前款罪的，对单位判处罚金，并对其直接负责的主管人员和其他直接责任人员，依照前款的规定处罚。"本罪的主要特征如下所述。

A．本罪侵害的客体是国家的金融管理制度和公私财产所有权。由于此类犯罪主要发生在资金市场，犯罪分子采取欺骗的方法，将公众的资金作为其犯罪行为的直接侵害对象。以高利率为诱饵非法集资，骗取公众的投资款，因此，它既侵犯了公众财产的所有权，又侵犯了国家金融管理制度，扰乱了国家正常的金融管理秩序。因此，《刑法》增加规定了集资诈骗罪，并规定了严厉的刑罚。

B．本罪在客观方面表现为行为人使用诈骗方法非法集资，数额较大的行为。这包括三方面的内容：一是集资是通过诈骗方法实施的，即行为人以非法占有为目的，采用虚构资金用途，以虚假的证明文件或者高利率为诱饵，编造谎言，捏造或者隐瞒事实真相，骗取他人资金。二是违反法律、法规在社会上进行非法集资活动。"非法集资"是构成本罪的行为实质所在。所谓非法集资，是指公司、企业、其他组织或者个人未经有权机关批准或者违反法律、法规，通过不正当的渠道，向社会公众募集资金的行为。至于行为人是否已实际将募集的资金据为己有，并不影响本罪的成立。三是非法集资的行为，必须达到数额较大的程度，才构成犯罪。

C．本罪的主体是一般主体，自然人和单位均可以构成本罪的主体。

D．本罪的主观方面由故意构成，并且行为人必须是以非法占有为目的。

集资诈骗犯罪的性质更为恶劣严重，《刑法》对集资诈骗罪规定了极其严重的量刑标准，根据《刑法》第一百九十二条的规定，犯集资诈骗罪，数额较大的，处三年以上七年以下有期徒刑，并处罚金；数额巨大或者有其他严重情节的，处七年以上有期徒刑或者无期徒刑，并处罚金或者没收财产。

由上述规定可见，《刑法》对于非法集资类犯罪采取极其严厉的立法态度，甚至将集资诈骗类犯罪规定为重刑。而互联网金融部分业态的大众参与集资的特点极容易与非法集资关联起来，因此，如果稍有不慎出现越界，就有可能触犯非法集资的法律红线，涉嫌非法集资类犯罪。

浙江女富豪吴英案以及湖南的曾成杰案就是典型的集资诈骗犯罪，吴英一审曾被判死刑，而曾成杰已被执行死刑。

特别提示：互联网金融业态 P2P 模式、众筹模式、网络理财等模式均可能触犯此类法律条款。

(2) 非法证券类犯罪。

① 欺诈发行股票、债券罪。

首先，互联网金融中的股权众筹可能遇到的第一个非法证券类犯罪是欺诈发行股票、债券罪，虽然对于大多数众筹而言，不太可能去发行根本不存在的股份，但是夸大公司股份价值和实际财务状况还是可能存在的，因此，我们需要充分认识该类犯罪的实质。

《刑法》第一百六十条规定："在招股说明书、认股书、公司、企业债券募集办法等发行文件中隐瞒重要事实或者编造重大虚假内容，发行股票或者公司、企业债券、存托凭证或者国务院依法认定的其他证券，数额巨大、后果严重或者有其他严重情节的，处五年以下有期徒刑或者拘役，并处或者单处罚金；数额特别巨大、后果特别严重或者有其他特别严重情节的，处五年以上有期徒刑，并处罚金。

控股股东、实际控制人组织、指使实施前款行为的，处五年以下有期徒刑或者拘役，并处或者单处非法募集资金金额百分之二十以上一倍以下罚金；数额特别巨大、后果特别严重或者有其他特别严重情节的，处五年以上有期徒刑，并处非法募集资金金额百分之二十以上一倍以下罚金。

单位犯前两款罪的，对单位判处非法募集资金金额百分之二十以上一倍以下罚金，并对其直接负责的主管人员和其他直接责任人员，依照第一款的规定处罚。"

② 擅自发行股票、公司、企业债券罪。

紧跟罪名一，擅自发行股票、公司、企业债券罪就可能如影随形地在等着股权类众筹的发起人。该类犯罪"天生与股权类众筹有缘"，在当下也是股权类众筹最容易触碰和最忌惮的刑事犯罪。

《刑法》第一百七十九条规定："未经国家有关主管部门批准，擅自发行股票或者公司、企业债券，数额巨大、后果严重或者有其他严重情节的，处五年以下有期徒刑或者拘役，并处或者单处非法募集资金金额百分之一以上百分之五以下罚金。

单位犯前款罪的，对单位判处罚金，并对其直接负责的主管人员和其他直接责任人员，处五年以下有期徒刑或者拘役。"

由上述介绍可见，公开发行股份必须依法经证券主管部门审批，否则可能涉嫌非法证券类犯罪。

(3) 虚假广告犯罪。

虚假广告在非法集资犯罪活动中起着重要的推波助澜作用，针对这一情况，最高人民法院在《关于审理非法集资刑事案件具体应用法律若干问题的解释》[法释〔2022〕5 号]第十二条中专门对此做出了明确的规定。具体如下。

广告经营者、广告发布者违反国家规定，利用广告为非法集资活动相关的商品或者服务作虚假宣传，具有下列情形之一的，依照《刑法》第二百二十二条的规定，以虚假广告罪定罪处罚：

① 违法所得数额在 10 万元以上的；
② 造成严重危害后果或者恶劣社会影响的；
③ 二年内利用广告作虚假宣传，受过行政处罚二次以上的；
④ 其他情节严重的情形。

明知他人从事欺诈发行证券，非法吸收公众存款，擅自发行股票、公司、企业债券，集资诈骗或者组织、领导传销活动等集资犯罪活动，为其提供广告等宣传的，以相关犯罪的共犯论处。

《刑法》针对虚假广告罪也作出了专门的规定，其中第二百二十二条规定："广告主、广告经营者、广告发布者违反国家规定,利用广告对商品或者服务作虚假宣传,情节严重的,处二年以下有期徒刑或者拘役,并处或者单处罚金。"

特别提示:如果互联网金融平台应知或明知项目存在虚假或扩大宣传的行为而仍然予以发布,并且造成了严重的后果,达到了刑事立案标准,则涉嫌虚假广告犯罪。

(4) 非法经营犯罪。

此外,互联网金融还可能触及非法经营犯罪。对此,最高人民法院在《关于审理非法集资刑事案件具体应用法律若干问题的解释》[法释〔2022〕5号]第十一条中明确规定:"违反国家规定,未经依法核准擅自发行基金份额募集基金,情节严重的,依照刑法第二百二十五条的规定,以非法经营罪定罪处罚。"

特别提示:如果互联网金融平台未经批准,在平台上擅自销售有关的金融产品或产品,并且造成了严重后果,达到了刑事立案标准,则涉嫌非法经营犯罪。

(5) 洗钱犯罪。

互联网金融平台也可能成为洗钱的通道,从而触发洗钱犯罪。洗钱犯罪是指提供资金账户的;协助将财产转换为现金、金融票据、有价证券的;通过转账或者其他结算方式协助资金转移的;协助将资金汇往境外的;以其他方法掩饰、隐瞒犯罪所得及其收益来源和性质的。

根据上述洗钱犯罪的犯罪特征,部分涉及资金结算支付等的互联网金融平台如果缺乏法律风险意识,为"黑钱"提供了转移支付结算等服务,就可能触及该类犯罪。

(6) 恶意欺诈类犯罪。

该类犯罪在互联网金融领域可能最为常见,包括诈骗罪、合同诈骗罪、票据诈骗罪、贷款诈骗罪、信用卡诈骗罪、信用证诈骗罪、金融凭证诈骗罪、有价证券诈骗罪、保险诈骗罪等多种刑事犯罪。但最为常见的可能涉及如下几种。

① 信用卡诈骗罪。

虚拟信用卡、移动支付等也属于新型的互联网金融业态,在该类业务中可能涉及非法经营犯罪、信用卡诈骗犯罪。

信用卡套现是指持卡人以虚构交易的方式,将信用额度以内的资金以现金方式套取,逃避支付银行费用的行为。2009年12月16日实施的《最高人民法院 最高人民检察院关于办理妨害信用卡管理刑事案件具体应用法律若干问题的解释》第十二条规定:"违反国家规定,使用销售点终端机具(POS机)等方法,以虚构交易、虚开价格、现金退货等方式向信用卡持卡人直接支付现金,情节严重的,应当依据刑法第二百二十五条的规定,以非法经营罪定罪处罚。"第三款规定:"持卡人以非法占有为目的,采用上述方式恶意透支,应当追究刑事责任的,依照刑法第一百九十六条的规定,以信用卡诈骗罪定罪处罚。"

② 诈骗类犯罪。

此外,除了上述常见的信用卡诈骗犯罪外,互联网金融还可能涉及两类诈骗犯罪,一类是诈骗罪(普通诈骗犯罪),另一类是合同诈骗罪。

《刑法》第二百六十六条规定,诈骗罪是指"诈骗公私财物,数额较大"的犯罪行为。《刑法》第二百二十四条规定的合同诈骗罪是指"以非法占有为目的,在签订、履行合同过程中,骗取对方当事人财物,数额较大"的犯罪行为。

③ 其他类诈骗犯罪。

除了上述信用卡诈骗犯罪之外，常见的还有票据诈骗(发生在票据融资交易平台)、合同诈骗罪等。

(7) 传销类犯罪。

目前，互联网金融业态乱象丛生，一些打着互联网金融旗号的非法金融业务向两个常见的且屡禁不止的犯罪演化，其中一类是向非法集资演化，是网络版的非法集资；另一类是向传销类犯罪演化。一些以传销、变相传销形式进行非法经营、集资诈骗、非法吸收公众存款等违法犯罪活动也大量出现，在火热的众筹领域内尤为突出。一旦互联网金融演变为非法集资或传销，将破坏整个互联网金融生态圈。

对此，公安部下发了《公安部关于严厉打击以传销和变相传销形式进行犯罪活动的通知》(公通字(2000)54号)，通知要求：依法严厉打击以传销、变相传销形式进行非法经营、集资诈骗、非法吸收公众存款等违法犯罪活动，并在当地人民政府的领导下，与工商行政管理机关、人民银行等部门密切配合，共同做好有关工作。对工商行政管理机关、人民银行依法取缔传销、变相传销及非法集资的工作要给予大力支持；对移交的犯罪线索要认真受理并及时将查处情况反馈有关部门。

(8) 违规交易类犯罪。

利用互联网金融中的信息服务平台，互联网证券平台实施违规交易类犯罪也会成为该领域内的常见犯罪。

(9) 买卖或泄露客户信息类犯罪。

由于互联网金融平台掌握着大量的客户信息，一些平台如果利用这些信息从事违法犯罪活动，或者出卖信息，则可能构成泄露个人隐私类刑事犯罪。

(10) 知识产权类犯罪。

如果随意使用他人发布在众筹平台上的创意产品或拥有知识产权的产品或项目，则可能构成知识产权类犯罪，例如：著作权犯罪、商标犯罪及专利犯罪。

2. 行政违反法律风险

除了上述刑事法律风险之外，如果互联网金融违法的情节或后果还不那么严重，达不到刑事立案的标准，在此情况下，其行为就可能涉嫌行政违反法律风险，具体分析如下。

(1) 证券类行政违法行为。

如果未经批准擅自公开发行股份，在未达到刑事立案标准的情况下，则构成行政违法行为，依法承担行政违法责任，由证券监督机关给予行政处罚。相关法规对此作了较为明确的规定，具体如下所述。

《中华人民共和国证券法》第九条　公开发行证券，必须符合法律、行政法规规定的条件，并依法报经国务院证券监督管理机构或者国务院授权的部门注册。未经依法注册，任何单位和个人不得公开发行证券。证券发行注册制的具体范围、实施步骤，由国务院规定。

有下列情形之一的，为公开发行：

（一）向不特定对象发行证券的；

（二）向特定对象发行证券累计超过二百人，但依法实施员工持股计划的员工人数不计算在内；

（三）法律、行政法规规定的其他发行行为。

非公开发行证券，不得采用广告、公开劝诱和变相公开方式。

第三十七条 公开发行的证券，应当在依法设立的证券交易所上市交易或者在国务院批准的其他全国性证券交易场所交易。

非公开发行的证券，可以在证券交易所、国务院批准的其他全国性证券交易场所、按照国务院规定设立的区域性股权市场转让。

第一百八十条 违反本法第九条的规定，擅自公开或者变相公开发行证券的，责令停止发行，退还所募资金并加算银行同期存款利息，处以非法所募资金金额百分之五以上百分之五十以下的罚款；对擅自公开或者变相公开发行证券设立的公司，由依法履行监督管理职责的机构或者部门会同县级以上地方人民政府予以取缔。对直接负责的主管人员和其他直接责任人员给予警告，并处以五十万元以上五百万元以下的罚款。

近年来，中国证监会加大了对非法证券活动的查处力度，公布了数十起非法证券类行政违法案件的查处情况。股权类众筹应严格遵守法律红线，不要从事非法证券类行政违法或刑事犯罪活动。

(2) 非法集资类行政违法行为。

如果非法集资行为未达到刑事立案标准，则构成行政违法行为，依法承担行政违法责任，由中国人民银行给予行政处罚。相关法规对此作了较为明确的规定，具体如下所述。

《非法金融机构和非法金融业务活动取缔办法》第三条 本办法所称非法金融机构，是指未经中国人民银行批准，擅自设立从事或者主要从事吸收存款、发放贷款、办理结算、票据贴现、资金拆借、信托投资、金融租赁、融资担保、外汇买卖等金融业务活动的机构。

非法金融机构的筹备组织，视为非法金融机构。

第四条 本办法所称非法金融业务活动，是指未经中国人民银行批准，擅自从事的下列活动：

① 非法吸收公众存款或者变相吸收公众存款；

② 未经依法批准，以任何名义向社会不特定对象进行的非法集资；

③ 非法发放贷款、办理结算、票据贴现、资金拆借、信托投资、金融租赁、融资担保、外汇买卖；

④ 中国人民银行认定的其他非法金融业务活动。

前款所称非法吸收公众存款，是指未经中国人民银行批准，向社会不特定对象吸收资金，出具凭证，承诺在一定期限内还本付息的活动；所称变相吸收公众存款，是指未经中国人民银行批准，不以吸收公众存款的名义，向社会不特定对象吸收资金，但承诺履行的义务与吸收公众存款性质相同的活动。

第十二条　对非法金融机构和非法金融业务活动，经中国人民银行调查认定后，作出取缔决定，宣布该金融机构和金融业务活动为非法，责令停止一切业务活动，并予公告。

第二十二条　设立非法金融机构或者从事非法金融业务活动，构成犯罪的，依法追究刑事责任；尚不构成犯罪的，由中国人民银行没收非法所得，并处非法所得1倍以上5倍以下的罚款；没有非法所得的，处10万元以上50万元以下的罚款。

非法集资与传销是在中国社会泛滥，屡禁不止，在一次次专项打击活动后，总是隔上一段时间死灰复燃，这可能与当今社会环境有关。针对该类违法活动，中国人民银行与公安机关加大了对非法集资违法行为的查处力度，多次联合发文打击非法集资违法行为。互联网金融最易触发该类行政违法。

(3) 虚假广告行政违法。

如果互联网金融平台应知或明知项目存在虚假或扩大宣传的行为而仍然予以发布，但尚未达到刑事立案标准，则涉嫌虚假广告行政违法。

(4) 非法经营行政违法。

如果互联网金融平台未经批准，在平台上擅自销售有关的金融产品或产品，但尚未达到刑事立案标准，则涉嫌非法经营行政违法。

(5) 影子银行指控法律风险。

互联网金融已被列入影子银行的范畴。尤其对于线下的P2P平台模式而言，更可能涉及影子银行的指控与监管问题。

权威人士指出：互联网是不存在线下的，P2P如果做成线下，脱离了平台操作功能之后，也就会演变成资金池，然后就影响公司的结构和信誉，就会出现影子银行。

此外，还可能存在知识产权行政违法，以及其他违反金融法律的行政违法行为。

3. 民事法律风险

除了可能会面临前面所说的刑事法律风险和行政违反法律风险之外，互联网金融采用的互联网聚合模式涉及众多的投融资群体，这必将导致大家利益分配不一致，关注点也不尽相同。所以，必然会伴随一些民事法律风险发生，一旦发生，则有可能引发群体性或集团性诉讼。另外，由于大量交易发生在网上，电子证据的认定也成为难点。因此，互联网金融引发的民事法律风险不仅涉及面广、法律关系复杂，而且对现有的法律规则使用、审理程序、证据采纳等都构成了严重的挑战，需要认真研究并出台新的规则。具体分析如下。

(1) 实体方面的民事法律风险。

① 违约纠纷。

互联网金融最可能存在的民事纠纷是违约纠纷，主要表现在产品质量不符合约定，交货期不符合约定，不能如期提交约定回报结果，不能如期还款造成的债务纠纷等。

② 股权争议。

股权类众筹还可能引发股权纠纷及公司治理有关的纠纷。此外，对于采取股权代持方式的股权类众筹，还可能存在股权代持纠纷等。

③ 退出纠纷。

股权类众筹还涉及一个退出问题，如果没有事先设计好退出机制或者对退出方式设计不当，极容易引发大量的纠纷。

④ 知识产权纠纷。

对于产品众筹平台而言，还有可能存在大量的知识产权纠纷。可能会出现两种情形，一类是发布在平台上的创意或设计被投资方剽窃利用；另一类则可能是发布在平台上的产品涉嫌侵犯他人知识产权。该两种情形均有可能诱发知识产权纠纷，发布平台则可能承担连带责任。

如果不能很好地处理知识产权保护问题，产品众筹很难得到持续健康发展。

⑤ 资金账户风险引发的纠纷。

互联网金融另外一个风险就是平台存在的技术风险，换句话说，平台可能会出现账户资料泄露、被黑客攻击等安全隐患，一旦发生该类安全事故，则可能导致客户资金丢失，并由此而引发大量的该类纠纷。这也会对平台的安全性和信誉带来极大的负面影响。

⑥ 居间或代理合同纠纷。

互联网金融平台与投资方、融资方以及其他第三方服务平台因业务需要会产生居间或代理合同法律关系，该类关系如果处理不当，则可引发大量的居间或代理合同纠纷。

⑦ 信息及个人隐私纠纷。

大数据的作用和价值越来越被人所重视，互联网金融的未来方向是大数据金融。大数据只有在线，而且加工分析后才有意义，否则就是一堆数字信息而已。但是大数据也存在另外一个问题，就是涉及大量的公众信息及个人隐私问题，如果不能够理解罪与非罪的标准、合法与非法的界限，则可能因侵犯个人隐私，并由此承担民事法律责任，引发该类侵权纠纷，严重者可能涉嫌刑事犯罪。

⑧ 产品质量纠纷。

产品类众筹平台发布的产品被预订后，则可能在约定的期间内提供的产品与宣传的功能存在一定差异，甚至可能出现质量问题，并由此引发产品质量纠纷。

⑨ 担保纠纷。

目前，大量的 P2P 平台存在担保，一旦出现违约，投资方将可能起诉融资方及担保方，或者直接起诉担保方，并由此引发担保合同纠纷。

⑩ 票据纠纷。

在票据融资类 P2P 或理财平台模式中，票据是融资的载体或质物，并可能引发票据纠纷。

(2) 程序方面的民事法律风险。

除了上述民事实体上存在的法律风险之外，互联网金融在民事诉讼程序上也存在诸多问题，比如诉讼主体资格确定问题、集团诉讼程序问题、电子证据认定问题、管辖问题、损失确定标准问题、刑民交叉及刑事附带民事诉讼等诸多程序问题。但最为突出的应为以下三类程序问题。

① 集团诉讼程序问题。

因互联网金融大都涉及人数众多，尤其是 P2P、众筹和一些互联网理财项目，一旦发生纠纷，往往是群体性的案件。从节约司法资源提高诉讼效率角度考虑，应允许同类案件提起集团诉讼则可以有效地解决这个问题。

但是，我国民事诉讼法虽经多次修改，但到目前为止仍未确立集团诉讼制度，仅有的人数众多的代表诉讼仍不能够有效解决群体诉讼的问题，有必要借鉴美国的集团诉讼制度建立中国式集团诉讼制度或体系。

② 电子证据认定问题。

互联网金融的载体和工具是互联网，所以相关交易大多在线发生，这些交易流程如何设计与规范将直接影响交易的稳定性和未来纠纷的处理。由于不能像线下那样签署具体的书面纸质合同，网上的交易只能用交易记录记载或签署电子合同，但是这些交易记录或电子合同的证据效力如何，可能存在认定上的难题。

从目前看，很多互联网金融平台缺乏在线完善的交易流程或提示，没有电子合同或签署电子文书的相关流程和程序设计，为未来的纠纷解决带来极大风险。

③ 管辖问题。

互联网金融的相关交易大多在线完成，投资方可能分散于全国各地，实际借款人或融资方也可能分散于全国各地，而平台的公司注册地、服务器存放地以及各方当事人交易时终端也可能在不同的地区，一旦发生纠纷，案件该如何管辖也是一个难题。如果简单地套用互联网有关案件的司法解释，对互联网金融这一崭新的业态而言，也可能不妥当。如何管辖，需要研究讨论。

由此可见，互联网金融存在诸多的法律风险，本身也存在诸多的难题。对待互联金融这一新的商业模式，我们既不能将其简单地视为互联网，套用互联网相关法规、司法解释来处理，也不能将其看作传统金融，使用金融的相关法规来处理。同时也不能简单地将其看作互联网+金融，兼用互联网法规+金融法规的混合模式来认定处理，需要一个全新的视角和思维去理解和认定。

在互联网金融可能面临法律风险上，我们不仅要考虑不能触碰刑事法律红线、行政违反法律红线，而且在模式设计上，需要严格履行有关法律手续，完善有关法律文件，设定好相关规则，将每一个操作流程进行细化，转化为一个个法律问题，然后用一个个法律文件固化下来，保证交易的顺利进行，避免不必要的民事法律争议发生，这其实就是法律架构设计需要解决的问题。

11.5 国内外互联网金融监管的法律体系

比较国内外互联网金融监管模式的差异，结合国内互联网金融监管模式存在的问题及互联网金融发展的现状，参考国外先进的监管政策，逐步加强我国互联网金融的监管，完善相关法律法规，逐步形成规范的互联网金融监管法律体系。

第11章 网络金融监管

11.5.1 国外互联网金融监管的法律体系

通过了解国外互联网金融监管体系及相关法律法规,进一步完善我国互联网金融监管的相关政策。

1. 英国互联网金融监管体系

虽然英美等国没有互联网金融的概念,也不像中国互联网金融这么热火朝天,但是英美却是互联网金融的鼻祖,三种最主要的互联网金融模式:第三方支付、P2P及众筹均诞生于英美等国。其中,第三方支付的鼻祖是诞生于1998年12月的美国PayPal公司(贝宝支付);P2P的鼻祖是诞生于2005年3月的英国Zopa网站;众筹的鼻祖是于2009年在美国成立的Kickstarter,这是美国第一家,也是全球第一家众筹平台。

同时,各国也是对互联网金融监管最早立法的,目前已经出台了第三方支付、P2P及众筹的相关监管法规,以下为英国互联网金融监管的具体情况。

(1) 关于P2P的监管及立法情况。

英国是P2P的发源地,目前已经形成多种类型的P2P平台。在监管方面形成了行业协会自律与监管部门监管的双重体系,具体如下所述。

2011年8月15日,英国P2P金融协会(Peer-to-Peer Finance Association,P2PFA)成立,初始成员包括Zopa、RateSetter和Funding Circle三家,协会的首要目的是确保该行业继续高速、健康发展。P2PFA在章程中表示要设立最低行为标准,特别是在面对消费者和小企业时。另外强调了监管的有效性,确保监管落实到平台运营商,促使平台健康运行、操作风险可控、服务透明公正,最终提供简单且低成本的金融服务。

对此,协会提出了一系列的平台运营原则,关键要求如下。

① 高级管理人员:协会的成员平台至少有一名董事会成员是FSA(英国金融服务局,现为英国金融行为监管局)认可的代理人。

② 最低运营资本金要求:协会的成员平台必须保有足够资金能够覆盖三个月的运营成本,且最低不得低于2万英镑。成员应当在财年结束28天内上报协会,协会将安排会计公司进行审计。

③ 客户资金隔离:成员平台的客户资金必须单独存放于银行账户中,与自营资金和公司资本隔离。并且每年安排外部审计人员审核。

④ 适当的信用和支付能力评估:成员平台必须有审慎的风险管理政策,使贷款违约率在可控范围之内。同时该政策必须向有关部门备案。

⑤ 适当的反洗钱和反欺诈措施:成员平台要遵守反洗钱法规,建议加入反洗钱协会(CIFAS)。

⑥ 清晰的平台规则:有健全的合同条款;公司不能成为自己平台的借款者,可以成为投资者,但必须公示;成员平台须公开预期违约率、实际违约率、逾期贷款等;审核借款者申请时,只能向信用评级公司申请"软浏览"(这样不会降低申请者的信用分数)。

⑦ 营销和客户沟通：成员平台须在关键信息的宣传与营销上透明、公正、无误导。

⑧ 安全和可靠的 IT 系统：成员平台应当建立与其规模和项目相适应的、安全可靠的 IT 系统。

⑨ 公平处理投诉：成员平台须有明确的投诉处理办法，保障消费者的投诉可以得到公平及时解决。

⑩ 有序破产：成员平台应当有平台破产或停止运营后继续有序管理现存合同的计划。

现在该协会已经覆盖了英国 95%的 P2P 借贷市场及大部分票据交易市场，成员包括 Zopa、RateSetter、Funding Circle、ThinCats、LendInvest、Wellesley&Co 和 MarketInvoice。

(2) P2P 行业监管政策。

2014 年 3 月 6 日，英国金融行为监管局(FCA)发布了《关于网络众筹和通过其他方式发行不易变现证券的监管规则》(下称《监管规则》)，并于 2014 年 4 月 1 日起正式施行。

FCA 对于借贷型众筹的监管规则要点如下。

① 最低资本要求及审慎标准。

《监管规则》规定以阶梯形计算标准来要求资本金，具体标准如下：5000 万英镑以内的资本金比例为 0.2%；超过 5000 万英镑但小于 2.5 亿英镑的部分为 0.15%；超过 2.5 亿英镑但小于 5 亿英镑的部分为 0.1%；超过 5 亿英镑的部分为 0.05%。

FCA 考虑到借贷型众筹几乎没有审慎性要求的经验，所以为公司安排过渡期来适应。FCA 决定，在过渡期实行初期 2 万英镑、最终 5 万英镑的固定最低资本要求。其中，被 FCA 完全授权的公司在 2017 年 3 月 31 日前都可以实行过渡安排，同时提醒在公平交易局(OFT)监管下的借贷型众筹平台不必实行审慎标准直到被 FCA 完全授权。

② 客户资金规则。

若网络借贷平台破产，应对现存贷款合同做出合理安排。如果公司资金短缺，将会由破产执行人计算这部分短缺并按照比例分摊到每个客户身上。而执行破产程序所涉及的费用也将由公司持有的客户资金承担。这意味着无论公司从事什么业务，一旦失败，客户资金将受到损失。公司必须隔离资金并且在客户资产规范(Client Assets Sourcebook)条款下安排资金。

③ 争端解决和金融监督服务机构的准入。

FCA 将制定规则以便投资者进行投诉。投资者首先应向公司投诉，如果有必要可以上诉至金融监督服务机构。争端解决没有特定的程序，只要保证投诉得到公平和及时的处理即可。FCA 主张公司自主开发适合他们业务流程的投诉程序，尽量避免产生过高的成本。投资者在向公司投诉却无法解决的情况下，可以通过向金融监督服务机构投诉解决纠纷。

如果网络借贷平台没有二级转让市场，投资者可以有 14 天的冷静期，14 天内可以取消投资而不受到任何限制或承担任何违约责任。

特别注意的是，虽然从事 P2P 网络贷款的公司取得 FCA 授权，但投资者并不被纳入金融服务补偿计划(FSCS)范围，不能享受类似存款保险的保障。

④ P2P 网络借贷公司破产后的保护条款。

为了建立适当的监管框架以平衡监管成本和收益，目前 FCA 不对 P2P 网络借贷公司制定破产执行标准。因为即使制定严格标准要求，也不能避免所有的风险。如果这些标准没有按照预期运行，消费者依然可能受到损失。FCA 希望投资者清楚，制定严格标准不仅代价极大而且也不能够移除所有风险。同时 FCA 希望可以由公司自己制定适合其商业模式及消费者的制度和方法。

⑤ 信息披露。

P2P 网络借贷平台必须明确告知消费者其商业模式以及延期或违约贷款评估方式的信息。与存款利率做对比进行金融销售推广时，必须要公平、清晰、无误导。另外，网站和贷款的细节将被归为金融推广而纳入监管中。

⑥ FCA 报告规范。

网络借贷平台要定期向 FCA 报告相关审慎和财务状况、客户资金、客户投诉情况、上一季度贷款信息，这些报告的规范要求将于 2014 年 10 月 1 日开始实施。其中，审慎和财务报告只有公司被完全授权的一个季度后才开始提交。另外，平台的收费结构不在报告规则要求里。

2. 美国 P2P 监管情况

美国的监管主要体现在信息披露与投资人保护两个角度。分别由美国证监会(SEC)和美国联邦贸易委员会(FTC)两个部门来分别实施监管。具体如下。

(1) SEC 对 P2P 平台注册登记及信息披露监管。

SEC 对 P2P 平台借贷的监管，与对其他同样发售证券的公司一样，重点关注公司是否按要求披露信息，而非检查或者监控公司的运作情况，或者审核发售的证券特性。具体而言，SEC 的公司金融部门工作人员审核 P2P 平台的发行说明书和其他相关材料，以确定 P2P 平台是否满足法定要求，并公布对投资者做出买入、卖出或者持有该证券的决定有重大影响的全部信息。

除了在 SEC 登记之外，P2P 平台还需要在选定的州证券监管部门登记，以得到允许向该州居民推出和发售收益权凭证。

目前数量众多的联邦和州监管机构在监管和推动 P2P 平台符合法律要求中发挥着作用，以控制与消费信贷和互联网商业有关的风险。如：要求信贷提供者披露信贷条款、禁止歧视、监管贷款收回方式。这些法律同样禁止不公平或者欺骗性的条款或者做法，要求公司保护消费者个人金融信息，采取反洗钱措施，满足电子化交易的要求。

(2) FTC 对 P2P 平台采取的执法行动。

FTC 对 P2P 平台借贷有执法职责。如果 P2P 平台不在 FTC 权力的豁免范围内且参与到第三方债务催收中，FTC 就可以对其采取执法行动。

3. 关于众筹的立法情况

(1) 英国众筹监管情况。

《监管规则》认为需要纳入监管的众筹分为两类，即 P2P 网络借贷型众筹和股权投资型众筹，并制定了不同的监管标准，从事以上两类业务的公司需要取得 FCA 的授权；对于捐赠类众筹、预付或产品类众筹不在监管范围内，无须 FCA 授权。

对于投资型众筹(股权众筹)，FCA 已经有相应的监管规则，此次增加了一些新的规定。具体如下。

① 投资者限制。投资者必须是高资产投资人，指年收入超过 10 万英镑或净资产超过 25 万英镑(不含常住房产、养老保险金)；或者是经过 FCA 授权的机构认证的成熟投资者。

② 投资额度限制。非成熟投资者(投资众筹项目 2 个以下的投资人)，其投资额不超过其净资产(不含常住房产、养老保险金)的 10%，成熟投资者不受此限制。

③ 投资咨询要求。众筹平台需要对项目提供简单的说明，但是如果说明构成投资建议，如星级评价、每周最佳投资等，则需要再向 FCA 申请投资咨询机构的授权。

(2) 美国众筹监管情况(JOBS 法案)。

2012 年 4 月，美国《创业企业促进法案》(简称 JOBS 法案)经奥巴马总统签署生效。这一法案是致力于改善小企业融资便利的"资本市场监管自由化"导向的法案，又被称为"众筹法案"。该法案对于股权众筹融资平台意义重大，股权众筹平台可以通过网络公开向合格投资者公开私募发行，且提高了公司股东人数上限。这无疑极大地支持了股权众筹融资平台的发展，使股权众筹平台实际变成了多层次资本市场的一级。

具体内容如下。

① 私募发行可采用公开方式进行。只要发行人或卖方采取合理的步骤证明合格投资者或合格机构投资者就可以依法享受注册豁免而可以采取向投资者公开劝诱或广告的形式兜售证券。

② Regulation A 规定的小额发行人注册豁免标准放宽。法案要求 SEC 修改 Regulation A，即对小额发行有条件豁免制度进行修改或者采取新的制度，将 12 个月内依据联邦法豁免注册非限制债券、权益和可转债的募资总数从 500 万美元提高到 5000 万美元。

③ 公众募资平台便利私人公司筹资。JOBS 法案规定，只要经由 SEC 注册的经纪人充当中介，私人公司可以不用到 SEC 注册就可以从众多的小投资者处筹集少量资本。该私人公司可以在 12 个月内通过发行受限证券(例如，转让限制)的形式筹资不超过一百万美元。每个投资者可投资数依据其年收入和净资产水平从 2000 美元到 10 万美元不等。作为防止"欺诈"的手段，发行人和中介机构必须满足一过性和持续性的要求。除此之外，发行人、经营层和董事对购买证券者承担责任，如果涉及任何实质性虚假陈述或遗漏，投资者可要求赔偿损失或要求全额退款。

④ 私人公司的股东数上限的改革。在本次改革法案之前，私人公司一旦在册的股东人数达到 500 人并且资产规模达到 1000 万美元就必须到 SEC 注册登记。改革后的 JOBS 法案则将私人公司的股东人数提高到 2000 人，只要非合格投资者不超过 499 人即可。

11.5.2 国内互联网金融监管的法律体系

互联网金融属于新金融的代表，其新的商业模式、业态不断涌现。目前，除了电子银行、互联网保险、互联网证券及第三方支付等法规之外，针对 P2P、众筹融资等模式还没有专门的法律、法规，但是相关的监管部门已经明确，即由不同的部门监管互联网金融的三种不同的业态，第三方支付归央行监管，P2P 归银保监会，众筹归证监会(准确来讲应当是股权众筹)。下面介绍一下目前国内互联网金融的监管体系和相关法规的一些现状。

1. 国内互联网金融监管体系

国内互联网金融监管体系如表 11-1 所示。

表 11-1　国内互联网金融监管的内容

互联网金融业态	监管部门
电子银行	银保监会
互联网保险	银保监会
互联网证券	证监会
第三方支付	央行
P2P	银保监会
股权众筹	证监会

2. 相关监管法规情况

(1) 传统金融机构新型互联平台有关的法规。

① 银行互联网化——电子银行监管法规。

国内银行利用互联网技术改善服务始于 1997 年，经过多年发展后，监管部门的监管法规终于出台。专门针对银行电子银行业务的《电子银行业务管理办法》于 2005 年 11 月 10 日中国银行业监督管理委员会第 40 次主席会议通过，并自 2006 年 3 月 1 日起施行。

② 互联网保险业务的立法情况。

2020 年 9 月 1 日中国银保监会委务会议通过《互联网保险业务监管办法》(以下简称《监管办法》)，并于 2021 年 2 月 1 日执行。

③ 互联网证券业务的立法情况。

2014 年 4 月，中信证券、国泰君安、平安证券、长城证券和华创证券等五家券商互联网证券业务通过中国证券业协会专业评价，获得互联网证券业务试点资格。目前为止，还没有关于互联网证券业务的管理办法出台。

(2) 第三方支付的相关法规。

2010 年 6 月 21 日，中国人民银行正式公布了《非金融机构支付服务管理办法》，该方法已经于 2010 年 5 月 19 日第 7 次行长办公会议通过，自 2010 年 9 月 1 日起施行。该办法是专门针对第三方支付机构的监管规定，距离国内第一个网络第三方支付——支付宝的诞生已经 5 个年头了。

(3) P2P 的立法情况及监管方向。

除了上述所提及的散见于其他法律、法规之中对 P2P 产生直接或间接影响的规定之外，目前在国内尚无专门针对 P2P 的法律、法规、部门规章或规范性法律文件。但是中国人民银行及有关监管部门在不同场合谈到了 P2P 应当遵循的几条红线问题，关于红线划定主要有两个版本，为了有所区分，我们把其中一个版本称为"政策法律的 3 条红线"，另外一个版本称为"经营的 4 条底线"，具体如下所述。

① P2P 应当遵循的 3 条政策法律红线。

第一条法律红线：不得建立各种形式的资金池。

该条明确 P2P 平台不得采用资金池模式运作(资金池其实就是吸储或存款的银行业务)，不得建立资金池也就是禁止 P2P 平台从事信用中介业务，只能从事类似于金融信息广告发布平台的信息中介业务。

实践中，资金池一般有如下三种形式。

资金池类型一：平台先吸收资金，然后寻找借款人，由此形成的资金池。其实质为非法从事借贷业务。

资金池类型二：以各类包装后的理财产品模式吸收资金，然后寻找借款人，由此形成的资金池。其实质为假理财真集资。

资金池类型三：债权转让模式逆向操作法。即先与真实的借款人签署虚假的借款合同(债权合同，并未形成)，然后将债权分拆成若干份债权转让给若干个投资人，在获得投资人的资金后，再将钱放给借款人。这种模式实质是以债权转让名义从事非法借贷业务。

第二条法律红线：不得放任不合格借款人发布借款标的或发布假标。

该条红线进一步明确了 P2P 平台的金融信息发布中介的法律性质，规定了平台必须承担对借款人资信能力的严格审核义务，更不能放任或协助借款人发布虚假借款标的。

第三条法律红线：不得从事"庞氏骗局"。

该条红线明确规定 P2P 平台不得发布虚假借款标的，采取借新还旧模式从事"庞氏骗局"业务。该类模式其实就是网络化的非法集资模式。

② P2P 应当遵循的 4 条经营底线。

底线一：平台不得建立资金池。

关于资金池问题，既是 P2P 平台的红线，也是 P2P 平台的底线。

底线二：明确平台的中介性质，提供点对点服务，不得经手资金。

再次明确平台的信息中介性质，提供点对点的服务，不做信用中介业务，为此，明确平台不经手资金。

底线三：平台不提供担保。

明确平台不能为借款人的借款提供担保，回归平台信息中介本质。

底线四：平台不得从事非法集资。

非法集资是最基本的法律红线，P2P 平台不能演变为网络版的非法集资。

(4) 众筹的立法情况及未来监管方向。

除了上述所提及的散见于其他法律、法规之中对众筹产生直接或间接影响的规定之外，目前在国内尚无专门针对众筹的法律、法规、部门规章或规范性法律文件。但是有关监管部门在不同场合谈到众筹的规范问题，可以参照 P2P 将其概括为如下几条红线。

众筹应当遵循的 3 条红线。

第一条法律红线：不得从事非法发行证券活动。

针对股权众筹平台从事的股权融资服务，该条红线明确指出平台不能从事非法发行证券活动，具体为：不得采取公开劝诱方式向公众募集股份；不得向超过 200 个的特定投资人募集股份。

第二条法律红线：不得放任不合格融资人发布股权融资标的或发布假标。

该条红线进一步明确了股权众筹平台的金融信息发布中介的法律性质，规定了平台必须承担对股权融资人融资项目的严格审核义务，更不能放任或协同融资人发布虚假股权融资标的。

第三条法律红线：不得以股权投资为名从事非法集资活动。

该条红线明确规定股权众筹平台不得"以股权融资为名从事非法集资活动"，具体指平台先以股权融资为名(私募股权投资)吸收资金，然后寻找股权融资方。

11.5.3 网络银行的监管措施

银行高科技和网络金融的发展，使监管当局面临着重要抉择，即迅速适应这一变化的市场，建立新的监管标准，调整监管的结构和更新技术，改变传统的银行监管方式，建立全方位和系统性、更强调运用高科技手段进行监管的框架。由于网络银行正在发展之中，网络银行的监管及其研究也处于初步阶段。

目前，巴塞尔委员会也只是就网络银行的监管制度进行研究，还没有形成较为系统和完整的互联网银行监管制度。许多国家的监管当局对网络银行监管都采取了相当谨慎的态度，主要是考虑到本国银行业的创新、竞争力与监管之间的协调问题。从目前情况来看，互联网银行监管主要涉及法律实施、消费者权益的保护、国内国际监管的协调、监管机构和监管范围以及监管方式的调整等几个方面。一些国家的监管当局成立了专门的工作机构或小组，负责及时跟踪、监测包括网络银行在内的电子金融业的发展情况，适时提出一些指导性建议，并同时制定一些新的监管规则和标准。

根据巴塞尔委员会的定义，网络银行是指那些通过电子通道，提供零售与小额产品和服务的银行。这些产品和服务包括：存贷、账户管理、金融顾问、电子账务支付以及其他一些诸如电子货币等电子支付产品与服务(BCBS，1998)。欧洲银行标准委员会将网络银行定义为那些利用网络通过使用计算机、网络电视、机顶盒及其他一些个人数字设备连接上网的消费者和中小企业提供银行产品服务的银行(ECBS，1999)。美国货币监理署(OCC)认为，网络银行是指一些系统，利用这些系统，银行客户通过个人电脑或其他的智能化装置，进入银行账户，获得一般银行产品和服务信息(OCC，1999)。

由于网络银行严格法律定义还未出现，同时网络银行发展较快，需要严格管理，因此一般的做法是根据网络银行机构设置的特点，将其划分为分支型网络银行和纯网络银行，分别加以界定和管理。

监管措施主要涉及一些原有的要求银行对诸如洗钱、欺诈等非法交易进行跟踪、报告的法令的有效性和范围以及由于网络银行无法实施而享有的豁免，政府机构及监管当局出于执法或监管的需要，对已加密金融信息的解密权限、范围等。美国和新加坡等国家已经明文规定数字签名与手写签名具有同等的法律约束力,从而有利于使当地的虚拟金融服务市场得到一个被法律有效保护的发展空间。网络银行的破产、合同执行的情况、市场信誉、银行资产负债情况和反欺诈行为等方面,政府制定的网络银行法或管制条例可以起到一定的作用,但是,有效的网络信息市场上的信息披露制度能够将各种可能诉诸法律的事件降到相当低的水平。消费者权益主要涉及网络银行推出的虚拟金融服务的价格;通过电子手段向客户披露、提示、传递相关业务信息的标准与合法性;信息保存的标准和合法性;客户个人信息、交易信息和账务信息的安全;隐私权;纠纷处理程序等规则。

总的来看,各国对网络银行的监管方式主要仍以原有的监管机构和监管范围的划分为主,但加大了监管机构之间、监管机构与其他政府部门之间的协调。国内国际协调主要是对网络银行自然的跨洲、跨国界的业务和客户延伸所引发的监管规则冲突的协商与调整,具体措施如下。

1. 建立和完善相应的法律、法规及金融监管规则

(1) 市场准入条件。

法律要设置必要的市场准入条件,以确保金融交易的安全,对于一些特殊的交易还有必要做出特别的要求。

① 网络金融机构的技术设施条件。
② 完善的交易操作规程。
③ 交易种类的区分、许可与限制。

(2) 电子签字的合法性。

法律要对电子签字的法律效力给予统一、确定的定义,明确安全签字的构成要求,规定当事人对有关电子签字风险应承担的责任。

(3) 交易证据问题。

由于数据电文的真实性直接影响到数据电文的证据效力,法律必须强制要求金融机构维护好有关数据电文的真实性,这不仅对未来发生的纠纷的解决有重要意义,而且对金融监管机构、税务、审计部门的执法也是极为必要的。

(4) 事故、故障造成损失是当事者的责任。

立法有必要对于网络系统的事故和障碍所引发的法律责任进行规范,明确各种不同情况下的损失分担责任,对免责的范围做出规定。

除了法律、法规之外,金融监管当局本身尚需要针对网络金融业务制定相应的风险监管指引、准则和监管手册等。

2. 金融监管与机构自律有机结合

在网络经济中,任何由监管当局单方面制定的规则,金融企业都可能利用网络的全球性、便利性、网络有效的匿名性和海量的数据及内容而有效规避。因此,金融监管当局只有承担起网络金融发展的合作者、促进者和协调者的角色,加强基础设施建设、金融信息沟通,提供积极的服务,才能在这一过程中较好地实现其管理的职能。

任何外部监管行为只是起到提示性作用，真正能够减少甚至避免风险发生还依赖于金融机构本身。由此，除了要求网络金融机构接受必要的监管外，同样还应要求其制定完善的内控制度。金融监管当局应注重督促和协助金融机构加强内部管理，采取有效的内控措施，具体包括如下几个方面。

(1) 计算机软、硬件条件。
(2) 金融机构内部职员系统操作技能、职业道德。
(3) 交易的实时检测、跟踪、记录和校验。
(4) 系统备用方案和应急计划。
(5) 对可疑交易、犯罪行为的模拟处理演练。
(6) 业务操作管理制度和权限制约的建立等。

3. 确立统一监管体制，强化对业务创新的管理力度

金融监管体制应从"机构监管型"转向"功能监管型"。在统一的监管主体下，监管客体需要由仅包括金融机构，扩展到同时涵盖一些提供资讯服务的非金融机构；网络金融条件下，由于非金融机构涉足金融或准金融业务，从而使金融监管的范围随之扩大。监管的重点也需要由资产负债和流动性管理转向金融交易的安全性和客户信息的保护。

4. 健全非现场监管体系，规范信息披露要求

金融交易的虚拟化使金融活动失去了时空限制，交易对象变得难以明确，交易时间和速度加快，现场检查的难度将会加大，非现场检查将愈加显示出其重要作用。非现场监管具有覆盖面宽，连续性强的特点，通过非现场监管有利于发现新问题、新情况和对现场检查的重点提出参考意见，有利于信息的收集并对金融机构潜在的问题提出预测、预警。非现场监管的这种特点将使其成为网络金融环境中的一种有效的监管方式。金融监管当局要逐步从现场稽核监管为主转到以现场稽核监管和非现场稽核监管相结合，并逐渐转到以非现场稽核监管为主的轨道上来，拓宽非现场稽核的检查面，缩短检查周期，把事后稽核监管转变为事前稽核监管，为现场监管提供预警信号；实现金融机构的业务信息系统与监管当局监测系统的联网，使数据转换接口标准化，建立科学的监控指标体系，由计算机将大量的金融业务数据进行自动分析，综合评估金融机构内部业务发展的风险状况，以达到非现场稽核监管高效准确的目的。网络金融机构应及时向社会公众发布其经营活动和财务状况的有关信息，良好的信息披露制度可以促使投资者和存款人对其运作状况进行充分的了解，影响他们的投资和存款行为，发挥社会公众对网络金融机构的监督制约作用，促使其稳健经营和控制风险。互联网上的虚拟金融服务需要有不断创新的信息披露方法来维持有效的信息监管。

5. 建立统一的金融认证中心

电子商务活动中，为保证交易、支付活动的真实可靠，需要有一种机制来验证活动中各方的真实身份。目前最有效的方式是由权威的认证机构为参与电子商务的各方发放证书。

金融认证中心是为了保证金融交易活动而设立的认证机构，其主要作用是对金融活动的个人、单位和事件进行认证，保证金融活动的安全性。

金融认证中心扮演着金融交易双方签约、履约的监督管理角色，交易双方有义务接受认证中心的监督管理。在整个网络金融服务过程中，认证机构有着不可取代的地位和作用。在网络金融交易过程中，认证机构是提供身份验证的第三方机构，它不仅要对网络金融交易双方负责，还要对整个网络金融的交易秩序负责。因此这是一个十分重要的机构。

鉴于金融认证中心在网络金融中的重要地位和作用，有必要制定相关的法律法规，对其严格管理。

(1) 认证中心必须以信誉为基础，获得公认的权威性与可靠性。

(2) 认证中心以独立于认证用户和参与者的第三方地位证明网上交易的合法有效性。其本身不从事商业银行等业务，不进行网上采购和消费活动。

(3) 认证中心必须严格履行自己的义务和责任，发挥授信、信誉补偿和金融交易控制作用，认证中心通过向用户颁发证书来确定用户在网上交易的合法可靠性。

(4) 认证中心必须确保认证信息的安全，包括管理、储存、传输过程中的安全。

(5) 认证中心必须保护用户有关信息的秘密，不能以任何方式泄露私人信息。

(6) 认证中心必须依据国家有关金融、网络、信息、安全等规定进行活动。

6. 加强金融监管的国际性合作与协调

金融领域里的国际监管合作近些年来取得了很大的进展。世界贸易组织的《金融服务开放协议》和巴塞尔委员会以1975年最早制定的《对国外银行机构监督的原则》为雏形逐渐修改演变而来的、并于1997年正式通过的《有效银行监管核心原则》，对现实中日趋明显的跨国金融机构的监管做出了积极而有效的反应。这对控制跨国银行的风险，维护存款人的资金安全，促进国际金融机构的公平竞争和相互开放起了积极的作用。但是，这些监管规则是针对现实中的砖瓦型金融机构而制定的，其主要目的在于适应金融国际化。因此，这些监管规则相对网络金融而言已不能完全适应需要。

从根本上说，网络经济的实质是信息化、全球化和一体化。随着网络在世界范围内的延伸，从长远来看，各国监管当局都将面临跨国性的业务和客户。对此，仅靠单个国家的力量无法达到既保护本国居民的利益，又保持金融市场的对外开放原则，金融监管的国际性协调更显得日益重要。它要求管理当局要建立与国际体系中其他金融体制相适应的新规则和合乎国际标准的市场基础设施。由于网络金融是一种无须跨国设立分支机构即可将业务伸向他国的全新的金融组织形式，由此，国际的金融监管合作的内容和形式必须根据这种特点而展开。

本 章 小 结

本章详细介绍了网络金融机构的基本风险和网络金融机构的风险管理以及网络金融监管的具体措施，分析了国内外网络金融监管体系；系统地介绍了网络金融的法律法规和监管措施。随着我国改革开放的深化以及金融业的逐步对外开放,越来越多的外国银行及其他金融机构将加盟我国市场,无论从金融机构监管还是从规范金融市场的角度出发,均需要一套完备的金融法律制度。

关键术语和概念

网络金融安全　信息对称　国家经济风险　信息系统风险　黑客风险

综合练习题

一、单项选择题

1. 网上银行还面临(　　)等其他方面的法律风险。
   A. 洗钱　　　　B. 客户隐私权　　C. 网络交易　　D. 以上全是
2. 信用证业务中主要法律风险的防范内容是(　　)。
   A. 无真实贸易背景问题　　　　B. 担保问题
   C. 法院裁定冻结、支付问题　　D. 货物和货款控制问题
   E. 以上全是
3. 网上银行的系统风险不仅会给网络金融企业带来直接的经济损失,而且会影响到(　　)。
   A. 网络客户的流失
   B. 网络金融企业形象和客户对金融企业的信任
   C. 政府监管不力
   D. 黑客的入侵

二、多项选择题

1. 目前政府对网上银行的监管方式主要有(　　)。
   A. 市场准入　　　　　　　B. 业务扩展管制
   C. 日常检查　　　　　　　D. 信息报告
2. 关于数字证书的原理说法错误的是(　　)。
   A. 数字证书采用公钥体制,即利用一对互相匹配的密钥进行加密、解密
   B. 每个用户自己设定一把公有密钥,用它进行解密和签名
   C. 当发送一份保密文件时,发送方使用接收方的私钥对数据加密,而接收方则使用自己的私钥解密
   D. 设定一把公共密钥为一组用户所共享,用于加密和验证签名
3. 网上银行的法律风险控制包括(　　)。
   A. 身份确认　　　　　　　B. 损失承担
   C. 举证责任和证据形式　　D. 防范和化解

4. 信用证业务中的一般法律风险有( )。
   A. 打包贷款问题　　　　　　　　B. 单证审查不严
   C. 欺诈问题　　　　　　　　　　D. 内控问题
   E. 部门协作问题　　　　　　　　F. 备用贷款合同问题
5. 信用证业务中一般法律风险的内容防范是( )。
   A. 信用证打包贷款的风险防范　　B. 单证审查问题
   C. 欺诈问题　　　　　　　　　　D. 内控及部门协作问题
   E. 备用贷款合同问题　　　　　　F. 金融企业内部管理制度的法律效力问题

三、判断题

1. 清算系统的国际化，大大提高了网上银行国际结算的系统风险。　　　　　　( )
2. 在网上银行的系统风险中，最具有技术性的风险不是网上银行信息技术选择失误的风险。　　　　　　　　　　　　　　　　　　　　　　　　　　　　　　　　( )
3. 网上银行面临的法律风险，实际上属于没有任何法律调整或者现有法律不明确造成的风险。　　　　　　　　　　　　　　　　　　　　　　　　　　　　　　　　( )

四、简述题

1. 网络银行的监管机构有哪些？
2. 如何加强网络证券的监管？
3. 如何改进金融监管，促进我国网络金融健康发展？

参 考 文 献

[1] 岳意定,吴庆田,2005.网络金融学[M].南京:东南大学出版社.
[2] 黄运成,等,2001.证券市场监管:理论、实践与创新[M].北京:中国金融出版社.
[3] 马 敏,2001.电子金融概论[M].北京:中国财政经济出版社.
[4] 季东生,2004.信息技术与金融发展[M].北京:中国金融出版社.
[5] 张卓其,史明坤,2006.网上支付与网上金融服务[M].大连:东北财经大学出版社.
[6] 杨天翔,等,2004.网络金融[M].上海:复旦大学出版社.
[7] 齐爱民,2002.网络金融法[M].长沙:湖南大学出版社.
[8] 杨坚争,2008.电子商务基础与应用[M].西安:西安电子科技大学出版社.
[9] 韩宝明,杜鹏,刘华,2001.电子商务安全与支付[M].北京:人民邮电出版社.
[10] 张云海,赵开元,1993.信用卡大全[M].北京:中国财政经济出版社.
[11] 李荆洪,2002.电子商务概论[M].北京:中国水利水电出版社.
[12] 方美淇,2002.电子商务概论[M].2版.北京:清华大学出版社.
[13] 于刃刚,戴建兵,2000.网络金融[M].石家庄:河北人民出版社.
[14] 刘 刚,范昊,2007.网上支付与金融服务[M].武汉:华中师范大学出版社.
[15] 奚振斐,2006.电子银行学[M].西安:西安电子科技大学出版社.
[16] 梁循,曾月卿,2005.网络金融[M].北京:北京大学出版社.
[17] 姜波克,2008.国际金融新编(第四版)[M].上海:复旦大学出版社.
[18] 张劲松,2003.网络金融[M].杭州:浙江大学出版社.
[19] ALLEN H, HAWKINS J and Sato S, 2001. Electronic Trading and its Implications for Financial Systems, Working paper, Bank of England.
[20] BANKS E, 2001. E-Finance: The Electronic Revolution. London: John Wiley & Sons.
[21] ALLEN F, MCANDREWS J and STRAHAN P, 2001. E-Finance: An Introduction. http://fic.wharton.upenn.edu/fic/papers/01/0136.pdf
[22] HANCOCK D, HUMPHREY D B and WILCOX J A, 1999. Cost reductions in electronic payments: The roles of consolidation, economies of scale and technical change. Journal of Banking and Finance 23, Journal of Banking & Finance, Elsevier, vol. 23(2-4), pages 391-421, February.
[23] MCANDREWS J and STEFANADIS C, 2000. The Emergence of Electronic Communications Networks in the U.S. Equity Markets. Current Issues in Economics and Finance, Federal Reserve Bank of New York, Vol. 6, No. 12, October.
[24] MISHKIN F S and STRAHAN P E, 1999. What Will Technology do to the Financial Structure? NBER Working Papers 6892, National Bureau of Economic Research, Inc.
[25] WILHELM W J, 1999. Internet Investment Banking: The Impact of Information Technology on Relationship Banking. Journal of Applied Corporate Finance, Morgan Stanley, vol. 12(1), pages 21-27, March.

[26] CLAESSENS S, GLAESSNER T and KLINGEBIEL D, 2001. Electronic Finance: A New Approach to Financial Sector Development? No 14075 in World Bank Publications - Books from The World Bank Group

[27] LARSON R C, 2002. The Future of Global Learning Networks. The INTERNET and the University. Forum 2001, EDUCAUSE, Boulder, CO.

[28] RESNICK M, 2002. Revolutionizing Learning in the Digital Age. The INTERNET and the University. Forum 2001, EDUCAUSE, Boulder, CO.

[29] 价值中国网 http://www.chinavalue.net/category.aspx?id=11

[30] 首信易支付 http://www.beijing.com.cn/paylink/service/teach.jsp

[31] 新浪网网上证券专辑 http://stock.sina.com.cn/iswitch/